现代
信息检索教程

刘尚毅 卢艳霞 ◎ 主编
赖昭胜 肖赣平 卢小林 ◎ 副主编

Xiandai Xinxi
Jiansuo Jiaocheng

人民邮电出版社
北京

图书在版编目（CIP）数据

现代信息检索教程 / 刘尚毅，卢艳霞主编. -- 北京
：人民邮电出版社，2013.2（2017.7重印）
ISBN 978-7-115-28488-4

Ⅰ. ①现… Ⅱ. ①刘… ②卢… Ⅲ. ①情报检索－教
材 Ⅳ. ①G252.7

中国版本图书馆CIP数据核字(2012)第142071号

内 容 提 要

全书共分6章，内容包括信息检索概述、信息检索的原理、常用中文数据库、常用西文数据库、网络信息检索、特种文献检索。本书内容新颖，结构合理，理论联系实际，实用性强，适合学生全面、系统地学习信息检索的知识、原理与方法，帮助学生迅速、熟练地掌握现代化信息检索和综合应用的技能，有效地提高学生的信息意识、信息能力和信息素养。

本书既可作为高等院校学生学习信息资源检索方法与技能的教材，又可作为教学、科研、工程技术和各种信息用户的参考书。

◆ 主 编 刘尚毅 卢艳霞
　　副主编 赖昭胜 肖赣平 卢小林
　　责任编辑 王亚娜

◆ 人民邮电出版社出版发行　北京市丰台区成寿寺路 11 号
　邮编 100164 电子邮件 315@ptpress.com.cn
　网址 http://www.ptpress.com.cn
　北京九州迅驰传媒文化有限公司印刷

◆ 开本：787×1092 1/16
　印张：15.25　　　　　　　2013 年 1 月第 1 版
　字数：370 千字　　　　　2017 年 7 月北京第 6 次印刷

ISBN 978-7-115-28488-4

定价：32.00 元

读者服务热线：(010)81055256　印装质量热线：(010)81055316
反盗版热线：(010)81055315

前　言

目前，许多高校开设了"信息检索"课程，学习必要的信息检索知识，熟悉现代化的信息检索技术，掌握如何在浩如烟海的信息资源中检索出自己所需要的信息，不断发现和寻找有用的新的信息资源，是每一个当代大学生必备的基本技能。

以前使用的"信息检索"教材主要介绍手工检索工具使用方法，随着计算机网络技术的高速发展，信息检索的工具、方法和检索内容都发生了很大的变化。在这种情况下，培养学生应用现代化的技术手段，特别是网络技术手段，获取并利用信息已成为当前信息检索教育的主要内容。为了满足当前信息检索的教学需要，我们组织长期在教学第一线从事信息检索教学和科研的多位教师编写了本教材。

在教材的编写过程中，我们既注重基础理论知识和手工检索方法的介绍，系统阐述信息、知识、情报和文献之间的相互关系，以及信息检索发展的历程、检索原理、检索语言、检索策略与案例等，也特别注意强化数据库检索、网络检索以及搜索引擎等内容的先进性和丰富性，同时还针对性地介绍了国外常用数据库、国外常用文摘的检索与利用。

本书共分 6 章。第 1、2 章介绍信息检索的基础知识、信息检索的原理，内容包括信息、知识、情况和文献的概念，信息检索的产生与发展，信息检索的策略，信息检索系统及案例；第 3、4 章介绍常用中外数据库，包括中国知识资源总库、万方数据资源系统、EBSCO 数据库，以及常用国外文摘数据库的使用，包括 SCI、EI；第 5 章介绍网络信息检索，内容包括网络信息的特点，网络信息检索的策略与技巧，搜索引擎的使用等；第 6 章介绍特种文献检索，重点是中外专利与标准文献数据库的利用。

本书内容新颖、结构合理、简洁清晰，理论联系实际，实用性强，适合学生全面、系统地学习信息检索的知识、原理与方法，帮助学生迅速、熟练地掌握现代化信息检索和综合利用的技能，有效地提高学生的信息意识、信息能力和信息素养。本书可作为高等院校文献检索课程教材，也可供图书馆工作人员学习参考。

本书由刘尚毅、卢艳霞担任主编，由赖昭胜、肖赣平、卢小林担任副主编。其中，刘尚毅负责拟定编写大纲及统稿，并编写第 1～2 章，卢艳霞负责编写第 3 章，赖昭胜负责编写第 4 章，肖赣平负责编写第 5 章，卢小林负责编写第 6 章。

尽管编者做出了努力，由于信息资源及数据库发展迅速，加之编者水平有限，书中难免存在遗漏和不妥之处，敬请读者指正。

编　者

2012.11

目　　录

第1章 信息检索概要

进入 21 世纪，信息与物质、能量构成现代社会的三大资源，成为社会发展的巨大推动力。在信息化高度发展的今天，信息匮乏的日子一去不复返，但信息泛滥又使我们陷入另一种尴尬的境地。在尽可能短的时间内全、快、准地查找所需的信息，这是时代赋予信息检索的职责。俗话说，磨刀不误砍柴工；工欲善其事，必先利其器。抓住信息检索这把利器，可以帮助我们从茫茫的信息海洋中找出精华、去除糟粕。千里之行，始于足下，本章将带读者进入信息检索的大门。

1.1 信息及信息检索

1.1.1 信息与信息检索的基本概念

信息化社会谈论最多的就是信息，那么什么是信息呢？信息检索又是什么意义呢？本节将会帮助读者找出答案。

1. 信息与信息检索的定义

（1）信息

信息簇拥着整个世界，信息环绕着人们生活，信息已成为象征着 21 世纪的标志。那么什么是信息呢？一个世纪以来，信息的定义经历了百年演义，不断地与时俱进。人们从不同的研究领域，提出了多种信息定义。如美国数学家、信息论的创始人仙农（C.E.Shannon）在题为"通讯的数学理论"一文中指出："信息是用来消除随机不定性的东西"。钟义信的信息定义：信息是被反映的物质属性。逆仙农的信息定义：信息是确定性的增加。通信经济学中给出的定义：信息是世界上一切事物的状态、特征和变化的反映，其最高形式是人类的思想理论。从哲学的角度说，信息是事物运动的存在或表达形式，是一切物质的普遍属性，实际上包括了一切物质运动的表征。传播学研究的信息是在一种情况下能够减少或消除不确定性的任何事物，它是人的精神创造物。我国情报学家严怡民对信息的定义为：生物以及具有自动控制系统的机器，通过感官器官和相应的设备与外界进行交换的一切内容。国家标准 GB4894-85《情报与文献工作词汇基本术语》对信息的定义是：物质存在的一种方式、形态或运动状态，也是事物的一种普遍属性，一般指数据、消息中所包含的意义，可以使消息中所描述事件的不定性减少。

综上所述，可以认为信息是以物质介质为载体，传递和反映世界各种事物存在方式、运动规律及特点的表征。它反映了物质客体及其相互作用、相互联系过程中表现出来的种种状态和特征。例如，事物发出的消息、信号及信号中的指令，就可通过一定的物质形式（声波、电磁波）传送给人或动物某种信息。不同的事物，具有不同的状态和特征，因此会产生出各种不同的信息，人类就是由大脑经感觉器官来接受自然界和社会中的种种信息来区别各种事物，从而认识世界和改造世界的。

（2）信息的特征

信息一般由信息源、内容、载体、传输和接受者几部分构成。因此，信息具有以下几个主要特征。

① 普遍性。信息源于自然界、人类社会以及人类的一切思维活动，可谓信息无处不在、无时不有、无人不用。因此，信息可被看成是物质的一种普遍属性，是物质存在的方式、运动状态的体现。

② 存储性。信息可以用不同的方式寄存在不同的介质上，即信息必须依附物质才能存在。大脑本身就是一个天然的信息载体存储器，纸张、图像、摄影、录音、光盘、计算机存储器等都可以进行信息存储。

③ 可识别性。信息是客观事物经过感知或认识后的再现，狭义的"认识论信息"认为，那些信息接受主体感觉不到的"某个事物状态及状态的变化方式"，或者感觉到了但不能理解的东西，都不叫信息。因此信息还必须具有可识别性，识别又可分为直接识别和间接识别，直接识别是指通过感官的识别，间接识别是指通过各种测试手段的识别。不同的信息源有不同的识别方法。

④ 传播性。发出信息与接受信息就是信息的传播。信息的传播性是信息最本质的特征。信息如果不能传播，信息的存在就失去了意义。信息只有经过传播才能被接受和利用，语言、表情、动作、报纸、书刊、广播、电视、电话、传真和网络等是人类常用的信息传播方式。

⑤ 共享性。信息具有扩散性，同一信源可以供给多个信宿，因此信息是可以共享的。

⑥ 时效性。信息具有很强的时效性是毋庸置疑的，及时的信息可以产生积极的效果，过时的信息则可能贻误战机。

⑦ 可塑性。任何信息，人们都可根据需要对其进行加工、整理、转换成另一种形态。如自然信息可转换为语言、文字和图像等形态，也可转换为电磁波信号或计算机代码。

（3）信息检索

信息检索一词最早来源于英语"Information Retrieval"，表示将信息按一定的方式组织和存储起来，形成各种"信息库"，并根据用户的需要，按照一定的程序，从"信息库"中找出符合用户需要的信息的过程。因此，广义的信息检索包括信息的存储与检索两个过程。

信息存储（标引）过程就是解决如何建立检索系统，编制、标引检索工具或数据库，这主要由专业信息标引人员、图书情报部门的专职人员依据检索语言进行编制、标引。一般图书情报部门都把这部分编制、标引出的"信息库"，放在图书馆的检索室或图书馆的服务器中。表 1-1 为国内常见的检索工具，表 1-2 为国内常见的数据库。

信息检索（检出）过程则是根据已知的检索工具和数据库，按照一定的检索规则（检索语言）将所需的文献资料查找出来的过程。

狭义的信息检索则仅指信息的检出过程。

因此，信息检索主要讲解怎样利用检索工具和数据库查找信息资料。当然随着 Internet

的发展，网络信息空间得到了极大的拓展，在信息检索中也占有很重要的位置。

表 1-1　　　　　　　　　　　　　　　常见检索工具一览表

美　国		EI、CA、JEL、PROMT、MR、TTD、SCI、BA
英　国		SA（PA、EEA、CCA、IT）、WPI、WTA
俄罗斯		文摘杂志
日　本		科技速报、特许公报
中　国	文　摘	管理科学文摘、计算机应用文摘、硬件软件文摘、机械制造文摘、中国数学文摘、中国汽车文摘、中国化工文摘、中国食品文摘
	目　录	全国新书目、国内外科技资料馆藏目录、国家标准目录及信息总汇、中国近代期刊篇目汇录
	索　引	全国报刊索引、报刊资料索引、人民日报索引、光明日报索引、中国专利索引、中国科学引文索引、国外社会科学论文索引、中国近代现代丛书目录索引

表 1-2　　　　　　　　　　　　　　　常见数据库一览表

中文数据库	超星数字图书馆、书生之家数字图书馆、读秀学术搜索
	中国学术期刊全文数据库、中文科技期刊全文数据库
	中国博士学位论文全文数据库、中国优秀硕士学位论文全文数据库
	万方中国学位论文全文数据库、万方数据资源系统会议论文
	中国社会科学引文数据库、人大复印报刊资料全文数据库
	中国资讯行、中经网统计数据库、新华在线——道琼斯财经咨询教育平台
外文数据库	EBSCO 全文数据库、Elsevier 电子期刊数据库、ACS 期刊全文库
	Springer 电子期刊数据库、ISI Proceedings、Ei Village2、PQDD 博硕论文库
	CALIS 文献传递、CASHL 文献传递、NSTL 文献传递

2. 信息检索类型

信息检索的种类很多，在此仅按其检索对象和检索手段两种方式进行描述。

（1）按检索对象划分

根据检索对象的不同，信息检索可归纳为以下 3 种类型。

① 数据检索（Data Retrieval）。数据检索是指以各种数据或数值为检索对象，从已有的"信息库"中查找出特定数据的过程，其检索结果是数值性数据。例如，查天气预报、股票价位、本专业学位论文的 UDC 三级分类号、西安大雁塔有多高等即为数据检索。

② 事实检索（Fact Retrieval）。事实检索是指以某一客观事实为检索对象或对已有的数据进行处理（逻辑推理）后得出新的事实过程，其检索结果是数值性数据和相关的资料。例如某同类产品中，哪种牌号的汽车最省油？本学年成绩优秀的学生有多少？

③ 文献检索（Document Retrieval）。文献检索是指以文献为检索对象，从已有的"信息库"中查找出特定文献的过程，其检索结果是文献资料。凡是查找某一课题、某一著者、某一地域、某一机械、某一事物的有关文献，以及这些文献的出处和收藏处所等，都属于文献检索的范畴。例如，"关于儒家文化对韩国经济的影响"都有些什么参考文献？

文献检索是要检索出包含所需要信息的文献，是一种不确定性的检索，其检索结果是与某一课题有关的若干篇论文，书刊的来源出处以及收藏地点等。因此，文献检索一般使用文摘、目录、索引、全文等检索工具及其相对应的数据库和网络资源。数据和事实检索是要检索出包含在文献中的具体信息，是确定性的检索。其检索范围包括：各种数值、要领、事项、科技成果、市场动态、统计数据、人物传记、机构名录以及各种公式、规格、标准等。因此事实和数据检索，使用的工具主要有百科全书、字典、辞典、年鉴、手册、人名录、地名录、机构指南及其相对应的数据库和网络资源等。

以上 3 种检索中，文献检索是最典型和最重要也是最常利用的信息检索，所以本书重点介绍文献检索。

（2）按检索手段划分

① 手工检索。手工检索简称手检，是指无须借助任何辅助设施即可使用的检索工具。这类工具都是些传统的印刷型检索工具，如文摘、目录、索引。因此用户使用起来直观、便于阅读、检准率高，但漏检严重、检索速度慢。

② 计算机检索。计算机检索简称机检，是指借助计算机、通信设施、数据库及其他辅助设备进行检索的统称。计算机检索包括联机检索、光盘检索和网络检索。机检与手检相比，检索效率高、速度快、范围广、查全率高，但检索费用高、查准率低。随着计算机技术、网络通信技术的发展，计算机检索正在逐步取代手工检索，成为信息检索的主要形式。

1.1.2 信息素养与创新能力

何为信息素养？它与创新能力又是什么关系？布拉格宣言给我们作了很好的诠释：信息素养是人们有效参与信息社会的一个先决条件，是终身学习的一种基本人权。本节的内容将会作出更好的解答。

1. 信息素养的内涵

信息素养（Information Literacy，IL），是 1974 年美国信息产业协会（IIA）主席保罗·泽考斯基（Paul Zurkowski）在提交给全美图书馆学和信息学委员会（NCLIS）的一份报告中首次提出的概念，他当时把信息素养解释为"利用大量的信息工具及主要信息源使问题得到解答的技术和技能"。进入 20 世纪 80 年代后，随着计算机技术的发展和普及，信息素养的含义不断深化，涉及领域更加广泛。1989 年，美国图书馆协会（ALA）下设的 IL 主席委员会发表的一份有关 IL 的权威报告对 IL 的定义是至今使用最为广泛的一种："具有信息素养的人必须在需要时能够识别、查找、评价和有效地使用信息"。1997 年 9 月，美国纽约州立大学图书馆馆长理事会对信息素养的定义表述为："能清楚地意识到何时需要信息，并能确定、评价、有效利用信息以及利用各种形式交流信息的能力"。

2003 年 9 月 20 至 23 日，联合国教科文组织（UNESCO）和美国图书情报学委员会（NCLIS）在捷克首都联合召开的信息素养专家会议（Information Literacy Meeting of Experts，Prague，The Czech Republic）发布了布拉格宣言：走向具有信息素养的社会。这次会议共有来自世界23 个国家的 40 位代表讨论了信息素养问题。会议认为如何使人们从 Internet 时代的信息和通信资源及技术中受益是当今社会面临的重要挑战。会议将信息素养定义为一种能力，它能够确定、查找、评估、组织和有效地生产、使用和交流信息，并解决面临的问题。

布拉格宣言宣称信息素养是人们有效参与信息社会的一个先决条件，是终身学习的一种基本权利。

总之，信息素养是一种综合信息能力。即在信息社会中，人们所具备的信息觉悟、信息处理所需的实际技能和对信息进行筛选、鉴别、传播和合理使用的能力。具体包括以下内容。

（1）信息意识

信息意识是人们利用信息检索系统获取所需信息的内在动因，是人的大脑对信息存在的反映，具体表现为对信息需求的意念、洞察信息的敏感性、寻求信息的兴趣和对信息的判断捕捉能力及消化吸收能力等。信息意识是信息素养的前提，含有信息认知、信息情感和信息行为倾向 3 个层面。

（2）信息知识

信息知识指一切与信息有关的知识和方法，既包括信息理论知识，又包括信息技术方面的内容，如对图书信息知识的了解程度，对检索技术、计算机技术及相关学科的掌握程度等。它是信息素养的基础，不具备一定的信息知识，信息素养也就无从谈起，只会成为空中楼阁。

（3）信息能力

信息能力是指人们有效地利用信息存储机构，如图书馆、Internet 等系统获取、分析、评价、处理、创新和传递信息的能力。具体包括：优选信息源、信息媒体，掌握检索语言、熟练使用各种数据库的能力、对检索效果进行判断和评价的能力、加工提炼信息的能力、整合创建信息的能力、交流传播信息的能力等。信息能力是信息素养的核心。没有信息能力，信息素养也就难以实现。

（4）信息道德

信息道德是指个人在信息活动中的道德情操及行为规范。包括学习了解信息与信息技术相关的法律、道德伦理、经济法规，摘取利用信息资源时能够合法、合情、合理地使用信息，并遵守一些约定俗成的规则等。总之信息道德是对信息创造者、信息服务机构和信息用户之间相互关系的行为规范进行约束之准则。

2. 信息素养与创新能力

创新能力是人们运用知识和理论，在科技和实践活动中除旧立新、创造具有经济价值、社会价值的新思想、新理论、新方法和各种新发明的能力。创新能力一般都有发现问题、分析问题、提出假设、论证假设、解决问题的过程，对事物勇于批判、敢于质疑。创新能力构成的基本要素有创新意识、创新智能、科技素质和创新环境等。创新意识是创新的前提，是激发创新能力的动因，创新智能（包括观察能力、思维能力、想象能力、操作能力）决定了创新的成功和水平，科技素质是创新的基础，创新环境则为创新营造氛围，是提高创新能力的重要条件。

创新能力是民族进步的灵魂、经济竞争的核心。当今社会的竞争，与其说是创新能力的竞争，不如说是人才的竞争。众所周知，大学生是国家创新人才的栋梁，是未来创新国家的希望。21 世纪需要的是有创新意识、具有创新精神和创新能力的人才。为了培养创造型人才，教育必须创新。目前高校实施的信息素养教育则是孕育创新能力的沃土，正像布拉格宣言宣称的那样，信息素养是人们有效参与信息社会的一个先决条件，是终身教育和终身学习的一种基本权利。信息素养教育主要是培养大学生主动获取各种信息的意识，掌握信息获取和利用的能力，恪守信息道德，构建终身学习环境和氛围，为创新能力的培养夯实基础，这样才能不被时代抛弃，顺应未来社会的发展。

信息素养和创新能力的培养与提高不是一蹴而就的，需要进行长期、有计划、有步骤地训练。培养和提升大学生的信息素养既是个人终身发展的要求，也是信息时代对高等教育的必然要求，关系着国家的前途和发展。我们应借鉴"美国高等教育信息素养能力标准"，以信息技术教育为基础，以信息能力和创新能力的培养为核心，注重大学生信息道德、文化、社会责任感等方面的发展，为全面建设小康社会培养大批高素质的优秀人才。

1.2　信息源与信息媒体

本节从信息产生的"源头"开始追溯，主要介绍承载信息源的两种文献型信息媒体。

1.2.1　信息源的概念

顾名思义，信息源就是获取信息的来源。联合国教科文组织（UNESCO）出版的《文献术语》对其定义为：组织或个人为满足其信息需要而获得信息的来源，称为"信息源"。从绝对意义上看，只有信息产生的"源头"，才能称为信息源。但信息源是一个相对的概念，凡能产生、拥有和传递信息的所有物质皆谓信息源。由此看来信息源内涵丰富，它不仅包括各种信息载体，也包括各种信息储存、传递、生产机构。但在图书情报界则认为：人们在科研活动、生产经营活动和其他一切活动中所产生的成果和各种原始记录，以及对这些成果和原始记录加工整理得到的产品都可称为信息源。因此又有口头型信息源、实物型信息源和文献型信息源之说。

1.2.2　信息媒体

信息媒体是指信息传播的介质、信息表示的载体，也称为信息媒介或信息载体。这些信息媒体可以是文字、图形、图像、动画、声音、视频等信息表示形式，也可以是扬声器、磁盘阵列服务器、电视机等信息的展示设备，还可以是传递信息的光纤、电缆、电磁波等中介媒质，以及存储信息的缩微胶卷、磁盘、光盘、磁带等存储实体。而在图书情报界则从文献型信息源的研究视角出发，将信息媒体大致划分为传统文献信息媒体和电子文献信息媒体两大类。

文献信息媒体是将人类知识用文字、图形、符号、声频、视频等手段在物质载体上记录下来的用于交流传播的信息载体。而文献是记载着知识内容的物质载体。具体来说，凡是用文字、图形、符号、声频、视频等手段在物质载体上记录下来的知识，都可称为文献。

1.　传统文献信息媒体

传统文献信息媒体主要是指传统图书馆收录的各种文献信息媒体总汇。若把传统文献信息媒体再进行细分，又可分为多种类型。

（1）按文献信息载体形式划分

① 印刷型：指以纸张为载体的文献记录形式，也是目前使用的主要形式，包括油印、铅印和胶印。优点是阅读方便、便于流通，缺点是笨重、占空间大、存储密度低、管理困难。

② 缩微型：以感光材料为载体、缩微照相为记录手段的文献记录形式，包括缩微胶卷、平片等。优点是体积小、重量轻、存储密度高、便于保存转移，其缺点是不能直接阅读，必须借助专门的阅读设备。

③ 机读型：即计算机可读型。是以磁性材料为存储介质、通过编码和程序设计，把文献资料转换成机读语言，成为供计算机使用的新型载体，包括磁带、磁盘和光盘等。优点是存储密度高、存取速度快、原有记录可改变更新，缺点是需要计算机才能使用、价格高、技术要求高。

④ 声像型：又称视听型。以磁性或感光材料为存储介质，采用录音、录像或摄影技术为手段直接记录声音、视频图像而成的一种文献信息。如唱片、录音带、录像带、电影等可直接脱离文字记载，听其声、观其形、给人以生动直观的感觉，尤其对科学家观察、启迪思路有其积极的作用，缺点是需要专用设备、成本高。

（2）按文献信息媒体内容特征或加工程度分

① 零次文献：是绝对意义上的原始文献，主要指尚未载入正规载体上的一类文献总称，如书信、手稿、患者病历、生产日记、会议记录等。

② 一次文献：又称原始文献，但是相对意义上的原始文献。是指以作者本人的生产或科研工作成果为依据而创作的文献并且载入正规载体上的一类文献，如期刊论文、专利说明书、学位论文、会议文献等。

③ 二次文献：将一次文献按一定方法进行加工、整理、浓缩、组织成为系统的便于查找的检索工具即二次文献。如各种目录（题录）、索引、文摘，这些文献专供了解或查找一次文献而用。

④ 三次文献：是在合理利用二次文献的基础上，选用一次文献的内容，根据一定的需要和目的，进行深入分析、研究之后，综合概括而成的文献，如专题述评、综述及各种参考工具书等。

（3）按文献信息媒体的内容形式划分

① 图书：是用于全面而系统地阐述某一方面或学科的科学理论或发展，传授科学技术以及查阅某些知识的文献形式。一般来说，图书的内容比较系统、全面、成熟、可靠，缺点是出版周期长、新颖性欠佳。图书按使用功能可分为以下两类。

● 阅读型图书：教科书、专著、科普读物。
● 查阅型图书：参考工具书、检索工具书。

② 连续出版物：采用统一名称定期或不定期连续性发行的出版物，主要指报纸、期刊和年度出版物。连续出版物一般有连续的卷期或年月日顺序号，出版周期短、报道文献快、内容新颖、信息量大，特别是报纸、期刊现已成为广大民众和科研人员阅读量最大的信息媒体。

③ 会议文献：一般是指国内外各个科学技术学会、协会及有关主管部门召开的学术会议或专业会议上提交、宣读或交流的论文或报告。因此会议文献代表着一门学科或专业的最新研究成果，反映着当时的发展水平或动态。会议文献通常有会前预印本，会后会议录、论文集、期刊等出版形式。因此会议文献也是科研人员利用率最高的信息媒体之一。

④ 专利文献：主要指专利说明书，也包括各种专利检索工具、专利公报及专利法律文件等。专利文献具有新颖性、创造性和实用性的特点，并具有垄断性、地域性、时间性、公开性和法定性的特征，因此专利文献是一种集技术与法律于一体的实用性很强的文献信息媒

体，且重复率很高。

⑤ 科研报告：是指科研工作成果的正式报告或是对科研进展情况的实际记录。其特点是连续出版，刊有机构名称、报告号、自成一册，在内容上专深具体，往往是最新成果，比期刊论文详尽、数据也比较完整。世界上许多国家出版各自的科技报告，其中美国政府出版的科技报告数量较大、较系统，最有名的四大报告为军事系统的 AD 报告、政府部门的 PB 报告、能源部的 DOE 报告和美国宇航局的 NASA 报告。所以，科技报告对了解国内外军事、国防工业及尖端技术等方面的情况特别重要。我国出版的《科技研究成果报告》分为内部、秘密、绝密 3 个级别，一般为内部控制使用。

⑥ 标准文献：是指对工农业产品、卫生教育、行政机关和工程建设的质量、规格、检验方法及管理等所做的技术规定，是人们从事管理、设计、生产和检验的一个共同技术依据。标准作为一种规章性的技术文献，具有一定的法律约束力。

⑦ 学位论文：这是高等学校或研究机构的毕业生作为评定各级学位而撰写的论文。目前多数国家的学位分为学士、硕士和博士三级。学位论文质量参差不齐，但带有一定的独创性和新颖性，特别是博士论文具有较高的专业水准、参考价值较大。

⑧ 政府出版物：一般是指由各国政府部门及其专设机构所发表出版的配合政府工作的行政性文件和科技文献，如法律法规、统计、科普资料和技术政策等。

⑨ 产品目录与样品：是指厂商为推销其产品而印发的宣传性资料。通常对产品的性能、构造、用途、使用方法及产品规格都有详细介绍。技术上较成熟，数据较可靠，并有外观照片、结构图等，直观性强。因此对产品推广、制造和设计具有一定的参考作用，颇受消费者和设计人员的青睐。

⑩ 技术档案：是指记录和反映一个单位或部门在行政管理、生产建设和科学研究等活动中所形成的有一定保存价值的具体工程对象或项目的技术文件、图样、图表、照片、原始记录的原件及复印件。技术档案是生产建设和科研工作中用以积累经验、吸取教训和提高质量的重要文献。技术档案一般具有保密和内部使用的特点。

2. 电子文献信息媒体

电子文献信息媒体是指以数字编码的形式，把文字、图像、动画、声音、视频等信息存储在磁光等介质上，通过计算机和其他辅助设备阅读使用的一种新型文献信息媒体，实质是一种机读型信息媒体。电子文献信息媒体是信息技术发展的产物，它的产生、发展和应用给人们展示了一个全新的虚拟世界。电子文献信息媒体种类繁多、划分多样。

（1）根据载体的存储形态划分

① 光盘文献信息媒体：是以光盘作为信息存储载体和检索对象的有形文献信息媒体，它对电子文献信息媒体作出了巨大贡献。光盘文献信息媒体的检索方式有单机版、网络版和与联机检索系统联网的联机检索形式。由于光盘文献信息媒体存储能力强、介质成本低、数据可靠、便于携带、检索费用低等优点，因此许多常用的联机数据库都配备其相应的光盘产品，如 EI CompendexWeb 等。但目前光盘文献信息媒体多用在镜像站和数据备份上。

② 联机文献信息媒体：是指联机检索系统提供的那些文献信息媒体，如 DIALOG、STN、OCLC 等。目前联机检索和网络检索都是通过 Internet 进行检索，但联机数据内容全、准确、权威，收费也高。

③ 网络文献信息媒体：以 Internet 形式向全世界发布的各种各样的文献信息媒体，如搜索引擎、主题网关、经济、医学、教育、科研、军事、商业、新闻、企业公司的网站网页、网络书刊、报纸、专利、标准、电影、音乐、博客、RSS、网上论坛、新闻组等，它是目前世界上最大的文献信息媒体，使用方便快捷、免费信息居多，颇受用户喜爱。但信息杂乱、可靠性差。

（2）根据数据库的检索对象进行划分

① 参考数据库：只为用户提供信息线索的数据库，用户使用此类数据库后，一般还需依据其文献出处进一步索取原文。参考数据库包括书目数据库和指南数据库。

书目数据库包含文摘、目录、题录、索引等数据库，实为印刷型二次文献即检索工具的电子化产物。书目数据库的数据结构简单，记录格式比较固定。

指南数据库是有关机构、人物等相关信息的简要描述，包括各种机构名录数据库、人物传记数据库、产品信息数据库等。

② 源数据库：指能直接获取原始资料或具体数据的数据库。源数据库包括数值数据库、文本—数值数据库、全文数据库、术语数据库、图像数据库和多媒体数据库等。

（3）根据网络传输协议进行划分

网络信息媒体是指借助计算机网络进行传递的文本、数值、声频与视频等各种信息媒体的总合。随着 Internet 的发展，这部分信息媒体在时间和空间上将得到了极大的拓展。网络信息媒体的种类繁多。

① WWW 信息媒体：WWW 是广域网（World Wide Web）的简称，也称万维网或 Web。WWW 是一个基于超文本传输协议（Hypertext Transfer Protocol），在客户机和服务器之间展现和传递各种媒体信息，并以直观的图形页面为用户提供服务的信息检索系统。WWW 能够将位于 Internet 上不同地点的信息有机地编织在一起，提供一种非常友好的信息查询接口：用户仅需提出查询要求，而到什么地方查询及如何查询则由 WWW 自动完成。WWW 是由欧洲粒子实验室（CERN）20 世纪 90 年代初研制的，一经推出就吸引了学术界、政界和商界的广泛关注，现已成为 Internet 上发展最快，信息最丰富的一种检索方式，被公认为是 Internet 的代名词。

② FTP 信息媒体：FTP 是文件传输协议（File Transfer Protocol）的简称。它的主要功能正如其名所示，在 Internet 上完成从一个计算机系统到另一个计算机系统的文件传输，既可以从远程计算机上下载信息到本地计算机，也可以从本地机上载信息到远程机。

③ Telnet 信息媒体：Telnet 是 Internet 远程登录协议，只要用户在本地计算机上输入用户名和密码，成功登录后变可作为 Internet 的远程终端实时访问主机，来共享远程主机中对外授权的各种信息资源，包括硬件资源和软件资源。目前，许多图书馆、商用数据库都是通过 Telnet 对外开展服务的，如 OPAC、DIALOG、OCLC。

④ Gopher 信息媒体：Gopher 是一种基于菜单的网络服务，其服务形式类似于 WWW 的分布式客户机/服务器，但不像 WWW 那样展示给用户的是一幅幅直观性很强的页面，而是令人费解的一些菜单说明。

由此可见，人们在获取信息时，信息媒体的来源渠道是至关重要的。因为种种原因，同一条信息需求的内容在不同的信息媒体中可能会存在差异。这时用户应以信誉度高的信息媒体为主，但必须对其他相关信息媒体进行考查，以识别信息的真伪。

1.3 信息检索原理

任何事情掌握了原理，就会得心应手，同样，信息检索也是如此。

信息检索原理可从信息检索过程得到很好的诠释，如图 1-1 所示。用户在检索时，检索系统一方面接受用户的检索提问，另一方面从数据库（检索工具）中接受文献记录，然后在两者之间进行匹配运算，即将检索提问与数据库（检索工具）中文献记录标识进行比较。如果比较结果一致或数据库（检索工具）中的文献记录标识包含了检索提问标识，那么具有该标识的信息可能就是用户所要的命中文献；如果比较结果不一致，则要重新提交检索提问。

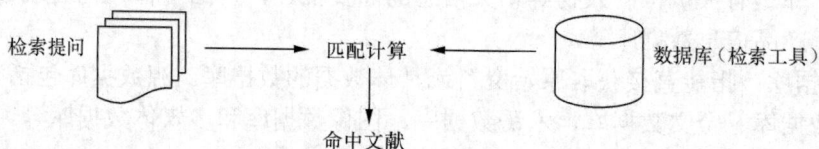

图 1-1 信息检索原理示意图

1.3.1 检索语言

检索语言是人们组织、存储与检索文献信息的重要依据，有了检索语言，标引人员才能按规则组织、存储文献信息，检索人员才能按规则检索、获取文献信息，这样存进去的文献信息才能被有效地揭示、检出。

1. 检索语言分类

检索语言是根据文献标引与检索的需要，在自然语言的基础上规范化了的人工语言，它贯穿于文献存储与检索的全过程，是沟通标引人员和检索人员双方思想的约定语言，也有人称为"标定符号"或"标识系统"。

检索语言的种类颇多，其中按描述文献信息的特征进行划分是目前最常见的一种，如表1-3 所示。

表 1-3　　　　　　　　　　　检索语言分类

检索语言	文献信息的外表特征		题名语言
			著者语言
			号码语言
	文献信息的内容特征	分类语言	体系分类语言
			组配分类语言
			混合分类语言
		主题语言	单元词语言
			标题词语言
			叙词语言
			关键词语言

由于描述文献信息外表特征的检索语言，其文献标识与检索依据简单明了，如书名、著者、号码等不必再另行制定符号加以标注，因此通常所称的检索语言实际上是按描述文献信息内容特征的检索语言即分类语言和主题语言。

2. 分类语言

分类语言是将文献信息按学科、事物性质的等级体系加以排列，用分类号来表达文献主题概念的检索语言。分类语言的具体表现形式就是分类表（法）。分类法（表）是类分和组织文献信息以及用户检索文献的共同依据。

分类语言有 3 种，最常用的是体系分类语言。体系分类语言以文献内容的科学性质为对象，从学科分类观点出发，运用概念划分的方法，将知识分门别类地按逻辑次序，从总到分、从一般到具体、从低到高、从简到繁进行层层划分、层层隶属，逐级展开一个层类制的等级结构体系。《中图图书馆分类法》（简称《中图法》）、《中图科学院图书馆分类法》（简称《科图法》）、《杜威十进制分类法》（简称 DDC）、《国际十进制分类法》（简称 UDC）都是比较典型的体系分类语言。

现在以《中图法》为例说明其构成，《中图法》自 1973 年在我国使用以来，不断修订，现已成为国内图书情报部门统一使用的一部分类法。目前正在使用第 4 版。

《中图法》将全部知识分为 5 个基本部类，即马列主义、毛泽东思想、邓小平理论，哲学，社会科学，自然科学和综合性图书。在 5 大部类下又展开为 22 个基本大类（一级类目），如表 1-4 所示。

表 1-4　　　　　　　　　　　《中图法》基本大类

一级类目分类号及类目名称	
A 马列主义、毛泽东思想、邓小平理论	N 自然科学总论
B 哲学	O 数理科学和化学
C 社会科学总论	P 天文学、地球科学
D 政治	Q 生物科学
E 军事	R 医药、卫生
F 经济	S 农业、林业
G 文化、科学、教育、体育	T 工业技术
H 语言、文字	U 交通运输
I 文学	V 航空、航天
J 艺术	X 环境科学、劳保科学
K 历史、地理	Z 综合性图书

《中图法》的标记符号采用汉语拼音字母、阿拉伯数字和圆点相结合的混合制号码作为分类号，用字母表示基本大类（一级类目），在字母后用数字表示基本大类下类目的划分，唯独工业技术大类下用两位字母表示二级类目。《中图法》的分类号越长，代表的内容越具体，检索出的文献越精准，如图 1-2 所示。

D 政治、法律
0 政治理论
1 国际共产主义运动
2 中国共产党
5 世界政治
6 中国政治
8 外交、国际关系
{
80 外交、国际关系理论
81 国际关系
82 中国外交
82/83 各国外交
}
{
812 世界人民的友好往来与互相合作
813 国际组织与会议
815 国际问题
}
{
.1 裁军问题
.2 禁止和销毁核武器
.3 领土争端和边界问题
.6 难民问题
.7 人权问题
}

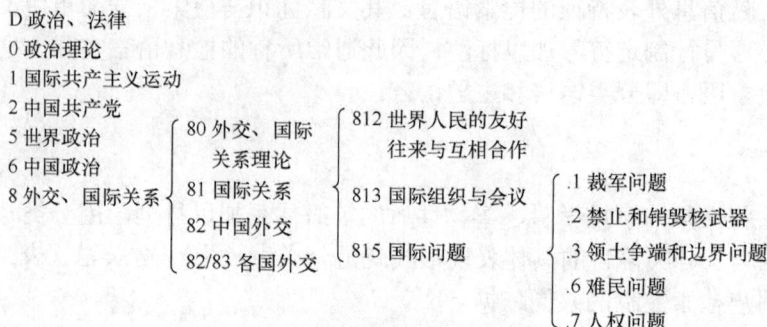

图 1-2　《中图法》2-5 级类目图

分类法按学科或专业集中文献，能够较好地满足族性检索要求，查全率较高；其次分类法采用概念划分的方法，具有等级结构，调整检索范围收缩自如，如要查找钓鱼岛问题，若按 D815.3 查找的文献太少，可改用其上位类 D815 查找；另外，分类法用字母和数字表示类目，简单明了，便于组织图书资料排架及目录系统。但分类法的缺陷也随之显现，因用号码语言作检索标识，专指度不高也不直观，在检索文献时，容易产生差错造成误检或漏检；此外，分类法是一种先组式标引语言，增加新类目困难，不适应新兴学科和边缘学科的查找，所以分类法都要不断地进行修订。

3．主题语言

主题语言是直接用自然语词作主题概念标识，并用字顺排列标识和参照系统等方法来间接表达各种概念之间的相互关系的一种检索语言。主题语言的具体表现形式是主题词表，主题词表也像分类表一样是文献标引人员与用户检索文献的共同依据。

主题语言根据构成原则与编制方法不同，可分为以下 4 种。

- 标题词语言（标题词法）
- 单元词语言（单元词法）
- 叙词语言（叙词法）
- 键词语言（关键词法）

它们可统称为主题法系统。其中标题词法、单元词法、叙词法是用规范化名词标引和检索文献的主题概念语言，按这些规范化名词的字顺编排为词表分别称为标题词表、单元词表和叙词表；关键词法是指直接选自文献标题或内容中具有实质意义的自然语言作为标引和检索文献的语言。因此，关键词法是未经规范化处理的自然语言，无受控词表，下面分述这几种语言的特点。

（1）标题词法

标题词法是用规范化的自然语言作为文献主题标目和检索依据，并以事先固定的词表组配方式进行标引和检索的一种主题语言。标题词法属先组式主题语言，标题词预先确定组配关系是其主要特征，如美国 EI 在 1993 年以前就是使用标题词语言标引和检索文献的典型检索工具。

（2）单元词法

顾名思义是以不能再分解的概念单元的规范化名词作为文献主题概念的标识。它不选用词组或短语去表达复杂的概念，这是与标题词法的主要区别。例如，对于"制冷材料"这一概念，按单元词法是通过"制冷"和"材料"这两个元词组配来表达该概念，而标题词法则直接选用"制冷材料"这个词组来表达它。实际上，表达事物概念，除了单一概念外，还有许多的复合概念。随着科技的不断发展，单元词法已被更先进的叙词法所取代。

（3）叙词法

叙词法是以规范化的自然语言词汇为基础，以概念组配为基本原理来对文献的内容特征进行描述的后组式标识系统。叙词法是主题法的最高级形式，它综合了多种检索语言的原理和方法，扬长避短，这主要体现在以下几方面：吸取了单元词语言后组式特点；采用了组配分类法的概念组配来代替单元词法的字面组配，并适当采用标题词法的预先组配的方法；吸取和继承了分类法的基本原理编制范畴索引和词族索引；借鉴了关键词法的轮排方法；采用了标题词法的参见系统并加以完善，以及直接引入体系分类表或分面分类表。例如，美国国防部和工程师联合会协作编制的《工程和科学术语叙词表》（Thesaurus of Engineering and Scientific Terms，TEST）、英国电气工程师学会编辑出版的《INSPEC 叙词表》以及我国编辑和出版的《汉语主题词表》等都是使用叙词语言标引和检索文献的典型词表。

（4）关键词法

关键词是直接从文献的篇名、正文和文摘中抽选出来的，用以揭示文献内容特征的具有实际意义的自然词汇。

关键词法无须像标题词法、单元词法、叙词法那样有受控词表，它比起主题法系统里的其他几种语言选词方便、简单迅速，尤其是使用计算机进行检索，就更加显示出了优越性，可快速帮助用户了解最新信息。但用关键词法编制的检索工具的质量比较粗糙。

主题语言比分类语言表达概念准确、灵活、专指度高，便于读者检索，特别是对一些新兴学科、边缘学科的查找尤其方便。此外主题语言还可打破传统的学术分类的框框，把分散于各个学科里的有关某课题的文献集中于同一主题之下，有利于综合性研究。

1.3.2　信息检索方法、途径和步骤

进行任何一项工作都要讲究方法、途径和步骤，如果使用不当，费工费时。同样，信息检索也有其独特的一套操作程序。

1. 信息检索方法

信息检索方法应据课题的目的、性质和检索工具的现状灵活选定。一般来说，可以从手工检索和计算机检索两方面分别叙述。

（1）手检方法

① 常用法。常用法是信息检索中最常用的一种方法，因为是利用检索工具来查找，故又称为工具法。其按查找时间的顺序不同又可分为顺查法、倒查法和抽查法 3 种。

- 顺查法：顺查法是一种按照时间顺序由后向前的查找法。如接过某一课题，先要摸清课题的起始年代，然后再逐年依次由远向近进行查找，直到认为文献够用为止。顺查法检索全面、不易漏检，但费时费力，适于撰写综述性文章。
- 倒查法：倒查法是一种逆着时间顺序由前向后的查找方法。该法多用于一些新课题新内容的查找，因此是由新向旧去查找，直至找到所需资料够用为止，不必逐年的资料都查。

该法查询近期文献，效率高、省时省力，但有可能漏检。

- 抽查法：抽查法是针对某一学科在某一段时间里发展迅速，如正值该学科处于鼎盛时期的文献为主，单独抽出这一时期，利用检索工具进行查找。该法重点检索某一时期的文献，检索效率高，但必须在熟悉学科的发展特点下进行，所以也易漏检。

② 追溯法。追溯法又叫回溯法，是以某一篇论文末尾所附的参考文献为依据，逐一追踪地检索方法。该法的连锁反应，可查到有关某一专题的大量参考资料。该法直观、方便，在不备检索工具的情况下，是一种扩大情报源的最好办法，但检索效率低、漏检率高。如果能使用有关的引文检索工具（见 3.3 节"美国《科学引文索引》"和 4.5 节"中国社会科学引文数据库"），则可获得较好的效果。

③ 分段法。分段法是交替使用以上所提的两种方法，因而又叫循环法。具体来说，就是先使用检索工具查找某课题几年内的资料，再利用该资料末尾所附参考文献追溯查找。一般 5 年之内的文献被引用参考的较多，因此可以只追溯 5 年左右的时间，然后再用检索工具查出一批文献进行追溯，这样分批分段地交替进行，如此循环，直至认为够用为止。

（2）机检方法

随着信息技术的发展，计算机检索将逐步占有主导地位。计算机检索方法也称检索方式或检索界面，目前参差不齐。一般有专门机构维护管理的数据库都提供各种各样的检索方法，而多数的网站网页则不提供检索方法，只能浏览。但无论如何计算机检索方法没有固定模式，主要可归纳为以下几种。

① 基本检索。基本检索是一种最简单的检索方法，多数数据库只提供一个检索框且只能输一词或一个词组检索，但也有的数据库可对两词或多词进行逻辑组配检索。

② 高级检索。在高级检索中，用户可通过点选检索系统给定的检索算符对多词进行逻辑组配检索。高级检索提供的检索框也较多，一般一个检索框只能输一词或一个词组，检索框多控制在 2～5 个。

③ 专业检索。专业检索一般只有一个大检索框，要求用户自己输词、字段、检索算符进行组配检索。专业检索要求用户有熟练的检索技术。

④ 分类检索。一般按分类表进行限定检索，或按学科进行一级一级浏览。

⑤ 二次检索。二次检索是在以上单项检索的基础上，进一步选用新词进行缩小范围的检索。

2. 信息检索途径

检索途径通俗地讲就是查找文献信息的入口，在手检中，检索入口取决于检索工具提供的索引的多少，在机检中，检索入口取决于数据库提供的检索字段（手检中文献的著录项目）。但是检索工具提供的索引有限，而数据库提供的可检索字段几乎覆盖了组成文献的全部著录项目。因此，机检比手检的检索入口宽泛了许多。本书仅介绍以下几种主要的检索途径。

（1）文献名称途径

文献名称途径是根据书刊篇名名称途径进行查找的一条途径。如各种题名字段、书名目录、篇名索引、刊名一览表等检索工具皆是用此途径检索。它是把文献名称按照字顺编排起来的检索系统。使用时，与查字典相似。

（2）著者途径

著者途径是以著者姓名为线索的检索途径。这里的"著者"包括个人著者、团体著者、专利发明人、专利权人、合同用户、学术会议召集单位等。著者姓名途径主要是利用著者字段、著者目录、著者目录（索引）、团体著者目录（索引）、专利权人索引、机构字段、机构索引等。这些字段、目录（索引）都是按其姓名字顺编排，在已知著者的前提下，很快就可查到所需文献。但要注意外国与中国著者书写上的区别。

（3）号码途径

号码途径是利用文献信息自身的编号检索文献的一条途径。许多文献有固定的注册编号，如报告号、标准号、专利号、合同号、馆藏号、索书号等，一般都是按字母和数字顺序排列。

（4）分类途径

分类途径是按照文献信息的知识内容及所属学科性质而类分和检索文献的途径。常用的工具有分类字段、分类目录和分类索引等。分类途径的检索依据是分类法或称分类表也称分类语言（见 2.3.2 小节"分类语言"），使用这种检索途径的关键是熟悉和掌握分类表。对于文献信息的学科分类，世界各国都有自己的分类法，此外对于不同的文献，可能要采用不同的分类法。如专利文献要使用专利分类法，标准文献要采用标准分类法等。

（5）主题途径

主题途径是通过代表文献信息内容的主题词来检索文献的一条途径。常用的工具有主题字段、关键词字段、主题索引、叙词索引、关键词索引等。主题途径的检索依据是主题语言（见 2.3.3 小节"主题语言"），使用这种检索途径的关键是熟悉和掌握主题词表。

3. 信息检索步骤

信息检索步骤即检索过程，一般可归纳为以下 5 个步骤。

（1）分析研究课题

分析研究课题是整个检索过程的关键，只有对研究课题进行全面的调查了解，才能做到心中有数。分析课题应从信息需求的目的和意图入手，明确该课题检索的目的是属科研立项、科技成果查新，还是进行专利申请、撰写学位论文；是设备论证，还是引进消化；是查找统计数据、具体事实，还是查找医疗信息；是查找某一企业状况，还是查找某一技术攻关等。

（2）选择检索工具或数据库

一般情况下，检索工具或数据库的选择应从课题的学科范围、语种范围、时间范围、文献类型、经费支持、检索功能、服务方式等多方面考虑，总之要选择专业对口的、信誉度高的检索工具或数据库。此外，选好检索工具或数据库后，还应在一定的范围内试查一下，看是否合适。

（3）确定检索途径（检索字段）及检索方法（检索方式），形成检索标目（构造检索提问式）

如前所述，检索途径包括分类、主题、著者、序号等，选择哪一种，一要根据研究课题的已知条件，二要根据所选检索工具或数据库。手工检索工具正文只提供一条途径，索引可补充其他途径。检索方法也有 3 种，各有特点：分段法适用馆藏不多，检索工具缺藏[①]的情况；如检索工具齐全，又具备检索能力，应采用常用法；对不熟悉图书馆的读者，一般只能采用追溯法和浏览法。检索标目是在对课题分析的基础上，找出检索线索，形成能代表文献特征的检索标识。若课题的已知条件是某一作者或文献编号或书刊名称等，那么检索者只要

---

① 缺藏：即指缺乏收藏，收藏不多。

用相应的名称、号码做检索标目即可；若课题的已知条件仅仅是课题内容，那么只能对课题内容进行主题分析，核对主题词表或分类表，确定检索标目。

对于计算机检索来说，就是确定检索方式、检索字段、构造检索提问式。所谓构造检索提问式就是用各种检索算符将简单概念的检索词进行组配成能表达课题需求的复杂概念的检索提问式。其中检索词的选择至关重要，一般采用"聚类组合法"即对检索课题按序实施如下 7 项操作：切分、删除、替换、聚类、补充、增加和组合，从而生成检索式的方法。

① 切分。切分就是对课题语句进行切分，以词为单位划分单词或词组。切忌眉毛胡子一把抓，不假思索地把整个课题照搬。如查"儒家文化对韩国经济的影响"，用中文科技期刊数据库，不可直接照搬检索，必须先进行切分：儒家 文化 韩国 经济 影响。

② 删除。删除是指对不宜做检索词的词进行剔除，且避免使用一般概念性的词做主题词，如研究、状况、合成、应用、性能、发展、影响等。如对上例进行切分后，还要删除：影响。

③ 替换。替换用更具体、明确的词替换掉某些表达欠佳的词。如在 EBSCO 库中可用更专指或更专业的检索词 fashion show 替换 apparel show、clothing show、garment show 三词。

④ 聚类。如从文献的外部特征上聚类，可将彼此"非常相关的词"归于一类。如常把 folk-custom 和 folklore 合并起来使用。

⑤ 补充。补充就是对缩略词组进行还原作为补充。

⑥ 增加。通过逻辑"或"增加同义词，逻辑"与"、"非"增加限义词[①]，避免由于检索词一词多义造成的误检问题。

⑦ 组合。组合就是使用布尔逻辑算符、全文算符、截词算符及字段算符等将以上"聚类组合"过的课题构造成合乎需要的检索提问式。

在构造检索提问式时，要注意各种算符的运算顺序，位置算符、截词符[②]等的使用方法，还要考虑各个检索项的限定要求及输入次序等。

（4）实施检索

在分析课题的基础上，选择好检索工具或数据库后，即可按照一定的检索途径（检索字段）和检索方法（检索方式）实施检索。经过阅览便可决定取舍，凡符合课题要求的应随时记录其文献出处，以便查考原文备用。

但在实际的课题检索当中，经常是首次输入的检索提问式的检索效果，并不一定就完全符合用户的要求，此时就需要及时采取措施、调整检索策略。有关调整检索策略的内容见 3.5 节"检索策略的制定与调整"。

（5）索取原始文献

索取原始文献看似简单，但实际操作起来并非易事。对于手工检索，在索取原文之前，必须要解决以下两方面的问题。

① 识别文献类型。检索工具著录的文献出处款目项中，一般对文献类型不加说明，需用户自己识别，若不会识别，就无法找到收藏原文的处所。检索刊物所收藏的文献大致有图书、期刊、会议文献、科技报告、学位论文及专利文献等，均可以从"文献出处"款目项中

---

① 限义词：指限制使用的词。
② 截词符：截词算符的简称，是指截词检索中所用的算符。

加以判断，这对用户按不同的文献类型去查找不同的馆藏目录、索取原文具有实用价值。下面举例说明各种文献的著录特征。

- 图书。图书的著录特征除著者、书名外，还有出版社、出版地、出版时间、图书总页数、国际标准书号等。
- 期刊。期刊出处的著录一般包括刊名、年、卷（期）、页次等，如 Compu. Wld. J. 2003，19（2），125—31，不过这里的刊名采用缩写著录。
- 会议文献。会议文献的著录出处要掌握三要素：会名、会址和会期。
- 科技报告。科技报告出处的著录特征主要为报告号，如 ESA106879。
- 学位论文。学位论文出处的著录特征主要有学位名称、颁发学位的大学名称、地点及授予学位的时间。例如 Master Thesis Dissertation，Stanford Univ.，Stanford，CA，1985。
- 专利文献。专利文献出处的著录特征主要有国别代码、专利号及专利的法律状态，如 CN1015681B。但日本的专利著录有些特殊，例如在 CA[①]中：Jpn.Kokai Tokkyo Koho（专利类型）、JP6001，427[8501,427]（国别及专利号）、（CL.D0607/00）（国际专利分类号）。

② 缩写刊名还原。国外的大部分检索工具中，为了压缩篇幅，其文摘著录的刊名出处中，一般采用了缩写著录。因此，还必须将缩写刊名转换成全称，才能索取原文。其方法如下。

- 西文期刊的缩写转换全称，可利用检索工具中的"期刊表"对照转换，如 EI 可使用"Publication List"还原，CA 可利用"Chemical Abstracts Service Source Index"转换等。
- 对于非拉丁语系的国家，如日文、俄文的刊名缩写的还原比较麻烦。因为这些文种的刊名在用英文书写的检索工具中一律采用拉丁文音译缩写著录，因此首先应使用检索工具中提供的"期刊表"将其缩写刊名变成全称，而后再借助"俄文字母——拉丁字母音译对照表"及"黑本式拉丁字母——日文字母音译对照表"将检索工具中的拉丁字母转换成相应的日文、俄文刊名，最后便可索取原文。
- 对于中文出版的期刊，在用英文书写的检索工具中既有按汉语拼音音译的，如 Zidonghua Xuebao，也有按英文意译的，如 Chinese Journal of Lasers，但港台期刊多采用威妥码拼音著录，如 Hsin Hsien Wei。因此在使用时应特别注意，切忌把音译刊名直接当成英文刊名去查找原文。

对于计算机检索，若是全文库或网络信息检索，一般都能看到原文；若是文摘题录库，可记录其论文题名和文献出处，使用 CASHL 或 NSTL 机构的原文传递功能索取全文，可详见 5.4 节"CASHL 网站"和 5.5 节"NSTL 网站"相关内容的讲解。

1.3.3　信息检索系统与检索工具

信息检索系统和检索工具是信息检索的利器，随着时代的变迁，检索系统和检索工具也在不断地升级换代。本节分别从手工检索和计算机检索两方面加以解析。

1. 信息检索系统

信息检索系统是集信息收集、加工、存储、检索和管理于一体的信息服务系统。一般来说，组成信息检索系统的基本要素有：文献信息、检索设备、检索语言、信息存储方法与检

---

① CA：美国《Chemical Abstracts》的简称。

索方法、系统管理维护人员和用户。这几大要素的运行情况直接反映着信息检索系统的服务效果。信息检索系统按其检索方式可分为手工检索系统和计算机检索系统。

（1）手工检索系统

手工检索系统由手工检索设备（目录、题录、文摘、索引、卡片等）、检索语言及文献库等组成。该检索系统检准率高、成本低，但检索速度慢、效率低。

（2）计算机检索系统

计算机检索系统由计算机检索设备（光盘检索设备、联机检索设备、网络检索设备等）、检索语言及数据库等组成。该检索系统检索效率高、检索范围广、内容全，但检索费用高、灵活性差。

2. 检索工具

从整个文献检索过程来看，无论是存储还是检索，都离不开检索工具。那么什么是检索工具呢？

检索工具是按照一定的学科或主题范围、将所收录文献的条目和检索标识依据一定的规则（检索语言）编排组织在一起的二次文献。其中文献条目指描述文献外部特征（题目、著者、出处）和内容特征（主题词、分类号）的记录单元。被标引了的文献特征叫检索标目（检索标识），它是存储和检索文献的入口词。只是在机检中文献条目称字段，且所有字段都可作为检索入口词。

其实广义的检索工具与检索系统是一致的，只是在手检中习惯称检索工具，在机检中多数称为检索系统或数据库。检索工具的类型众多，本书仅按检索手段划分，将其分为手工检索工具和计算机检索工具两大类。

（1）手工检索工具

手工检索工具是指无须借助任何辅助设施即可处理和查询的检索工具，多指那些传统的印刷型检索工具。手工检索工具主要通过"手翻、眼看、大脑判断"方式进行浏览、检索，因此，检准率高，但检索速度慢、效率低。若按其著录内容细分，可划分为以下3种。

① 目录（题录）。目录是描述文献外部特征的文献条目，并按一定的次序编排起来的集合体。文献的外部特征包括题名、著者、出处、文种等，其特点是报道及时且量大，但揭示文献深度不够。

目录的著录对象可以是整本文献，也可以是单篇文献（题录）。我国出版的题录性检索工具有《中国社会科学文献题录》，外国的有美国的《Chemical Title》等。

② 文摘。文摘是除题录外还对文献内容做实质性描述的文献条目，即比目录（题录）式检索工具多一项内容摘要条目。因此文摘性检索工具在揭示报道文献的深度及实用性等方面都优于题录，有时甚至能代替原文，从而可大大节省查阅时间、起到事半功倍之效。文摘是检索工具的主体。

文摘有报道性文摘、指示性文摘和评论性文摘3种。文摘性检索工具很多，如《管理科学文摘》、JEL、EI、PROMT等。

③ 索引。索引是将事物标识（著者、关键词、主题、分类等）及其有关指引线索，按照一定的顺序加以排列，并注明其所在文献中的位置（页码或文摘号等），以便检索相应文献的检索工具。它的特点是用户利用简单、方便，但也和目录一样未能反映文献内容。

索引比目录和文摘性检索工具应用更广，不仅有正式出版的索引刊物（独立的索引刊物），如人民日报索引、计算机公司名录索引等，还有许多的文摘、目录刊物之后附有各种辅助索引，如主题索引、著者索引、关键词索引等。尤其是辅助性索引应用更广，现已成为检索工具不可分割的组成部分。

（2）计算机检索工具

计算机检索工具主要分为以下 3 种。

① 光盘检索。即采用计算机作为手段、以光盘作为信息存储载体和检索对象进行的信息检索系统。

② 联机检索。联机检索是一台主机带多个终端的计算机信息检索系统，它具有分时操作能力，能使许多相互独立的终端同时进行检索。这种检索是用户使用计算机终端设备通过通信线路，直接与主机对话，用户可输入提问表达式并马上得到答案。联机检索系统一般都设有数百个数据库，而每个数据库又包括几十万、几百万条数据信息。

③ 网络检索。该系统同联机检索系统的主机和用户终端的主从关系不同，网络检索是基于客户机/服务器的网络支撑环境的，客户机和服务器是同等关系，只要遵守共同协议，一个服务器可被多个客户访问，一个客户也可以访问多个服务器。Internet 便是该系统的典型。网络信息检索是基于 Internet 的分布式特点开发和应用的，用户只要通过网络接口软件，即可在任一终端机上查询世界各地上网的信息资源。随着信息技术的发展，网络将成为信息源传递的主要渠道。

目前，联机检索和网络检索都是通过 Internet 进行检索，只是联机数据库由专门机构管理维护、数据内容全、准确、回溯年代长、具有权威性，在人们科研立项、项目鉴定等学术活动中起着举足轻重的作用，但收费也高。网络信息资源既没有统一的网络管理机构、统一的资源管理机构，也没有统一的信息索引标准，与联机检索相比，信息杂乱无序，可靠性查，但费用低、检索界面友好，颇受用户青睐。光盘数据库与联机数据库相比，虽然存在着更新时间慢、数据容量小、专业范围窄等缺点，但由于它使用时操作方便、易学易用、费用低廉，而且检索效果优于联机检索，发展速度和普及程度都相当惊人，很快便成为一个能够与联机检索平分秋色的竞争对手。因此 3 种检索各有特色，目前许多检索系统既有光盘检索、联机检索又有网络检索，可供用户选择。

1.4　数字图书馆

本节将从数字图书馆的由来入手，对数字图书馆的概念进行介绍。

1.4.1　数字图书馆由来

数字图书馆是相对传统图书馆而言的。众所周知，传统图书馆是一个人们看得见、摸得着、拥有一定数量馆藏和管理人员的一个物理建筑，是一个集收集、整理、保存、传递文献信息于一体的社会文化教育机构。在传统图书馆中，可通过以手工操作为主的工作人员，利用馆内的各种文献信息，为一定范围的读者提供服务，如外借服务、阅览服务、参考咨询、文献检索等各种服务。随着信息技术的发展，图书馆所收集信息的载体也发生了变化，由单一的印刷型发展成缩微型、机读型、声像型等几种形式并存，因此有人称其为电子图书馆。而网络技术的发展又使得图书馆打破了地域和时间的限制，使人们无论何时、何地都可以访问图书馆的信息，因而又有人称其为没有围墙的图书馆。鉴于这种图书馆是在网上访问的，而非现实当中存在的真实物理建筑实体，于是又有人称其为虚拟图书馆，由于其信息都是以计算机能识别的二进制的形式存储，因而又出现了数字图书馆的概念。

1.4.2　数字图书馆定义

那么，究竟什么是数字图书馆呢？可谓智者见智、仁者见仁、各抒己见，刘炜在《数字图书馆引论》一书中曾经做过统计，有关数字图书馆的定义接近百种，它们都从不同的角度反映了数字图书馆的某些特征。以下列出了一些国内外有代表性的定义。

1. 美国数字图书馆联盟（DLF）定义（1998）

数字图书馆是一个拥有专业人员等相关资源的组织，该组织对数字式资源进行挑选、组织、提供智能化存取、翻译、传播、保持其完整性和永存性等工作，从而使得这些数字式资源能够快速且经济地被特定的用户或群体所利用。

2. William Y. Arms[①]定义

数字图书馆是具有服务功能的整理过的信息收藏，其中信息以数字化格式存储并可通过网络存取。该定义的关键在于信息是整理过的。

3. 孙坦[②]定义

从社会需求和技术条件分析，数字图书馆的核心和本质是利用现代信息技术，以计算机网络为基础平台，构建一个有利于产生影响新知识的资源、工具和合作环境，这种作为环境的数字图书馆不仅仅局限于网络数字信息资源的开放利用，更是一个促进信息获取、传递、交流的知识网络。

4. 国家图书馆定义

数字图书馆为国家信息基础设施提供关键性信息管理技术，同时提供其主要的信息库和资源库。换句话说，数字图书馆是国家信息基础设施的核心。

5. 大英图书馆定义

利用数字技术获取、存储、存取、发布信息的图书馆。

6. 百度百科对数字图书馆定义的概括

通俗地说，数字图书馆就是虚拟的、没有围墙的图书馆，是基于网络环境下共建共享的可扩展的知识网络系统，是超大规模的、分布式的、便于使用的、没有时空限制的、可以实

---

① William Y. Arms：数字图书馆杰出专家之一，《D-Lib 杂志》的创办者。
② 孙坦：博士，中国科学院国家科学图书馆副馆长。

现跨库无缝链接与智能检索的知识中心。数字图书馆既是完整的知识定位系统，又是面向未来 Internet 发展的信息管理模式，可以广泛地应用于社会文化、终身教育、大众媒介、商业咨询、电子政务等一切社会组织的公众信息传播。

数字图书馆是对以数字化形式存在的信息进行收集、整理、保存、发布和利用的实体，其形式可以是具体的社会机构或组织，也可以是虚拟的网站或者任何数字信息资源集合。

由此可见，数字图书馆具有这样几个特征：数字化信息资源为基础，网络化传递为手段，多种信息技术为支撑，分布式的普遍存在，并提供个性化、人性化和动态化服务。

目前，国内知名度较高的商业化数字图书馆有超星数字图书馆、书生之家和北大方正的 Apabi 数字图书馆等。

1.5　结构化信息与非结构化信息

信息的种类繁多，按照不同的形式划分可有不同的称谓，本书 2.1.2 小节已详细介绍了文献型信息媒体，本节从存储信息的数据结构入手，对结构化信息与非结构化信息作一阐述。

1.5.1　结构化信息

数据分为结构化数据、半结构化数据和非结构化数据。

结构化信息是结构化数据的产物，是指经过严格的标引后的数据，一般以二维表的形式存在。也就是通常所说的可以数字化的数据信息，这些数据信息可以方便地通过计算机和数据库技术进行管理。如电子商务信息，多数出版商发行的各种文摘、数值、全文数据库皆属于此。也有人从信息的表现形式上称为显性信息，信息的性质和量值的出现的位置是固定的，有规律可循。本书所介绍的信息检索，主要是针对结构化信息而言。

1.5.2　非结构化信息

非结构化信息是非结构化数据的产物，是指各种看似相关性比较弱、无法用关系型数据库等结构化的方式来获取和处理的信息。通俗地说是没有经过人为处理的不规整的信息即无法完全数字化的信息，如文档文件、图纸资料、缩微胶片、多媒体信息、企业内外部的新闻邮件、合约、票据、文书处理、电子表格、简报档案、采购记录、Internet 上的消息、BLOG、BBS 等。也有人从信息的表现形式上称非结构化信息为隐性信息。这些信息中隐性包含了掌握企业命运的关键信息，隐含着诸多提高企业效益的机会。

非结构化信息有其自己的一些特点，其所有内容都是不可预知的，格式多样化，无统一标准，不像结构化数据一目了然。特别是多媒体数据中蕴涵着大量的非结构化信息。所以对非结构化信息的整合、存储、检索、发布等都带来了一系列的挑战。

据媒体和研究报告报道 85% 以上的信息都在"结构化"世界之外。它们在证券、银行、保险、工商、地税、图书馆等行业中得到广泛应用，因此如何有效地开发非结构数据，对其进行管理，提取当中的隐含信息，对决策进行支持成为当今亟待解决的主要问题。

小　结

　　本章主要讲述了信息及信息检索的定义、信息检索的类型及信息检索的目的，即培养学生的信息素养，提高学生的创新能力；介绍了与信息检索有关的一些基本概念，如信息源与信息媒体、信息检索原理、信息检索系统与检索工具、数字图书馆、结构化信息与非结构化信息，重点讲述了检索语言、信息检索方法、途径和步骤。

练　习　题

　　1．什么叫信息？信息有哪些特征？

　　2．信息检索分为哪几类？

　　3．信息素养包括哪几方面的内容？

　　4．什么是题录、文摘和索引？

　　5．什么是检索语言？它有哪些类型？

　　6．利用分类和主题途径检索文献的关键是什么？

　　7．要查找日本三菱电子株式会社发明的专利，试问用什么途径查找？并写出该途径的检索入口词。

　　8．简述电子文献信息媒体的几种划分形式。

　　9．简述信息检索的步骤，在机检中构造检索提问式要考虑哪几方面的问题。

　　10．什么是结构化信息？什么是非结构化信息？

　　11．数字图书馆是只针对机构而言的吗？

　　12．什么是手检？什么是机检？

第 2 章 核心检索工具

尽管在信息化飞速发展的时代，多数人已将使用了几十年的印刷型检索工具淡忘。但温故而知新，只有了解过去，才能更好地把握今天、展望未来。本章介绍的几种国内外纸本核心检索工具，其目的是为了更好地学习后面的电子数据库，找出印刷型检索工具和电子版数据库之间的渊源联系。

2.1 中文及外文文献的检索工具介绍

在 21 世纪之前，印刷型检索工具曾是信息检索课的主导内容，本节仅介绍国内外著名的3 种印刷型检索工具。

2.1.1 《全国报刊索引》

《全国报刊索引》是报道国内主要报刊信息的大型综合性题录式检索刊物。该刊创刊于1955 年，前后经历了许多变革，1959 年后改为上海图书馆编辑出版，1966 年 10 月～1973年 9 月曾停刊，从 1980 年起分为哲学社会科学版和自然科学技术版两个分册出版，刊期为月刊。

《全国报刊索引》系选自上海图书馆新近入藏的报刊 1500 余种，涉及所有哲学、社会科学、自然科学和工程技术领域。该索引正文采用《中图法》编排，在每期正文前有分类目录，正文后均附有个人作者索引、团体作者索引、题中人名索引及引用报刊一览表，各种索引均按其名称的汉语拼音顺序排列。

案例分析

检索 2008 年"K81 传记"大类下的有关文献

解析：由所给条件可知，本题属于《全国报刊索引》哲学社会科学版的内容，且只能使用正文查找，找到 2008 年的《全国报刊索引》的 12 期，查每期分类目录"K81 传记"的具体页码，然后依据页码在"K81 传记"大类下浏览所要的文献即可。以下是从 2008 年第 9期"K81 传记"大类下摘选的一条样例：

K81   传记①
K815   人物总传：按学科分②

080918184③ 季羡林与泰戈尔④/（澳）班固志著⑤（澳大利亚悉尼大学）⑥；刘建译⑤//南亚研究（北京）。⑦-2008，（1）。⑧-84-88，90⑨

著录格式说明：

① 中图法 3 级分类号、类名。

② 中图法 4 级分类号、类名。

③ 顺序号。

④ 文献题名。

⑤ /外国人用括号注名国家，责任者。

⑥ 第一作者所属单位紧跟作者之后放在括号中。

⑦ //报刊名，出版地放在括号中。

⑧ -年，卷（期）。

⑨ -页码。

若要查看原文，可根据⑦、⑧、⑨等三项记录到图书馆报刊室、电子版数据库或委托《全国报刊索引》复印都可。

2.1.2 国家标准文献检索

标准是在一定地域或行业内统一的技术要求。标准不仅适用于企业，也适用于旅游、金融、科技服务、机关、教育及社会公益事业等行业，因此标准文献应用广泛。本小节仅介绍检索国家标准文献的几种印刷型检索工具。

1. 国家标准概念

所谓标准文献是指在有关方面的通力合作下，按照规定程序编制并经主管机关批准，以特定形式发布，为在一定的范围内获得最佳秩序，对活动或其结果规定共同的和重复使用的规则、导则、定额或要求的文件。标准一般以科学、技术和经验的综合成果为基础，以促进最佳社会效益为目的。

标准类型种种，按其标准化对象可分为技术标准、管理标准和工作标准；按其内容可分为基础标准、产品标准、检验标准、方法标准和安全标准；按其成熟度又可分为法定标准、推荐标准、试行标准和草案标准；按其属性可分为强制性标准和推荐性标准；按其使用范围可分为国际标准、地区标准、国家标准、行业标准、地方标准和企业标准。

国家标准是指对需要在全国范围内统一的技术要求的文件。国家标准由国家标准化管理委员会编制计划、审批、编号、发布。国家标准代号为 GB 和 GB/T，其含义分别为强制性国家标准和推荐性国家标准，由国家标准汉语拼音字头缩写 GB 打头，后跟序号和年份，如 GB 9353-88、GB/T 9353-1998。

2. 标准分类

1.3.1 小节"分类语言"中提到的《中国图书馆分类法》只适用于书刊文献的分类，而对于我国的标准文献分类，要使用《中国标准文献分类法》（CCS）。CCS 原则上把标准文献细分到二级类目。一级类目共设 24 个大类，用英文大写字母 A-Z（除 I 和 O）表示，见表 2-1。二级类目用两位阿拉伯数字表示。例如，M 通信、广播（一级类目）、M72 音响、电声设备（二级类目）。

表 2-1　　　　　　　　　　　**《中国标准文献分类法》一级类目**

一级类目分类号及类目名称		
A 综合	J 机械	S 铁路
B 农业、林业	K 电工	T 车辆
C 医药、卫生、劳动保护	L 电子元器件与信息技术	U 船舶
D 矿业	M 通信、广播	V 航空、航天
E 石油	N 仪器、仪表	W 纺织
F 能源、核技术	P 工程建设	X 食品
G 化工	Q 建材	Y 轻工、文化与生活用品
H 冶金	R 公路、水路运输	Z 环境保护

3. 国家标准检索工具

印刷型国家标准检索工具即指各单位收藏的纸本式标准汇编、标准目录等，这些检索工具提供的检索途径主要有标准号、分类和主题等几种。

目前能检索我国国家标准文献的手工检索工具主要有以下几种。

（1）《中国国家标准汇编》

《中国国家标准汇编》由中国标准出版社出版，收录了我国公开发行的全部国家标准全文。该汇编自 1983 年起按国家标准顺序号由小到大汇编成册、陆续出版，至今已出版了 370 多个分册。若知道标准号，则可很快用这种汇编标准查到所需的标准原文。

（2）《中国国家标准汇编》修订本

《中国国家标准汇编》修订本由于标准的动态性，每年都有相当数量的国家标准被修订。对修订的国家标准，原标准顺序号不变，只是把年号改为修订的年。为此我国从 1995 年起又新增出版被修订的国家标准汇编本。修订的国家标准汇编本的正书名、版本形式、装帧形式与已出版的《中国国家标准汇编》相同，不占总的分册号，仅在封面和书脊上注明"×××年修订-×"等字样，作为对《中国国家标准汇编》的补充。修订的国家标准汇编本按年分册出版，其中的标准仍按顺序号由小到大排列，但不连续。

重要提示　　查我国国家标准原文应从两方面入手：① 按《中国国家标准汇编》分册号查；② 按《中国国家标准汇编》修订本查。

（3）《中华人民共和国国家标准目录总汇》

《中华人民共和国国家标准目录总汇》由国家质量技术监督局编辑，责成中国标准出版社每年出版一次。每年上半年出版新版，载入截止到上一年度批准发布的全部现行国家标准信息。该目录总汇正文按中国标准文献分类法（CCS）编排，每一大类列出二级类目分类号及类名，正文著录包括分类号、标准编号、标准名称、采标情况、代替标准 5 项内容，书后附有国家标准顺序号索引。

（4）《中华人民共和国国家标准目录及信息总汇》

《中华人民共和国国家标准目录及信息总汇》由国家标准化管理委员会编辑，中国标准出版社出版。每年上半年出版新版，载入截止到上一年度批准发布的全部现行国家标准信息，同时补充载入被代替、被废止国家标准目录及国家标准修改、更正、勘误通知等相关信息。该目录及信息总汇包括 4 部分内容：国家标准专业分类目录，被废止的标准，国家标准修改、更正、勘误通知信息及索引。其正文著录格式与《中华人民共和国国家标准目录总汇》相同。

> **重要提示**
>
> 在使用"目录"式检索工具时要注意，某年的标准目录只收录到上年年底前所有的现行标准，如《中华人民共和国国家标准目录及信息总汇 2005》只汇集了截至 2004 年年底以前我国公开发布的国家标准及有关信息，实际上它是上一年前的累积标准目录。因此检索时最好选择最新版本的标准目录。

（5）《标准文献主题词表与分类法对照索引》

《标准文献主题词表与分类法对照索引》由中国技术监督情报研究所与上海市技术监督情报研究所编辑、中国标准出版社出版，该对照索引是标准文献检索语言的综合性对照索引，它将《标准文献主题词表》、《国际标准分类法》和《中国标准文献分类法》进行分析对照，形成了标准文献主题检索语言和分类检索语言统一的对照索引。利用该对照索引可以实现 3 种检索语言的相互对照转换。该对照索引实际上是从标准文献主题词入手，查找国际标准分类号和中图标准文献分类法的一种索引。

案例分析

检索国家标准中面制食品中铝的限量标准

近来媒体中报道面制食品中铝超标的信息不少，请用有关的国家标准确认一下面制食品中铝的限量标准应该是多少？

解析：此题既可用分类途径也可用主题途径检索。

用主题途径检索的具体步骤如下。

（1）使用《标准文献主题词表与分类法对照索引》，据题意按主题字顺选：

食品检验

67.020 食品工艺

C53 食品卫生

其中食品检验为主题词，67.020 食品工艺为《国际标准分类法》的分类号及类名，C53 食品卫生为《中国标准文献分类法》的分类号及类名。

（2）使用 2006 年的《中华人民共和国国家标准目录及信息总汇》，按分类号 C53 进行浏览：C53，GB 2762-2005，食品中污染物限量，代替 GB 2762-1994，GB4809-1984 等。

（3）由以上信息可知，"食品中污染物限量"这件标准最新修订版是 2005 年，因此要使用《中国国家标准汇编》修订本，按修订年份和标准顺序号确定该标准的准确位置（2005年修订-2，437页），阅读原文，知道面制食品中铝限量指标为100mg/kg。

用分类途径检索的步骤比主题途径检索少一步，即与后两步相同。

2.1.3　EI 检索

EI 与 SCI（科学引文索引）、ISTP（科学技术会议录索引）并列为世界著名的三大综合科技类检索刊物。目前，许多单位都对这三大检索刊物收录论文的情况做统计排名，将此作为衡量学术水平的一个重要参考指标。本小节仅介绍 EI 的印刷版本检索。

1. EI 特色

EI 是 The Engineering Index（工程索引）的简称，最初由美国华盛顿大学土木工程系教授 J·B·Johnson 于 1884 年发起创刊，至今已有一百多年的历史。EI 几经变迁，1998 年又归属于爱思唯尔科学（Elsevier Science）出版集团的工程信息公司（Engineering Information Inc.，简称 EI 公司）出版发行。

EI 名为索引，实为文摘。EI 之所以会成为世界瞩目的检索刊物，是因为它具有以下几个特点。

（1）收录文献范围广、报道文献内容全。

EI 收录了世界上近 50 个国家的 15 种文字出版物，其中以英美的英文出版物为主，但近年来引用的日文出版物和我国出版物有增多的趋势，其中我国出版物已有 100 余种。

EI 若按报道学科的范围则涵盖工程和应用科学领域的各学科，涉及核技术、生物工程、交通运输、化学和工艺工程、照明和光学技术、农业工程和食品技术、计算机和数据处理、应用物理、电子和通信、控制工程、土木工程、机械工程、材料工程、石油、宇航、汽车工程等工程领域。

EI 若从收录文献类型来看，以工程类期刊（3 500 种）、会议（1 000 种）为主，兼收图书、报告等刊物，共 5 000 余种。

（2）纯基础理论方面的文献资料不收，专利文献也不收，只在 1969 年以前收有少量专利。

（3）出版形式多样化。

① EI 月刊（EI Monthly）：出版快、报道时差短、跟踪检索快、适宜查找最新资料。

② EI 年刊（EI Annual）：将 EI 本年度的各种索引辅表及月刊报道过的文摘按主题字顺重新汇集成册，每年出版一卷，进行追溯检索方便。

③ EI 累积版本（EI Cumulative）：自 1973 年起开始编辑出版，把每 3 年的内容又重新汇集出版，特别适应回溯性检索。

此外 EI 还出版缩微胶卷（EI Microfilm）、磁带（EI Compendex）、光盘（EI Compendex Plus）及 Web 版（EI Engineering Village）等。

（4）采用主题编排。

EI 文摘正文按主题词编排，但 1993 年以前使用的是《工程标题词表》（SHE），有主、副两级标题词之分，且主、副主题词之间遵循一定的组配关系。1993 年起，EI 更新了其主题词表，改用叙词语言编制的《EI Thesaurus》。

2. EI 编排内容

EI 出版形式多样，编排结构独特。但国内读者最常看到的是 EI 月刊和年刊两种形式。表 2-2 列出 EI 月刊和年刊编排内容。

表 2-2   **EI 月刊和年刊编排内容一览表**

EI 编排内容	月 刊	年 刊
文摘正文（Abstracts）	√	√
著者索引（Author Index）	√	√
主题索引（Subject Index）	√	√
著者工作单位索引（Author Affiliation Index）（1998 年取消）		√
出版物一览表（Publications List）		√
文摘号索引（Number Translation Index）（1987 年取消）		√
机构名称字首缩写（Acronyms，Initials and Abbreviation of Organization Names）	√	√
缩写、单位和略语（Abbreviations，Units and Acronyms）		√

3. EI 检索途径

使用 EI 检索文献资料，主要有 3 条途径，如图 2-1 所示。

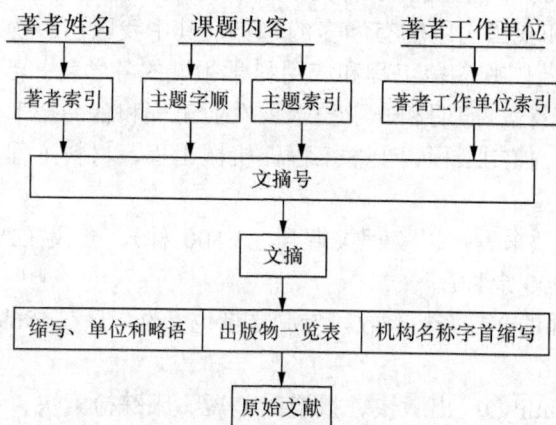

图 2-1   EI 检索途径示意图

案例分析

查找 1998 年 EI 发表的有关论述股票价格动态方面的文献

解析：由课题内容知，此题使用月刊、年刊皆可，既可从文摘正文入手，也可从主题索引入手。但最好用年刊，可一下找到全年的文献，且使用主题索引比从文摘正文检索标识多，因主题索引中的主题词由 EI 叙词和自由词两部分组成，而 EI 文摘正文只按叙词编排，检索时必须核对其叙词表选词。以下是用 1998 年年刊检索的具体步骤：

（1）使用主题索引，按主题词字顺查找：

STOCK PRICE DYNAMICS①

Investigation of stock price dynamics in emerging markets.②

A096966③

M162591④

年刊主题索引比月刊本著录内容详细，其中①主题词②论文题名③年刊文摘号，全年排通号[①]④月刊文摘号。

（2）依据年刊文摘号到 1998 年年刊中查文摘正文，其文摘正文的著录格式如下：

MATHEMATICAL MODELS①

096966② Investigation of stock price dynamics in emerging markets.③The emergence of stock markets in former centrally planned economies poses a significant problem to financial economists and policy makers in that price movements in these markets are not well explained by conventional capital theory. The opening of stock markets brings about a new equilibrium value $\overline{P}$ for the firm. Shares are floated on an estimate of $\overline{P}$, and buyers of these shares and individuals trading in the secondary market are also obliged to do so on the basis of their estimates of this magnitude. At any time, the market price of the firm's shares then reflects the market's best guess of what its value would be in the new equilibrium, and information on which to calculate estimates become more readily available as the stock market matures. This paper presents a stochastic price model which takes all of these factors into consideration. The model also provides a theoretical foundation underlying the pronounced trends of prices in emerging stock markets, and explains why they appear to be so volatile. (Author abstract) ④ 12 Refs. ⑤ English. ⑥

Yeung,David W.K. ⑦(Univ of Hong Kong, Hong Kong) ⑧;Poon,Jessie P.H. ⑦*Appl Stochastic Models Data Anal* v 14 n 2 Jun 1998 ⑨John Wiley & Sons Ltd,Chichester, Engl, ⑩ p137-151.⑨

说明：

①叙词，黑体大写。

②文摘号，每年从 000001 开始，但月刊和年刊顺序号不同。

③论文题目，首字母大写。

④文摘正文内容。

⑤参考文献数。

⑥原文语种。

⑦著者姓名。

⑧著者工作单位置于括号内，EI 只对第一著者署名单位。

⑨文献出处，其中刊名采用缩写且斜体著录。

⑩出版商、地点、国家。

（3）使用"出版物一览表"将缩写刊名进行还原。Appl Stochastic Models Data Anal-Applied Stochastic Models and Data Analysis 。

（4）索取原文。可根据文献出处等信息到图书馆外文期刊室或利用本馆订购的电子版数据库查看原文，当然还可通过文献传递服务索取原文。

---

① 全年排通号：指全年按顺序排号。

現代信息检索教程

2.2　引文索引相关概念

引文索引首先由美国情报学家加菲尔德博士（Dr.Eugene Garfield）提出，它一反其他检索工具通过主题或分类途径检索文献的常规做法，而是以期刊、会议、技术报告、学位论文等文献资料所发表的论文后所附的参考文献（引文）的作者、出处等项目，按照引证（来源文献）与被引证（参考文献）的关系进行排列而编制的索引，即从引文（文后参考文献）角度来设置独特的"引文索引"（Citation Index）。因此，引文索引是反映文献之间引用（来源文献）和被引用（参考文献）关系及规律的一种新型的索引工具。

根据引文索引，可将作者姓名（引文作者）为检索起点，检索该作者发表的论文都被哪些人（引用作者）、哪些文章（来源文献）引用过，并找出这些来源文献的内容和引用作者的单位。这样通过作者与作者、文献与文献之间的引用和被引用的关系，不仅能获得一定数量的相关文献，还能揭示旧文献对新文献的影响，新文献对旧文献的评价，展现新旧文献在学术研究中的依存关系，同时引文索引又打破了传统的学科分类界限，反映学科之间的交叉渗透的关系。因此，引文索引在信息检索、科学计量、期刊评价、科研规划等方面有着其他检索工具无法替代的独特作用。

本节就来明确以下与引文索引有关的几个概念。

2.2.1　引文、引文著者的概念

1. 引文概念

引文文献，简称引文，即一篇文章后所附的参考文献。通过引文可追溯论文研究工作的背景和依据。

在实际使用中，也称被引用文献或被引文献。

因此，引文文献＝参考文献＝被引用文献＝被引文献。

英文表示：Citation=Cited Document。

共引文献，也称同引文献，具有相同参考文献的两篇文献。如果共引文献数越多，说明两篇文献越相关。通过共引文献可追溯论文共同的研究背景或依据。

2. 引文作者概念

引文作者，即参考文献的作者。

在实际使用中，也称被引作者。

因此，引文作者＝被引作者（Cited Author）。

2.2.2　来源文献、来源著者的概念

1. 来源文献

来源出版物上刊载的文章称为来源文献。即现期期刊上发表的文章，只有在来源出版物

上发表的文章才能在来源文献中查到，而被引文献则不受此限制。如用《清华大学学报（自然科学版）》做标识，在 CSSCI（中文社会科学引文索引）来源文献中查不到，但在被引文献中则有。通过来源文献可反映论文研究工作的继承、应用、发展或评价。

在实际使用中，来源文献也有引用文献、引证文献或施引文献之称。

因此，来源文献＝引用文献＝引证文献=施引文献。

英文表示：Source Document＝Citing Document。

来源出版物，是指刊载来源文献的期刊或专著丛书等。来源期刊是在一定的区域范围内，遵循文献计量学规律，采取定量与定性评价相结合的方法进行遴选的。如 SCI 每年从世界 7 万余种期刊中筛选出 3 000 多种期刊为来源期刊，CSSCI 则从我国 3 000 种中文人文社会科学学术性期刊中精选出不到 500 种学术性强、编辑规范的期刊作为来源期刊，并从 2005 年开始每年调整一次期刊，实行动态管理。

2. 来源作者

来源作者，是指来源文献的作者，即现期期刊上的作者。

在实际使用中，来源作者也有引用作者、引证作者或施引作者之称。

因此，来源作者＝引用作者＝引证作者＝施引作者（Citing Author）。

2.3　美国《科学引文索引》

美国科学信息研究所（Institute for Scientific Information，ISI）是美国情报学家加菲尔德博士（Dr.Eugene Garfield）1958 年创立的私人机构，世界上知名度最高的三大引文索引均出自该机构，它们是科学引文索引（Science Citation Index，SCI）、社会科学引文索引（Social Sciences Citation Index，SSCI）和艺术与人文科学引文索引（Arts＆Humanities Citation Index，A&HCI）。本节仅介绍 SCI 的印刷版本检索。

2.3.1　SCI 简介

美国科学引文索引（Science Citation Index，SCI）创刊于 1963 年，以期刊目次作为数据源。SCI 最初为印刷版，现已发展成印刷版、联机版、光盘版、网络版几种形式并存。印刷版和光盘版收录了世界上 3 500 余种核心期刊，联机版和网络版收录了近 6 000 种核心期刊。其内容主要涉及数、理、化、农、林、医、生命科学、生物科学、天文、地理、环境、材料、工程与计算机技术等学科，其中尤以物理、化学和生命科学所占比重为大。因此，SCI 主要反映的是自然科学基础研究成果，在学术界被公认为最高水平的检索刊物。

2.3.2　SCI 编排内容

SCI 是通过设置引文索引来掌握所研究课题的来龙去脉，并迅速检索与其相关的研究文献。SCI 印刷版为双月刊（6 期/年），自 1988 年第 5 期起分为 A、B、C、D、E 5 个分册出版，正文设有引文索引（Citation Index）、来源索引（Source Index）、团体索引（Corporate Index）和轮排主题索引（Permuterm Subject Index）4 部分内容。另附来源出版物目录。在此仅以印刷版为例，介绍一下 SCI 的编排格式。

1. 引文索引（Citation Index）

SCI 的引文索引由著者引文索引、匿名引文索引和专利引文索引 3 部分组成。原为 A、B 两个分册，自 1988 年第 5 期起分为 A、B、C 3 个分册。

A 分册为著者引文索引，是以引文作者（被引作者即参考文献中的作者）的姓名字顺排列的一种索引，均按姓氏用全称居前、名字用缩写步后的形式出现，引文作者仅列第一作者。

引文索引中每条索引款目的著录格式又分被引文献和引用文献两项。被引文献项按被引作者姓名、被引文献发表年份和原文出处排列，且全部用黑体标注。引用文献项按引用作者姓名和文献出处排列。

同一引文作者下，按该作者被引用的文献出版年顺序排列，在同一年下按期刊缩写名称字顺排列。以下为著者引文索引的著录片段。

		VOL	PG	YR		
ANSELIN F①						
63②	**CR HEBDOMAD SE ACAD**③	**256**	**2616**④			
PEZAT M⑤	J SOL ST CH⑥					
74	**T AM NUCL SOC 20**					
BLANCHAR P	T AM NUCL	S23	161	94⑦	M⑧	

说明如下：

① 被引作者姓名；

② 被引文献发表年份的后两位数字；

③ 被引刊物名称缩写；

④ 被引刊物的卷和页码；

⑤ 引用作者姓名；

⑥ 引用刊物名称缩写；

⑦ 引用刊物的卷、页码和年份的后两位数字；

⑧ 引用文献类型代码。引用文献类型用英文字母表示，如 B-书评，C-勘误，D-会议论文，E-编辑，I-个人事项，K-编年表，L-通信和快报，M-会议摘要，N-技术札记，R-评论目录，W-计算机书评，无字母标记的则为一般研究报告或论文。

B 分册为匿名引文索引，匿名引文索引按期刊名称字顺排列。

C 分册为专利引文索引，专利引文索引按专利号顺序排列。

由此看来，使用引文索引可以从引文作者入手找出引用者的姓名及来源文献出处，从而可以了解到该篇文献的最新研究进展情况，看到新文献对旧文献的传承、评价。另外还可以通过该索引来了解某人的文献都被哪些人引用、引用时间的长短等。

2. 来源索引（Source Index）

在引文索引中可以查到引用者的姓名及来源文献出处，但要了解其论文的题目，必须再查 "来源索引"。SCI 的来源索引位于 D 分册上，是根据引用作者（施引作者）的姓名字顺排列的一种索引，类似于一般检索工具中的 "作者索引"。来源索引只报道前一年或当年在

SCI 来源出版物上发表的文献信息，每条索引款目的著录项目为来源文献的第一作者、合著者、文种、篇名、缩写刊名、卷期号和页次、年份、引用参考文献数量、ISI 存取号码、作者地址等。来源索引只对第一作者著录全部来源信息，而对合著者，只能通过"See"引见第一作者获取详细著录信息。对著者姓名不详的，用匿名来源索引，该索引位于整个来源索引的最前面，用"ANON"代替著者姓名，按缩写刊名字顺排列。来源索引的著录片段如下。

SCHAFER M①

- RENEWABLE RESOURCES AND POLLUTION②　　EQ469③

MATH COMPUT MODELL 14:1177-1182④　90⑤　　11R⑥

UNIV BUNDESWEHR HAMBURG HAMBURG 70 DE⑦

SCHAFER U⑧

　　　　　See SCHAFER M　9　4519　90⑨

说明如下：

① 第一来源作者姓名，本例也是唯一作者，因此没有合著者；

② 来源文献篇名；

③ ISI 期刊代码；

④ 文献出处；

⑤ 出版年；

⑥ 参考文献数；

⑦ 第一作者通信地址；

⑧ 合著者；

⑨ 参见第一作者。

3. 团体索引（Corporate Index）

团体索引也位于 D 分册上，利用该索引可以了解某一单位团体的研究动态和水平。团体索引由地理部分（Geographic Section）和机构部分（Organization Section）两部分组成。

地理部分是团体索引的主要部分，该部分按机构所在地的地名字顺进行编排。其中，美国按州名-城市名的字顺排在地理部分的前面，其他国家按国名的字顺排在美国各州之后。地理部分著录格式片段如下：

PEOPLES R CHINA①

QINGDAO②

　• QINGDAO UNIV③

MA JW④	APPL ACOUST	69	763	08⑤
JI PS	LINEAR ALGEBRA APPL	430	335	09
JI PS	LINEAR ALGEBRA APPL	431	179	09

说明如下：

① 国名；

② 城市名；

③ 机构名；

④ 第一作者（来源作者）姓名；

⑤ 文献出处。

如果要了解文献题名等更多的信息，只能从第一作者（来源作者）姓名入手，转查来源索引。

机构部分是地理部分的辅助索引，如果知道了团体机构的确切地理位置，可直接使用上面的团体索引地理部分；如果对团体机构所在的地理位置不甚了解，则应先借助团体索引的机构部分确定准确的地理位置，然后再查团体索引的地理部分。机构部分著录格式片段如下。

QINGDAO UNIV①

PEOPLES R CHINA②　　　QINGDAO③

说明如下：

① 机构名；

② 国名；

③ 城市名。

4. 轮排主题索引（Permuterm Subject Index）

轮排主题索引是从文献的主题入手检索引用作者姓名，以便通过来源索引进一步查找文献题名等其他信息的一种索引。该索引是从文献题名中选出关键词字顺轮排，每个关键词下都有说明语作为配合词并与关键词轮流组配，最后为引用作者姓名。

2.3.3　SCI 检索方法

检索 SCI，使用哪种方法要根据已知条件来定。如果已知课题内容，只能用主题法查找；如果从参考文献中获悉某一作者，则可以用引文法查找；如果知道某一引用作者或单位，则可以直接使用来源索引或用机构、地理查找法。具体检索途径示意图如图 2-2 所示。

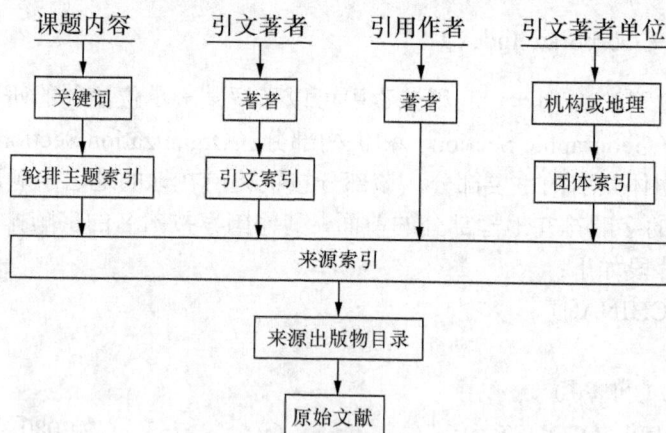

图 2-2　SCI 检索途径示意图

2.4　检　索　算　符

如前所述，手检是靠"手翻、眼看、大脑判断"完成检索任务，而机检则是通过"选词、制定检索策略、机器匹配"来执行检索。其中制定检索策略的关键是构造检索表达式，用单一检索词检索，只适合一些简单的检索。对于复杂课题的检索，就需根据课题的要求找出两个或多个检索词用检索算符进行组配，形成完整的检索提问式。俗话说，"工欲善其事，必先利其器"，在计算机信息检索中，无论是数据或事实数据库、光盘数据库、联机数据库，还是搜索引擎、主题网关、专利、标准网站，都支持最基本的检索技术-逻辑检索；此外为使检索结果全面准确，多数检索系统还支持截词检索、全文检索（位置检索）、词表助检等辅助检索技术；另国际联机检索还可用指令进行检索。所以我们只要掌握"布尔逻辑检索、截词检索、位置检索、指令检索"这些基本检索规则，就可以在网络信息资源中遨游，至于在各种数据库、搜索引擎、主题网关及某些网站中可能会采用不同的标识符号表示，那只是个代号而已，关键是抓住代号所表示的含义。

2.4.1　布尔逻辑算符

逻辑检索是一种开发较早、比较成熟、比较流行的检索技术，目前信息检索系统大多都采用这种技术。

布尔逻辑组配是现行计算机检索的基本技术，主要使用的是布尔代数里的逻辑运算符"与"、"或"、"非"概念进行检索。

1．逻辑"与"算符

逻辑"与"概念，多数检索系统用 AND 或"*"表示。这是一种用于交叉概念或限定关系的组配。使用该算符，可对检索词加以限定，使检索范围缩小，增强检索的专指度和特指性。

若 A and B，则表示被检中的文献必须同时含有 A 和 B 这两个词，如图 2-3 中阴影部分所示。

2．逻辑"或"算符

逻辑"或"概念，多数检索系统用 OR 或"+"号表示。这是一种用于并列概念或平行关系的组配。使用 OR 算符，相当于增加检索词的同义词与近义词，扩大了检索范围，即增加了检索的泛指性，避免文献的漏检。

若 A or B，则表示被检中的文献含有两词之一或同时包含两词，如图 2-4 中阴影部分所示。但两者重复部分只计算一次。

3．逻辑"非"算符

逻辑"非"概念，多数检索系统用 NOT 表示，有的系统里也可以用"-"号表示。这是一种用于排斥关系的组配，该组配用于从原来的检索范围中排除不需要的概念或影响检索结果的概念。NOT 算符与逻辑"与"的作用类似，可使检索范围缩小，增强检索的正确性。

若 A not B，则表示数据库中凡含有检索词 A 而不含检索词 B 的文献，才为命中文献，如图 2-5 中阴影部分所示。

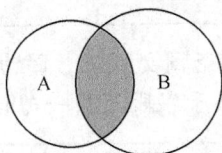

图 2-3　A and B

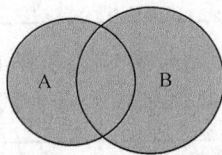

图 2-4　A or B

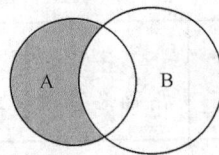

图 2-5　A not B

> **重要提示**　布尔逻辑算符的运算顺序，在不同的系统里有不同的规定。大多数系统采用的顺序是：NOT 最先执行，AND 其次执行，OR 最后执行。若要改变运算顺序可用优先级算符小括号——（ ）。

案例分析

用布尔逻辑算符构造规定的检索表达式

要求用布尔逻辑算符构造检索表达式：查刑诉法典方面的资料，但不要法文的。

解析：

（1）选择能代表课题实质内容的检索词：

刑诉　法典　法文

（2）根据课题意思，构造检索表达式：

刑诉 AND 法典 NOT 法文，或者：（刑诉 AND 法典）NOT 法文

2.4.2　位置算符

尽管布尔逻辑算符为用户提供了较为理想的检索效果，但它所造成的误检率是很高的。例如，想查一下"中国股票市场经济学实验分析"方面的信息，采用布尔逻辑算符表示：中国 AND 股票 AND 经济学实验。

但可能会把"中国信息研究所关于英国的股票市场经济学实验分析"方面的信息也一并检出，显然文不对题。可见误组配[①]是布尔逻辑算符的最大缺陷。为了弥补其不足，检索系统又提供了另一检索功能，即位置检索算符，也称全文检索算符。它表示词与词之间的相互位置关系及前后次序，以增强选词的灵活性，从而大大降低误检率。

关于位置检索算符的符号很多，表 2-3 只列出了一些最常见的位置检索算符。

表 2-3　　　　　　　　　　　位置检索算符一览表

符　号	实　例	意　义
相邻位置算符（nW）、（W）	A(nW)B；A(W)B	A、B 两词之间相隔 0 至 n 词且前后顺序不变；若 A(W)B，表示 A、B 两词之间不能插入任何其他词，但允许有一空格或标点符号
相邻位置算符(nN)、（N）	A(nN)B；A(N)B	A、B 两词相隔 n 词且前后顺序不限，n 是两词允许插入的最大词量；若 A(N)B，表示 A、B 两词之间只能为一空格或标点符号且前后顺序不限
句子位置算符（S）	A(S)B	A、B 两词只要在同一子字段（同一句子）中出现即可
字段位置算符（F）	A(F)B	A、B 两词只要在同一字段中出现即可

> **重要提示**　字段位置算符（F）要比句子位置算符（S）的检索范围更宽泛，因为字段是指篇名字段、文摘字段、叙词字段、自由词字段等，而子字段是指一句话。

---

① 误组配：指错误组配。

位置算符查询选择

输入 A（N）B，计算机能否检出以下 3 种形式：

①A-B ②A C B ③B A

解析：A（N）B 表示 A、B 两词之间不能插入任何其他词，但允许有一空格或标点符号，且 A、B 两词前后顺序不限。因此①和③可检出，②不能检出。

2.4.3 截词检索

截词检索是加在某些检索词的词干或不完整词形上，以表达对词的完整意义进行检索。如果用"？"作为截词符，主要包括非限制式截词（无限截断）、限制式截词（有限截断）和嵌入式截词（中截断）几种情形，如表 2-4 所示。

表 2-4   **截词检索算符一览表**

符 号	用 法
？	非限制式截词（无限截断）：在检索词的词干前、后面加一个截词符"？"，向系统表示在此位置上可能出现的字母数量不受限制，即查找词干相同的所有词。若输入?wear，可同时检出 sleepwear 和 nightwear 等词
？？	后截一字符：例如 computer？？
？？？	限制式截词（有限截断）：把若干个截词符"？"放在词干中可能变化的字位上，向系统表示在此位置上最多允许出现相应个字母的变化，一个截词符"？"代表可增加一个字母，一般不超过 3-4 个截词符"？"。若输入 plant??? 可查出 plant，plants，planted，planter，planting 等词
?、??	嵌入式截词（中截断）：截词符"？"用在单词中间，嵌入字母数等于截词符数，通常用在英美不同拼法中。例如 wom?n，encyclop??dia

由此看来，截词检索可用来表示检索词的单复数形式，同一词词尾或词头的多种变化，同一词英美国家的不同拼法等，从而可简化输词过程、节省上机时间，获得较高的查全率，扩大检索范围。

2.4.4 限制检索

在许多联机检索系统中，为了提高检索的查全率或查准率，需要一些缩小或约束检索结果的方法，称之为限定检索。用这种方法可将检索过程限定在特定的范围（或字段）中进行。如在 DIALOG 系统中，为了对检索项目有一精确的输出，设置了基本索引和辅助索引。

基本索引是一种主题性质的索引，它将检索项限制在反映文献主题内容特征的那些字段中检索，如叙词（/DE，/DF）、标引词（/ID，/IF）、题目（/TI）和文摘（/AB）等字段，使用这些字段检索，要加后缀代码（/）且放在检索项后面。

辅助索引是一种非主题性索引，它是指将检索项限制在反映文献外表特征的那些字段中检索，如把某一检索项限制到某一作者、某种刊物、某一年份、某个会议等，辅助索引用前缀代码（=）表示，其前缀代码放在检索项前面。

例如：（Manage OR Control）/TI，DE

表示在题目和叙词中查找含有"Manage"或"Control"这两个词的文献。

输入 AU=Chen，qing AND CS=（Peking（）Univ？）

本例表示查作者（AU）为陈青同时作者机构（CS）为北京大学的文献。

2.5　检索策略的制定与调整

检索策略是对全部检索过程进行总策划而提出的全盘检索方案，因此检索策略的制定与调整对检索结果至关重要，本节就从检索策略的制定和调整两个方面加以阐述，并列举了两个检索策略调整的实例。

2.5.1　检索策略的制定

检索方案制定得如何，直接关系到检索的成败，故编制检索策略意义重大，检索策略一般包括以下几个方面。

1．确定检索工具或数据库

参见 1.3.2 小节"信息检索步骤"中的"（2）选择检索工具或数据库"。

2．确定检索途径（检索字段）及检索方法（检索方式），形成检索标目（构造检索提问式）

参见 1.3.2 小节"信息检索步骤"中的"（3）确定检索途径（检索字段）及检索方法（检索方式），形成检索标目（构造检索提问式）"。

2.5.2　检索策略的调整

制定好检索策略后，检索任务只能算完成了一半，因在实际检索过程中，并非一次检索就会获得满意的检索效果。此时就需要及时采取补救措施，调整检索策略。检索策略的修改和调整，在实际操作上主要指数据库的选择和检索表达式的编制，前者取决于现有的数据库资源，后者则直接反映检索目标。一般情况下，若检出结果过多，就应在提高查准率上下工夫，主要从缩小检索（简称"缩检"）入手；如果检出篇幅过少，就应在提高查全率上下工夫，主要从扩大检索（简称"扩检"）入手。

1．扩检时，调整检索式的主要方法

（1）选全同义词、相关词和近义词，并多用"OR"算符。

例如查找"中东地区的粮食产量"，输入：中东*粮食，检索结果为 0。此时应该找出"中东地区"所代表的具体国家，改输：（巴林+埃及+伊朗+伊拉克+以色列+…）*粮食。

（2）多选一些上位词或相关词，降低检索词的专指性。

例如，用 EI 的标题词表查苹果种植方面的文献，应用 Fruit－Apple，不能直接用 Apple。

（3）采用分类号进行检索。

从揭示文献的广度和深度来看，依据分类体系检索恰到好处，它既能按文献的内容查找，又能把这一类文献收集齐全。

如查音响方面的标准，用 M72 可查找近 40 件有关音响方面的标准，如按"音响"的标准名称查找，只有 10 余条这方面的国家标准。

（4）删除没有实际意义的概念组面。

删除没有实际意义的概念组面，即减少逻辑与（AND）和逻辑非（NOT）的运算。如：网络*诉讼*案件*研究，改为：网络*诉讼。

（5）减少或去除某些过严的限制符。

如位置限制算符、字段限制符等。例如在 Elsevier 库中的高级检索：shakespeare W/15 biography，改输：shakespeare AND biography。

（6）少使用位置算符，或调整位置算符，由严变松。

例如，在 Elsevier 库中的高级检索：shakespeare W/5 biography，改输：shakespeare W/50 biography。

（7）使用截词技术。

如查找会计管理方面的文献，在 Elsevier 库的文摘字段输入 accountant and manage，检出文献很少，如使用截词算符：accountant and manage*，则检出文献可观。

若采用以上扩检措施，检索结果仍不理想，则应该考虑更换检索工具或数据库。

2. 缩检时，调整检索式的主要方法

（1）提高检索词的专指性，增加或换用下位词和专指性较强的自由词。

如用 Google 查找张五常关于交易费用方面的 Word 文档的论文：交易费用 "张五常" 论文，命中 10 500 条；考虑论文的写作形式和格式，用关键词替换论文，并用 DOC 文件格式加以限定：filetype:doc 关键词 交易费用"张五常"，则检出 215 条。

（2）增加 AND 算符，以便进一步限定主题概念的相关检索项，提高检准率。

如用 Google 查找张五常关于交易费用方面的 Word 文档的论文，在上题的基础上再加摘要一词：交易费用 关键词 摘要"张五常"filetype:doc，则检出 109 条；以及：filetype:pdf 关键词 摘要 交易费用"张五常"，则检出 124 条。

（3）用检索字段限制检索，如常限定在篇名字段和叙词字段中进行检索。

在用中国知网查"世界资本主义对中国经济的影响"，选资本主义、中国经济做主题词，限定在主题字段命中 15 352 条；如限定在篇名字段，则命中 45 条。

（4）利用文献的外表特征限制，如文献类型、出版年代、语种、作者等。

如在 SOSIG 主题网关中，用简单检索查找 "civil law or criminal law"，命中 340 条，而在高级检索中，将其限定在期刊（全文）中查找，就命中 12 条。

（5）用逻辑非 NOT 来排除一些无关的检索项。

（6）适当地使用位置算符，或调整位置算符由松变严。

采取上述调整方法时，要针对所检课题的具体情况和所用检索系统的客观实际综合分析，灵活应用。

3. 检索策略调整实例

（1）检索海信电视在西部的市场状况
检索表达式：海信*电视*西部*市场

　　为了提高检全率，实检^①后调整：海信*电视*（西部+四川+西藏+新疆+甘肃）；考虑提高检准率，实检后调整：海信（2W）电视（S）（西部+四川+西藏+新疆+甘肃）。

　　（2）查找"服装品牌设计"

　　检索表达式：garment* brand（）design??

　　为了提高检全率，实检后调整：（apparel+clothing+garment+fashion）* brand（）design??

　　考虑提高检准率，调整优化为：（apparel+clothing+garment+fashion）（s）brand（）design??；

　　进一步调整优化为：（apparel+clothing+garment+ fashion）（3n） brand（）design??

小　　结

　　本章对《全国报刊索引》、标准文献、美国《工程索引》、美国《科学引文索引》的编排体例做了讲解，并重点描述了这些检索工具的著录格式，同时还讲述了有关引文索引的相关概念、计算机信息检索的几种重要技术支持和检索策略的制定与调整。

练　习　题

　　1．用《全国报刊索引》（哲学社会科学版）的正文（分类途径），查找本专业的文献两篇，要求写出查找步骤和著录格式。

　　2．查"学位论文"方面的标准，浏览一下学位论文的组成部分，并将前置部分和主体部分的必写内容列出。

　　3．查找 GB 2760-81、GB 2760-1996，要求写出具体的检索用书和标准名称。

　　4．按国家标准 GB/T 7714-2005（文后参考文献著录规则）规定，把以下两篇文献作为参考文献，列出其电子版著录格式：

　　（1）景新强发表的博士学位论文。

　　（2）邓小南发表的一篇期刊论文。

　　5．利用 EI 查找有关经济学方面的文献，列出其中的一篇著录格式。

　　6．使用 EI 将下列机构组织的缩略代码或文献来源刊名缩写还原成全称。

　　（1）UNESCO

　　（2）IBM J Res Dev

　　（3）Proc IEEE

　　（4）Zhongguo Dianji Gongcheng Xuebao

　　7．什么是引文文献、引文著者？什么是来源文献、来源著者？

　　8．列出计算机检索的几种主要算符。

　　9．试比较截词和位置检索技术的主要功能。

---

① 实检：即实施检索。

10. 使用布尔逻辑组配算符，列出以下课题的检索表达式：
（1）唐代历史或经济
（2）国外金融管理（只能用中国、金融和管理三词）
（3）海湾战争及世界和平
11. 各列出 3 种在扩检和缩检情况下，调整检索式的主要方法。

第3章 常用中文数据库检索

信息检索借助计算机和 Internet 这对翅膀，展翅高飞，迎来了电子化数据库的春天，使得信息检索又上了一个新台阶。本章就从读者熟悉的母语——中文数据库检索开始。

3.1 读秀学术搜索

超星数字图书馆是业界图书检索的品牌，读秀学术搜索不仅超越了超星数字图书馆的诸多功能，还突破了文献类型、文种的束缚，开创了集各种文献资源于同一平台下实现统一检索管理的先河，本节重点介绍读秀学术搜索的检索方式、获取全文的途径及超星阅读器的功能。

3.1.1 超星公司简介

超星公司成立于 1993 年，长期致力于数字图书馆技术开发及相关应用与推广，是我国专业的数字图书馆技术服务商和数字图书馆解决方案提供商，主要为世界各地用户提供图书查询服务。1997 年首家提出并研发成功基于 Internet 的数字图书馆技术，并开通我国第一家在线数字图书馆：瑞得-超星数字图书馆。2000 年创办"超星数字图书馆"品牌，并入选国家 863 计划中国数字图书馆示范工程。到目前为止超星数字图书馆已是全球最大的中文在线图书馆，有丰富的数字图书资源，目前有中文图书数百万册，涵盖中图法 22 个大类。其中 2005 年后的新书达到 10 余万种，基本涵盖了近几年新出版的所有图书。2007 年，超星公司又推出了超星数字图书馆的姊妹库——读秀学术搜索库。

3.1.2 读秀学术搜索库

读秀学术搜索库以超星数字图书馆 200 万种图书（8 亿页中文资料）为基础，不仅扩展了超星数字图书馆的许多功能，还把视角延伸到图书以外的多维信息资源中。其特色功能可概括为如下几个方面。

① 整合各种文献资源于同一平台，实现统一检索管理。

② 检索图书深入到章节和全文，实现基于内容的检索。

③ 可为读者整合各种获取资源的途径，并提供多种阅读方式。

④ 提供个性化服务，可定制流量统计系统、图书推荐系统和图书共享系统等特色功能，满足用户的管理需求和读者的阅读需求。

3.1.3　检索方式

读秀学术搜索与超星数字图书馆一样，提供远程包库、本地镜像和读书卡 3 种专业服务平台。远程包库、本地镜像方式主要适用于团体单位用户购买超星的数字资源。读书卡方式主要面向个人用户，可在超星公司的主页进行注册、充值使用。采用远程包库或本地镜像的高校用户，通过 IP 地址控制使用权限，凡隶属 IP 范围内的用户，既可通过"校园网图书馆"中的相应链接进入，也可直接输入其 IP 地址（http://edu.duxiu.com）进入。

读秀学术搜索读书卡用户与远程包库、本地镜像用户的检索方式基本相同，均提供基本搜索、高级搜索和专业搜索三种检索方式（目前读秀学术搜索只支持逻辑与运算，算符用 AND 或空格表示），在此主要以图书为例加以说明其使用。

1．基本搜索

基本搜索就是读秀学术搜索主页上的默认检索界面，只有一个检索框，只要在检索框内输入要查找的关键词，轻松单击，即可在读秀提供的知识、图书、期刊、报纸、学位论文、会议论文、文档、电子书和更多等多维检索频道中任意搜索。例如，查有关"著作权法"方面的信息，系统默认状态下是在知识频道中搜索，读者也可根据需要选定在单一频道中搜索。基本搜索界面如图 3-1 所示。

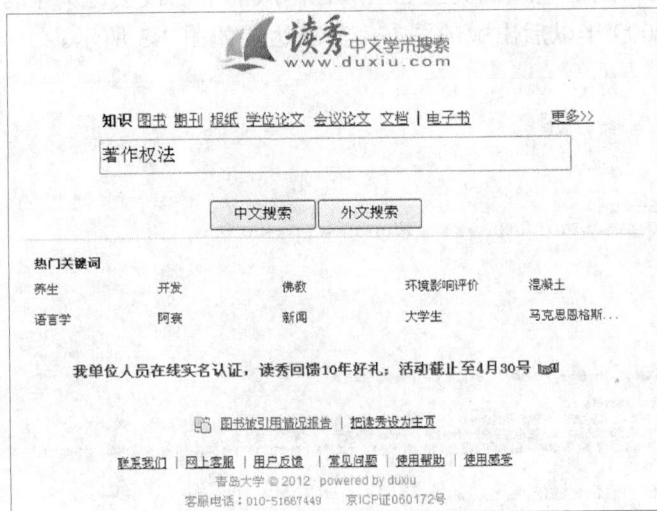

图 3-1　读秀学术基本搜索界面

2．高级搜索

读秀的"高级搜索"按钮隐含在图书的搜索结果中，在主页中不出现。高级搜索设有更多的搜索框，如图书频道中设有书名、作者、主题词、出版社、ISBN、中图分类号 6 个搜索框，另有图书分类和出版年代的选项。因此，利用高级搜索比基本搜索的目的性更强，能一下满足读者的多条件搜索。例如：要查询李响编著的有关"零售经营"方面的图书，如图 3-2 所示。

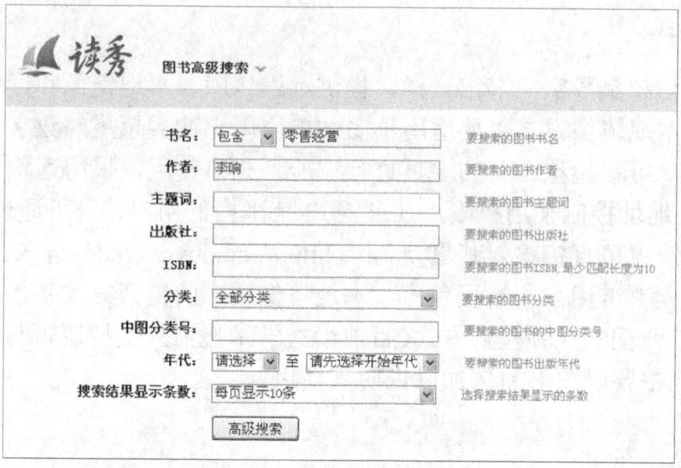

图 3-2　高级搜索界面

3. 专业搜索

专业检索只提供一个大检索框，用户在此可使用读秀所给的字段，灵活地运用逻辑与（*）、或（|）、非（-）、小括号（）构造检索表达式，从而使检索摆脱基本搜索和高级搜索的束缚。例如：查找由人民邮电或机械工业出版社出版的书名或关键词中含有"项目控制"或"项目管理"，且要 2009 年以后出版的图书，其表达式如图 3-3 所示。

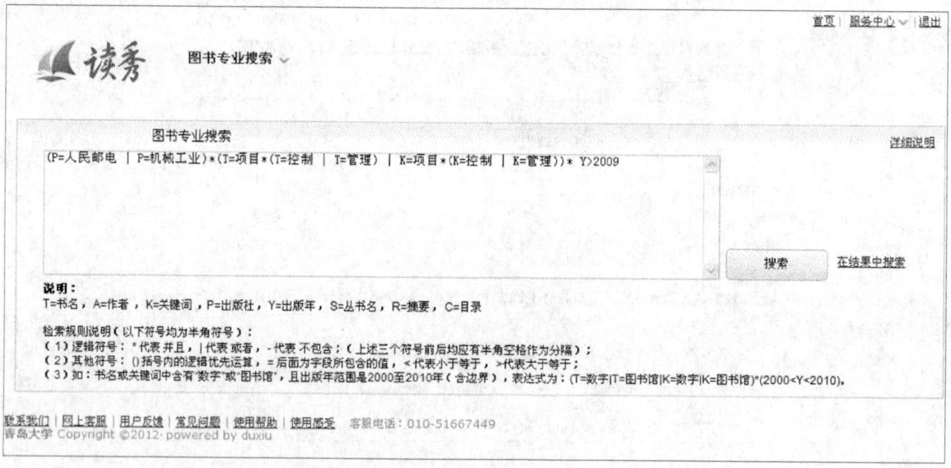

图 3-3　专业搜索界面

3.1.4　检索结果处理

1. 结果显示

检索结果以列表的形式显示，最多有 3 栏列表。图 3-4 所示的中栏为锁定在图书频道中的题录信息，可把与检索词相关的图书全部列出，使用左栏资源列表可进一步"缩小检索范围"，利用右栏资源列表则可"扩大检索范围"，实现知识点多角度检索，把与检索词相关的词条、人物、（图书）期刊、报纸、学位论文、会议文献、专利、标准、网页等多维信息全面地展现出来。

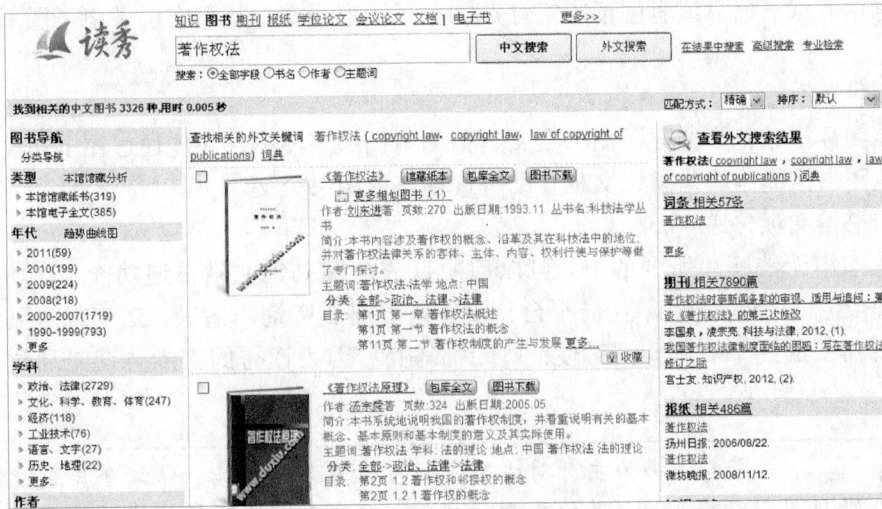

图 3-4　检索结果显示界面

2．查看图书详细信息

单击检索结果显示界面中栏的某本图书封面或书名可进入图书详细信息页面（见图 3-5），图书的封面、作者、内容提要、主题词等信息将被全面展示，并可以实现以下功能。

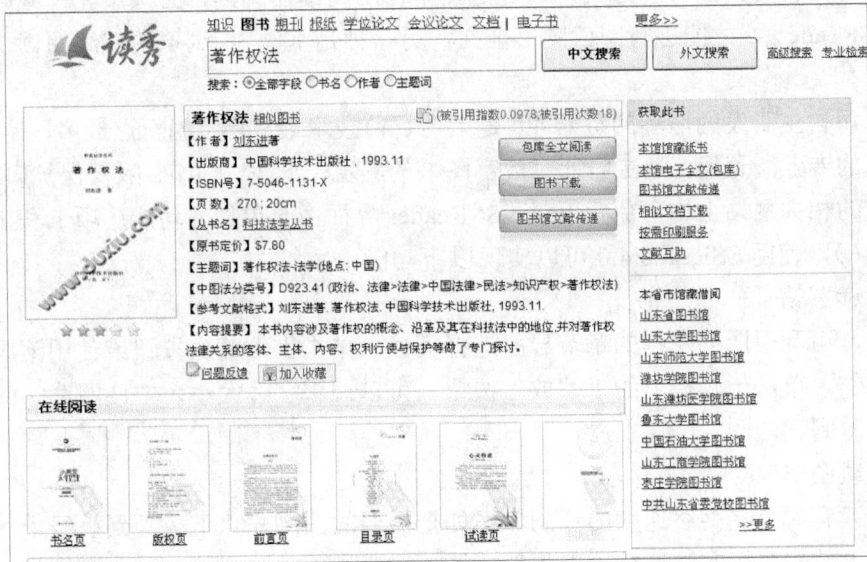

图 3-5　图书详细信息界面

（1）图书试读

单击"在线阅读"下方的不同选项，可对图书版权页、前言页、目录页、正文部分页进行试读。

（2）查看馆藏信息

搜索结果页面右侧将显示本馆中的纸质图书和电子图书的馆藏信息。单击进入，读者可以直接查看馆藏纸书信息或者阅读本馆订购的电子图书全文，从而实现了电子图书与纸质图书的整合。

（3）多种获取途径

不仅能阅读本馆包库的电子图书全文、借阅本馆纸质图书，还能通过图书馆文献传递中心以及其他图书馆的馆藏信息、文献互助等途径获取图书全文。

（4）图书馆文献传递中心

如果在本馆无法解决所要的书，可以启用读秀的图书馆文献传递功能，该功能就相当于为读者建立了一个在线馆际互借平台，读者只要提交咨询申请表，立刻就可到自己的邮箱中获取所需要的图书资料，及时便捷、无需等待，因为读秀的文献传递是通过机器自动进行。

> **重要提示**　读秀以图书为主，对于图书既可检索又可阅读、试读全文或链接到本馆纸质图书借阅。而对其他类型的文献，可免费检索，但能否阅读全文，要根据你所在图书馆的权限和 Internet 开放程度而定。尽管读秀可对其他类型的文献进行检索，但检索效果可能与单一文献类型的数据库不可同日而语。

3. 浩瀚阅读器

超星提供两种阅读图书的方式，一种是使用专用阅读器阅读，必须事先下载超星的浩瀚阅读器（SSReader），才能进行阅读图书全文。另一种是基于 IE 浏览的在线阅读，无需下载阅读器。

超星公司自主研发的浩瀚阅览器 4.0 是国内目前技术最成熟、创新点最多、使用群最广、下载率最高的专业阅览器，是专门针对数字图书的阅览、下载、打印、版权保护研究开发的，在超星公司的相关网站上均可免费下载。SSReader 界面由菜单栏、功能选项卡和工具栏等组成（见图 3-6），使用 SSReader4.0 可以实现以下功能。

（1）阅读书籍

阅读时，可利用图书左栏的章节导航选择阅读，单击上下箭头按钮或使用滚屏功能，可完成翻页操作。单击工具栏上的"缩放"按钮，可以调整字体大小，方便阅读。阅览器还支持多文档同时阅读。

（2）下载图书

在线阅读有时会受网络速度的牵制，不如把需要的图书先"下载"到机器上，以备过后脱机阅读，可单击鼠标右键选择"下载"功能。

（3）版权加密技术

浩瀚阅读器采用先进的数字版权保护技术，限制打印、摘取文本、传播和永久下载。但考虑到当前 Internet 带宽问题，允许读者下载到本地阅读，但下载到本地硬盘的资料是加密资料，只能读者本人在下载机器上阅读，不能传播。

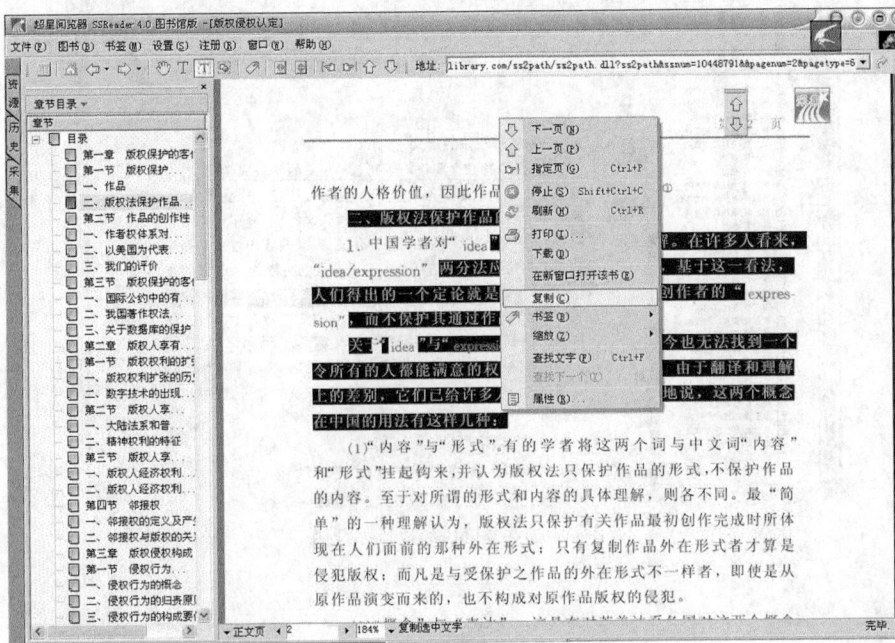

图 3-6　超星阅览器界面

> **重要提示**　使用超星阅读器下载资料和图书馆文献传递功能下载和传递的图书全文，在单位取消订购（个人读书卡过期）或指定时间后自动失效，相当于传统图书馆的借阅和归还，读者对资料不拥有永久所有权。

（4）主要图标

超星阅读器工具栏上有几个重要图标，需要重点介绍一下。

① 手形图标：阅读器的默认图标，可上下快速移动鼠标光标。

② 选取文字图标（大 T 图标）：用于摘取文本。读秀学术搜索库中有图像图书和文本图书两种格式，大 T 图标按行方式选取文字。对于图像图书，使用时，选中大 T 图标后，超星阅读器就自动启动 OCR 识别文字插件程序，将选中文字识别后在一新框中显示，可根据需要保存到某一文件中进行编辑。对于文本图书，使用时，选中 T 图标，拖动光标选中的文字会变蓝色，单击鼠标右键在弹出的快捷菜单中选择“复制”命令，就可摘取到你所要的文本加以保存编辑。

③ 选取文字图标（小 T 图标）：按区域摘取文本时用，尤其适用图片采集，用法同大 T 图标。图 3-6 所示为按区域摘取文本图书的示例。

④ 刷子头图标：属于图像快照式的摘取文本。对选择的区域，可按原样保存，但不能进行编辑。

⑤ 图书标注图标：只适用图像图书，文本图书暂时不支持标注功能。如《著作权法》这本书。标注功能有阅读、批注、随意画线、画圈、高亮、链接等（见图 3-7）。

⑥ 书签图标：读者利用添加书签可以方便地管理图书、网页。

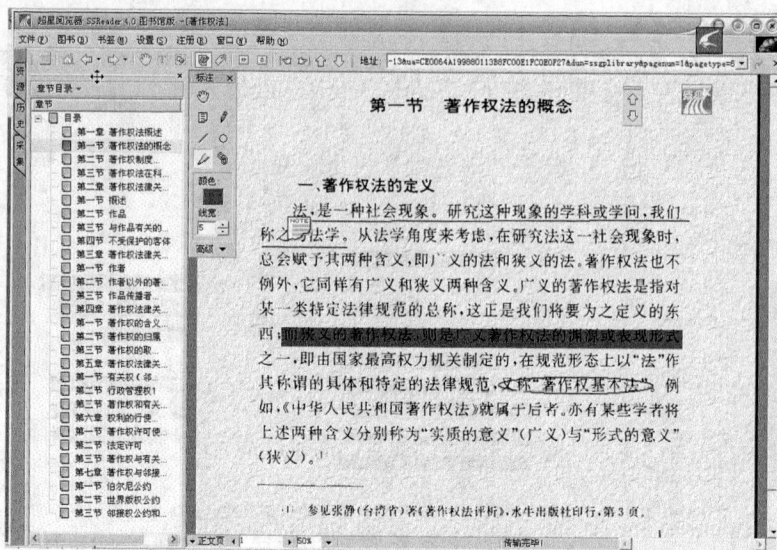

图 3-7　超星阅览器图书标注界面

案例分析

查一下"孔子登东山而小鲁"的出处

使用读秀的知识检索频道，找到相关的条目约 1 902 条，有相关词条、图书、视频、网页及更多相关信息。读秀全面、发散式的搜索是一大创新，不仅能围绕单一文献的关键词检索，还能把与关键词相关的各类文献中所包含的同一内容知识检索出来，从而为研究型读者提供了便捷的知识获取通道。打开主栏目中的"本页阅读"链接可看到更详细的信息，如"孔子登东山而小鲁"的后半句话、注解、译文及本页来源出处等，实现了古人集千书于一书的梦想，使得任何一句诗词、一句古文、一句名言，均可在读秀中找到出处、前后语，使用起来得心应手。

3.2　中国学术期刊网络出版总库

中国学术期刊网络出版总库（CJFD）是专门针对期刊检索而言的，据统计期刊是科研人员利用率最高的信息媒体，为使文理科使用方便，CJFD 还专门划分出了中国学术期刊网络出版总库（社科）和中国学术期刊网络出版总库（自科）两个版本，本节将介绍综合版本的使用。

3.2.1　数据库简介

中国学术期刊网络出版总库（CJFD）是中国知网即国家知识基础设施（National

Knowledge Infrastructure，CNKI）的系列数据库之一，国家知识基础设施（CNKI）的概念，首先由世界银行于 1998 年提出，后由清华大学光盘国家工程研究中心、清华同方光盘股份有限公司等单位发起，于 1999 年 6 月开始实施。目前 CNKI 已建成了十几个系列知识数据库，而中国学术期刊网络出版总库是目前世界上最大的连续动态更新的中国学术期刊全文数据库。

CJFD 收录我国自 1915 年以来国内出版的 7 700 余种学术期刊，内容涵盖十大专辑：基础科学、工程科技Ⅰ、工程科技Ⅱ、农业科技、医药卫生科技、哲学与人文科学、社会科学Ⅰ、社会科学Ⅱ、信息科技、经济与管理科学。该库既有浏览功能又有检索功能，还有引文链接功能，及对个人、机构、论文、期刊等方面的计量与评价功能，并能共享 CNKI 系列数据库的各种服务功能。

目前高校是采用网上包库或本地镜像的形式购买中国学术期刊网络出版总库，校园网内的用户既可通过图书馆中的相应链接进入，也可直接输入其 IP 地址（www.cnki.net）进入，只有登录成功的用户才可下载期刊全文，而 CJFD 题录库在网上没有任何限制，可免费检索。

3.2.2　检索方式

在 CNKI 系列数据库中，各数据库页面及功能相似，中国学术期刊网络出版总库（CJFD）现设有快速检索、标准检索、专业检索、作者发文检索、科研基金检索、句子检索，此外还有来源期刊导航。

在 CJFD 中，所有的检索界面均由左右两栏组成，左栏为学科分类导航，默认状态下为十大专辑，也可根据需要选择；右栏又分上下两部分，上面部分为 CJFD 的检索界面，下面部分为 CJFD 数据库信息介绍，如图 3-8 所示。

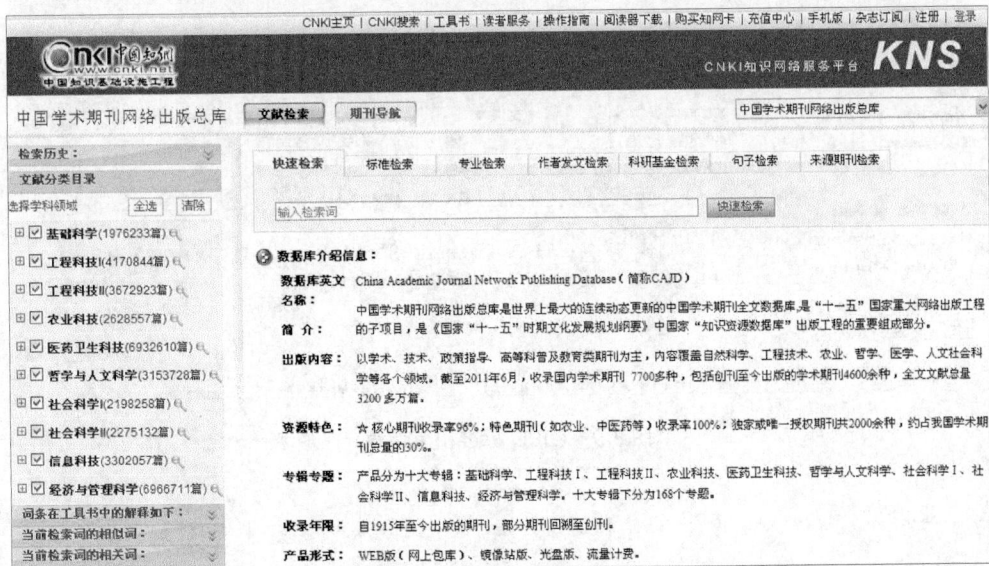

图 3-8　CJFD 快速检索界面

该库共提供 18 个检索项（检索字段），分布在不同的检索方式中，检索项之间可使用逻辑与、逻辑或、逻辑非进行项间组合（项间组合即检索项之间的逻辑组合），同一检索项中还支持相应的位置检索算符，此外还支持二次检索。

1. 快速检索

快速检索是一种简单检索，简捷方便，其右栏的最上面只有一个检索框，可输单词或一个词组检索，并支持二次检索，但不分字段，因此查全率较高、检准率较低，如图4-8所示。

2. 标准检索

标准检索是 CJFD 上的默认检索界面，其右栏的最上面由输入检索控制条件和输入内容检索条件两部分构成。检索控制条件是指期刊年期、来源期刊、来源类别、支持基金、作者、作者单位等检索项，内容检索条件是指主题、篇名、关键词、摘要、全文、参考文献和中图分类号这 7 个检索项。

标准检索是一种比快速检索复杂一些的检索方式，它既支持单词检索又支持多项双词逻辑组合检索：多项是指可选择多个检索项，可通过单击前方的"+、-"来增减检索项；双词是指一个检索项中可输入两个检索词，每个检索项中的两个词之间可进行 3 种检索位置算符组合：并且包含、或者包含和不包含；逻辑是指检索项之间可使用逻辑与（并且）、逻辑或（或者）和逻辑非（不包含）进行项间组合。例如要查找季羡林与梵文或巴利文有关的一些论述，如图 3-9 所示。

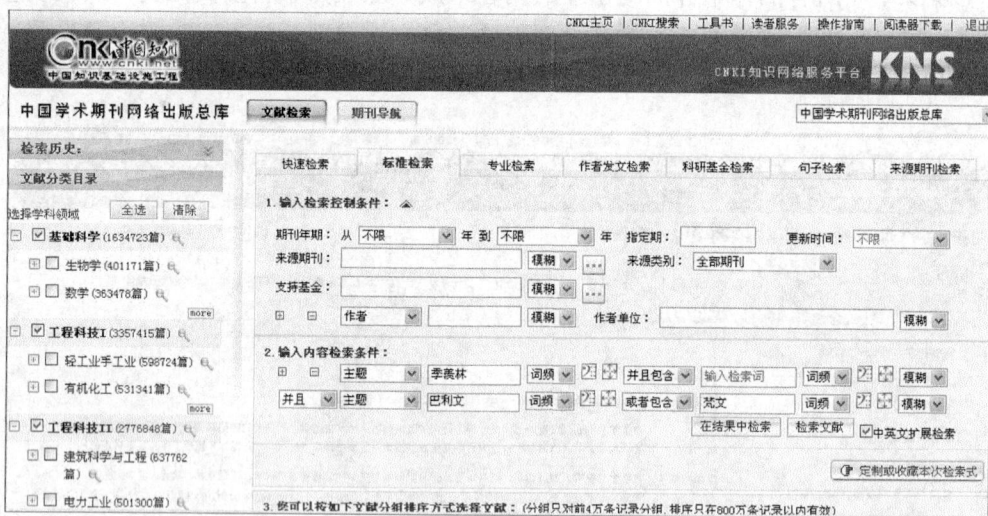

图 3-9　CJFD 标准检索界面

3. 专业检索

专业检索比标准检索功能更强大，但需要用户根据系统的检索语法编制检索式进行检索，适用于熟练掌握检索技术的专业检索人员。单击 CJFD 中的专业检索即可进入该页面，专业检索可提供 18 个字段，如图 3-10 所示。

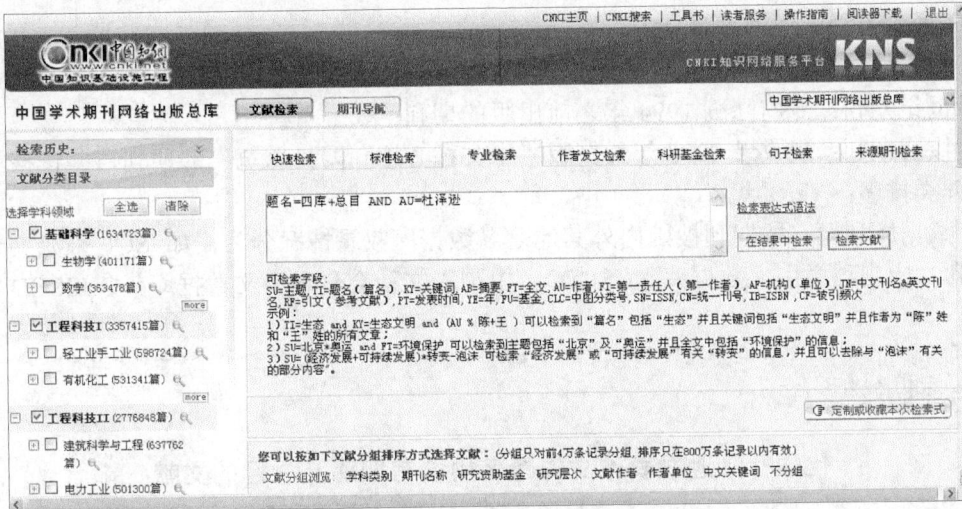

图 3-10　CJFD 专业检索界面

> **重要提示**
>
> （1）专业检索中，表达式的符号要在半角（英文）状态下输入，如小括号、等号等。
>
> （2）专业检索中，同一字段的检索词之间可用"*、+、-"构造检索表达式，检索词与算符之间是否空格无所谓；若不是同一字段的检索词之间就要用"AND、OR、NOT"构造检索表达式，且检索词与算符之间要空一格。

4. 期刊导航

期刊导航展现了 CJFD 收录的全部期刊，为了满足不同读者的需要，提供了 12 条导航路径。此外，读者还可按学科或期刊字顺直接浏览，也可按刊名查找期刊文章，如图 3-11 所示。

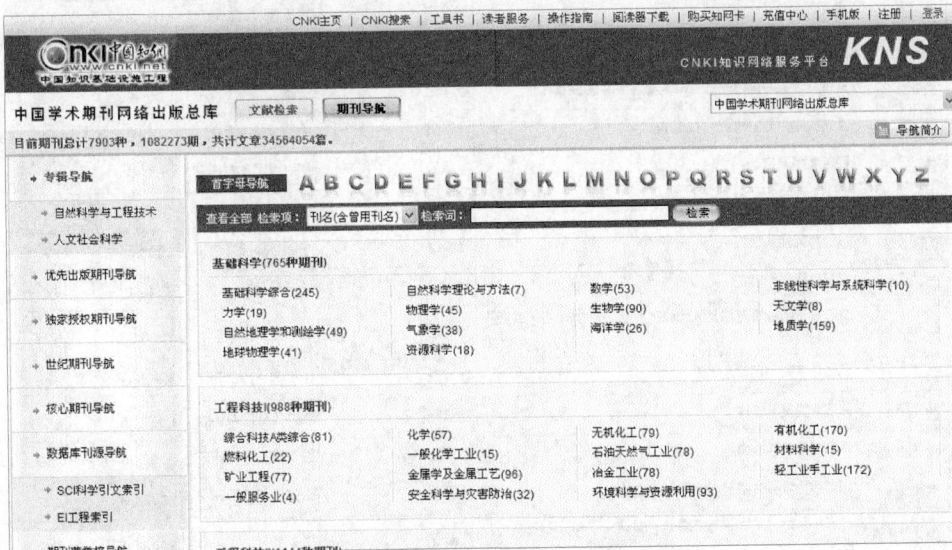

图 3-11　CJFD 期刊导航界面

主要导航路径解释如下。

① 专辑导航：按照期刊内容知识进行分类，分为 10 个专辑，168 个专题；

② 世纪期刊：专门回溯 1994 年之前出版的期刊；

③ 核心期刊：现收录 2008 年最新版"中文核心期刊要目总览"的期刊，并按核心期刊表进行分类排序；

④ 数据库刊源：按期刊被国内外其他著名数据库收录情况分类，如 SCI 来源期刊、EI 来源期刊、中国科学引文数据库（CSCD）、中国人文社会科学引文数据库（CHSSCD）等。

案例分析

检索杜泽逊发表论文的题名中含有四库及总目的文献

由题目内容可知，本题是要查找杜泽逊发表的论文题名中含有四库或含有总目的论述，该题使用专业检索或标准检索较好，其使用专业检索的表达式、检索结果如图 3-10（主题=四库+总目 AND AU=杜泽逊）、图 3-12、图 3-13 和图 3-14 所示。

重要提示　　CJFD 中的主题字段并非仅指单一的主题词，而是题名、关键词和摘要 3 词的总称。

序号	篇名	作者	刊名	年期	被引频次	下载频次
1	清人著述总目述例稿	杜泽逊	中国典籍与文化	2012/01		11
2	国家清史纂修重大项目《清人著述总目》的现状与未来	杜泽逊	山东图书馆学刊	2010/05		44
3	古籍目录编纂例说——《清人著述总目》编纂札记	杜泽逊	文献	2009/03	1	168
4	读《四库提要》随记	杜泽逊	中国典籍与文化	2009/04	1	122
5	四库提要厘定	杜泽逊	图书馆工作与研究	2010/01		93
6	四库馆辑本《直斋书录解题》"文史类"校议	杜泽逊	图书馆工作与研究	2006/01	2	118
7	《四库提要》续正	杜泽逊	中国典籍与文化	2006/03		87
8	《四库提要》斠正	杜泽逊	图书杂志	2006/10		74
9	史志目录的编纂方法及其面临的困惑——以《清人著述总目》为例	杜泽逊	图书与情报	2006/06		126
10	乾隆皇帝与"四库全书"	杜泽逊	山东图书馆季刊	2006/04		190
11	《四库提要》续订	杜泽逊	图书馆理论与实践	2007/05		85
12	四库提要总集类类辨正	杜泽逊	图书馆工作与研究	2007/06	1	119
13	国家清史项目《清人著述总目》之由来	杜泽逊	山东图书馆季刊	2008/02		62
14	史志目录编纂的回顾与前瞻——编纂《清人著述总目》的启示	杜泽逊	文史哲	2008/04		229

图 3-12　CJFD 检索结果界面

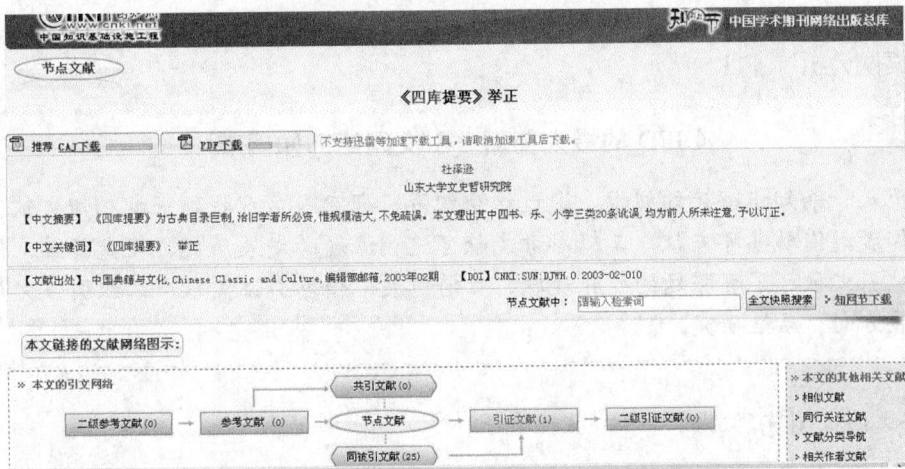

图 3-13　CJFD 引文网络界面

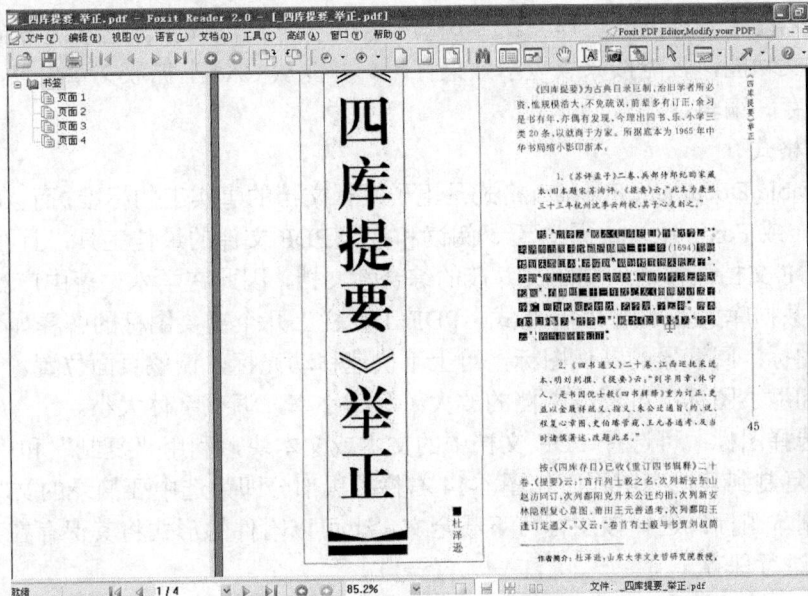

图 3-14　PDF 全文界面

3.2.3　检索结果处理

1．结果显示

从 CJFD 检索结果界面可看到检索命中文献记录总数，并以"序号、篇名、作者、刊名、年/期、被引频次、下载频次"的题录形式将命中结果加以显示，如图 3-12 所示。如想看到文章摘要、关键词、知网节等信息，要单击篇名链接，如图 3-13 所示；若要看全文，则要单击 CAJ 或 PDF 图标，下载原文，如图 3-14 所示。

案例分析

CJFD 的最大创新—引文网络即知网节

知网节是一条知识链接的纽带，通过这条纽带，研究人员可找到一批相似文献、相关机构、相关作者。借助参考文献、二级参考文献可追溯课题的发展历史、研究背景，借助共引文献、同被引文献可了解课题的研究现状、目前进展，借助引证文献、二级引证文献可展望课题的发展方向、后继研究。

2. 全文阅读浏览器

CJFD 的全文显示格式有 CAJ 和 PDF 两种，第一次阅读全文必须下载安装 CAJ 或 PDF 全文浏览器，否则无法阅读全文。

（1）CAJ 浏览器

CAJ 浏览器是中国知网自己研发的专用检索浏览全文的阅读器。它功能齐全，有查找字符串、打印全文功能，且能按原版显示效果打印。并能从 CAJ 上抓取文章内容，进行文本、图像摘录、保存、编辑。

（2）PDF 格式

PDF（Portable Document Format）格式是电子发行文档的事实上的标准，而 Adobe Reader、Acrobat Reader 或 Foxit Reader 是查看、阅读和打印 PDF 文件的最佳工具，且在网上可免费下载。由于 PDF 文档通常是一些图文并茂的综合性文档，因此在学术论著中广泛使用。目前出版商发行的数据库大多采用 PDF 格式。PDF 工具栏上几个重要图标的解释如下。

① 手形图标：阅读器的默认图标，可上下快速移动光标，调整页面位置。

② 放大和缩小图标：可更改文档的放大率和缩小率，调整字体大小。

③ 文本选择图标：可选择 PDF 文档中的文本或文本块，利用"复制"和"粘贴"命令将选定的文本复制到其他应用程序。图 4-14 右栏描黑部分即为选中要摘录的文本块。

④ 保存副本图标：选择该图标可下载全文，也可以附件的形式将其保存在某一文件中，发送到邮箱中进行保存。

3.3 中文科技期刊全文数据库

中文科技期刊数据库是中文光盘创始者，本节将系统地介绍其检索体系，重点讲解传统检索。

3.3.1 数据库简介

中文科技期刊数据库由中科院西南信息中心重庆维普资讯有限公司于 1994 年研制出版，该库是国内最早的中文光盘数据库，也是目前国内最大的综合性文献数据库。收录中国境内历年出版的中文期刊 12000 余种，时间跨度为 1989 年至今，学科遍布理、工、医、农及社会科学（文、史、哲、法，现回溯到 2000 年）。该数据库数据中心网站日更新，镜像站每季度更新一次。

目前国内数据库一般都提供远程包库、本地镜像和个人读书卡 3 种服务形式。大凡团购的高校用户要么采用远程包库要么采用本地镜像或两者并存的方式，在校园网内提供资源共享，凡隶属 IP 范围内的用户，既可通过"校园网-图书馆"中的相应链接进入，也可直接访问远程网络的 IP 地址：http://cstj.cqvip.com/，如图 3-15 所示。同时网上提供免费的题录检索库，其网址为 http://www.cqvip.com。

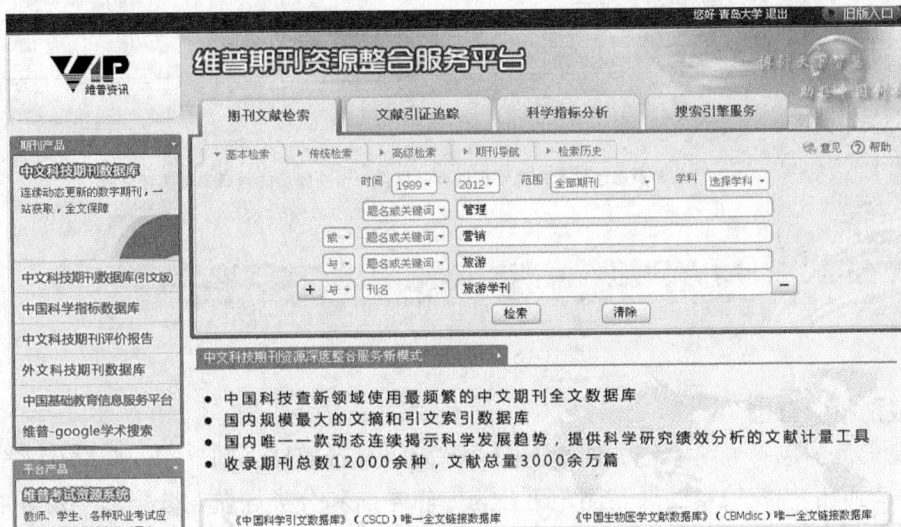

图 3-15　中文科技期刊数据库主页

3.3.2　检索方式

中文科技期刊数据库自研制出来以后，其检索界面不断修改，以期更适合用户检索。自 2005 年版开始，一直沿用目前的界面，可提供基本检索、传统检索、高级检索、期刊导航和检索历史 5 种检索方式，如图 3-15 所示。该库支持逻辑与、或、非和二次检索，此外还可以选择模糊和精确匹配检索方式。

1. 基本检索

基本检索为中文科技期刊数据库的默认检索方式，在此选好逻辑算符、检索字段并输入相应的检索词即可实现由上至下的组配检索，每个检索框中只能输入单一检索词或词组，默认情况下只有两个检索框，可通过单击"+、-"实现检索框的增减，此外还有时间、范围和学科的选项限定条件，如图 3-15 所示。

2. 传统检索

传统检索是中文科技期刊数据库创建伊始的检索方式，一直沿用至今，故称传统检索。单击图 3-15 中的 传统检索 链接，即可进入传统检索界面，如图 3-16 所示。传统检索包罗万象，可以说是其他几种检索方式的综合检索，而其他几种检索方式只是传统检索单项功能的具体细化。传统检索包含以下内容。

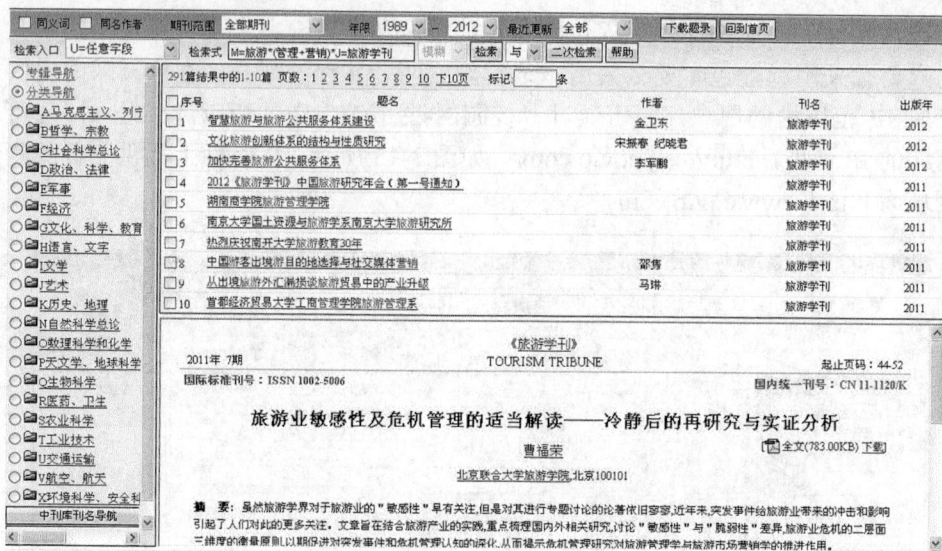

图 3-16　传统检索界面

（1）限定检索范围

限定检索范围包括导航系统、期刊范围、年限、最近更新、同义词、同名作者等。

导航系统位于传统检索的最左侧，可分为专辑导航和分类导航。分类和专辑导航均为树状结构。分类导航按《中图法》的前 21 个大类进行划分，专辑导航可分为社会科学、经济管理、教育科学、图书情报、自然科学、农业科学、医药卫生和工程技术 8 个部分。无论何种导航，每个类目或专辑都可以进一步细分。选中某学科结点后，任何检索都会被锁定在此类目学科下进行。

期刊范围、年限、最近更新、同义词和同名作者等位于传统检索的最上端。期刊范围、年限、最近更新和选择选项默认状态如图 3-16 所示，当然也可通过其右边的小箭头进行选择。

同义词和同名作者库功能只有在选择了关键词、作者、第一作者检索入口时才生效，这两库均是默认为关闭，选中则打开。用户可根据课题需要进行相关限定。

（2）检索区域

检索区域是用户查找资料的关键，该区域位于传统检索的第 2 栏，包括以下几部分。

① 检索入口。可通过其下拉菜单，提供 10 个选择字段：M=题名或关键词、K=关键词、T=题名、R=文摘、A=作者、F=第一作者、S=机构、J=刊名、C=分类号和 U=任意字段。其中，U=任意字段是指在全部字段内进行。与此同时，要在检索式输入框中输入相应的检索表达式。

② 检索表达式。分为简单和复合检索两种。简单检索是直接输单一词进行检索，单击 检索 按钮即可。复合检索又分二次检索和复合检索式。

二次检索可能会使检索冗余，可以在一次检索的基础上进行二次检索，缩小检索范围。

二次检索可多次使用，以达复合检索之效，二次检索要通过下拉菜单"与、或、非"并单击 二次检索 按钮实现。

如果想一次性达到比较理想的检索效果，可在检索式输入框中用检索字段代码、逻辑与或非（*、+、-）算符和检索词构造复合检索表达式。例如 M=旅游*(管理+营销)*J=旅游学刊，如图 3-16 所示。

匹配检索是指"检索式"输入框右侧下拉菜单中的"模糊"和"精确"两种限定检索方式。系统默认为"模糊"检索，用户也可选"精确"。如选"K=关键词"字段，输入"纳米技术"一词，在"模糊"检索方式下，可把关键词字段中含有"纳米生物技术"、"纳米科技与生物技术"、"纳米级定位技术"和"纳米技术"等的相关文献都检出；而在"精确"检索方式下，就只能检出含有"纳米技术"一词的相关文献。

3．高级检索

高级检索链接随处可见，单击即可进入高级检索界面，如图 3-17 所示。高级检索分表框检索和直接输入检索式两种检索界面，表框检索类似于基本检索，可针对 13 个检索字段使用逻辑算符与、或、非进行组配检索，表框检索一次最多可以进行 5 个检索词的逻辑组配检索；直接输入检索式类似于传统检索。高级检索的限定检索条件要比其他检索界面丰富。

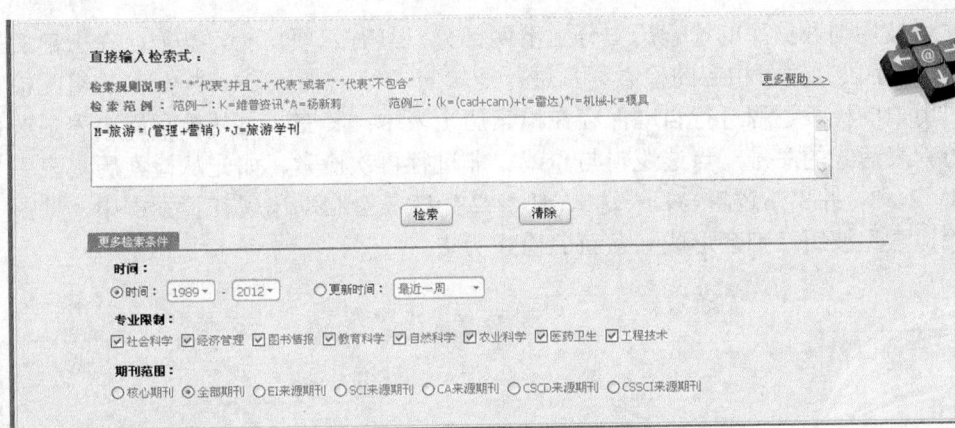

图 3-17　高级检索界面

4．期刊导航

单击 期刊导航 链接，即可进入期刊导航界面，如图 3-18 所示。

期刊导航有 4 种方式：期刊学科分类导航、核心期刊导航、国内外数据库收录导航、期刊地区分布导航，此外还可进行期刊和字顺检索。

期刊检索既可按国际标准期刊号（ISSN）检索，又可按刊名的关键词检索；按字顺查就是按期刊刊名的汉语拼音字顺查询；按学科查实际上是先按大类，再按学科层层展开检索。

期刊导航不仅可检索某种杂志上的文献，还是读者投稿的指南，可帮助读者了解期刊主办信息、期刊的主要栏目及与编辑部联系等信息。

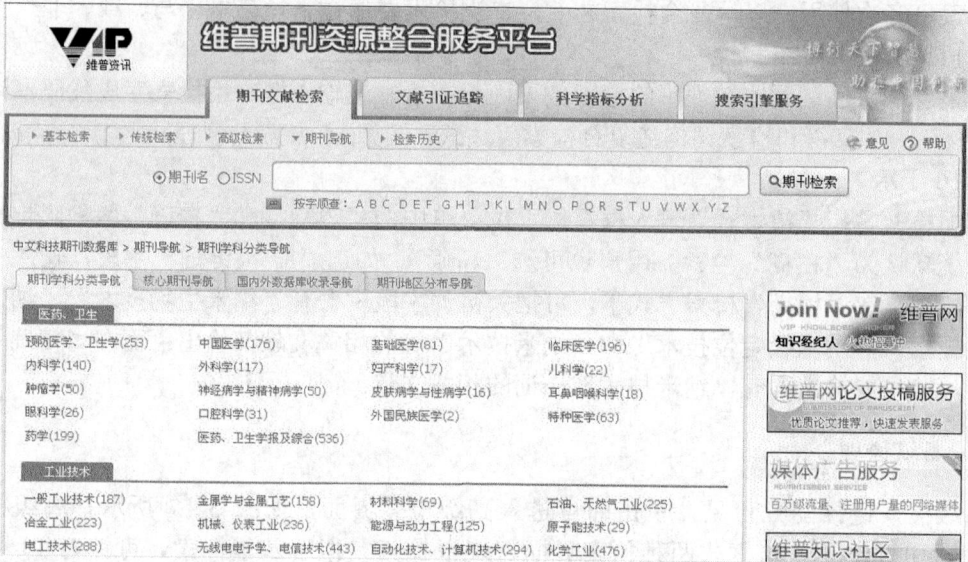

图 3-18　期刊导航界面

5. 检索历史

中文科技期刊数据库的检索历史分上下两部分，具有三项功能。其一，在上部的检索框中点选 14 个字段并输入相应的检索词，进行逻辑与（*）、或（+）、非（-）的组配检索；其二，能对用户的检索过程进行自动保存在检索历史表中；其三，可从检索历史表中选择一个或多个检索表达式的序号，点选逻辑与、或、非进行再次检索。如先从检索历史表中分别选择序号 1、2、3，并单击逻辑与，表达式(#1 * #2 * #3)就会自动出现在检索框中（见图 3-19），最后按"检索"按钮，则会形成一条新的检索历史。

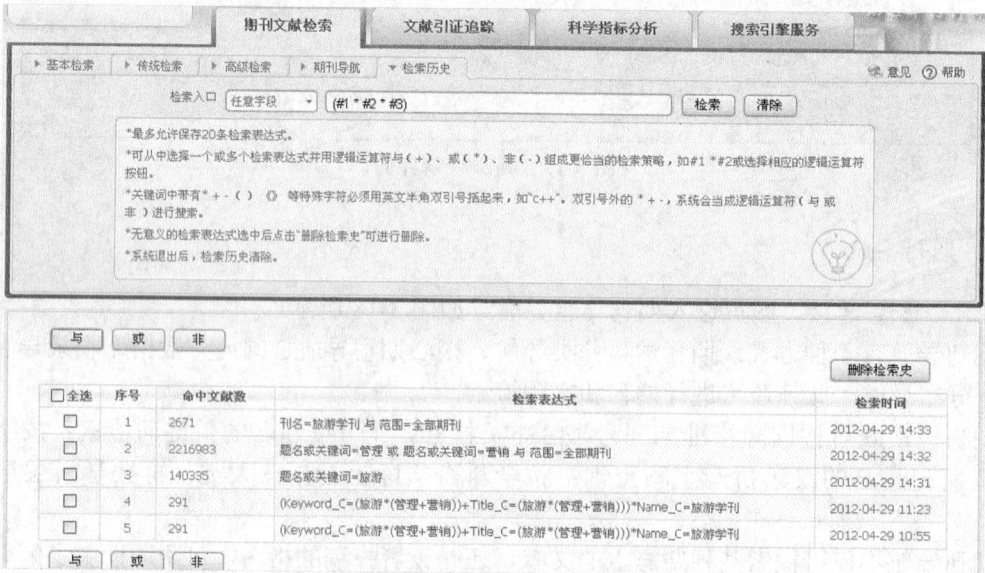

图 3-19　检索历史界面

案例分析

检索旅游学刊上发表的有关旅游管理
或旅游营销方面的文献资料

由题目内容可知，本题是要查找在旅游学刊杂志上论述有关旅游管理或旅游营销方面的文献资料，该题无论使用何种检索方式都可完成，但使用传统检索或高级检索中的直接输入检索式最简单，其表达式为：M=旅游*(管理+营销)*J=旅游学刊，如图 3-17 所示。检索结果如图 3-16、图 3-20 和图 3-21 所示。

3.3.3　检索结果处理

中文科技期刊数据库检索结果界面多数可显示检索条件、检索命中文献总篇数，并将检索命中结果以"序号、全文下载、标题、作者、出处"的题录形式加以显示，如图 3-20 所示。

中文科技期刊数据库的全文显示格式有维普浏览器 OCR 和 PDF 两种，第一次阅读全文必须下载安装维普浏览器 OCR 或 PDF 全文浏览器。否则无法阅读全文。

PDF 为因特网上的一种标准化电子格式，维普浏览器是中文科技期刊数据库自己研发的专用检索浏览全文的阅读器。图 3-21 所示为 PDF 全文显示界面，只要单击图 3-16 中的图标或图 3-20 中的下载全文图标，均可下载全文。

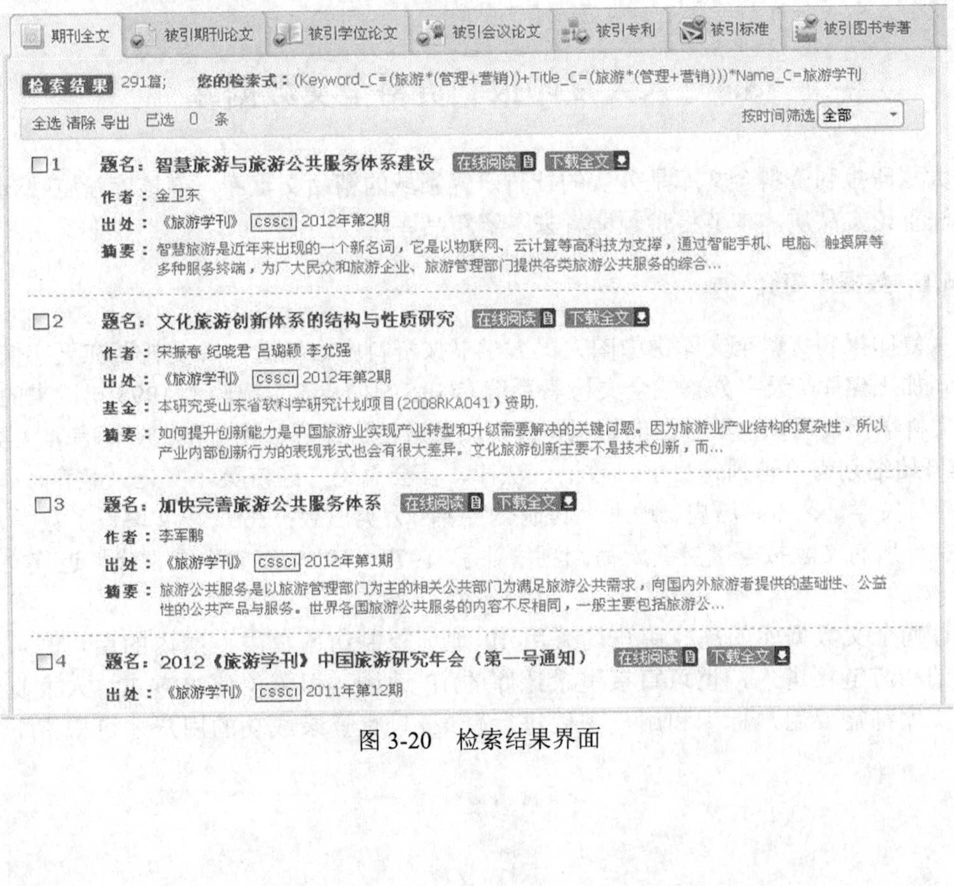

图 3-20　检索结果界面

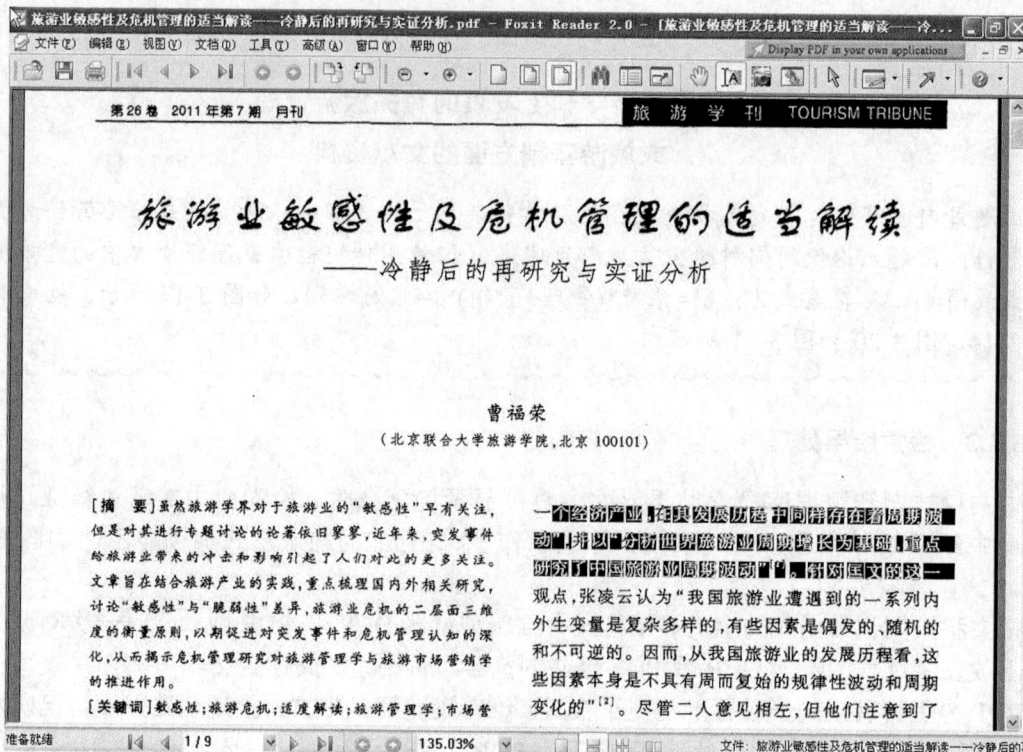

图 3-21　全文显示界面

3.4　人大复印报刊资料全文数据库

人大复印报刊资料全文库是公认的社科研究领域的精品文献库，但该库没有报刊等级之分，只注重论文品质。本节将带领读者去了解精品库。

3.4.1　数据库简介

人大复印报刊资料全文库由中国人民大学书报资料中心编选，并委托浙江天宇信息技术有限公司加工建库（天宇分布式全文检索系统 CGRS 5.1），该库精选了 1995 年以来的社会科学、人文科学及数理化科学方面的资料。最初只按政治、经济、教育和文史语言 4 大类出版；2006 年开始细划为"马列、哲学、政治、法律、社会总论，经济类，文化、教育、体育类，语言文字、文学、艺术、历史、地理、其他类"新四大类出版；2007 年又增设了数学、物理、化学大类，所有文献按季度更新。另回溯增补了 1978～1994 年的中国古代、近代文学研究专题。

凡订购全文数据库的高校用户均采用 IP 地址控制访问权限，网内的用户既可通过校园网中的相应链接进入，也可直接登录该库的 IP 地址，但无论何种方式，人大复印报刊资料全文库都需要用户标识和用户密码进行登录，只有登录成功的用户才可检索下载报刊资料。

3.4.2　检索方式

1．检索技术

人大复印报刊资料全文库提供 6 种检索算符：逻辑与（*）、逻辑或（+）、逻辑非（-）、优先级（）及位置检索算符。其中位置算符"？"，用"？"的个数表示两词（字）之间允许间隔字的个数，最多允许出现 9 个"？"，如输入"中国???啤酒"，可检出"中国的青岛啤酒"、"中国牌子的啤酒"及"中国卷烟、啤酒"等；位置算符"！"，用"！"的个数表示两词（字）之间最多允许间隔字的个数，系统最多允许出现 9 个"！"，如输入"中国!!!啤酒"，不但能检出："中国???啤酒"的各种情况，还可检出"中国啤酒"、"中国的啤酒"、"中国人对啤酒"等。

2．检索方式

人大复印报刊资料全文库设有分类、任意词和高级 3 种检索方式，无论哪种方式，都可进行二次检索。

（1）分类检索

分类检索实际上是按学科专题检索，可分 5 大类：马列、哲学、政治、法律、社会总论，经济类，文化、教育、体育类，语言文字、文学、艺术、历史、地理、其他类，数学、物理、化学。分类检索是任意词和高级检索的基础，准确地说是分类浏览或选库浏览。

分类浏览即为系统默认状态的主页界面（见图 3-22），该界面分为资源列表区（数据库列表区）、数据库命中结果区、检索区和检索结果显示 4 个区。

分类浏览（选库浏览）首先是按年编排，其次按大类组织专题库，1995～2004 年是按年度大类组织 4 个专题库，而 2005 年后是按季度组织 4～5 个大类专题库，这样一年就是 16～20 个专题库。分类浏览有以下两种方法。

① 直接单击左侧可查询资源（资源列表区）某年份的名称，可以直接在检索结果显示区中显示该年份下按大类组织的所有专题库的信息。

② 单击左侧可查询资源前面的"＋"，可以展开显示该年份下按大类组织的所有专题库的结点信息，然后根据需要单击某一专题库的名称，在检索结果显示区中即可显示某一专题库上所有的文献名称，如图 3-22 所示。

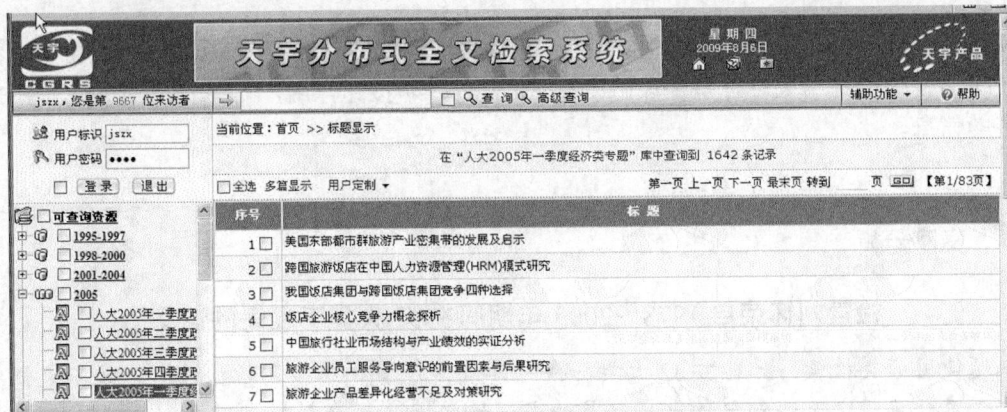

图 3-22　人大复印报刊资料全文库主页

（2）任意词检索

任意词检索界面与分类浏览界面绑定在一起，更确切地说就是分类浏览界面中的检索区，用户在此输词检索。任意词检索，由于不分字段，检全率较高，但检准率较差。例如，要查 2010～2011 年期间，儒家文化对韩国、新加坡和日本经济的影响，如图 3-23 所示。

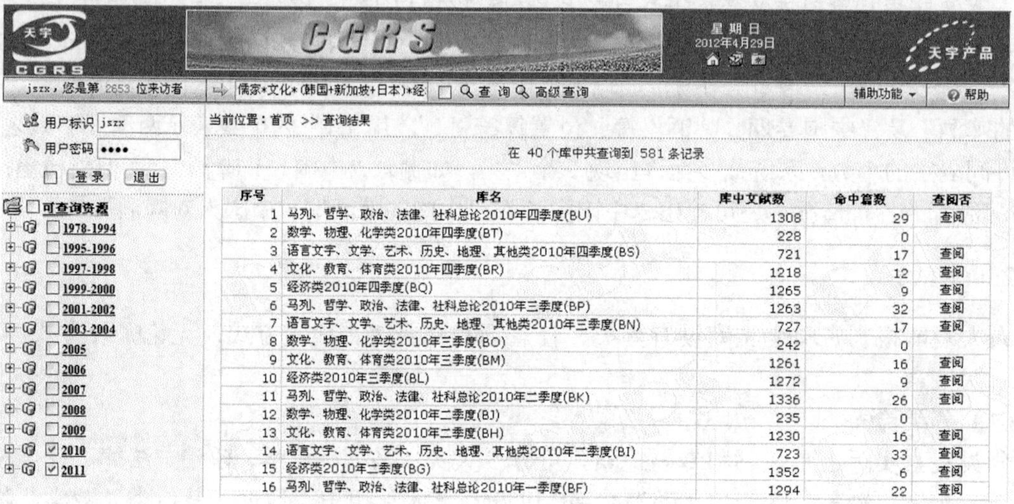

图 3-23　任意词检索界面

重要提示

对人大复印报刊资料全文库来说，所有的检索必须先选数据库，然后才能检索，在资源列表区中每一项数据库前面都有一个空白框供用户选库之用。

（3）高级查询

如果想同时在几个字段中查找文献或检索某些著者发表的文献，最好使用高级查询。高级查询可在原文出处、原刊地名、分类号、分类名、复印期号、标题、作者、正文和任意词等 24 个字段进行检索，高级查询的针对性强，因此比其他检索更易锁定目标、检准率高。

单击 高级查询 按钮，打开高级查询对话框。打开高级查询对话框之前，一定要先选好数据库。

高级查询可在各个字段中输入用户想要检索的相应内容，单击 添加→ 按钮；再单击 查询 按钮，即可显示查询结果。有些字段输入域后面有 ❷ 帮助 按钮，用户可单击"帮助"按钮来获得更多的信息。

案例分析

检索刘怀荣自 1978～2009 年期间在 J2 大类下发表的论文

本题使用分类检索，只能按 J2 大类一年一季度地浏览，属于马拉松检索，效率太低；任意词检索不分字段，无法锁定作者，容易造成误检。因此本题最好使用高级检索，首先选中所要查找的数据库资源，然后分别在高级检索的分类号和作者字段中输入 J2、刘怀荣，再单击 添加→ 、查询 按钮即可，如图 3-24 所示。其检索结果如图 3-25 和图 3-26 所示。

图 3-24　高级查询界面

图 3-25　检索结果界面

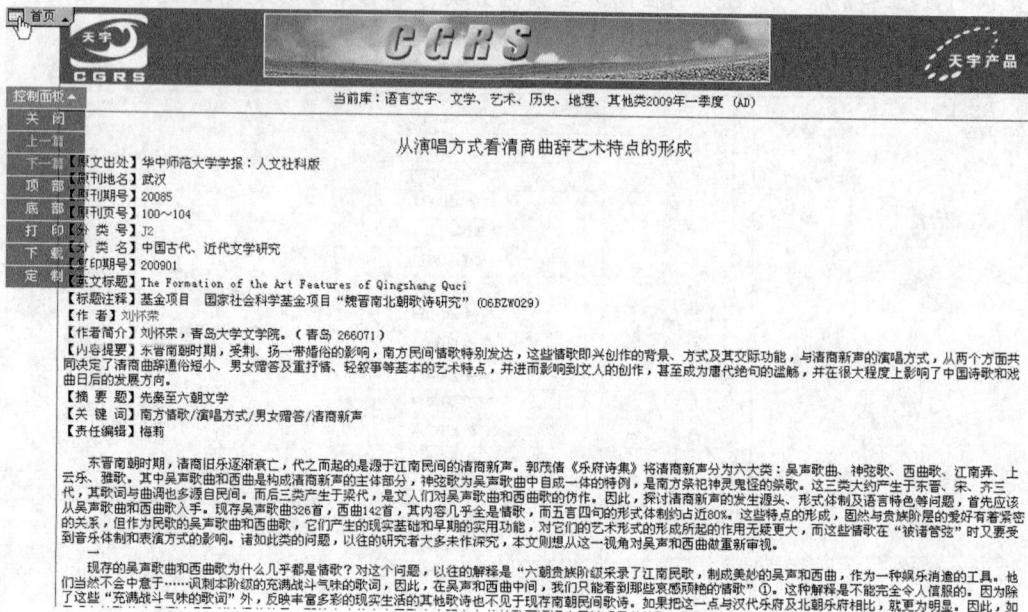

图 3-26　全文显示界面

3.4.3　检索结果处理

人大复印报刊资料全文库检索结果界面可显示检索命中文献记录总数，并把检中结果以"序号、库名、库中文献数、命中篇数、查阅否"的形式加以显示，如图 3-25 所示。此外还有一些对检索结果的操作，如多篇显示、标题定制、全文定制、检索历史信息等。单击查阅可看全文，也可打开控制面板进行打印、下载和定制，如图 3-26 所示。

3.5　中文社会科学引文索引数据库

中文社会科学引文索引（CSSCI）一反其他检索工具通过主题或分类途径检索文献的常规做法，而是以论文后所附的参考文献（引文）来设置独特的"引文索引"，引文索引是反映文献之间引用和被引用关系及规律的一种新型的索引工具。

3.5.1　数据库简介

中文社会科学引文索引（Chinese Social Sciences Citation Index，CSSCI）由南京大学中国社会科学研究评价中心开发研制，是南京大学承担的教育部重大研究项目，CSSCI 是我国社会科学重要文献引文统计信息查询与评价的主要工具。该库以中文社会科学登载的文献为数据源，通过来源期刊文献的各类重要数据及其相互逻辑关联的统计与分析为社会科学研究与管理提供科学、客观、公正的第一手资料。

目前，教育部已将 CSSCI 作为全国人文社会科学重点研究基地评审、研究成果评奖、科研项目结项、高级人才培养等方面的重要评审依据。许多高校已启用 CSSCI 作为人文社会科学文献引文统计、信息查询与评价的重要工具。

CSSCI 来源期刊的遴选遵循文献计量学规律，采取定量与定性评价相结合的方法从全国近 3 000 种中文人文社会科学学术性期刊中精选出 500 种左右的学术性强、编辑规范的期刊作为来源期刊。从 2006 年开始每 2 年调整一次期刊，实行动态管理，如中文社会科学引文索引 2010～2011 年来源期刊目录 527 种。为了与国际引文数据库接轨，拓展 CSSCI 学科覆盖率，适应我国哲学社会科学繁荣发展的需要，从 2008～2009 年开始，又增加了扩展版来源期刊，如中文社会科学引文索引（2008～2009 年）扩展版来源期刊目录 152 种，中文社会科学引文索引扩展版来源期刊（2010～2011 年）目录 172 种。CSSCI 覆盖范围涉及我国人文社会科学各学科及有关交叉学科的各个领域。目前已完成 1998～2011 年 14 年的光盘和网络版数据（包括网上服务）。

CSSCI 数据库向社会开展网上包库服务。凡订购网上包库的高校采用 IP 地址控制访问权限，网内的用户既可通过校园网中的相应链接进入，也可直接登录该库的 IP 地址 http://cssci.nju.edu.cn/ 或 http://219.219.114.10，再单击右侧的 包库用户入口 按钮进入。图 3-27 所示为 CSSCI 主页。

图 3-27　CSSCI 主页

3.5.2　检索方式

CSSCI 数据库既有检索功能，又有评价功能。该库从来源文献和被引文献两个方面向研究人员提供相关研究领域的前沿信息和各学科学术研究发展的脉搏。从其构成可看出引文索引具有"回溯历史、展示未来"之功效，使用来源文献可追溯到某一课题（某篇文章或某学科）的源头，使用被引文献可了解某一课题（某篇文章或某学科）的最新研究进展情况。

CSSCI 提供多种信息检索途径（字段），共有 20 多种检索字段，可以实现逻辑"或"和"与"的组配检索，系统还支持截词检索、精确检索和二次检索等多种优化检索功能。

1. 来源文献检索

单击图 3-27 最下方的"来源文献"按钮即可进入。来源文献检索主要用来查询本索引所选用的源刊文章中的作者（所在单位）、篇名、参考文献等。其检索字段有：来源篇名（词）、关键词、中图类号、学科类别、学位分类、文献类型、所有字段、来源作者、作者机构、作者地区、期刊名称、年代、基金类别、基金细节 14 项，如图 3-28 所示。例如，在"作者机构"中输入"青岛大学"，从学位类别下拉菜单中选择"应用经济学"。

图 3-28　来源文献检索界面

（1）作者检索

若要查找某一学者的发文情况，可在图 3-28"作者"栏中输入该学者的姓名，然后单击"检索"按钮即可。在作者检索中，可采取精确检索或第一作者的方式进行，也可使用截词检索，但截词检索易造成误检。

（2）机构检索

机构检索是为了解某一机构发表文章的情况。在机构检索中，可用第一机构进行限定检索，也可使用截词检索。例如，用"农业大学"则可把各种含有"农业大学"的机构都检出。

（3）关键词检索

关键词是用来反映论文主题内容的词汇，因此使用关键词检索可以索取到一批含有该关键词的相关论文。

（4）刊名检索

主要用于对某种期刊发表论文的情况进行查询。若欲查看在《中国社会科学》上发表的论文，可以在刊名录入框中，输入"中国社会科学"，但会发现命中文章中还包括《中国社会科学院研究生院学报》上发表的论文，若只想看到《中国社会科学》上发表的论文，选中期刊名称字段后面的"精确"即可。

（5）来源篇名（词）检索

来源篇名（词）检索主要是为用户提供用篇名中词段进行检索的手段。可以在篇名录入框中输入整个篇名，也可以输入一个词，甚至一个字或几个词的检索表达式，如输入"网络*参考文献"。

（6）基金检索

对来源文献的基金来源进行检索，包括基金类别和基金细节，可从基金下拉菜单中选择国家自科基金、国家社科基金、国家级其他基金、教育部基金、其他部委级基金、中科院基金、社科院基金、省（市）级基金、其他基金 9 种基金，进行检索。

（7）年代卷期检索

在相应的输入框中输入阿拉伯数字即可，将检索结果控制在划定的时间范围内。

（8）作者地区检索

可将检索结果限制在指定地区或者非指定地区中进行，注意输入地名的规范性。

（9）文献类型检索

可对论文、综述、评论、传记资料、报告 5 种文献类型进行限制检索。

（10）中图类号检索

按中国图书馆图书分类法（简称中图法）指定的分类号进行检索，如 J212，F270.7。

（11）学科类别检索

将检索结果控制在指定学科类别上进行检索，这些学科类别有管理学、马克思主义、哲学、宗教学、语言学、文学、外国文学、中国文学、艺术学、历史学、考古学、经济学、政治学、法学、社会学、民族学、新闻学与传播学、图书馆、情报与文献学、教育学、体育学、统计学、心理学、社会科学总论、军事学、文化学、人文、经济地理、环境科学、其他科学。

（12）学位分类检索

将检索结果控制在指定的某一学位分类上进行，这些学位分类有哲学、理论经济学、应用经济学、法学、政治学、社会学、民族学、教育学、心理学、体育学、中国语言文学、外国语言文学、新闻传播学、艺术学、历史学、环境科学与工程、军事思想及军事历史、战略学、战役学、战术学、军队指挥学、军制学、军队政治工作学、军事后勤学与军事装备学、管理科学与工程、工商管理、农林经济管理、公共管理、图书馆、情报与档案管理、其他。

2. 来源文献检索结果

在来源文献检索结果显示窗口中可显示检索的命中篇数、检索表达式、来源作者、来源篇名、期刊、年代卷期等，如图 3-29 所示。如果单击"来源篇名"链接，则可看到该篇文章的学科类别、中图类号、关键词、引文（参考文献）列表等更多的信息，如图 3-30 所示。

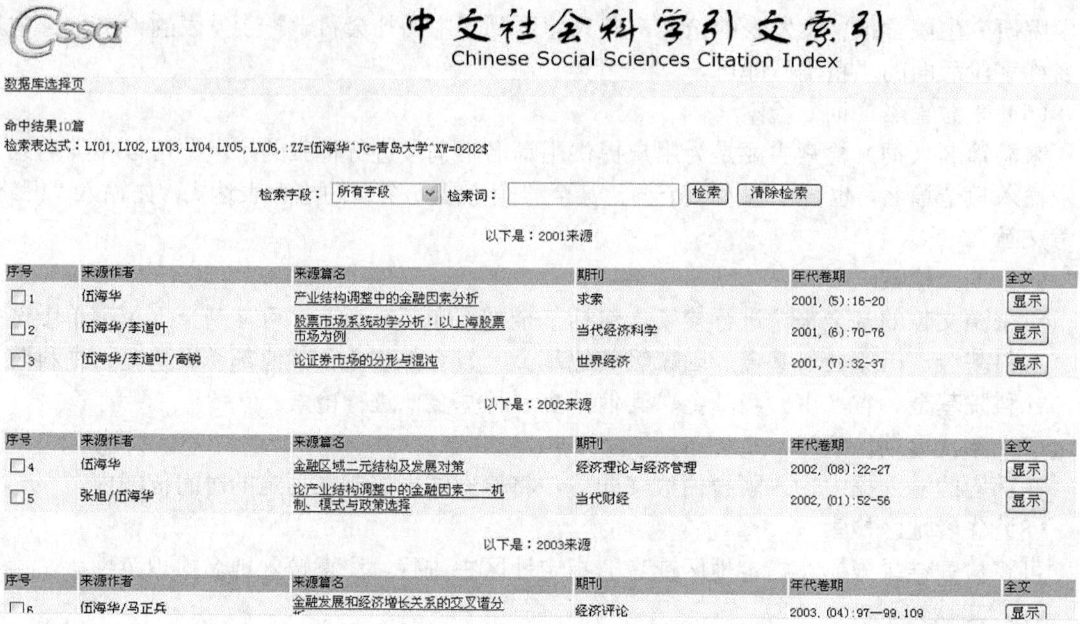

中文社会科学引文索引
Chinese Social Sciences Citation Index

数据库选择页

命中结果10篇
检索表达式：LY01, LY02, LY03, LY04, LY05, LY06, :ZZ=伍海华^JG=青岛大学^XW=0202$

检索字段：所有字段 检索词： 检索 清除检索

以下是：2001来源

序号	来源作者	来源篇名	期刊	年代卷期	全文
1	伍海华	产业结构调整中的金融因素分析	求索	2001, (5):16-20	显示
2	伍海华/李道叶	股票市场系统动学分析：以上海股票市场为例	当代经济科学	2001, (6):70-76	显示
3	伍海华/李道叶/高锐	论证券市场的分形与混沌	世界经济	2001, (7):32-37	显示

以下是：2002来源

序号	来源作者	来源篇名	期刊	年代卷期	全文
4	伍海华	金融区域二元结构及发展对策	经济理论与经济管理	2002, (08):22-27	显示
5	张旭/伍海华	论产业结构调整中的金融因素——机制、模式与政策选择	当代财经	2002, (01):52-56	显示

以下是：2003来源

序号	来源作者	来源篇名	期刊	年代卷期	全文
6	伍海华/马正兵	金融发展和经济增长关系的交叉谱分	经济评论	2003, (04):97—99, 109	显示

图 3-29 来源文献检索结果显示界面

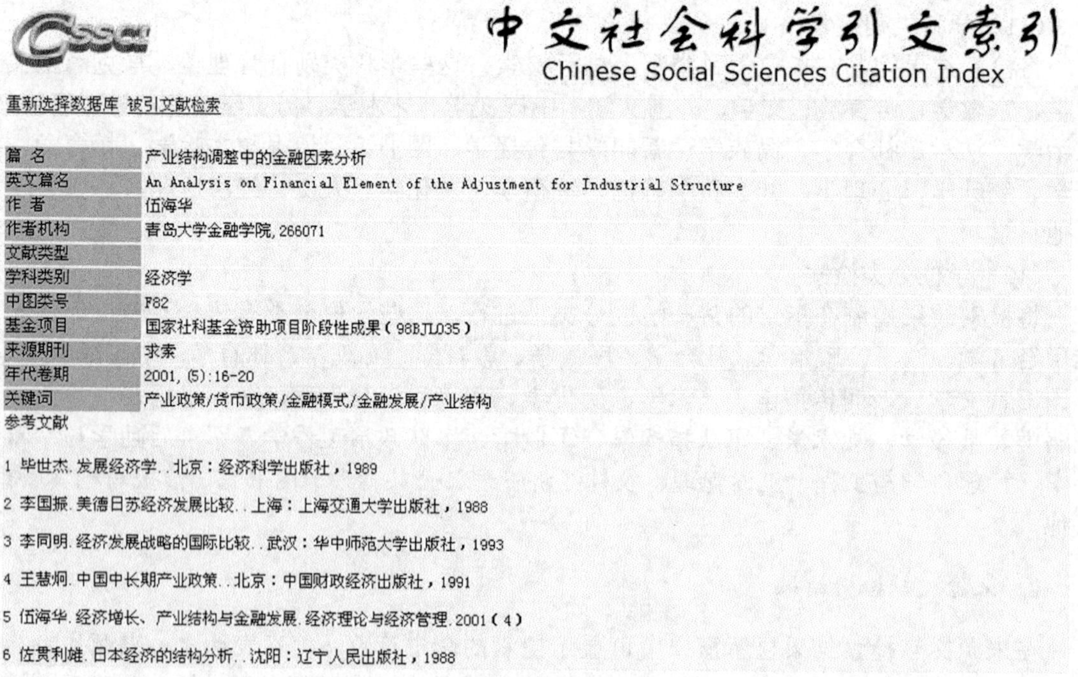

中文社会科学引文索引
Chinese Social Sciences Citation Index

重新选择数据库 被引文献检索

篇 名	产业结构调整中的金融因素分析
英文篇名	An Analysis on Financial Element of the Adjustment for Industrial Structure
作 者	伍海华
作者机构	青岛大学金融学院, 266071
文献类型	
学科类别	经济学
中图类号	F82
基金项目	国家社科基金资助项目阶段性成果（98BJL035）
来源期刊	求索
年代卷期	2001, (5):16-20
关键词	产业政策/货币政策/金融模式/金融发展/产业结构

参考文献

1 毕世杰. 发展经济学. . 北京：经济科学出版社，1989

2 李国振. 美德日苏经济发展比较. . 上海：上海交通大学出版社，1988

3 李同明. 经济发展战略的国际比较. . 武汉：华中师范大学出版社，1993

4 王慧炯. 中国中长期产业政策. . 北京：中国财政经济出版社，1991

5 伍海华. 经济增长、产业结构与金融发展. 经济理论与经济管理. 2001（4）

6 佐贯利雄. 日本经济的结构分析. . 沈阳：辽宁人民出版社，1988

图 3-30 来源文献检索结果详细显示界面

案例分析

按要求检索伍海华老师的文献

检索青岛大学学者伍海华老师在 2001～2006 年发表的有关应用经济学方面的文献。

解析：

（1）按年选库：2001～2006 年。

（2）在图 3-28 来源文献检索界面的作者和作者机构框中分别输入：伍海华、青岛大学，从学科类别下拉菜单中选择"应用经济学"，然后单击"检索"按钮，即可在结果显示窗口中显示本次检索的命中篇数、检索表达式、来源作者、来源篇名、期刊、年代卷期等，如图 3-29 所示。

（3）若选中左下方的"选择所有"并单击"显示"按钮，则可看到伍海华老师这 10 篇文章除全文以外的详细情况，其引文（源头文献）共为 122 篇。若只想了解某篇文章的详细情况，则可单击某篇文章"来源篇名"的链接，就能看到该篇文章的详细列表，包括该篇文章的引文列表，如图 4-30 所示。

由此看来，使用来源文献可追溯到 CSSCI 收录伍海华老师在应用经济学方面源头部分的 122 篇文献。

3. 被引文献检索

单击图 3-27 最下方的"被引文献"或其他界面中的"数据库选择页"即可进入。被引文献检索主要用来查询作者、论文、期刊等的被引情况。其检索字段有：被引文献作者、被引文献篇名（词）、被引文献期刊、被引文献年代、被引文献类型、被引文献细节和所有字段 7 项，如图 3-31 所示。该种检索可以给出论著被引用的详细信息，包括引用文献的作者、篇名、期刊出处等。

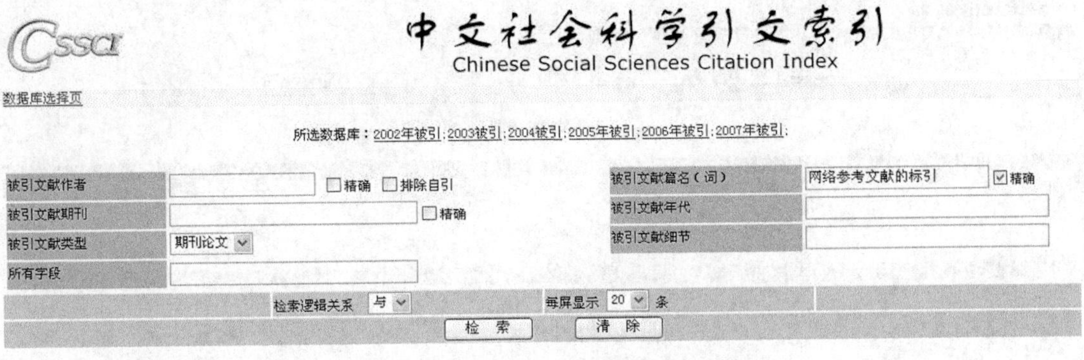

图 3-31　CSSCI 被引文献检索界面

（1）被引作者检索

通过此项检索，可以了解到某一作者在论著发表后，被 CSSCI 引用的情况。

（2）被引篇名检索

被引篇名的检索与来源文献的篇名词检索相同，可输入被引篇名、篇名中的词段或逻辑表达式进行检索。

（3）被引文献期刊检索

被引文献期刊检索主要用于查询期刊被引情况。在此框中输入某刊名，可得到该刊在CSSCI中所有被引情况。

（4）被引文献年代检索

被引文献年代检索，主要是配合以上几种检索的辅助手段，通常作为某一出版物某年发表的论文被引用情况的限制。

（5）被引文献类型检索

被引文献类型检索也是配合以上前3种检索的辅助手段，主要用于将查询的被引文献限定在某一类型文献中进行，这些文献类型为期刊论文、图书、报纸、会议文献、学位论文、信件、汇编（丛书）、报告、标准、法规、电子文献和其他。

（6）被引文献细节检索

该检索具有较强的灵活性，可对文献题录信息进行检索，如输入某人的名字，既可以对作者为某人的文献进行检索，也可以检索篇名（词）中提到某人的文献信息。

4. 被引文献检索结果

在被引文献结果显示窗口中按年依次显示检索的命中结果、总计被引篇次、检索表达式、被引作者、被引文献篇名、被引期刊、被引文献出处、被引次数等，当然还可进行二次检索，如图 3-32 所示。如单击"被引文献篇名"链接，则可看到该篇文章的来源文献的更多信息，如图 3-33 所示。

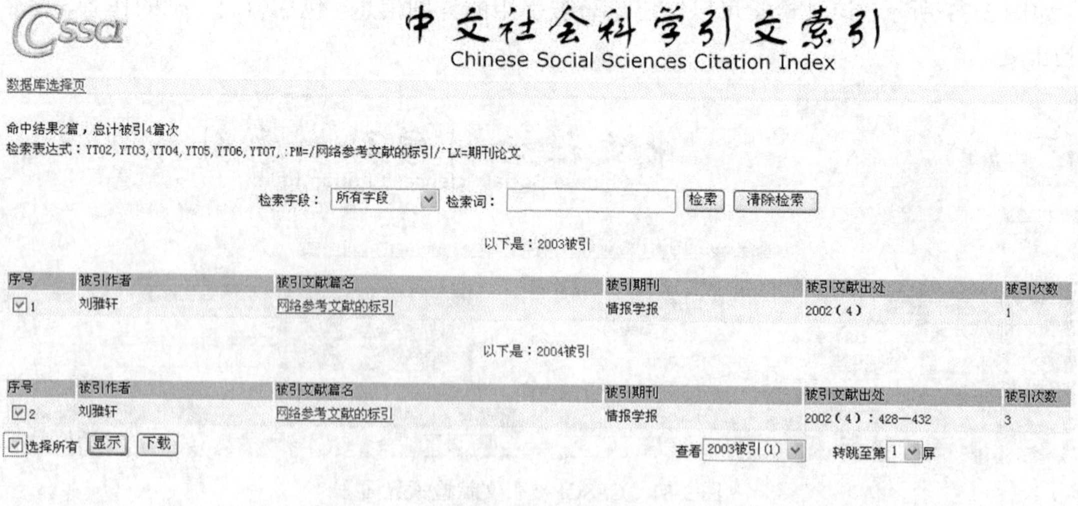

图 3-32　被引文献检索结果显示界面

图 3-33　被引文献检索结果详细显示界面

案例分析

检索"网络参考文献的标引"被期刊论文引用的情况

检索 2002 年情报学报上发表的题名为"网络参考文献的标引"这篇论文被期刊论文引用的情况。

解析：

（1）按年选库：2002 年以来的数据库。

（2）在图 3-31 被引文献界面的被引文献篇名（词）框中输入"网络参考文献的标引"，从被引文献类型下拉菜单中选择"期刊论文"，然后单击"检索"按钮，即可在结果显示窗口中按年显示本次检索的命中结果 2 篇、总计被引 4 篇次、检索表达式、被引作者、被引文献篇名、被引期刊、被引文献出处、被引次数等，如图 3-32 所示。

（3）选中图 3-32 左下方的"选择所有"并单击"显示"按钮，则可依次看到按年被引的"网络参考文献的标引"后来被谁引用（来源文献）的详细情况，共被 4 人次引用过，如图 3-33 所示。若只想了解该篇文章某年被谁引用的详细情况，则可单击该篇文章某年下的"被引文献篇名"的链接，就能看到该篇文章被谁引用的详细列表。

重要提示　　　CSSCI 不同检索字段之间可通过点选检索逻辑关系中的"或"和"与"实现逻辑检索，但多词同一检索字段之间则用"+"（逻辑或）和"-"（逻辑与）实现逻辑检索。

由此看来，使用被引文献则可了解到 CSSCI 收录某篇文献的最新研究进展情况。换句话说，使用被引文献可以看到新文献对旧文献的传承、评价。

234

因此，引文索引是利用文献之间的相互引证关系来检索评价文献的。从引文索引中查一批所需的文献后，再利用这些文献的引文查找一批新的文献，这样不仅能获得一定数量的相关文献，还能揭示旧文献对新文献的影响，新文献对旧文献的评价，展现新旧文献在学术研究中的关系。

有关引文索引的相关概念，可参见 2.2 节中的讲解。

小　结

本章分别对国内的 5 个数据库作了介绍，重点讲述了这些数据库的检索方式及检索结果。读秀学术搜索是以超星数字图书为基础，集各种文献资源，如相关的词条、人物、图书、期刊、报纸、学位论文、网页等于同一平台，实现统一检索管理；中国学术期刊网络出版总库、中文科技期刊全文数据库、中国社会科学引文数据库（CSSCI）和人大复印报刊资料全文数据库全部是针对期刊检索，其中中国学术期刊网络出版总库和中文科技期刊全文数据库是以收录期刊文献全著称，而中国社会科学引文数据库（CSSCI）和人大复印报刊资料全文数据库是以收录期刊文献精闻名。

练 习 题

1．分别查一下本校教师在 CSSCI 数据库的来源文献和被引文献中的收录情况。

2．查一下北京大学自 1995 年以来在人大报刊复印资料库中发表的文章。

3．用人大报刊复印资料库，查一下陈漱渝教授发表的有关论述鲁迅的文章。

4．使用读秀学术搜索（超星图书馆）查本专业具有 2 种格式的书籍各一种，其中对 PDG 格式的图书练习做下划线、高亮、圈注、批注等练习；对另一种格式图书中的某一片段，试着练习转换成文本格式；并就本馆没订购的某本图书进行图书馆文献传递，要求写出书名及命中情况。

5．用读秀学术搜索查一下"众里寻他千百度"的出处。

6．使用读秀学术搜索查找由科学或冶金工业出版社出版的书名或关键词中含有"有色金属"或"冶金机械"，且要 1995 年以后出版的图书，要求写出表达式及命中情况。

7．用维普数据库的传统检索查武汉大学发表的有关"刑法和民法"方面的论文。

8．用维普数据库的高级检索查行政管理或教育管理方面的资料，要求使用 3 个检索词且资料的来源须是声誉较高的学术性资源。

9．现代主义和后现代主义艺术代表莫里斯、包豪斯都倡导乌托邦，请用中国知网的标准检索查出有关这方面的文献。

10．要求用中国知网的专业检索查找姜学民老师所发表的题名中包含"生态或环境"方面的文章。

第4章　常用西文数据库检索

目前，国内各大高校、科研院所及单位图书馆购买的外文数据库一般都多于中文数据库。这一方面是因为占世界人口 20%的发达国家拥有全世界信息量的 80%，而占世界人口 80%的发展中国家却只拥有信息量的 20%，尤其是网上的英语内容达 90%；另一方面外文数据库也的确是高校、科研院所及单位的师生和研究人员的重要信息源。因此，本章为了开阔大家的视野，了解和掌握国外发达国家的先进理念和技术，选择了有代表性的 6 个，能够提供外文期刊全文传递服务的数据库加以介绍。

4.1　CASHL 网站

文献检索的最终目的是查看原文，虽然网上的英语资源占 90%，但对国内用户来说，要索取高品质的英语原文文献并非每个图书馆都能满足。其原因之一是各种高品质的英语全文数据库价格不菲；原因之二是即便为全文数据库，也会受到收录范围、回溯时间等的限制而无法找到原文。而 CASHL 网站则可完成此任，它的最大优势有二：一是解决个体图书馆经费不足、弥补外文资源"短缺"的馆藏；二是整合全国高校的各种人文社会科学外文期刊数据库于一体，简化用户程序，只要进行一次检索就可覆盖全国的馆藏，直至索取原文。本节就介绍一个为高教系统提供的一站式检索全国人文社会科学馆藏、索取原文的 CASHL 网站。

4.1.1　CASHL 简介

1. 项目简介

CASHL 是中国高校人文社会科学文献中心（China Academic Social Sciences and Humanities Library）的英文简称，中文称之开世览文。该项目是教育部根据高校人文社会科学的发展和文献资源建设的需要，引进专项经费于 2004 年 3 月 15 日正式启动，其宗旨是组织若干所具有学科优势、文献资源优势和服务条件优势的高等学校图书馆，有计划、有系统地引进国外人文社会科学期刊，借助现代化的服务手段，为全国高校的人文社会科学教学和科研提供高水平的文献保障。目前 CASHL 是全国高校系统唯一的人文社会科学外文期刊保障体系，已成为各图书馆解决馆藏外文文献匮乏的辅助资源。

2. 服务体系

CASHL 的资源和服务体系由两个全国中心、5 个区域中心和 10 个学科中心构成，其职责是收藏资源、提供服务。

CASHL 的全国中心设在北京大学和复旦大学，区域中心设在武汉大学、吉林大学、中山大学、南京大学、四川大学，学科中心设在北京师范大学、东北师范大学、华东师范大学、兰州大学、南开大学、山东大学、清华大学、厦门大学、浙江大学、中国人民大学。

CASHL 项目管理中心设在北京大学，其技术支持由 CASHL 管理中心承担，包括馆际互借与文献传递系统升级与维护等，并负责"高校人文社科外文期刊目次数据库"和"高校人文社科外文图书联合目录"的建设与更新，以及文科专款图书的集中编目等工作。教图公司提供印刷本和电子资源采购服务。

3. 服务对象

CASHL 的主页网址为 http://www.cashl.edu.cn，界面如图 4-1 所示，用户可以免费浏览检索。但 CASHL 提供的文献传递服务对象目前暂定为全国高等院校的教师、学生、科研人员以及其他人文社会科学研究机构的科研人员，凡加入到 CASHL 高校成员馆的用户都可享受 CASHL 文献传递经费补贴，目前高校成员馆已突破 450 家。

图 4-1　CASHL 主页

4.1.2　CASHL 服务

1. 服务内容

目前，CASHL 可为用户提供的服务内容有：图书查询、期刊题录检索、图书借阅、文献传递、全文下载、代查代借、课题咨询、特色资源、留言板等。

2. 服务程序

（1）用户注册

凡是 CASHL 高校成员馆的用户，若需要全文传递服务，请先在开世览文主页左下角的"个性化服务"（见图 4-1）进行用户注册。注册完成后，请持注册时填写的有效证件到本校图书馆的馆际互借处或文献传递处进行确认。确认后，即成为 CASHL 的合法注册用户。

用户注册信息提交成功，但是却向用户的邮箱发送注册信息失败！此时千万不要重复注册！请用户牢记有关注册信息并携带相关证件到本馆馆际互借员处进行确认，馆际互借员确认后，会发送确认通知到用户的邮箱，请注意查收。

新注册用户需要等待所属学校图书馆的馆际互借员审核身份并确认后，才能提交文献传递申请。

（2）提交请求

用户登录 CASHL 主页，进入"期刊"检索界面，查到所需文献的篇名题录信息，单击"发送文献传递请求"按钮，输入用户名和口令（用户注册时获得的信息），即可进入申请文献传递信息页面，自动生成相应的信息后单击"提交"按钮，即可提交文献传递请求；若是从别处获得的某些参考文献，则要求用户亲自填写相应的信息后单击"提交按钮"，才能进行原文传递请求。

（3）获取全文

用户提交文献传递请求后，通常可在 1～3 个工作日内获得全文（邮寄方式需根据邮局邮寄时间确定）。

3. 服务时间

CASHL 系统提供一年 365 天，每天 24 小时的文献检索服务。但文献传递、图书借阅等服务在寒暑假、节假日有一定的调整，请注意查看开世览文主页的通知信息。

普通文献传递请求两个工作日内完成系统处理，3 个工作日内送出文献，遇节假日顺延。

加急文献传递请求 1 个工作日内完成系统处理，1 个工作日内送出文献，遇节假日顺延。

4. 收费标准

CASHL 文献传递收费=复制费+传递费+加急费，对于只用 E-mail 进行普通传递的用户而言，就是收取复制费。其中复制费 0.30 元/页，指复印+扫描；加急费 10.00 元/篇。具体传递费用标准如表 4-1 所示。

表 4-1　　　　　　　　　　　　**CASHL 文献传递费一览表**

传递方式	投递地区	邮费、包装费等（件/次）
E-mail		免费
网上文献传递系统		免费
用户自取		免费
传　真		1.00 元/页
普通函件	本地	0.30 元/页
	外地	0.60 元/页
平信挂号	本地	4 元起（10 页以内），以后每增加一页加收 0.30 元
	外地	6 元起（10 页以内），以后每增加一页加收 0.60 元
特快专递	本地	50 页以下 15 元，以后每增 50 页加收 3 元（不足 50 页者，按 50 页计算）
	外地	50 页以下 30 元，以后每增 50 页加收 6 元（不足 50 页者，按 50 页计算）
人工专送	本地	10 元起（按实际费用结算）
	外地	20 元起（按实际费用结算）

说明：目前 CASHL 文献传递服务主要由 CASHL 中心馆承担，中心馆设在北京、上海、武汉、长春、广州、南京、成都等城市。表 4-1 中提到的本地指中心馆城市所在地区，外地指中心馆城市之外的地区。

4.1.3　检索资源

CASHL 以外文资源为基础，且面向人文社科，截至 2012 年 5 月，已收藏 11 796 种（核心 3 586 种）国外人文社会科学领域的重要纸本和电子期刊、70 多万种文科专款引进的纸本图书和 34 万种电子图书。电子期刊可回溯至 16 世纪，国外早期外文图书，最早可回溯至 1473 年。另有一批大型特藏文献，学科集中，专业性强，有相对完整的专题，在国内（至少是高校范围内）具备相对唯一性。CASHL 涵盖了历史、哲学、法学、社会学、语言学、经济学等多个一级重点人文社会学科。这些文献既可提供目次的分类浏览和检索查询，又可基于目次的文献原文传递服务。

CASHL 将文献查询、图书借阅、文献传递、代查代检、课题咨询、特色资源等整合在同一个平台中，为用户提供了文献查、借、传、询等的一站式服务，大大缩减了用户检索、索取文献的烦琐程序。

文献查询栏目下设有期刊、图书、文章、数据库、大型特藏文献和学科特色资源 6 种检索路径。用户可通过学科分类或期刊名称、图书名称浏览篇名、图书目次，也可以通过文章篇名、作者、刊名以及 ISSN 号等进行检索，获取相关的文献信息。

1. 期刊检索

期刊检索分期刊检索与浏览和核心期刊检索两种，如图 4-2 所示。

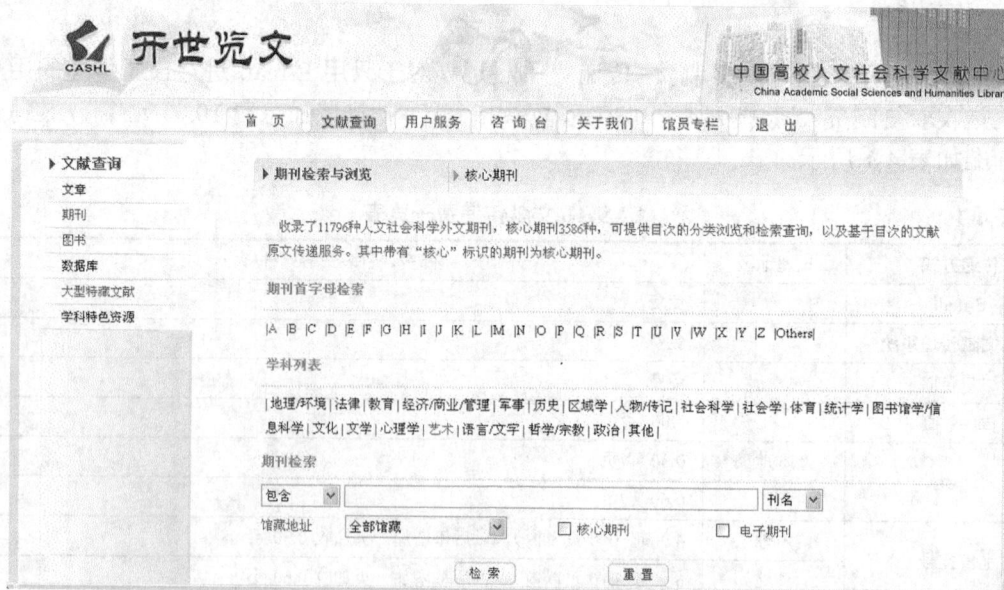

图 4-2　CASHL 期刊检索界面

（1）期刊检索与浏览

在期刊检索与浏览界面中，可提供期刊首字母检索、学科列表和期刊检索、浏览，以及基于目次的文献原文传递服务。其中带有"核心"标识的期刊为核心期刊。

① 期刊首字母检索可按 26 个英文字母和其他进行检索。

② 学科列表涉及地理/环境、法律、教育、经济/商业/管理、军事、历史、区域学、人物/传记、社会科学、社会学、体育、统计学、图书馆学/信息科学、文化、文学、心理学、艺术、语言/文字、哲学/宗教、政治等 20 余个学科。

③ 期刊检索按刊名和 ISSN 号进行检索，匹配方式可按前方一致、包含和精确匹配 3 种方式选择，此外还有馆藏地址、核心期刊、电子期刊的限定选项。

（2）核心期刊检索

核心期刊检索指被 SSCI 及 AHCI 收录的人文社会科学外文期刊，有"馆藏"标识的可以提供文献传递服务，有"推荐"标识的可以推荐订购。其检索界面与刊名检索与浏览相仿。

2. 图书检索

图书检索有图书检索与浏览、图书简单检索和图书高级检索 3 种，如图 4-3 所示。目前收录了 70 多万种文科专款引进的纸本图书和 34 万种电子图书。提供 70 所文科专款院校图书馆的人文社科外文图书联合目录查询。可按照书名进行检索，或按照书名首字母进行排序浏览，还可以按照学科分类进行浏览。但外文图书的馆际互借服务正在试运行阶段，服务范围仅限于 17 家中心馆的高级职称用户。图书检索与浏览界面与期刊检索中的刊名检索与浏览相仿，图书简单检索和图书高级检索与文章检索中的篇目简单检索和篇目高级检索类似，只是图书检索中的字段调整为全文、题名、作者、主题、ISBN 号及出版机构。

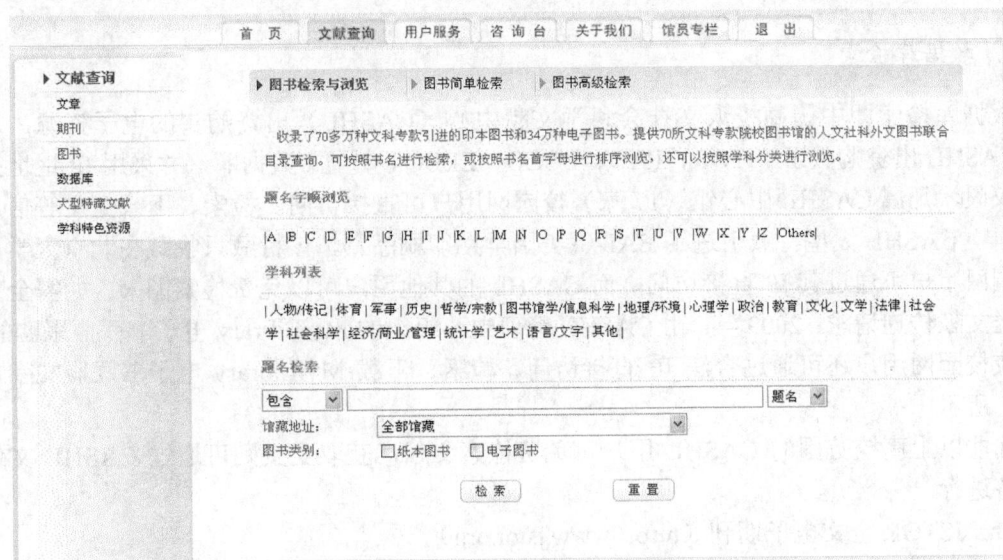

图 4-3　CASHL 图书检索界面

3. 文章检索

文章检索即通过文章全文、篇名、作者、刊名及 ISSN 号进行检索，获取相关的文献信息。

文章检索有篇目简单检索和篇目高级检索两种。篇目简单检索只能输入单一词或词组进行检索，匹配方式可按前方一致、包含和精确匹配 3 种方式选择，另有核心期刊、电子期刊的限定选项。篇目高级检索较篇目简单检索最大区别是，一次最多可支持 4 个单词或词组的布尔逻辑（AND、RO、NOT）检索，此外还有出版时间、学科类别、馆藏地址、期刊类别的检索限制和显示设置等，如图 4-4 所示。以上两种检索均支持二次检索。

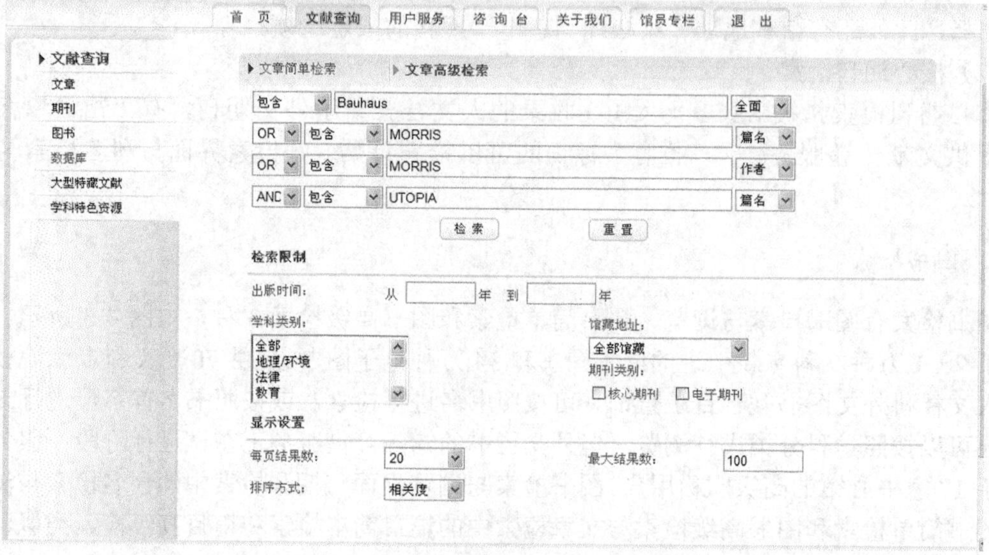

图 4-4 CASHL 篇目高级检索界面

4. 数据库检索

数据库检索即中国高校人文社会科学文献中心（CASHL）出资购买的电子资源。2007年，CASHL 出资购买了 JSTOR、PAO、ECCO、EEBO 4 个全文数据库，并采用 IP 地址控制访问权限，凡属 CASHL 中心馆（17 家）校园网用户可直接访问、检索、下载全文等信息；2008 年，CASHL 大型特藏引进了 EAI（《美国早期印刷品》），该特藏只收藏在北京大学，北大校园网用户可通过其 IP 直接访问，而 CASHL 的其他用户可以免费检索图书，如需全文则可发送文献传递请求；2009 年，由 CASHL 管理中心组织的 MyiLibrary 电子书联盟采购的 10家高校校园网用户还可通过合法 IP 直接访问、检索、下载 MyiLibrary 电子书联盟文献，如图 4-5 所示。

而非以上高校范围的 CASHL 用户可免费检索文献，获取全文则可通过 CASHL 文献传递服务进行。

（1）JSTOR 全文电子期刊（http://www.jstor.org）

（2）PAO 社科全文电子期刊（http://pao.chadwyck.co.uk/）

（3）ECCO18 世纪电子书（http://infotrac.galegroup.com/itweb/peking?db=ECCO）

（4）EEBO 数据库（http://eebo.chadwyck.com/）

（5）MyiLibrary 电子书平台（http://lib.myilibrary.com）

（6）EAI 美国早期印刷品（http://infoweb.newsbank.com）

数据库名称	类型	起止时间	访问权限	简介
JSTOR	期刊/全文	1665年~	IP控制	JSTOR全名为Journal Storage，是一个对过期期刊进行数字化的非营利性机构，于1995年成立。JSTOR全文资料库所提供的期刊绝大部分都从1卷1期开始，回溯年代最早到1665年。库中的"最新期刊"多为三至五年前的期刊，这与一般定义的最新出版的期刊不同，两者之间有一段固定的时间间隔，称为推迟间隔（Moving Wall）。目前，JSTOR收录期刊现有1, 110种，收录近4, 019, 507篇文献。 目前JSTOR的全文库是以政治学、经济学、哲学、历史等人文社会学科主题为中心，兼有一般科学性主题共十几个领域的代表性学术期刊的全文库。
PAO	期刊/全文	1802年~2000年	IP控制	Penodicals Archive Online（PAO，典藏学术期刊全文数据库）提供人文社科类高品质期刊全文，是一个过刊在线图书馆。收录550种期刊，回溯时间从1802年至2000年，可以访问超过140万篇文章，总计超过890万页的期刊内容，其中超过20%为非英文期刊。覆盖学科领域包括经济、文学、法律、教育、社会学、心理学及艺术等。其中较著名期刊如 *Current history,Phllosophy today, American Musicological Society Journal,Sight and sound, Foreign affairs, Management review*等几乎全部回溯至创刊号。
ECCO	图书/全文	1700年~1799年	IP控制	Eighteenth Century Collections Online（ECCO，十八世纪作品在线）是Thomson Gale的重要在线数据库，收录了1700-1799之间在英国出版的图书和在美国和英联邦出版的非英文书籍。约13.8万种，15万卷，内容超过3千万页，涵盖历史、地理、法律、文学、语言、参考书、宗教哲学、社会科学及艺术、科学技术及医学等多个学科领域，可进行全文检索。
EEBO	图书/全文	1473年~1700年	IP控制	Early English Books Online（简称EEBO，早期英文图书在线）是由密歇根大学、牛津大学和ProQuest Information and Learning公司合作开发并于1999年推出的在线全文数据库。 该数据库收录了所有现存的1473-1700之间英语世界出版物的资料，是目前世界上记录从1473到1700年的早期英语世界出版物最完整、最准确的全文数据库。EEBO项目全部完成以后将收录125, 000种著作的信息，包含超过22, 500, 000页纸的信息。 EEBO包括许多知名作家的著作，例如莎士比亚（Shakespeare）、马洛礼（Malory）、斯宾塞（Spencer）、培根（Bacon）、莫尔（Moore）、伊拉斯漠（Erasmus）、鲍尔（Bauer）、牛顿（Newton）、伽利略（Galileo）。除了收录那个时期大量的文学资料以外，该数据库还包括许多历史资料，例如皇家条例及布告、军事、宗教和其他公共文件；年

图 4-5　CASHL 数据库检索界面

5. 学科特色资源

特色资源是指由 CASHL 的两个全国中心、5 个区域中心和 10 个学科中心所构成的 17 家图书馆各自拥有的特色资源，如北京大学图书馆的北京历史地理库、复旦大学图书馆的古籍库、四川大学图书馆的巴蜀文化特色数据库、武汉大学图书馆的长江资源库、吉林大学图书馆的东北亚研究数据库等。其中绝大部分可以提供目录的免费检索，如需深度服务请通过咨询台直接联系收藏馆。

6. 大型特藏文献

CASHL 为了满足全国人文社科科研人员的研究需求，同时也为了弥补高校图书馆收藏的空白，经北京大学、复旦大学、武汉大学等知名学者强力推荐，CASHL 于 2008 年度开始大批购入大型特藏文献。这些特藏文献被公认为极具科研价值与收藏价值的珍贵文献，但受其价格昂贵的限制，诸多高校图书馆无力购买收藏。首批引进大型特藏文献多为第一手的原始档案资料，涵盖历史、哲学、法学、社会学、语言学、经济学等多个一级重点学科，涉及图书、缩微资料、图书/档案等不同介质，这些特藏文献的收费标准各不相同，一般不再享受 CASHL 补贴。该特藏文献库可按题名字顺浏览和学科列表两种方式进行浏览、检索。

4.1.4 检索结果及文献传递

1. 检索结果

CASHL 的文章检索结果如图 4-6 所示，每篇文献按"篇名、作者、期刊类型、刊名、ISSN、出版日期、卷期、页码、文献传递"依次显示，可以发送邮件、导出文献，也可以进行二次检索。单击篇名或文献传递链接还可看到篇目详细内容和"发送文献传递请求"链接信息，如图 4-7 所示。

图 4-6　CASHL 检索结果界面

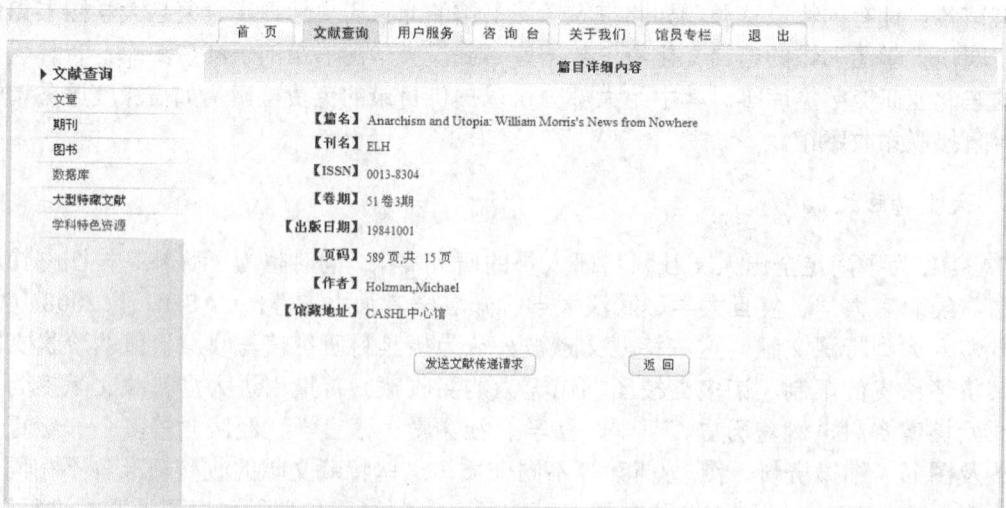

图 4-7　CASHL 检索结果界面

2. 文献传递

若需要全文，可单击图 4-7 中的"发送文献传递请求"链接，在弹出的对话框中输入用户名和密码，就可登录到 CASHL 馆际互借读者网关系统，该系统会自动添加好索取的文献信息，用户只需单击"提交"按钮即可（见图 4-8）。

重要提示	若用户是从别处获得的请求文献传递的信息，则可直接进入 CASHL 馆际互借读者网关系统（ill.cashl.edu.cn/gateway），但要按文献传递的格式逐一填写。当然，若提交 CASHL 收录期刊以外的文献申请可能无法保证一定能满足，且收费标准同代查代检。

图 4-8　CASHL 馆际互借读者网关界面

案例分析

查找包豪斯和莫里斯所倡导的乌托邦方面的文献

解析：

找出检索词：包豪斯 Bauhaus，莫里斯 Morris，乌托邦 UTOPIA。

① 根据题意，使用文章的篇目高级检索，如图 4-4 所示。

② 检索结果如图 4-6 所示。

③ 单击图 4-7 中的"发送文献传递请求"链接，就可登录到 CASHL 馆际互借读者网关系统（见图 4-8），进行原文请求申请，普通原文传递一般 3 个工作日内就会有答复。

4.2 CALIS 网站

CALIS 与 CASHL 是一对姊妹网站，CASHL 以收录"人文社会科学馆藏"为主，而 CALIS 以收录"理工医农科学馆藏"为主。

4.2.1 CALIS 简介

1. 项目简介

CALIS 是中国高等教育文献保障系统（China Academic Library& Information System）的简称，创建于 1996 年，是经国务院批准的我国高等教育"211 工程"、"九五"、"十五"总体规划中 3 个公共服务体系之一。CALIS 的宗旨是在教育部的领导下，把国家的投资、现代图书馆理念、先进的技术手段、高校丰富的文献资源和人力资源整合起来，建设以中国高等教育数字图书馆为核心的教育文献联合保障体系，实现信息资源共建、共知、共享，以发挥最大的社会效益和经济效益，为中国的高等教育服务。到目前为止，CALIS 已经历了一期、二期和三期建设，CALIS 一、二期主要以建设为主，先后建立了标准规范体系、国外电子资源集团采购、分布式数字图书馆体系、三级保障体系、并从技术上解决了"联机编目+目录检索+文献传递"的纸本文献共享问题和部分电子资源共享问题。CALIS 三期重在"服务"，其建设目标是：为全国 1800 个高校成员馆提供标准化、低成本、可扩展的数字图书馆统一服务和集成平台，这些馆通过彼此互联，构成全国高校数字图书馆三级共建和共享服务以及多馆服务协作的联合体系，共同为高校师生提供全方位的文献服务、咨询服务、电子商务和个性化服务。（CALIS 三期的七大服务系统：协调采购与资源建设——采访，合作编目与书目配送——编目，公共检索与资源导航——门户，文献传递与原文获取——借阅，查收查引与专题咨询——咨询，软件共享与技术支持——系统，业务培训与资格认证——人力）

2. 服务体系

CALIS 设有全国中心、地区中心、省中心三级保障体系。

CALIS 管理中心设在北京大学，下设了文理、工程、农学、医学 4 个全国文献信息服务中心，分别设在北京大学图书馆、清华大学图书馆、中国农业大学图书馆、北京大学医学图书馆；华东北、华东南、华中、华南、西北、西南、东北 7 个地区文献信息服务中心和一个东北地区国防文献信息服务中心，分别设在南京大学、上海交通大学、武汉大学、中山大学、西安交通大学、四川大学、吉林大学和哈尔滨工业大学图书馆。目前，全国已有 31 个省（市、自治区）建立了省级文献信息服务中心，此外还有两个共享域联盟。

3. 服务对象

所有高校均有权利获取 CALIS 服务。

4.2.2　CALIS 服务

1．服务内容

当前，CALIS 面向读者的服务架构有：联合问答、课题咨询、代查代检、资源查找、信息交流等。

2．服务程序

（1）用户注册

凡是 CALIS 高校成员馆的用户，只要拥有一个账号和密码，就可使用 CALIS 提供的各种文献资源的全文传递服务。因此用户需要先进行注册，获取自己的账号和密码。CALIS 高校成员馆以学校为单位，各校用户都会在本校的馆际互借读者网关系统进行读者注册。用户注册分 4 步进行。

① 登录读者网关（http://ill.sd.calis.edu.cn/gateway）或（http://uas.sd.calis.edu.cn:8090）→登录。

② 填写账号和密码，单击"登录"按钮（见图 4-9）。各校账号和密码一般都使用本校图书借阅卡号或校园一卡通。

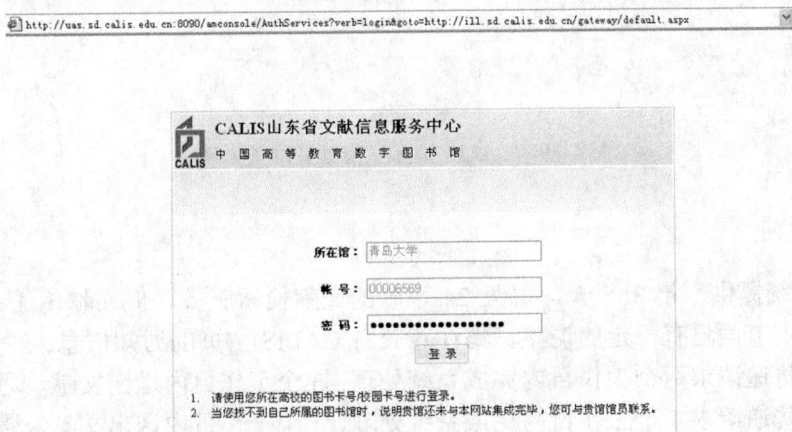

图 4-9　CALIS 馆际互借读者网关入口

③ 进入"本校馆际互借读者网关系统"，完成注册。其中*号部分必须填写（名称：个人账户填写"单位名称+个人姓名"，机构账户填写"单位名称"，单位，电话号码，E-mail），所需文献最终传回读者所填邮箱，所以务必核对准确，确认账户（见图 4-10）。

④ 注册完成后，登录读者网关确认或到本校馆际互借员处确认，只有确认后才可使用 CALIS 的馆际互借服务或全文传递服务。

（2）提交请求

用户登录 CALIS 主页，进入"各种不同文献资源"检索界面，查到所需文献的篇名题录信息，单击"发送文献传递请求"按钮，输入自己的账号和密码（用户注册时获得的信息），即可进入申请文献传递信息页面，自动生成相应的信息后单击"提交"按钮，即可提交文献传递请求；若是从别处获得的某些参考文献，则要求用户亲自填写相应的信息后单击"提交"按钮，才能进行原文传递请求。

（3）获取全文

用户提交文献传递请求后，通常可在 2～3 个工作日内获得全文（邮寄方式需根据邮局邮寄时间确定）。

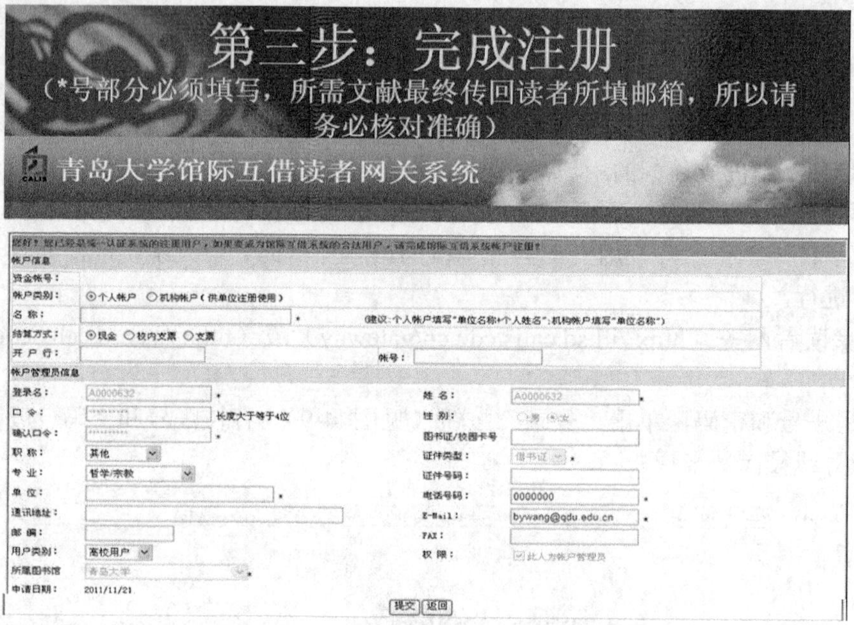

图 4-10　CALIS 馆际互借读者网关系统

3. 服务时间

CALIS 系统提供一年 365 天，每天 24 小时的文献检索服务。但文献传递、图书借阅等服务在寒暑假、节假日有一定的调整，请注意查看 CALIS 主页的通知信息。

普通文献传递请求两个工作日内完成系统处理，3 个工作日内送出文献，遇节假日顺延。

加急文献传递请求 1 个工作日内完成系统处理，1 个工作日内送出文献，遇节假日顺延。

4. 收费标准

CALIS 文献传递收费=复制费+传递费+加急费，对于只用 E-mail 进行普通传递的用户而言，就是收取复制费。其中复制费：￥0.30 元/页，指复印+扫描；加急费：10.00 元/篇。具体传递费用标准可参考"CASHL 文献传递费一览表"。

4.2.3　资源查找

CALIS 以高校收录的各种文献资源为基础，并与国家科技图书文献中心（NSTL）和上海图书馆进行合作，面向高校师生、科研人员及社会共众服务。CALIS 涵盖了高校的所有学科，偏重理工医农，而人文社科类文献主要由 CASHL 负责。这些文献既可提供目次的分类浏览和检索查询，又可基于目次的文献原文传递服务。

CALIS 将文献查询、图书借阅、文献传递、全文获取、代查代借、课题咨询、特色资源、虚拟参考咨询业务等整合在同一个平台中，为用户提供了文献查、借、传、询等的一站式服务，可大大缩减用户检索、索取文献的烦琐程序。

CALIS 目前提供的公共检索与资源导航有 e 读（亿读、易读）、外文期刊网、中外论文中心服务网站、教学辅助中心网站、特色资源网站、中国高校机构库中心网站等。在此仅以 e 读和外文期刊网为例做一介绍，其他资源检索可举一反三。

1．e 读检索

e 读（亿读、易读）集成了高校馆藏的所有资源，目前收录了 800 多家图书馆的丰富馆藏，并整合了 CALIS 联合目录、中外文学位论文、CCC、特色库项目、CADAL 资源等。从检索功能上看，e 读类似于超星的"读秀学术搜索"，将各种文献资源集于同一平台，实现统一检索管理；并为读者整合各种获取资源的途径，提供多种阅读方式。

e 读现提供 632 万余种中文图书，其中 36 万种可免费阅读全文，164 万种提供部分试读；171 万种外文图书，其中 3 293 余册可免费阅读全文；10 多万种中外文期刊，6 048 万篇外文期刊论文；275 万篇中外学位论文，其中 31 万余篇中文学位论文提供前 16 页试读；以及古籍、拓片、家谱、地方志、视频、会议论文、网络资源等特色资源若干万篇。e 读还将本馆电子书全文、链接本馆 OPAC 获取馆藏纸本信息及文献传递服务集于同一平台。校园网用户既可通过本校图书馆超链进入，也可直接输网址：http://www.yidu.edu.cn，或 http://www.calis.edu.cn，CALIS 的主页即为 e 读，如图 4-11 所示。

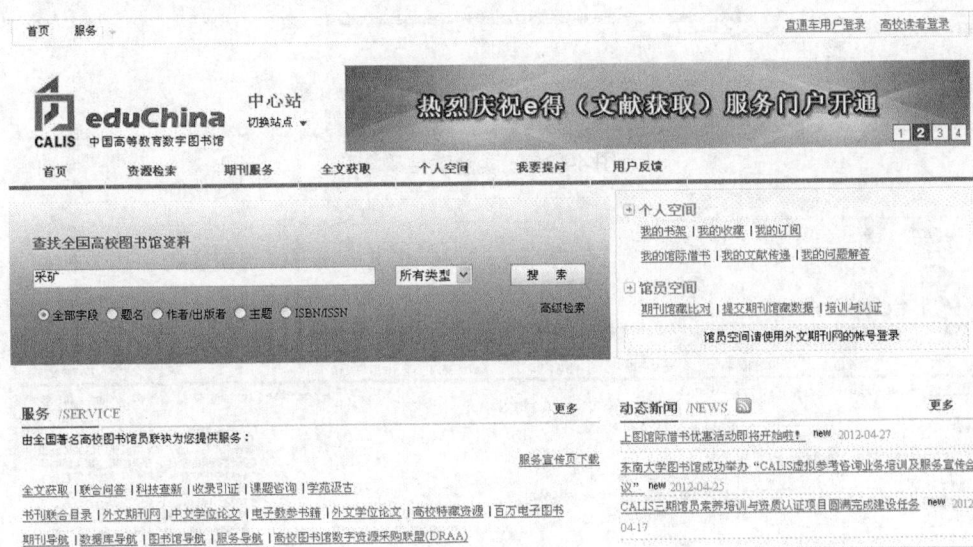

图 4-11　CALIS 主页

（1）文章检索与获取

e 读实为 CALIS 的一个学术搜索引擎，检索功能便捷灵活，提供简单检索和高级检索两种检索方式，可从资源类型、检索范围、时间、语种、论文来源等多角度进行限定检索，高级检索还可进行多字段组配检索。系统能够根据用户登录身份显示适合用户的检索结果，检索结果通过多种途径的分面和排序方式进行过滤、聚合与导引，并与其他类型资源关联，方便读者快速定位所需信息。

（2）检索结果

e 读基于 CALIS 成员馆的文献资源，以及多样化的获取方式，可帮助用户方便、快捷地获得文献信息资源的服务。e 读检索结果内容丰富，其中心模式上方可通过 IP 识别用户身份分别显示所在学校、所在市、所在省、全国，从而迅速扩充本馆资源服务数量；下方分左中右三栏分别显示：左栏可按著者、年代、语种、资源类型、学科、主题词进行分面检索，提高检索的专指度；右栏可按词条解释、相关资源等信息扩展检索；中栏为检索结果主要内容显示区，如图 4-12、图 4-13 所示。

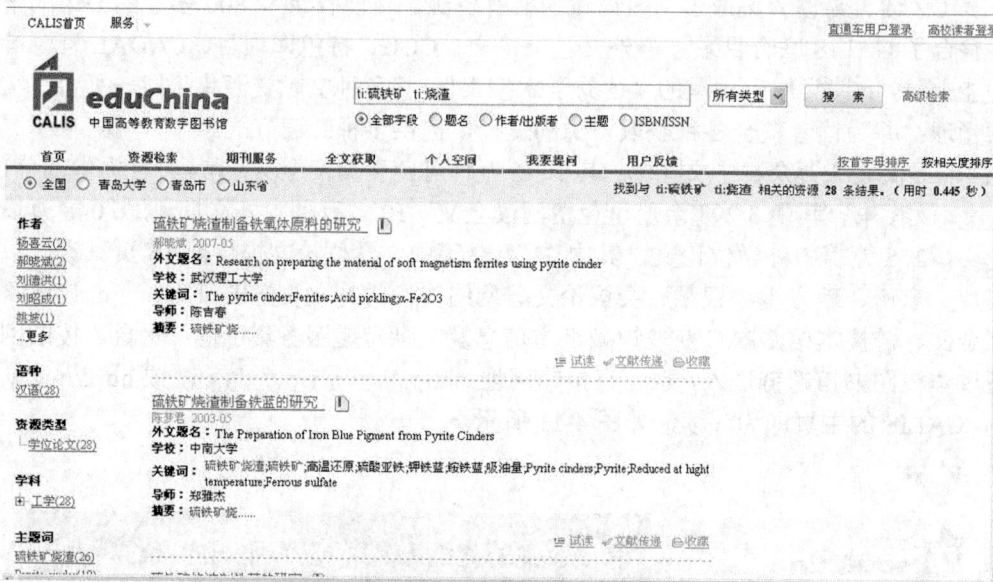

图 4-12　e 读检索结果

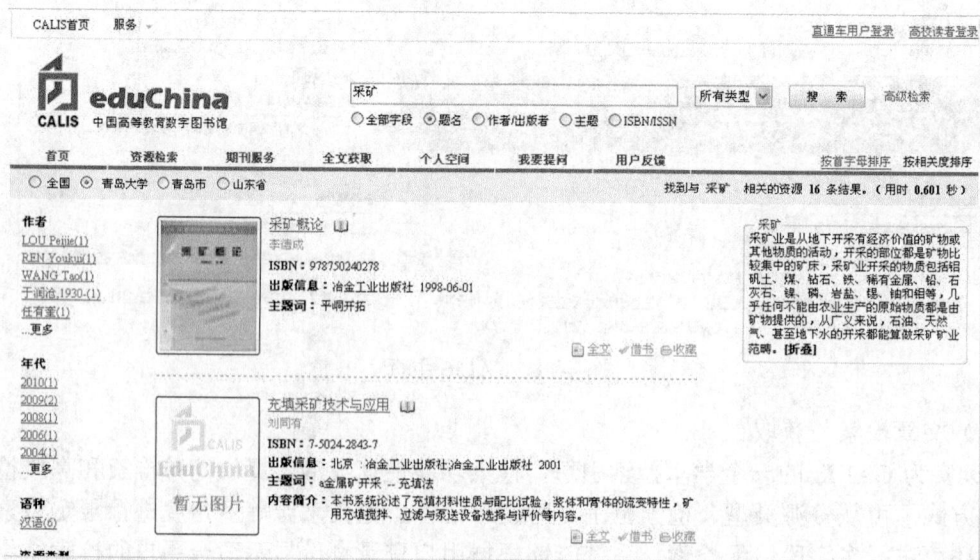

图 4-13　e 读检索结果

（3）文献获取

对于图 4-12、图 4-13 中的文献，单击"试读"链接可阅读部分章节内容；单击"全文"链接可下载电子原文（注：电子原文能否下载取决于你的图书馆是否购买了该电子文献或是否为 e 读的免费全文阅读资源）；单击"文献传递或借书"链接可为用户提供国内外文献服务机构的原文文献复制及原文传递服务，复制及传递的文献类型包括期刊论文、会议录文献、学位论文等，传递方式包括电子邮件、传真、快件或普通邮寄等，目前 CALIS 提供学位论文、图书部分章节的复印服务。进行"文献传递或借书"时，必须为本校图书馆馆际互借系统中的注册用户，可通过用户本人的账号和密码登录到本校图书馆馆际互借网关系统提交完成。

案例分析

查找采矿或硫铁矿烧渣工艺研究方面的文献

解析：

找出检索词：采矿，硫铁矿，烧渣；

根据题意：查找采矿方面的文献，使用 e 读的简单检索并限定在题名和青岛大学范围内检索，命中 2 篇期刊论文和 14 本图书，如图 4-11、图 4-13 所示；查找硫铁矿烧渣工艺研究方面的文献，使用 e 读的高级检索并限定在题名和全国范围内检索，命中 28 篇学位论文，结果如图 4-12 所示。单击图中相应链接，就可获取全文或部分章节的复印服务。

2．外文期刊网检索

CALIS 外文期刊网也称 CCC 西文期刊目次数据库（CALIS CURRENT CONTENTS OF WESTERN JOURNALS，CCC），是 CALIS 共建的数据库之一，CCC 的主页网址为 http://ccc.calis.edu.cn，如图 4-14 所示，目前只能在校园网上浏览检索。CCC 是普通用户获取外文期刊论文的最佳途径，可为读者提供外文期刊文章一站式检索与全文获取服务；也是图书馆馆际互借员文献传递的强大的基础数据源；还是图书馆馆员进行期刊维护管理的免费使用平台和外文资源评估工具。

CCC 包含三部分内容：外文期刊、外文期刊目次和外文数据库，收录了近 12.9 万种高校收藏的纸本期刊和电子期刊信息，并且还在不断的增长中。其中有 4 万多种期刊的文章篇名信息周更新，涉及 126 个外文全文库和 11 个外文文摘库。最早可追溯至 1897 年，其学科覆盖了 20 多个大类，以理工医农为主，兼收社会科学学术期刊。

CALIS 外文期刊网具备篇名目次检索、馆藏期刊的 OPAC 链接、电子期刊全文链接，揭示国内馆藏情况并提供各种分类统计数据，具备了强大、准确的揭示功能、完善的链接功能和各种统计分析功能。该数据库还和 CALIS 馆际互借和文献传递系统无缝集成，可在检索结果上直接发出文献传递请求，因此任何一个图书馆，只要使用 CALIS 外文期刊网，他所获得的文献支持就相当于拥有了全国的全部馆藏，这将为国内所有有西文期刊文献需求的图书馆，特别是那些文献保障能力比较低的单位，带来极大的便捷和资源共享。

图 4-14　CCC 主页

CALIS 外文期刊网具有文章检索与获取、期刊导航、数据库导航、图书馆馆藏 4 项主要功能。

（1）文章检索与获取

文章检索即通过文章篇名、作者、刊名、ISSN 和全面进行检索，获取相关的文献信息。文章检索有篇目快速检索和篇目高级检索两种。篇目快速检索只能输入单一词或词组进行检索，匹配方式可按包含、完全匹配和前方一致 3 种方式选择，此外有出版时间检索限制选项。篇目高级检索较篇目快速检索的最大区别是，一次最多可支持 4 个单词或词组的布尔逻辑（AND、RO）检索，此外还有收录限定和显示设置等限制选项，如图 4-15 所示，以上两种检索均支持二次检索。

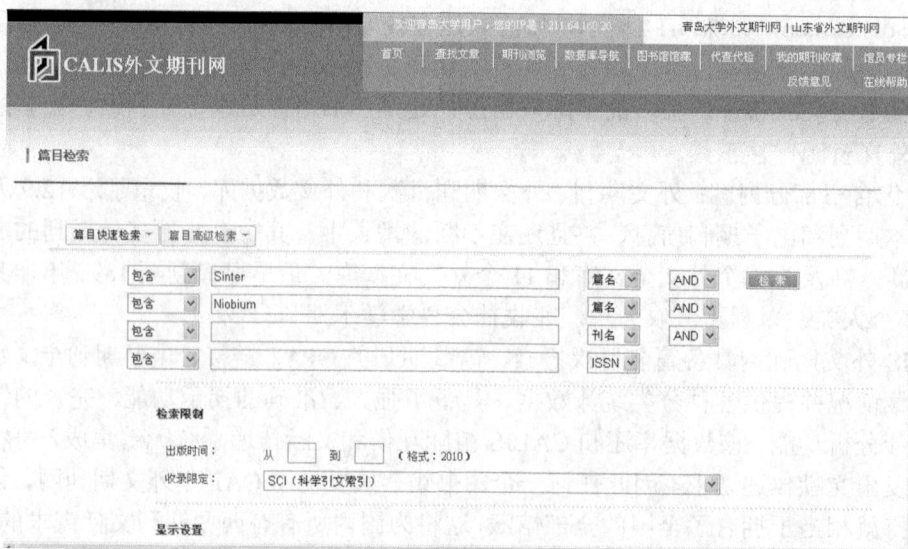

图 4-15　CCC 篇目高级检索界面

（2）期刊浏览

目前，CALIS-CCC 共有 12.9 万种期刊，既可按刊名、ISSN、刊名缩写、期刊首字母缩写 4 种形式浏览检索，还可按纸本期刊和电子期刊浏览。此外还可按期刊导航、字母导航和学科导航 3 种情况进行浏览，其中期刊导航按文摘库字顺排列，如 EI 收录 5 793 种期刊，SCI 收录 7 943 种期刊，SSCI 收录 2 179 种期刊；字母导航按 26 个英文字母和其他的字顺排列；学科导航按教育部学位设置的 12 个大类和其他分类排列。

（3）数据库导航

目前，CALIS-CCC 共收录 137 个数据库。其中，全文库 126 个，文摘库 11 个，既可按数据库起始字母查询，也可按数据库类型查询。

（4）图书馆馆藏

当前共有 2 058 个高校图书馆，其中 196 个提供纸本馆藏，512 个提供电子资源馆藏。所谓图书馆馆藏仅指提供本馆馆藏的 700 多个高校图书馆的外文期刊收藏，既可按期刊拼音首字母导航，也可按地域导航。

4.2.4 检索结果及文献传递

1. 检索结果

CCC 的检索结果分两栏显示：左侧按出版年、刊名、著者和文摘库收录等排列，可进一步缩小检索范围；右栏显示表达式及每篇文献按"序号、篇名、作者、刊名、ISSN、年、卷期、页码、全文或文摘链接、文献传递、收藏情况"等的命中结果依次显示，如图 4-16 所示。凡检索结果栏目中显示"全文或文摘链接"的，表明本校已购买了该数据库，单击其链接就可浏览到详细的内容；而栏目中没有"全文或文摘链接"的，则可通过检索结果栏目右侧的"文献传递、收藏情况"，了解 CALIS 成员馆收藏此篇文章的全文或文摘数据库及纸本刊的情况。

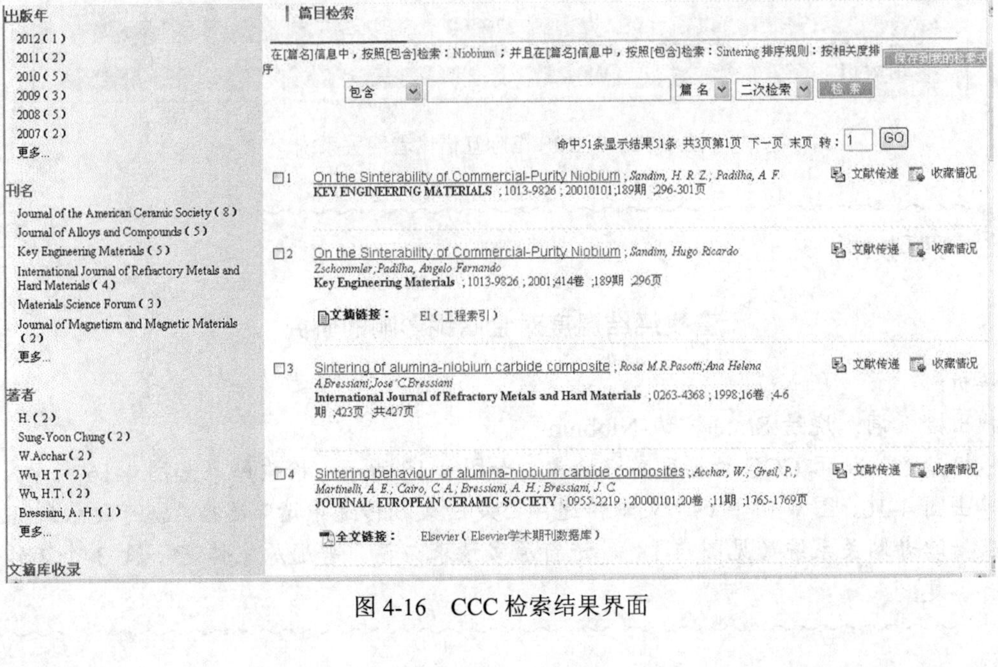

图 4-16 CCC 检索结果界面

2. 文献传递

若需要全文，单击"文献传递"链接，会出现如图 4-17 所示的界面，再单击图中的"发送文献传递申请"链接，在弹出的对话框中输入账号和密码，就可登录到 CALIS 馆际互借读者网关系统，该系统则会自动添加好索取的文献信息（见图 4-18），用户只需单击"提交"按钮即可。

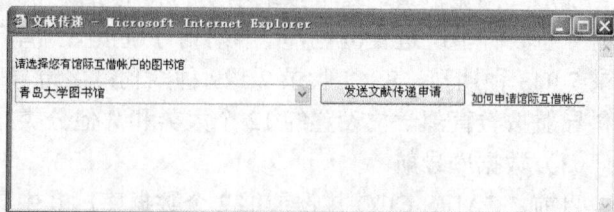

图 4-17　文献传递界面

图 4-18　CALIS 馆际互借读者网关系统

案例分析

查找烧结温度对金属铌影响的研究

解析：

找出检索词：烧结-Sinter，铌-Niobium。

根据题意，使用 CCC 的篇目高级检索，如图 4-15 所示，检索结果如图 4-16 所示。

单击图 4-16、图 4-17 中的"文献传递、""发送文献传递申请"链接，就可登录到 CALIS 馆际互借读者网关系统（见图 4-18），进行原文请求申请，普通原文传递一般 3 个工作日内就会有答复。

4.2.5　CALIS 与其他图书馆的馆际合作

e 得（易得）是 CALIS 推出的 "e" 系列服务之一，是 CALIS 文献对读者提供服务的门户网站，可为读者提供从文献检索到原文获取一站式文献提供服务。

目前 CALIS 先后与国家科技图书文献中心（National Science and Technology library，NSTL）、上海图书馆、维普的 "中文科技期刊" 和同方的 "知网" 进行了合作，如图 4-19 所示。

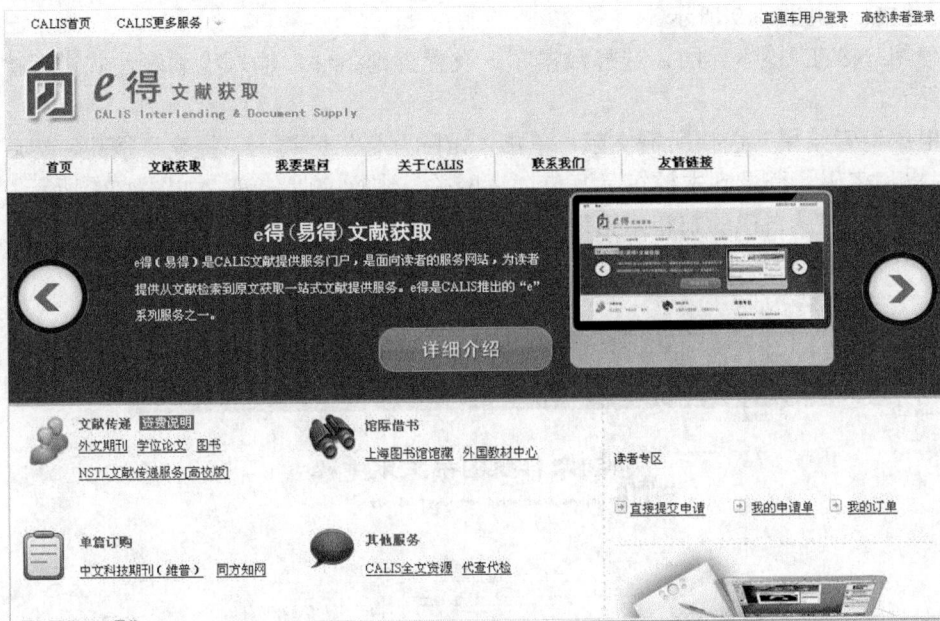

图 4-19　e 得主页

1. CALIS 的 NSTL 文献传递服务（高校版）

CALIS 与国家科技图书文献中心（NSTL）的合作于 2012 年 3 月正式开通 "NSTL 文献传递服务（高校版）"，高校读者可通过部署在本校的 CALIS 馆际互借系统，利用本校的图书馆用户账号，即可享受 NSTL 拥有的文献资源，享受 CALIS 项目经费提供的费用补贴。

（1）NSTL 资源介绍

NSTL 拥有丰富的科技类外文文献资源，印本外文文献 26 000 多种，其中外文期刊 17 000 多种，外文会议录等 8 000 多种。此外还有 NSTL 订购、面向中国大陆学术界用户开放的国外网络版期刊（现刊 700 多种，回溯期刊 1 500 多种）；NSTL 与中国科学院及 CALIS 等单位联合购买、面向中国大陆部分学术机构用户开放的国外网络版期刊；中文电子图书；网上开放获取期刊、NSTL 报告等。

（2）服务承诺

全文请求服务在用户发出请求的 24 小时（加急服务为 12 小时）内处理完毕，遇国家法定节假日服务周期顺延。

（3）收费标准

文献传递费用因文献或传递方式不同而异，若用电子邮件或自助获取方式收取文献，对于非标准和非专利文献收费为 0.30 元/页，标准文献 3.5 元/页。如需加急服务，还要收取加急费，其他具体的收费标准，请参见 NSTL 网站。另外，CALIS 还有相应的补贴政策，按照《CALIS 三期文献传递补贴方案（试行）》执行，具体补贴比例为东部地区 50%，西部（除新疆、西藏）75%，新疆和西藏 100%，补贴上限为 150 元/篇。

（4）NSTL 文献传递请求流程

① 登录 e 得门户：www.yide.calis.edu.cn，单击"NSTL 文献传递服务[高校版]- NSTL 文献资源"链接，如图 4-19 所示。

② 使用 NSTL 检索界面，选择数据库，设置查询条件，输入检索表达式进行检索，如图 4-20 所示。

③ 根据检索结果，选择所需文献，单击"馆际互借"旁边的"提交"按钮，然后通过填写读者账户和密码，登录到本校馆际互借读者网关，进行文献传递，如图 4-21 所示。一般需要 2 天时间，即可从自己的邮箱中索取原文。

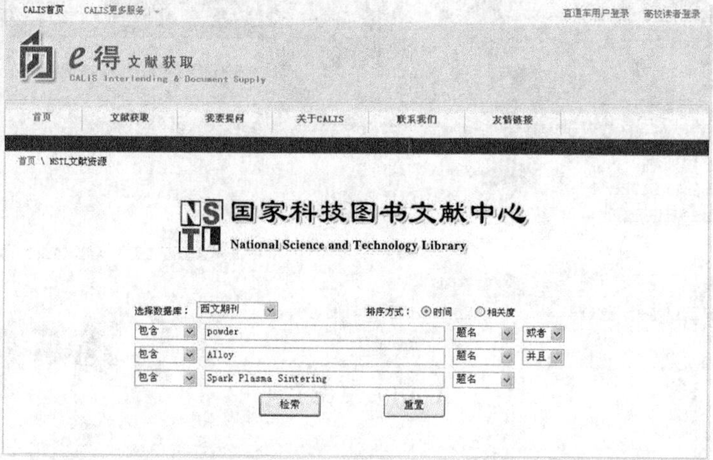

图 4-20　NSTL 检索界面

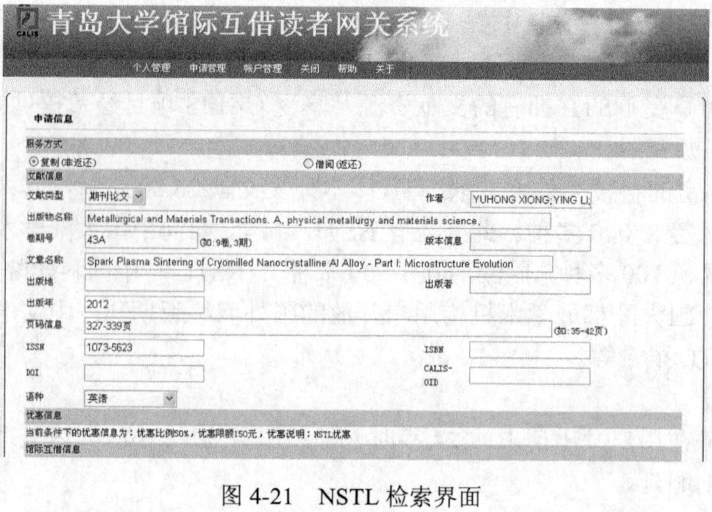

图 4-21　NSTL 检索界面

> 必须通过 e 得门户 NSTL 资源检索入口提交的文献传递申请，才能通过 CALIS 馆际互借调度中心调度到 NSTL；否则在馆际互借事务信息管理系统中直接提交的请求暂不能调度到 NSTL。

案例分析

查找放电等离子烧结技术在粉末或合金材料中应用的文献

解析：此题选西文期刊，检索界面如图 4-20 所示，检索表达式为：(TITLE inc powder) or (TITLE inc Alloy) and (TITLE inc Spark Plasma Sintering)，检索命中 125 篇，图 4-21 所示为通过 e 得门户进入本校馆际互借读者网关进行原文传递的请求界面。

2. CALIS 与上海图书馆馆际互借服务

CALIS 与上海图书馆达成合作意向，在 2012 年 5 月份开展馆际借书服务优惠月活动，即截至 2012 年 5 月 31 日，高校读者可通过部署在本校的 CALIS 馆际互借系统，利用本校的图书馆用户账号，即可享受上海图书馆的馆藏资源，并且可享受 CALIS 项目提供的费用补贴。

（1）上海图书馆资源介绍

上海图书馆馆藏丰富，门类齐全，拥有图书、报刊和科技资料近 5 200 万册（件），其中外文期刊近 6 000 种，外文图书 160 万册左右。

上海图书馆馆际借书服务（ShLib-iLL）是上海图书馆新推出的一项馆与馆之间的文献资源共建共享服务，是图书馆延伸服务的新举措。该服务以上海图书馆的参考外借类图书为文献保障，以上海图书馆馆际互借系统为技术手段，以快递为物流保障，使上海图书馆的参考外借图书能服务到全国和世界各地。

（2）收费标准

上海图书馆馆际借书服务优惠月活动期间，各校读者可免费获得上海图书馆馆藏资源。平时上海图书馆馆际借书收费标准和 CALIS 补贴比例如图 4-22 所示。

上海图书馆馆际借书收费标准：

地区	上海境区	长三角境区	其他地区
价格	15元/册	20元/册	25元/册

注：服务费用包括上图邮寄书的费用及请求馆归还的物流费用。

CALIS补贴比例：

地区	东部地区	西部（除新疆、西藏）	新疆、西藏
补贴比例	50%	75%	100%

图 4-22 上海图书馆馆际借书收费标准和 CALIS 补贴比例

各馆对从上海图书馆所借入的图书应采取读者登记取书与归还业务，所以读者需带借阅卡及一定押金，到图书馆有关部门办理。

当前上海图书馆图书借期为 45 天，不续借。逾期归还，需支付逾期费，每天 0.50 元/册。

（3）上海图书馆馆际借书请求流程

① 登录 e 得门户（www.yide.calis.edu.cn），单击"上海图书馆馆藏"链接，如图 4-19 所示。

② 使用上海图书馆书目检索界面，选择字段，输入检索词进行检索，如图 4-23 所示。

③ 根据检索结果，选择所需书名，单击"馆际互借"旁边的"提交"按钮，然后通过填写读者账户和密码，登录到本校馆际互借读者网关，进行文献传递。一般需要 2 天时间，即可接到物流公司（快递公司）取书的电话。

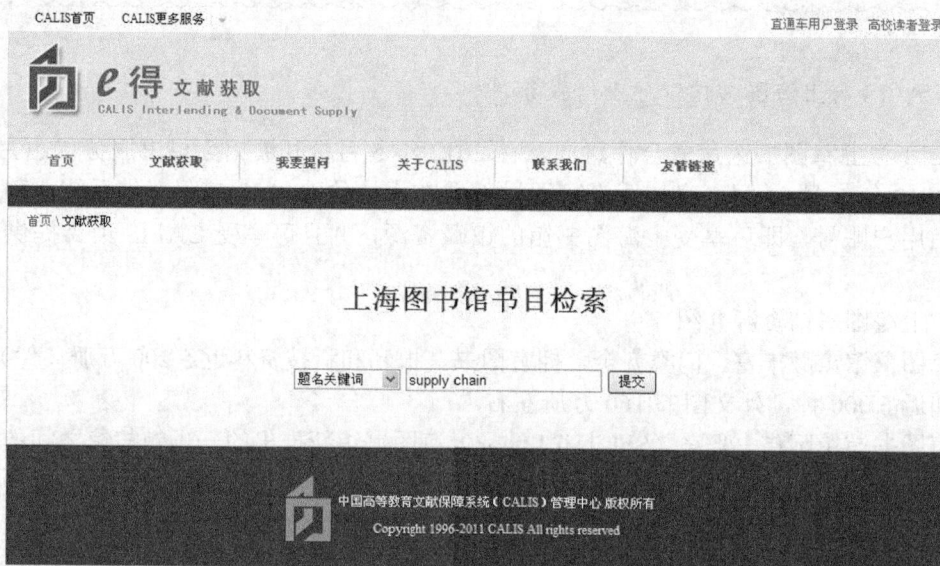

图 4-23　上海图书馆书目检索界面

4.3　EBSCO 全文数据库

EBSCO 是一家私营公司名称首字母缩写，总部位于美国，在全球 19 个国家设有分部，是世界上最大的期刊和全文数据库的生产、代理商，能提供订购、出版、使用、检索等一系列完整的服务解决方案。该公司不仅可提供百余种在线文献数据库检索，还开发了研究论文写作范例平台，英语阅读学习中心，此外还设有查找非刊类出版物的 BSI 平台。EBSCO 主要收录以美国为主的国外期刊、报纸及电视和收音机的全文新闻副本，其中期刊全文 6 000 余种，且有相当一部分期刊为 SCI、SSCI、AHCI 的来源期刊，涉及自然科学、社会科学、人文和艺术科学等各类学科领域，多数期刊可回溯到 1965 年或期刊创刊年，最早可追溯至 1886 年。

EBSCO 提供有 330 余种电子文献数据库检索。我国高校及科研单位图书馆只是联合采购了 EBSCO 公司的部分数据库，通过 EBSCOhost 提供检索服务，最常见的数据库如下。

① Academic Source Premier（ASP）：综合性学术期刊全文数据库，提供了近 4 700 种全文出版物。

② Business Source Premier（BSP）：综合性商业资源学术期刊库，收录期刊近 9 000 种，其中全文期刊 2 300 多种。

③ ERIC：教育资源文摘数据库，包含 2 200 多篇文摘刊物和 1 000 多种教育或与教育相关的期刊引文和摘要。

④ History Reference Center：历史参考文献中心库，提供了 2 400 多本历史参考书、百科全书和非小说性书籍的全文，135 种著名的历史杂志、61 100 份历史资料、57 000 篇历史人物传记和 110 200 多幅历史照片与地图等。

⑤ MasterFILE Premier：多学科数据库，提供了 1 750 种综合参考出版物全文、86 017 篇传记，以及一个由 400 972 幅照片、地图和标志组成的图片集等。

⑥ MEDLINE：医学文摘数据库，提供 4 800 余种生物和医学期刊的文摘。

⑦ Newspaper Source：报纸资源数据库，提供了 35 种美国国家和国际报纸的全文以及 375 种美国当地的报纸全文。

⑧ Professional Development Collection：职业开发收藏库，提供了 520 种非常专业的优秀教育期刊集。

⑨ Regional Business News：区域商业出版物，提供 75 种美国地区商业出版物的详尽全文信息。

⑩ World Magazine Bank：世界杂志银行，约 250 种主要英语国家的出版物全文库。

⑪ Vocational & Career Collection：职业技术文集库，收录了 350 份商贸及产业相关期刊的全文。

⑫ Library,Information Science & Technology Abstract（LISTA）：图书馆、信息科技文摘数据库，收录了 500 多种期刊及书籍、研究报告和会议录。

⑬ Teacher Reference Center：教师参考库，可检索 270 多种教师、管理者期刊和杂志的文摘。

⑭ GreenFile：环境方面的数据库，可检索人类对环境影响方面的文摘记录约 384 000 条，其中 4 700 多条记录可以检索到全文。

⑮ Health Source-Consumer Edition：保健信息库，提供约 80 种全文杂志。

⑯ Clinical Reference Systems：临床参考系统库。

⑰ TOPICsearch：专题检索库，包含 60 000 篇全文文章，源自 399 种出版物。

⑱ TTC：纺织技术全文库，收录期刊全文 50 余种、索引摘要超过 460 种期刊以及数千种非期刊类出版物。

⑲ Academic Source Complete（ASC）：综合性学术期刊全文库，提供了近 8000 种全文出版物，比 ASP 更全面。

⑳ Business Source Complete（BSC）：综合性商业资源期刊全文库，是世界权威的学术类商业数据库，也是书目和全文内容的很有价值的汇总资源，比 BSP 更全面。

EBSCO 通过 EBSCOhost 提供的所有在线文献数据库，其检索方法大同小异、检索界面一致，本节以综合性学术期刊数据库（Academic Search Premier）为例，重点介绍，用户可举一反三。

4.3.1 数据库简介

EBSCO 的综合性学术期刊数据库（Academic Source Premier，ASP）为当今世界最大的多学科学术期刊全文数据库之一。专为研究机构所设计，提供了近 4 700 种出版物全文，其中包括 3 600 多种同行评审期刊，被 SCI、SSCI 收录的核心期刊为 1 500 种。学科几乎涵盖学术研究的每个领域，社科和科技期刊比例各占 50%。其数据库通过 EBSCOhost 每日进行更新。

凡订购 ASP 数据库的高校用户可采用 IP 地址控制访问权限，网内的用户既可通过校园网中的相应链接进入，也可直接登录该库的 IP 地址访问。

4.3.2 检索语言

检索语言是用户掌握数据库检索的关键技术，EBSCO 的子库虽然繁多，但它们全按表 4-2 所列的检索语言执行检索运算。

表 4-2   **EBSCO 检索语言一览表**

算符名称		算符代号	举 例	注 释
逻辑检索	逻辑与	AND	color and TV	两词同时出现在文献中
	逻辑或	OR	bus OR car	两词任意一词出现在文献中或两词同时出现在文献中
	逻辑非	NOT	windows NOT microsoft	在文献中出现 windows，但排除 microsoft
优先级检索		( )	（solar and energy）not france	括号里的运算优先执行
截词检索		*	comput*	在任意字母后级截词
		?	wom?n	精确地代替一个字符
位置检索		Wn	red W2 pen	两词相隔不超过两个词，前后词序一定
		Nn	red N1 pen	两词相隔不超过一个词，前后词序不定

4.3.3 检索方式

重要提示   由于 EBSCO 数据库繁多，因此使用时要先选择数据库，才能检索。

对单个数据库进行检索时，可用鼠标直接单击这个数据库的名称。对多个数据库检索，则勾选所有想要同时检索的数据库前的复选框，并单击上方的"继续"按钮，如图 4-24 所示。在检索过程中，可随时重新选择数据库。同时对多个数据库进行检索可能会影响某些检索功能或数据库的使用。如所选多个数据库使用了不同的主题词表，则无法使用主题检索功能。有的检索功能即便选择多库，也只能一个库一个库地检索，如出版物检索。

EBSCO*host* 提供以下 8 种方式进行检索服务。

（1）基本检索（Basic Search）

（2）高级检索（Advanced Search）

（3）视觉搜索（Visual Search）

（4）出版物检索（Publications）

（5）科目术语检索（Subject Terms）

（6）参考文献检索（Cited References）

（7）图像检索（Images）

（8）索引（Indexes）

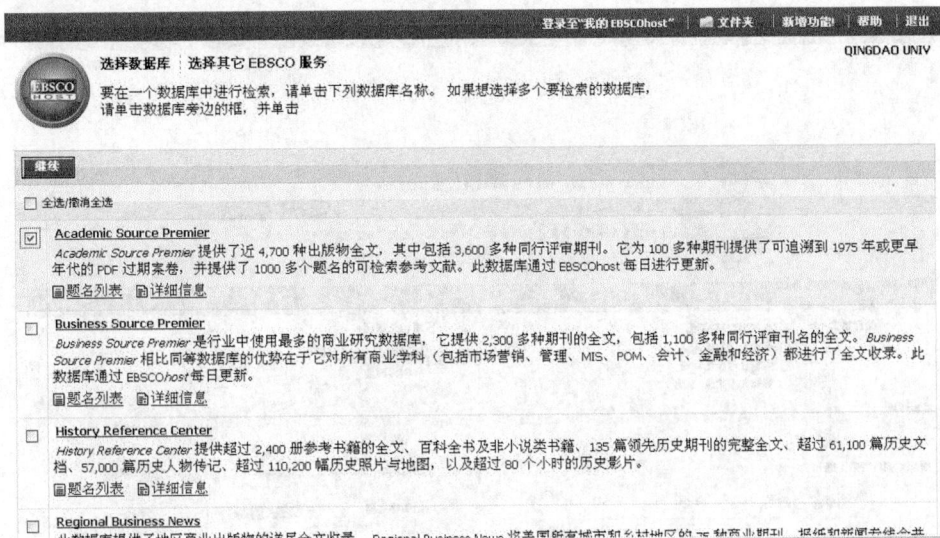

图 4-24 EBSCO 选库界面

1. 基本检索（Basic Search）

基本检索界面位于主页，只提供一个检索词输入框，这样对于简单的检索，可直接在主页的检索框中输入检索词语进行。如要进行准确的检索，还需用户自己添加检索字段、检索算符或选择检索选项（检索模式及限制结果）等限定。

其中检索字段可用字段代码表示，如：全文—TX、作者—AU、文章题名—TI、主题—SU、文摘或作者提供文摘—AB、关键词或作者提供关键词—KW、地理术语—GE、人名—PE、综述和产品—PS、公司实体—CO、股票—TK、刊名—SO、国际统一刊号—IS、国际标准书号—IB、数据库存取号—AN 等。

检索模式指布尔运算符/词组（Boolean/Phrase）、查找全部检索词语（Find all my search terms）、查找任何检索词语（Find any of my search terms）、智能文本检索（SmartText Searching）、应用相关字词，也可以在文章的全文范围内搜索等。

各种限制结果如下。

① Full text：只检索有全文的文章。

② References Available：只检索有参考文献的文章。

③ Scholarly（Peer Reviewed）Journals：在学术（同行评审）期刊中检索。

④ Published Date from：在限定的出版时间中检索。

⑤ Publication：在限定的出版物中检索。

⑥ Publication Type：在限定的出版物类型中检索。

⑦ Number Of Pages：在限定的出版页数中检索。

⑧ Image Quick View：图像快速查看。

⑨ Image Quick View Types：图像快速查看类型，包括黑白照片、图表、彩色照片、图示、图片、插图、地图。

例如，检索 SU fashion-forecasting OR SU fashion design，基本检索界面如图 4-25 所示。

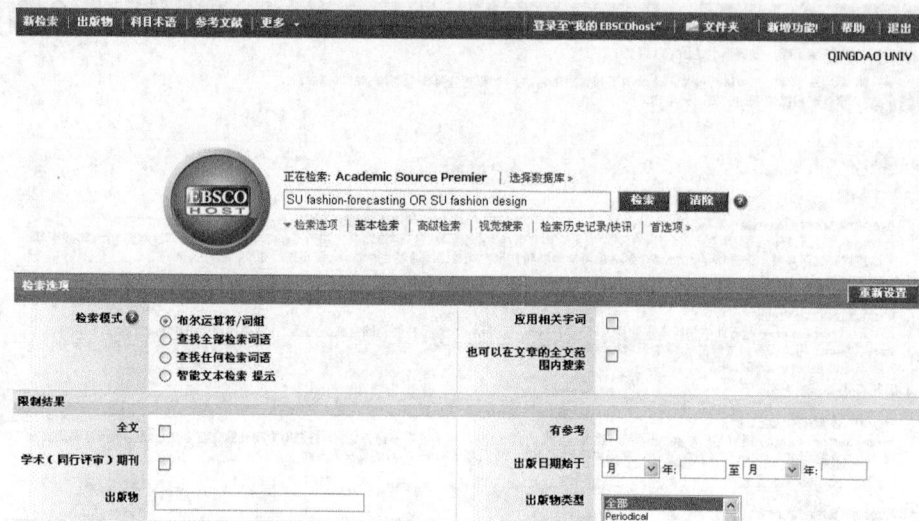

图 4-25 EBSCO 基本检索界面

2. 高级检索（Advanced Search）

单击 EBSCO*host* 2.0 主页中的"高级检索（Advanced Search）"链接，即可进入高级检索界面。高级检索由 3 行检索框且每个检索框后都提供可选的检索字段，行与行之间的检索词可通过布尔运算符（AND、OR、NOT）点选进行组配检索。若输词检索框不够，可单击右侧的"添加行"链接，最多可显示 12 行；反之也可单击"删除行"链接。高级检索的检索模式及限制结果与基本检索界面大致一样，只是在限制结果中比基本检索界面多了文献类型、封面报道、PDF 全文 3 种限制条件。

3. 视觉搜索（Visual Search）

视觉搜索顾名思义就是在视觉上与前两种检索有所不同，避免总是使用文字所造成的视觉疲劳，使检索有种立体效果，只要单击视觉搜索就会立刻体验。图 4-26 所示即为按"fashion design-fashion designers-UNITED States-ENVIRONMEATAL aspect-a case for Eco-Fashion"进行检索的视觉效果。

在以上 3 种检索过程中，EBSCO 都会备份检索历史记录表，可通过"检索历史记录/快讯"链接查看。

每次在检索过程中单击"Search"按钮进行新的检索，都会在历史记录表中产生一条新的检索历史记录。每一条历史记录有一个编号，可以用这个编号代替检索命令用于构建检索表达式。用历史记录构建表达式也会在历史记录表中产生一条新的历史记录。

重要提示	① 历史记录表可以打印和保存，以便再次检索时使用。 ② 保存检索历史前，用户须申请个人账号。

图 4-26　EBSCO 视觉搜索界面

4. 其他检索

（1）出版物检索（Publications）

设置出版物检索的目的有三：其一是便于用户从出版物入手检索该库是否收藏该出版物；其二是查找数据库中有关某一主题的出版物都有哪一些；其三是便于用户从收藏的出版物入手定制喜爱的期刊快讯。所谓期刊快讯就是通过电子邮件发送通知给用户，以便每次在所选期刊有新一期期刊出版时，用户可通过电子邮件自动接到通知。图 4-27 所示即为在 Business Source Premier 数据库中按字母顺序查找 Harvard Business Review 的实例。

图 4-27　EBSCO 出版物检索界面

（2）科目术语检索（Subject Terms）

所谓科目术语检索，就是帮助用户准确地确定叙词表中的主题词，以便在正规的叙词表中检索。该检索既可以按叙词的开始字母顺序（Term Begins With）浏览确定，也可以在浏览框中输入相关词（Relevancy Ranked）进行快速浏览确定，还可以按叙词包含（Term Contains）检索；然后从中选择叙词，并使用"添加"按钮，这样规范化的叙词就自动输入到最上面的查找框中；最后按下"检索"钮即可检索。

（3）参考文献检索（Cited References）

参考文献检索能够帮助用户扩大检索范围，可从引文作者、引文题名、引文来源、引文年限等几个方面进行检索。

（4）图像检索（Images）

图像检索是 EBSCO 的一个特色，到 2009 年已达到 9182 种期刊，提供 3 766 000 多幅图片。图像检索可在人物图片（Photos of People）、自然科学图片（Natural Science Photos）、某一地点的图片（Photos Of Places）、历史图片（Historical Photos）、地图（Maps）或国旗（Flags）等选项中进行检索。图 4-28 所示即为在图像检索界面中查找"fashion show"的实例。

图 4-28　EBSCO 图像检索界面

（5）索引（Indexes）

索引可从索引浏览项下选择著者、著者提供的关键词、公司实体、文献类型、DUNS 号、登记日期、地理术语、标题词、ISBN、ISSN、语言、NAICS 代码或叙词、人物、出版物名称、综述和产品、证券代码、出版年等 17 个方面进行浏览并检索。

4.3.4　检索结果

EBSCO 数据库不仅可提供众多的检索功能，其检索结果显示格式也多样化：预览、摘要、HTML、PDF，并可打印、电邮传递、存盘、引用、导出、添加到文件夹等。

1. 检索结果显示

EBSCO 检索结果列表分左中右 3 栏显示，如图 4-29 所示。

（1）以中栏为主，显示"结果列表"屏幕中心位置的所有文章

每篇文章以标题、"预览"图标、著者、文献出处、简短摘要、主题词、数据库名称、"添加至文件夹"链接、HTML 全文、PDF 全文等内容显示。通过文章标题链接可查看引文信息或全文，将鼠标放到"预览"图标上，可以查看详细摘要；通过"HTML 全文"链接可直接查看该文章的 HTML 格式全文；通过"PDF 全文"链接可查看 PDF 格式全文，但要先预装打开 PDF 格式的软件。

（2）左栏用来缩小结果范围

根据"结果列表"的情况，可利用左侧的限定条件：全文、参考文献、学术（同行评审）期刊、检索年限、来源类型、主题、出版物、公司、出版物类型、地理、数据库（所选数据库）、著者等字段中进行再次检索，以缩小检索结果的范围。

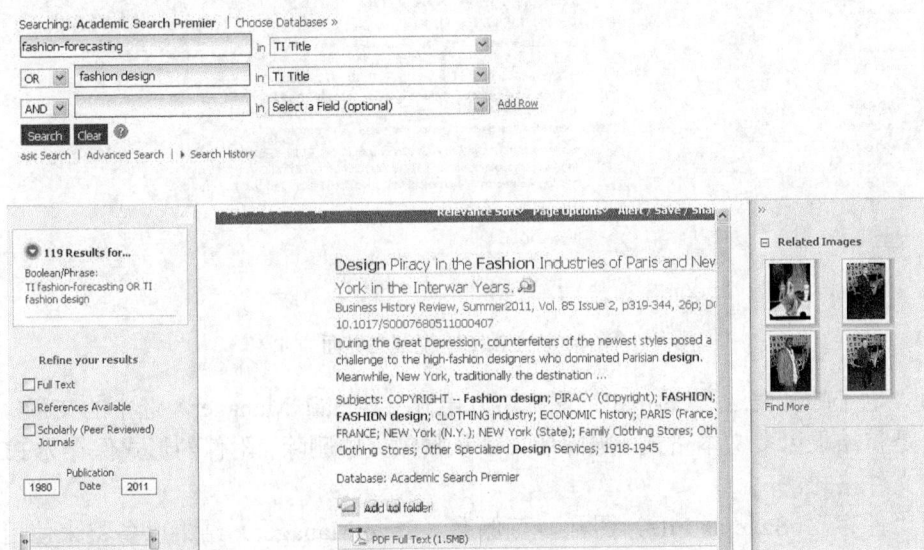

图 4-29　EBSCO 检索结果界面

（3）右栏显示相关信息

当有其他信息来源（如图像、博客和 Web 新闻）可供使用时，将会显示。

2. 检索结果处理

（1）文件夹

无论使用何种检索，检索结果系统中都有一个临时的个人文件夹即收藏夹。在每次检索的过程当中，检索者可随时将需要进一步处理的文章存入收藏夹中，以便检索完成后集中处理。

在检索结果页面，使用"添加至文件夹"链接，可将选中记录加入收藏夹。此时，收藏夹显示"文件夹中有对象"。单击文件夹中的对象，可显示所有加入到收藏夹中的文献记录，如图 4-30 所示。

如果要对图 4-29 所示的检索结果进一步处理，只要单击文章题名或打开收藏夹，就会进入如图 4-30 所示的处理平台中，在此可以下载全文，可以对文章分别进行打印、电邮传递、

存盘、引用、导出等处理。

（2）打印/用电子邮件发送/保存检索结果

单击"打印" 🖨️、"用电子邮件发送" 📩或"保存" 🗂图标，然后按照屏幕上的说明打印、用电子邮件发送或保存结果。可同时打印、用电子邮件发送或保存若干结果，方法是将其保存到"文件夹"中，然后同时打印、用电子邮件发送或保存。

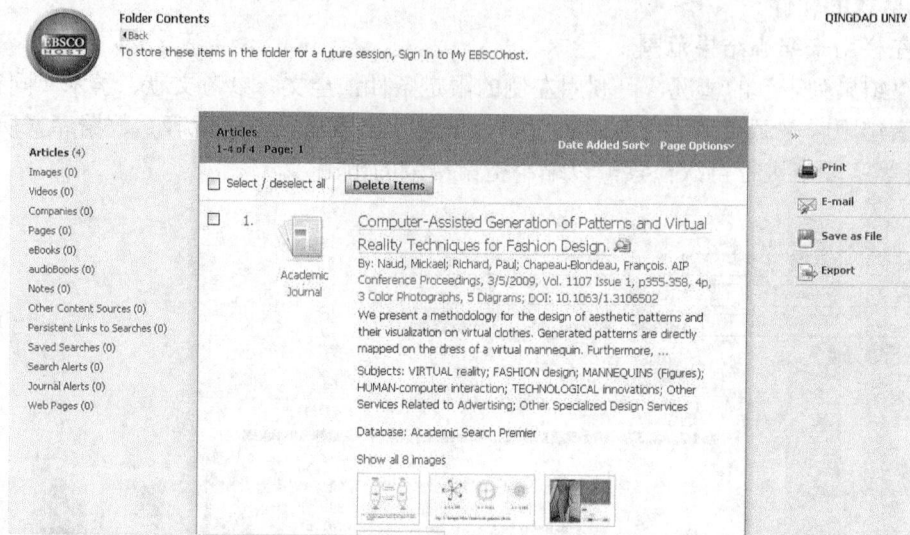

图 4-30　EBSCO 收藏夹界面

使用"电子邮件发送"（E-mail）图标可以电邮（E-mail Manager）选中的文章，系统默认状态下是将结果以多文本格式、电邮后文献从收藏夹中删除、附件的形式保存为 PDF 的格式、标准文件格式。

应用"保存"（Save as File）图标，可保存（Save Manager）结果以备将来使用，系统默认状态下保存为 HTML 的全文、标准文件格式，使用该图标的前提是，要确保已登录至用户的个人账户（我的 EBSCOhost），登录后，结果将保存到该文件夹中，随时均可对其进行检索。

（3）引用/导出/添加到文件夹

单击"引用"（Cite this article）图标📄，可以将选中文章的格式直接按 7 种常见的引文格式输出：AMA-美国医学会、APA-美国心理协会、Chicago/Turabian：Author –Date-芝加哥论文格式：作者-日期、Chicago/Turabian：Humanities-芝加哥论文格式：人文类形式、MLA-美国现代语言学会、Vancouver/ICMJE-温哥华格式或自定义文件格式。

使用"导出"（Export to Bibliographic Manager）图标📄，可以将选中文章导出到 6 种文献管理器：Direct Export to EndNote，ProCite，or Reference Manager（默认状态）；Direct Export to EndNote Web；Generic bibliographic management software；Citations in BibTeX format；Citations in MARC21 format；Direct Export to RefWorks。

应用"添加到文件夹"（Add to folder）图标📄，可保存结果以备将来使用，应确保已登录至用户的个人账户（我的 EBSCOhost）。登录后，结果将保存到该文件夹中，随时均可对其进行检索。

案例分析

检索时装预测或设计方面的文献

解析：此题使用基本检索、高级检索、视觉搜索皆可，由于此题没有过多的附加要求，第一次检索可以宽泛些。若检出文献太多，可用字段加以限定，或在检索结果中采用左右两栏的限定选项进行二次检索，以提高检索的准确性。

该题使用基本检索的表达式为：SU fashion-forecasting OR SU fashion design，命中 1 916 篇，如图 4-25 所示；后在高级检索中改为题名字段检索，如图 4-29 所示，检索结果如图 4-29 和图 4-30 所示。

4.4　NSTL 网站

NSTL 是国家科技图书文献中心（National Science and Technology Library）网站的英文简称，本节就领略一下科技系统所提供的检索全国理、工、农、医各学科领域的科技文献资源的 NSTL 网站，以及如何实现从二次文献检索到一次文献索取的一站式对接平台服务。

4.4.1　NSTL 简介

NSTL 是根据国务院领导的批示于 2000 年 6 月正式组建的一个虚拟的科技文献信息服务机构，成员单位由中国科学院文献情报中心、中国科学技术信息研究所、机械工业信息研究院、冶金工业信息标准研究院、中国化工信息中心、中国农科院农业信息研究所、中国医科院医学信息研究所、中国标准化研究院标准馆和中国计量科学研究院文献馆组成。

NSTL 按照"统一采购、规范加工、联合上网、资源共享"的原则，采集、收藏和开发理、工、农、医各学科领域的科技文献资源，以实现资源共享。目前收藏有中外文期刊、图书、会议文献、科技报告、学位论文、专利文献、标准文献等各种类型、各种载体的科技文献信息资源，其主要任务是面向全国提供馆藏文献的阅读、复印、查询、检索、网络文献全文提供和各项电子信息服务。

NSTL 的资源服务是通过网络服务系统来实现的，其网址为 www.nstl.gov.cn。可通过 Internet 向广大用户提供二次文献检索和一次文献提供服务。任何一个 Internet 的用户都可免费查询该系统提供二次文献检索服务。注册用户还可方便地要求系统以各种方式（电子邮件、传真、邮寄等）提供所需的一次文献，主页如图 4-31 所示。

4.4.2　服务

NSTL 文献资源系统所提供的服务项目包括：文献检索、网络版全文数据库、期刊浏览、参考咨询、引文检索、热点门户、预印本服务及原文传递和代查代借等。

图 4-31　NSRL 主页

1. 文献检索

NSTL 可对中外文期刊、学位论文、科技报告、会议文献、专利文献、标准文献等多种类型的文献信息进行免费的二次文献检索服务。

2. 全文文献

本栏目报道 NSTL 订购的国外网络版期刊和中文电子图书、网上免费获取期刊、NSTL 拟订购的网络版期刊试用和 NSTL 研究报告。NSTL 提供的全文文献有以下 6 种情况，用户可对号使用。

（1）全国开通现刊数据库

NSTL 订购的国外网络版期刊，目前多达 43 种，面向中国大陆学术界用户开放。凡用户为了科研、教学和学习目的，可少量下载和临时保存这些网络版期刊文章的书目、文摘或全文数据。但符合开通条件的机构用户注意，必须下载开通申请表，填写完成并按表中要求发送给相关机构后，可免费开通 NSTL 订购的全国开通文献，详细情况可参考相关网页链接。

（2）全国开通回溯数据库

NSTL 购买的回溯数据库通过 NSTL 的服务平台免费为全国非营利学术型用户提供服务。当前开通了 7 个回溯数据库：施普林格在线回溯数据库（Springer，1832—1996 年）、牛津期刊过刊回溯库（OUP，1849—1995 年）、英国物理学会网络版期刊回溯文档数据库（IOP，1874—2002 年）、Turpion 网络版期刊回溯文档数据库（Turpion，1958—2002 年）、Nature 周刊回溯文档数据库（Nature，1869—1986 年），LWW 期刊经典回溯库（创刊年—2003 年），RSC 回溯期刊数据库（1981—2004 年），详细情况可参考相关网页链接。

（3）试用数据库

NSTL 根据对国内用户的需求调查、分析和对国外相应文献资源的评价和遴选，国家科技图书文献中心（NSTL）经与国外有关出版商、代理商协商，近期分别以 IP 控制或用户名+密码方式，开通 17 个国外出版机构的 60 种网络版期刊的试用，试用通知请见 2011 年 NSTL 开通国外网络版期刊试用的通知。详细情况可参考相关网页链接。

（4）部分单位开通文献

为国内部分机构开通使用的资源有 6 种。其中有 NSTL 与中国科学院及 CALIS 等单位联合购买国外网络版期刊 5 种，以及 NSTL 购买了北大方正中文电子图书，均面向中国大陆部分学术机构用户开放。

（5）开放获取期刊

NSTL 组织开发了大量互联网免费获取的全文文献 7 种，供全国各地用户使用。

（6）NSTL 研究报告

NSTL 针对一些部门的需求，组织有关单位开展情报调研，形成的研究报告两种，供全国各地用户使用。

NSTL 提供的以上 6 种全文文献的详细情况可参考 NSTL 相关网页链接使用。

3．期刊浏览

本栏目所报道的文献实为"文献检索"栏目中收录的外文期刊即为国家科技图书文献中心各单位收藏的各文种期刊。用户既可通过刊名关键词、完整刊名、ISSN、EISSN 或刊名代码分别检索西文、日文和俄文刊名，又可通过期刊字顺或分类浏览检索期刊刊名，继而获取期刊文章的题名、文摘等信息，注册用户还可请求全文。

4．引文检索

引文检索内容包含：文献检索的范围为 NSTL 文献库的所有来源刊的文献，当前记录数为 21 342 966；引文库收录文献的范围为国际科学引文数据库中收录的来源期刊的文献，当前记录数为 3 596 613；参考文献检索的范围为国际科学引文数据库中收录的来源期刊的文献的参考文献，当前记录数为 105 605 465。

5．集成揭示

集成揭示系统已集成了中国科学院国家科学图书馆、中国国家图书馆、中国科学院国家科学图书馆兰州分馆、中国高等教育文献保障系统、冶金工业信息标准研究院、浙江省科技信息研究院、高等教育出版社的相关资源与服务。该系统采用分布式体系架构、Web Services 技术，可实现对多种分布式信息资源系统的整合与揭示，同时通过规范的注册管理机制，形成一个开放式的、可以不断扩充的共享服务平台。集成揭示既可进行资源统一检索，也可按机构、文献类型、信息所属学科和服务分类进行检索。

6．参考咨询

参考咨询完全采用网络化服务，分为实时咨询与非实时咨询两种服务方式，其主要目的是协助用户解决在查询利用科技文献过程中遇到的问题。用户既可通过实时咨询的方式在线与咨询员探讨，也可通过非实时咨询的途径提出问题，一般情况下可在 2 个工作日内得到答复。

7. 热点门户

热点门户实际上是 NSTL 针对当前国内外普遍关注的科技热点问题，进行搜集、选择、整理、组织建设的一个门户类主题网关服务栏目，其目的是揭示互联网上与之相关的文献资源、机构信息、动态与新闻，以及专业搜索引擎等，为用户提供国内外主要科技机构和科技信息机构的网站介绍与导航服务，帮助用户从总体上把握各科技热点领域的发展现状、资源特色与信息获取途径。目前提供服务的热点门户包括纳米科技、认知科学、海洋生物技术、农业立体污染防治、汽车科技、汽车电子、物流、塑料、工业控制与自动化、机床和低压电气等 16 个领域。

8. 预印本服务

预印本是指科研学者的研究成果尚未在正式刊物上发表，而出于和同行交流的目的自愿通过邮寄或网络等方式传播的科研论文、学术观点等。与正式刊物上的论文相比，预印本具有交流速度快、便于学术争鸣的特点。目前预印本服务包括中国预印本中心和国外预印本门户两个服务栏目。

9. 代查代借

本栏目面向注册用户提供各类型文献全文的委托复制服务，目前 NSTL 只向中国大陆地区的预付款用户提供此项服务，使用网上支付的用户可以先通过"自助中心"中的"用户账户充值"功能交纳预付款后使用本服务。西部用户服务费和 NSTL 内代查代借的文献复制费享受半价优惠政策。该服务的具体收费标准可参考 NSTL 代查代借网页链接。

用户填写"代查代借请求订单表"后，NSTL 的工作人员将根据申请表提供的文献线索及用户所限定的地域、时间与费用，依次在 NSTL 成员单位、国内其他文献信息机构和国外文献信息机构查找用户所需文献。根据查得文献的来源不同，文献的复制费用有所不同，文献来自 NSTL 成员单位，一般文献复制费为每页 0.3 元，文献来自其他单位，复制费以各相应单位的实际收费标准核算。如果 NSTL 成员单位馆藏范围内有用户所需要的文献，用户提交申请表后，工作人员将在 2 个工作日内按照用户所请求的方式发送原文。需要到国内其他文献信息机构或国外信息机构查找文献时，发送原文的时间将视具体情况而定。国外代查一般费用为 100 元左右/篇。

4.4.3 检索方式

NSTL 将各种类型的文献整合在同一平台"文献检索"下进行。

1. 检索语言

NSTL 检索语言如表 4-3 所示。

表 4-3 <span></span>**NSTL 检索语言一览表**

算符名称	算符代号	举　例	含　义
逻辑与	AND	A AND B	A、B 两词必须在文献中同时出现
逻辑或	OR	A OR B	A、B 两词中的任意一个或两个同时出现在文献中均可
逻辑非	NOT	A NOT B	NOT 算符前面的 A 词出现在文献中，后面所跟的 B 词不出现在文献中
优先级检索	( )	(A OR B) NOT C	括号里的运算优先执行
精确检索	" "	"A B C"	词组检索

2. 检索方式

单击 NSTL 主页上方中的"文献检索"，或直接选择 NSTL 主页中部"文献检索与全文提供"下的某种文献，都可进入"文献检索"界面。"文献检索"分普通检索、高级检索、期刊检索和分类检索 4 种，普通检索一次最多支持 4 个检索词运用检索语言构造检索表达式，并可选择数据库、设置查询条件进行限定检索，普通检索界面如图 4-32 所示。

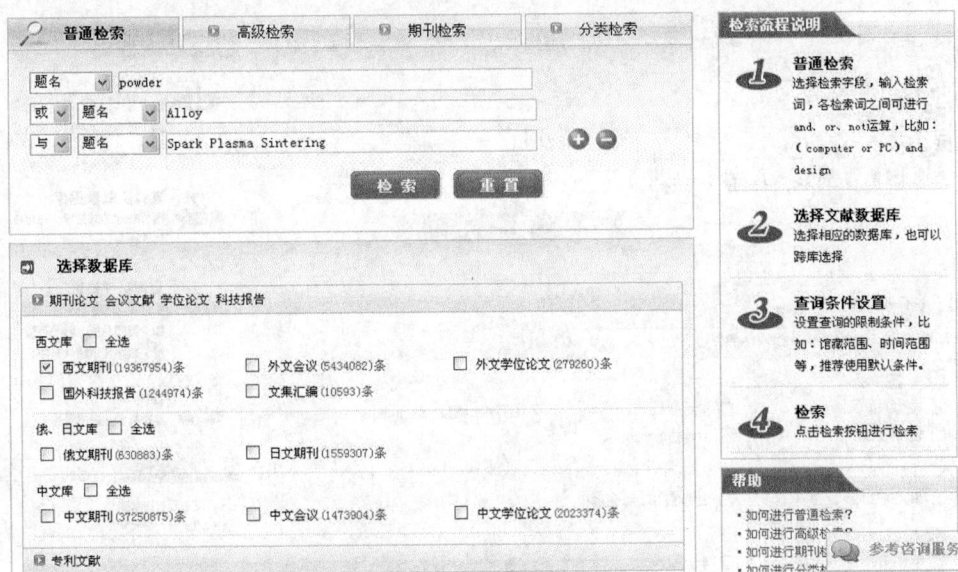

图 4-32　NSTL 普通检索界面

如果要一次性检索 4 个以上检索词组成的表达式，就应该使用高级检索，高级检索可自由书写检索表达式，它有一大一小两个文本框，用户可借助小文本框选择检索字段、输入检索词、并组合词间关系添加到大检索文本框中，也可以在大文本框中直接输入检索表达式，如图 4-33 所示。

期刊检索既可针对刊名、ISSN 号、EISSN 号或期刊代码进行检索，也可配合此刊转而查询其上的内容。

分类检索是在普通检索的基础上，外加分类选择，分类设有 21 个大类，如图 4-34 所示。

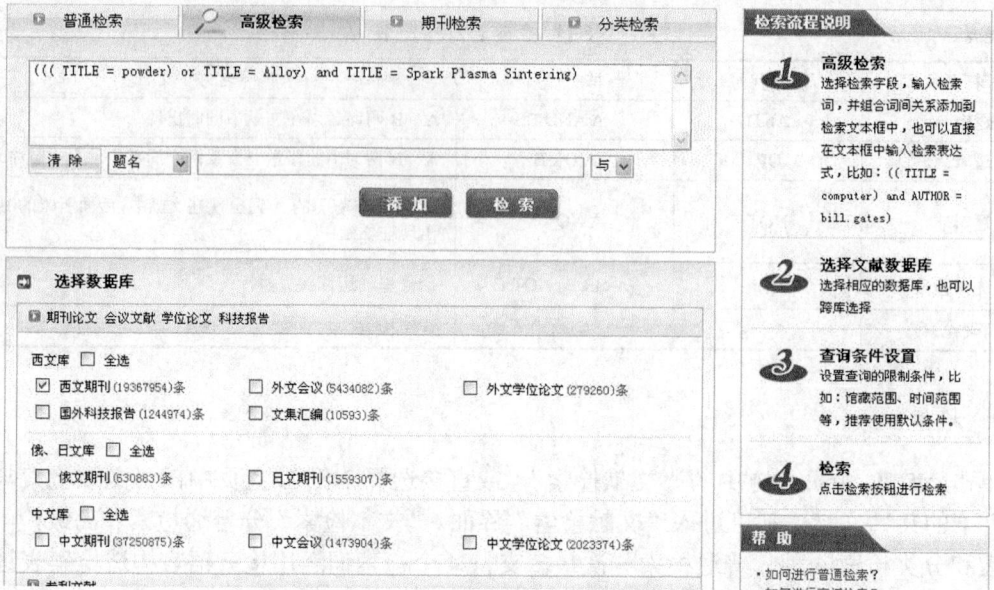

图 4-33　NSTL 高级检索界面

图 4-34　NSTL 期刊检索界面

4.4.4　检索结果及文献传递

1. 检索结果

NSTL 的检索结果如图 4-35 所示，并可在检索结果上方进行二次检索。每篇文章前有选中标记框、序号、篇名，作者（下划线）、刊名、ISSN、年、卷、期及起讫页码。单击文章的标题可浏览该篇文章除全文外的详细信息。

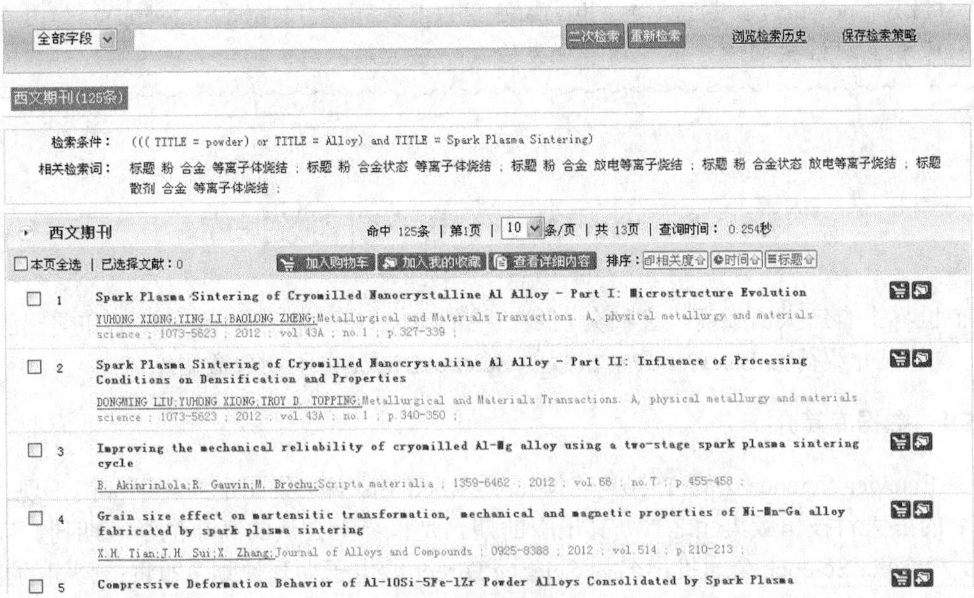

图 4-35　NSTL 检索结果界面

2. 原文传递

NSTL 提供文献检索和原文请求两种服务，非注册用户可以免费进行文献检索，注册用户还可以在文献检索的基础上请求文献原文。目前，NSTL 的原文请求服务为 24 小时全天候在系统中完成相关处理（节日长假除外）。如果 NSTL 成员单位馆藏范围内有用户所需要的文献，用户提交申请表后，工作人员将在 2 个工作日内按照用户所请求的方式发送原文。如果需要到国内其他文献信息机构或国外信息机构查找文献时，发送原文的时间将视具体情况而定。

单击图 4-35 中的"加入购物车"，并按提示操作，就可进行原文请求。

> **重要提示**　订购全文即原文传递请求，必须先输入用户名、密码，进行登录。若是第一次使用，要进行新用户注册获取用户名和密码。另外，订购全文还要预先确认好其支付费用的方式，因为 NSTL 有预付款支付和网上支付两种情况。

对于高等学校的用户，最好使用 e 得门户下的"NSTL 文献传递服务[高校版]"进行文献传递请求，因为这样还可享受到 CALIS 相应的补贴政策。

案例分析

查找放电等离子烧结技术在粉末或合金材料中使用方面的文献

解析：此题可分别使用普通检索、高级检索和分类检索，使用高级检索的表达式为：

(((TITLE = powder) or TITLE = Alloy) and TITLE = Spark Plasma Sintering)，如图 4-33 所示普通检索和高级检索均命中 125 篇；分类检索命中 8 篇。

4.5 ScienceDirect 电子期刊数据库

目前世界上有三大出版商，它们分别是荷兰的 Elsevier、德国的 Springer 和美国的 John Wiley。本节只介绍荷兰 Elsevier 公司出版的 ScienceDirect 电子期刊数据库。

4.5.1 数据库简介

荷兰 Elsevier Science 公司 1580 年创建，是 Reed Elsevier 集团中的科学部门，现为世界上最著名的三大科技出版集团之首，其出版的期刊是世界上公认的高品位学术期刊。从 1997 年开始，Elsevier Science 公司推出名为 Science Direct 的电子期刊计划，即将该公司的全部印刷版期刊转换为电子版，并使用基于浏览器开发的检索系统 Science Server。这项计划还包括了对用户的本地服务措施 Science Direct Onsite （简称 SDOS 数据库，即镜像服务器方式访问），而国外主站点为 ScienceDirect Online（简称 SDOL 数据库）。自 2006 年 10 月起，我国所有的团购单位取消了本地镜像服务器，都转到了 SDOL 平台上，其授权用户通过 IP 地址控制访问，既可通过图书馆主页上的相应超链接进入，也可直接访问国外 SDOL 电子期刊主页（www.sciencedirect.com），如图 4-36 所示。

SDOL 数据库收录了 2 500 余种电子期刊，最早的收录年限可追溯至 1823 年，其中 1995 年至今收录的文章，可看全文；1995 年前回溯文档收录了 400 多万篇文章，可免费看题录文摘信息，但看全文要另收费。SDOL 收录的学科涵盖了自然科学和工程、生命科学、保健科学及社会科学和人文学 4 大部分 24 个大类，使用率最高的学科为医学、化学、经济学和语言学。

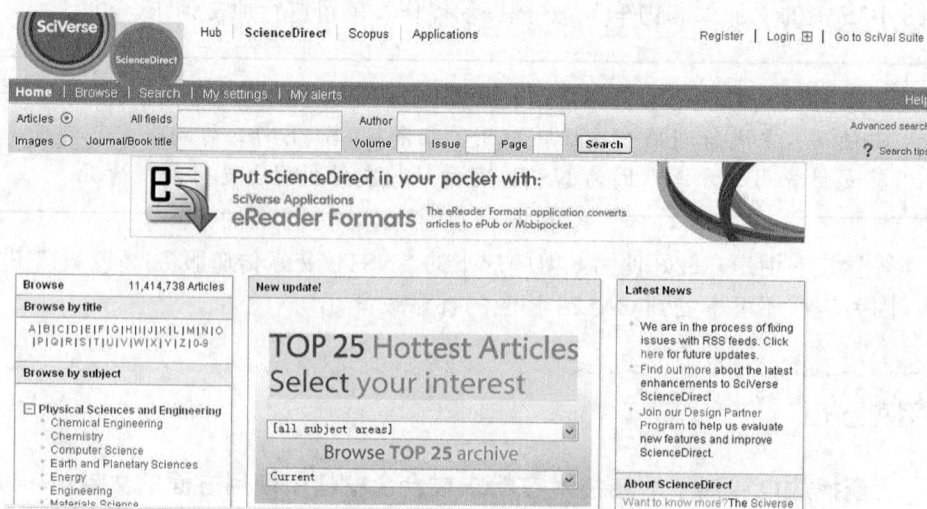

图 4-36　SDOL 主页

4.5.2 检索语言

检索语言是检索系统执行检索任务的核心，用户对数据库掌握的如何，关键在对检索语言的熟悉程度上。表 4-4 所示为 SDOL 检索语言一览表。

表 4-4 **SDOL 检索语言一览表**

算符名称		算符代号	含义
逻辑检索	逻辑与	AND	默认算符，多个检索词同时出现在文献中
	逻辑或	OR	检索词中的任意一个或多个出现在文献中
	逻辑非	AND NOT	AND NOT 算符前面的词出现在文献中，后面所跟的词不出现在文献中
优先级检索		( )	括号里的表达式优先执行
截词检索		*	取代单词后缀中的任意个字母
		?	精确地取代单词中的一个字母
位置检索		PRE /n	两词相隔不超过 n 个词，前后词序固定
		W /n	两词相隔不超过 n 个词，前后词序不定
短语检索		" "	宽松短语检索，标点符号、连字符、禁用字等会被自动忽略
		{ }	精确短语检索，所有符号都将被作为检索词进行严格匹配检索

4.5.3 检索方式

SDOL 电子期刊库既有浏览功能又有检索功能，并可建立个性化的收藏夹，定制喜爱的期刊，设置各种 E-mail 提示等个性化服务。

1. 期刊浏览（Browse）

SDOL 提供了 3 000 余种连续出版物，主页的左栏即为期刊浏览部分的入口，在此既可按刊名的学科浏览，也可按刊名字顺浏览，还可按喜爱的刊名浏览。

图 4-37 所示为按 M 字顺浏览的界面，选中刊名后单击，即可进入该刊所有卷期的列表，进而逐期浏览或对其进行快速检索。

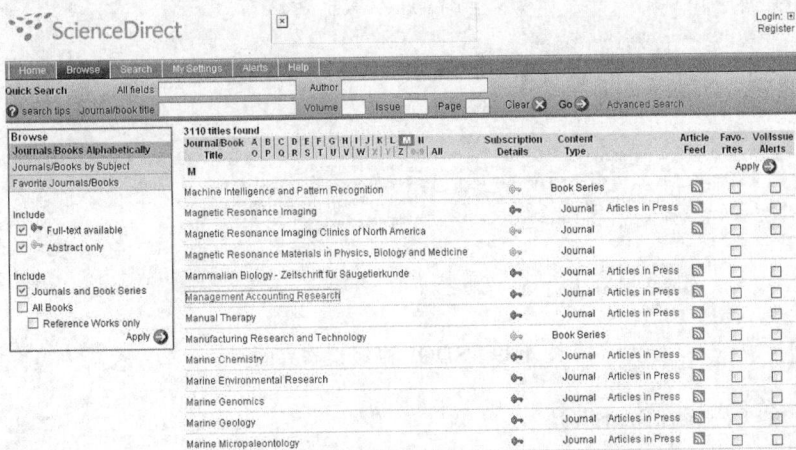

图 4-37 SDOL 期刊浏览界面

在期刊浏览界面中，如图 4-37 所示，系统为每种期刊后面都放置了一把钥匙图标，分别用绿、浅灰两种颜色表示已订购期刊和未订购期刊，对于含有绿色文本图标的期刊可提供全文，而含有浅灰色标记图标的期刊，只能看到文章的题录或文摘，个人用户只能通过信用卡订购的形式获取期刊全文。

2. 快速检索（Quick Search）

快速检索区始终伴随在 ScienceDirect 数据库的上方，随时可进行快速检索。该检索存在一定的局限性，只能在"全部字段，著者，刊名/书名，卷，期，页"这些检索项中查询，如图 4-38 所示。

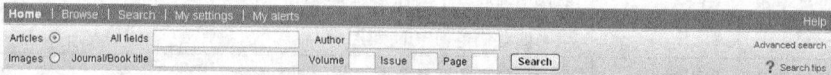

图 4-38　SDOL 快速检索界面

3. 高级检索（Advanced Search）

单击页面上方的"Search"选项卡，或直接单击图 4-38 右侧的"Advanced Search"都可进入高级检索界面，如图 4-39 所示，检索系统默认设置即为高级检索。高级检索界面由两部分组成。主要部分是通过点选字段、逻辑算符、输入检索词，构造检索表达式；辅助部分是确定各种限定条件，如数据源、学科、文献类型、年限等。高级检索界面提供两个检索框，每个检索框只能输一个词或一个词组。

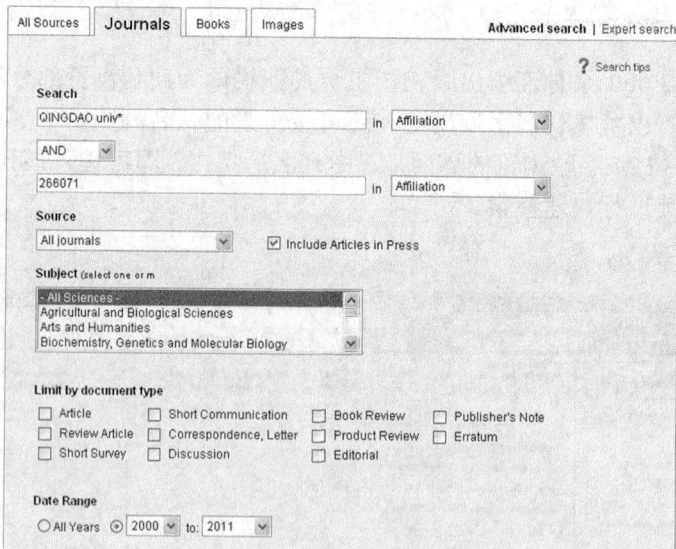

图 4-39　SDOL 高级检索界面

4. 专家检索（Expert Search）

在高级检索界面中，单击检索框上方的"Expert Search"选项卡，即可进入专家检索模式，如图 4-40 所示。高级检索一次只能限定在两个字段内进行检索，如果要在两个以上的字段中进行一次性检索，就必须使用专家检索，专家检索只提供一个检索词输入框，这样用户可随心所欲地使用检索字段、检索算符、输词构造检索表达式。其数据源、学科、文献类型、年限限定均同高级检索。

> **重要提示**　无论是浏览还是检索，系统在每篇论文前面都放置了一个文本图标，同样用绿色文本图标表示可提供全文，灰色图标只能看到文章的题录或文摘，如图 4-41 所示。专家检索中的小括号、引号等符号要在半角（英文）状态下输入。

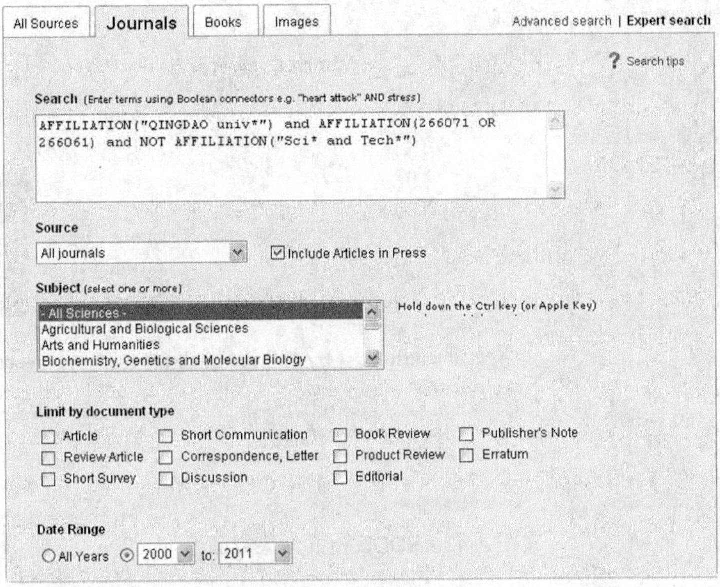

图 4-40　SDOL 专家检索界面

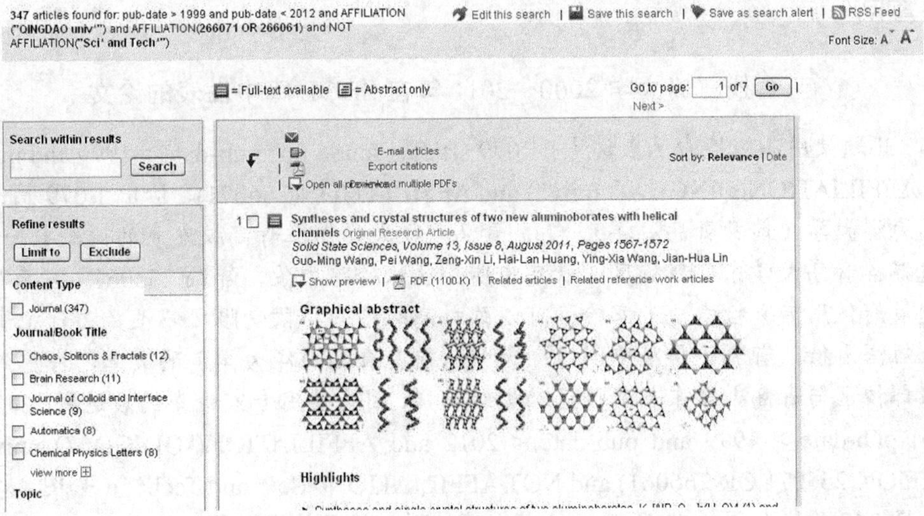

图 4-41　SDOL 检索结果界面

4.5.4 检索结果处理

检索结果分上左右三栏显示。上栏显示检索命中数量、表达式、编辑检索策略、保存检索策略、保存检索提示、RSS 等，左栏可进行二次限定检索，右栏为"结果列表"的主栏目，以篇为单位按文章的序号、题目、出处、著者、预览、PDF 全文格式、相关文献、相关参考文献、图示文摘以及依次显示，其中题目、预览、PDF 全文格式、相关文献、相关参考文献为超链接形式，如图 4-42 所示。通过文章标题链接还可查看该文的 HTML 格式全文等详细信息。

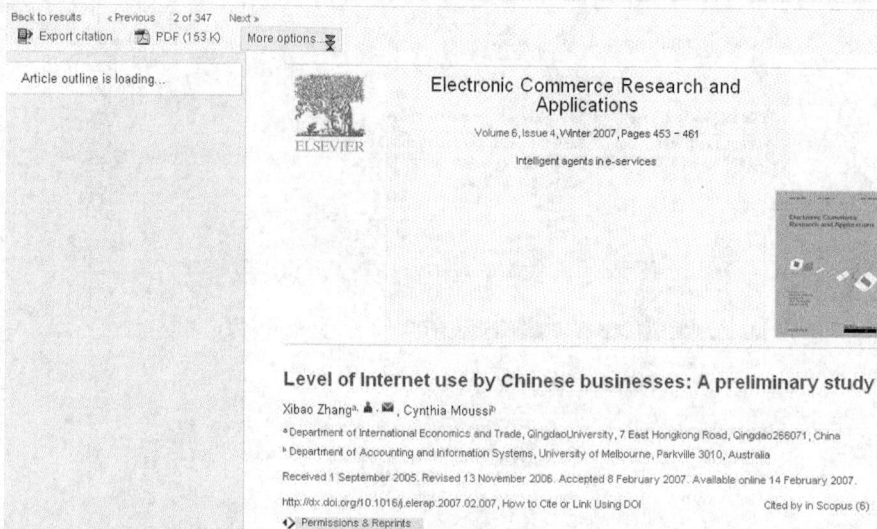

图 4-42　SDOL 检索结果界面

案例分析

查找青岛大学 2000～2011 年在 SDOL 库中发表的论文

解析：此题使用高级检索的表达式：1 079 articles found for: pub-date > 1999 and pub-date < 2012 and AFFILIATION(QINGDAO univ*) and AFFILIATION(266071)，检出 1 079 篇论文，但会把中国海洋大学（前身青岛海洋大学）、青岛科技大学等驻青高校发表的论文也一同检出，且还会遗漏掉青岛大学东部新校区（青岛市崂山区松岭路中段，邮编 266061）发表的论文。所以此题最好使用专家检索，专家检索可以弥补高级检索字段受限之不足，另外把青岛大学作为一个短语看待，有利于屏蔽中国海洋大学（前身青岛海洋大学）的文章，考虑到青岛科技大学东部校区与青岛大学东部新校区的邮编一样，因此使用专家检索的表达式：347 articles found for: pub-date > 1999 and pub-date < 2012 and AFFILIATION("QINGDAO univ*") and AFFILIATION(266071 OR 266061) and NOT AFFILIATION("Sci* and Tech*")，如图 4-40 所示，其命中结果 347 篇，如图 4-41 所示，其中一篇的详细著录格式如图 4-42 所示。

4.6　SpringerLink 电子期刊数据库

Springer 是德国施普林格（Springer-Verlag）的缩写，现为世界上著名的 3 大科技出版集团之一，该集团通过 SpringerLink 系统提供学术期刊、丛书、图书、参考工具书和出版物等的在线服务。本节就来领略一下 SpringerLink 数据库的风采。

4.6.1　数据库简介

目前国内用户可通过 SpringerLink 系统主站（http://www.springerlink.com）和清华大学图书馆镜像站（http://springer.lib.tsinghua.edu.cn）免费浏览、检索文献的题录和文摘信息，但阅读全文必须为 SpringerLink 的团购用户，采用 IP 地址控制使用权限。我国工程文献信息中心从 2002 年开始组织全国数百家高校及科研单位，联合购买了 SpringerLink 电子期刊的使用权，服务方式采用镜像服务，凡订购的单位用户既可通过"校园网图书馆"中的相应链接进入，也可直接访问镜像服务器的 IP 地址获取全文，如图 4-43 所示。

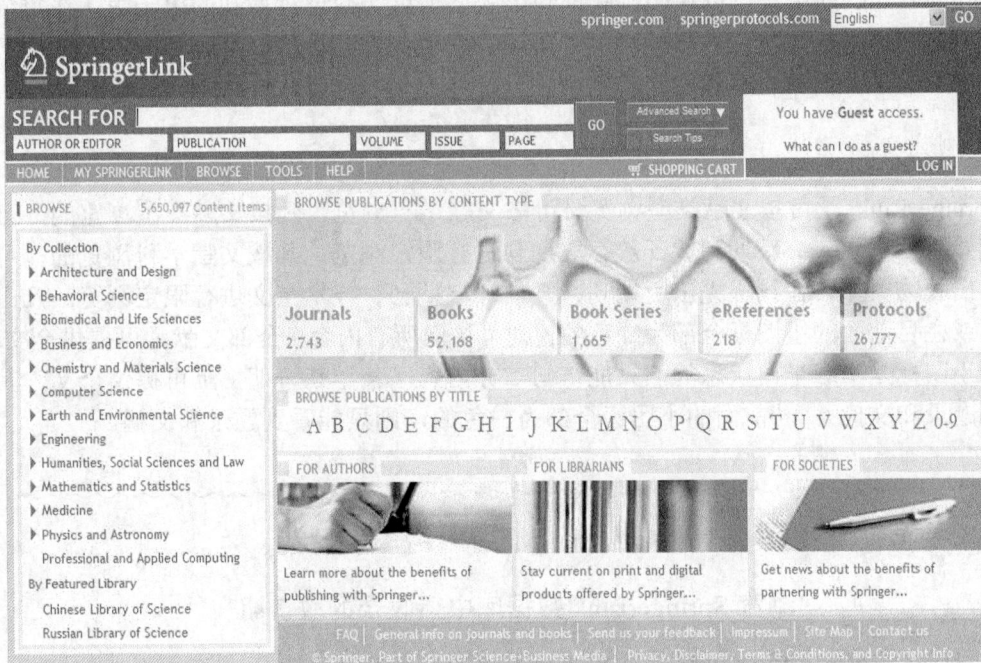

图 4-43　SpringerLink 主页

SpringerLink 当前所提供的电子期刊 2 700 余种，涵盖建筑和设计，行为科学，生物医学和生命科学，商业和经济，化学和材料科学，计算机科学，地球和环境科学，工程学，人文、社科和法律，数学和统计学，医学，物理和天文学，计算机职业技术与专业计算机应用 13 个学科。涉及的文献来源形式有：期刊、图书、丛书、参考工具书、实验室指南。此外，还提供了中国和俄罗斯两个在线科学图书馆检索。

4.6.2 检索语言

检索语言是数据库的灵魂，是标引人员与检索用户共同遵守的约定。表 4-5 所示为 SpringerLink 检索语言一览表。

表 4-5   **SpringerLink 检索语言一览表**

算符名称		算符代码	含 义
逻辑检索	逻辑与	AND	多个检索词必须在文献中同时出现
	逻辑或	OR	检索词中的任意一个或多个出现在文献中均可
	逻辑非	NOT	NOT 算符前面的词出现在文献中，后面所跟的词不出现在文献中
优先级检索		( )	括号里的表达式优先执行
短语检索（精确检索）		" "	作为词组看待，但标点符号、连字符等会忽略不记
字段限制检索		ti:,ad:su:,au:,pub:,issn:, isbn:,doi:	分别代表在标题、摘要、作者、出版物、ISSN、ISBN、DOI 字段检索

4.6.3 检索方式

SpringerLink 的用户可以在印刷版期刊出版之前就访问该种期刊的电子版，在每种电子期刊中，用户既可以浏览又可以检索，并可定制喜爱的期刊、接收期刊目次表通知服务等个性化服务。检索分简单检索和高级检索两种。

1. 浏览

SpringerLink 既可按文献类型浏览又可按文献学科浏览。凡按文献类型浏览的，可再按文献起始字母、学科、新期刊或开放存取期刊进行限定浏览；凡按文献学科浏览的，可再按主题、出版物类型、在线优先出版期刊、开放存取期刊、样本全文进行限定浏览。凡出版物或题名或栏目前面的小图标全部为绿色的，则可访问所有内容（全部文献都可提供全文）；若前面的小图标是半绿半白状态的，只能访问部分内容（某年某一期文献可提供全文，其余只能看到题录和文摘）；若前面的小图标全部为白色的，则只能看到题录和文摘。

案例分析

浏览 SpringerLink 数据库中所收录的教育期刊

解析：此题既可按文献类型浏览又可按文献学科浏览。
① 按文献类型浏览步骤如下：
在主页内容类型下选择"期刊"；在左栏的"学科"下选择人文、社科和法律；
在"人文、社科和法律"类期刊下进一步选择"Education"浏览。
② 按文献学科分类浏览步骤如下（见图 4-44）：
在主页学科分类下选择"人文、社科和法律"；
在左栏的"主题"下选择"Education"；再在左栏的"出版物类型"下选择"期刊"。

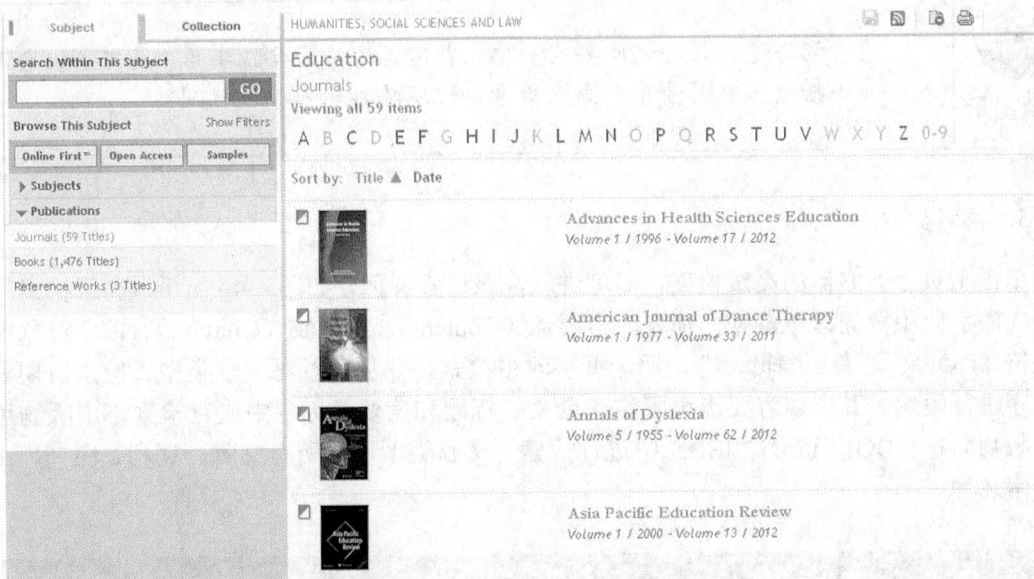

图 4-44　按文献学科浏览界面

2. 简单检索

简单检索界面位于 SpringerLink 主页的最上方，既可以在全文、著者或编辑、出版物、卷、期、页字段中进行单一词检索，也可以使用字段和算符进行多词组合检索。此外，还可以对检索结果进行二次限定检索，如图 4-45 所示。

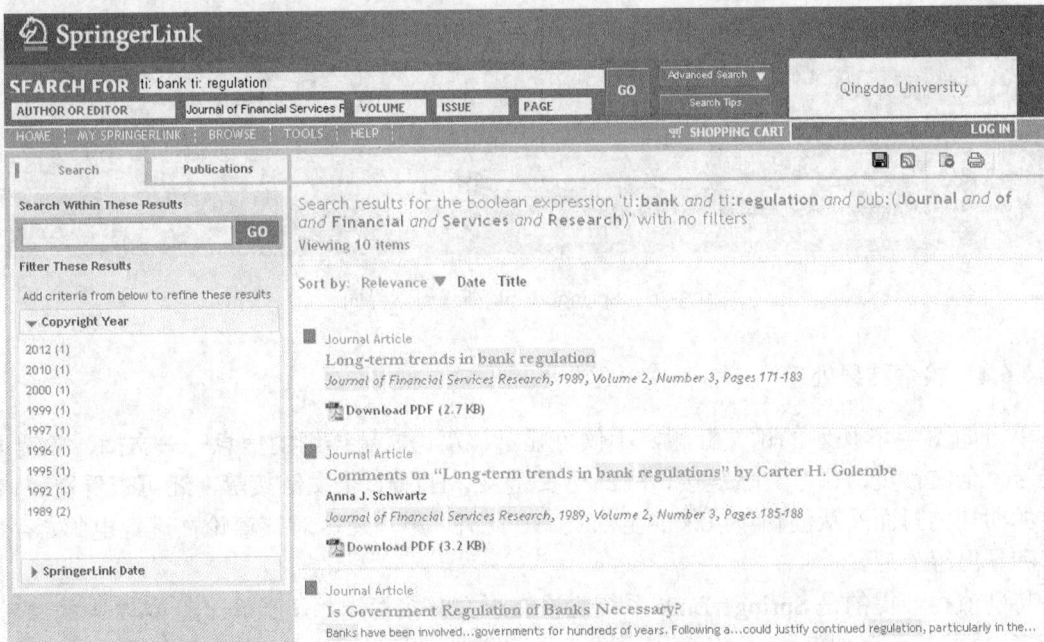

图 4-45　SpringerLink 简单检索

重要提示	检索词与逻辑算符之间要空一格；表达式的符号要在半角（英文）状态下输入，如小括号、双引号等；高级检索切记不要再输入字段代码。

3. 高级检索

单击主页上方右侧的高级检索，即可进入高级检索界面，如图 4-46 所示。高级检索只要在相应的字段中填词即可，可分别在内容要点（Content）、出版物（Citation）、数字对象唯一标识符（DOI）、著者、编辑、卷、期、页字段中检索，并且可以对文献类型、检索日期和结果排序进行限定。其中内容要点可限定在全文、标题和摘要及标题中进行检索，出版物可以在出版物名称、DOI、ISSN、ISBN 中进行检索，文献类型设有所有文献、期刊、图书、实验室指南几种。

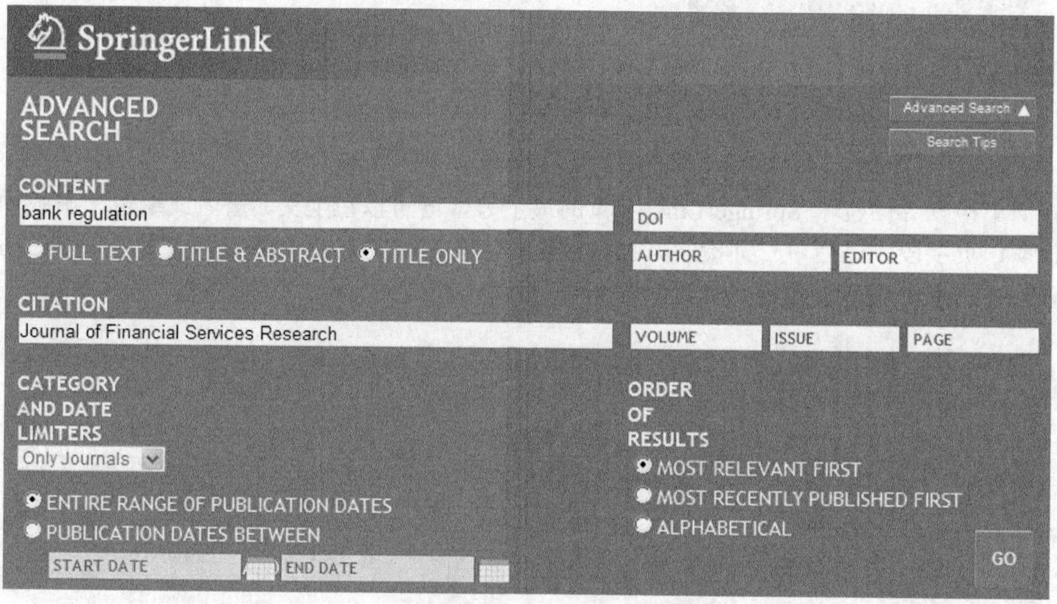

图 4-46 SpringerLink 高级检索界面

4.6.4 检索结果处理

单击如图 4-45 所示的论文标题，不仅可显示该篇论文更详细的信息——文摘、关键词、分类号、全文预览、参考文献链接、PDF 全文链接、HTML 全文链接等，还可查看登载该篇论文的期刊的封面及从创刊年以来的全部文章。此外，用户还可对该篇论文进行电邮、存盘、打印和导出等处理。

特别值得一提的是 SpringerLink 系统还设有引文链接功能。只要单击图 4-47 中的参考文献链接，就可显示诸如 SpringerLink-Springer 本身链接标记、cross ref-相关参考文献链接标记、MATH（Zentralblatt MATH-德国数学文摘链接标记）、MathSciNet-美国数学学会（AMS）链接标记、ChemPort-美国化学学会（CAS）链接标记、PubMed-美国国立医学图书馆（MEDLINE）链接标记等，如图 4-48 所示。

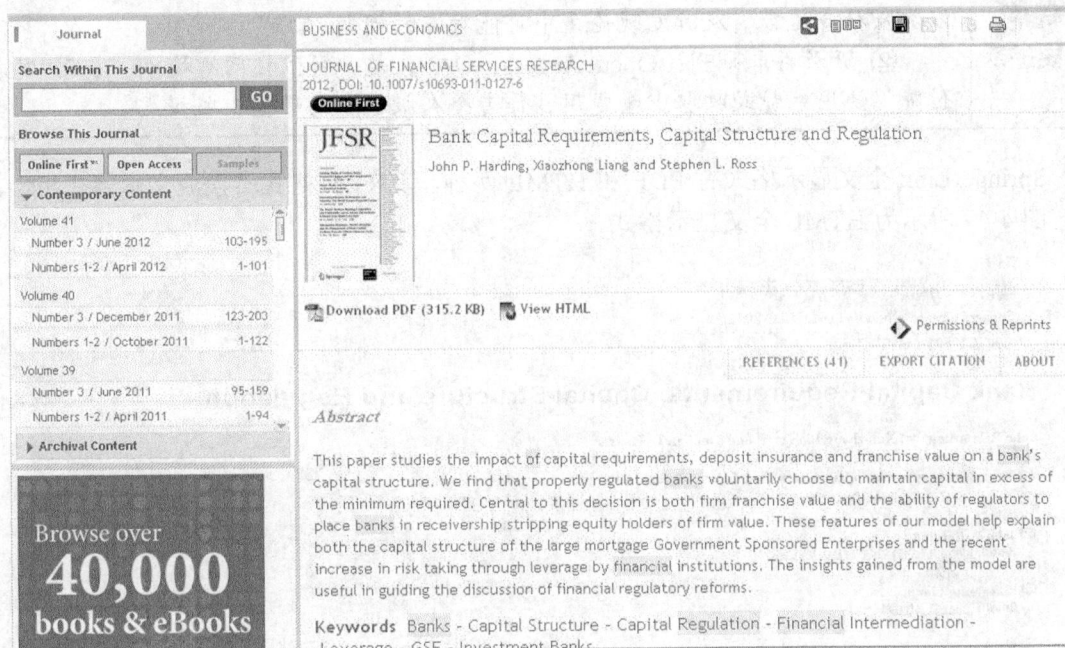

图 4-47　SpringerLink 检索结果界面

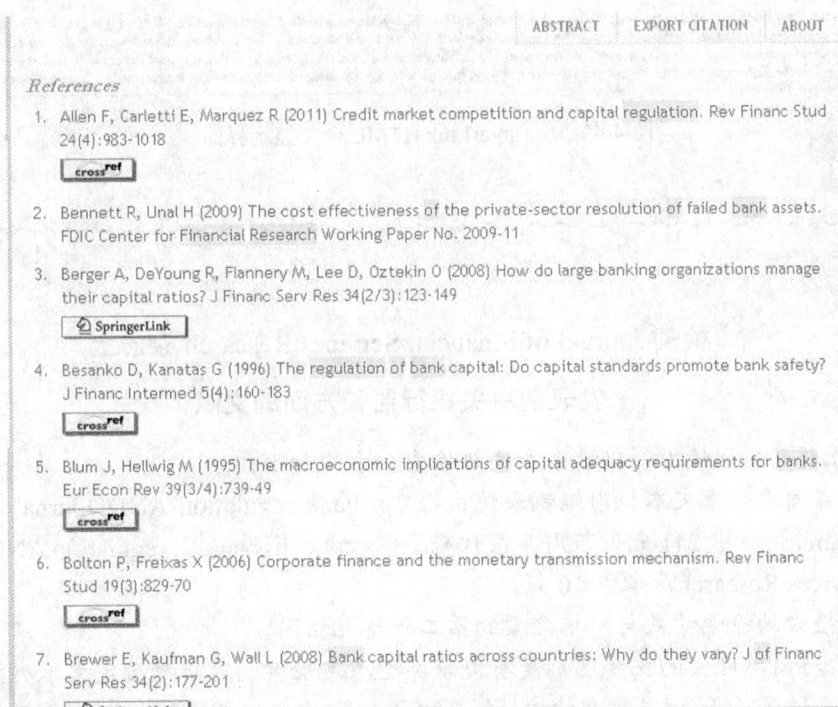

图 4-48　SpringerLink 二次检索结果界面

<table>
<tr>
<td>重要提示</td>
<td>① 在线优先出版期刊（Online First），可以提供在出版印刷之前经过同行评议的文章。此举不仅加速了研究成果的传播，缩短了论文出版时滞，同时也可以加强社会监督，及时发现论文中可能存在的问题。
② 开放存取期刊（Open Access，OA），是一种依托网络技术，采用"发表付费，使用免费或收取少量费用，作者个人版权"的新型出版模式。</td>
</tr>
</table>

SpringerLink 全文显示格式有 PDF 和 HTML 两种，其 PDF 格式转换成文本格式相当方便，图 4-49 所示为 HTML 全文显示格式。

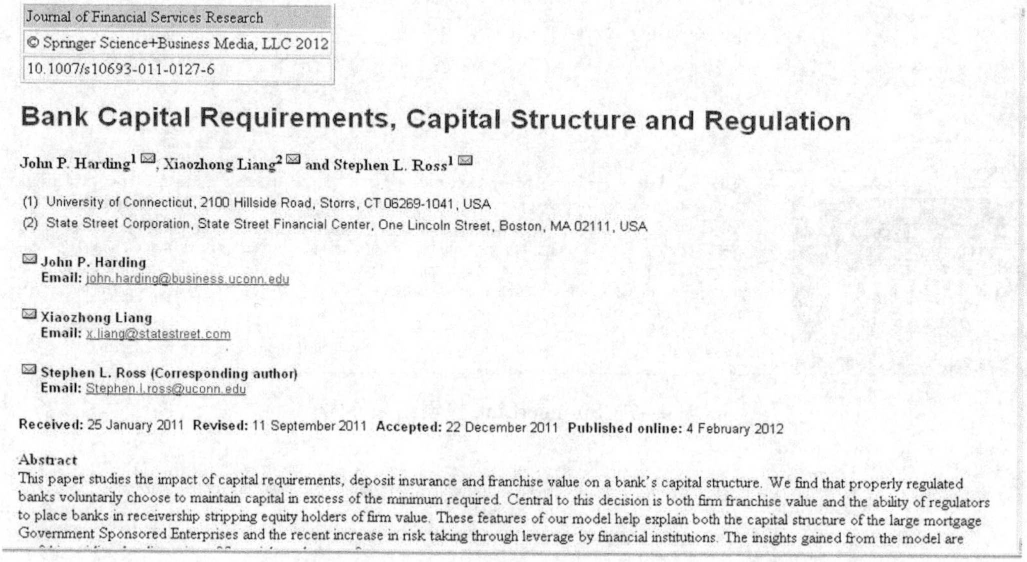

Journal of Financial Services Research
© Springer Science+Business Media, LLC 2012
10.1007/s10693-011-0127-6

Bank Capital Requirements, Capital Structure and Regulation

John P. Harding[1] ✉, Xiaozhong Liang[2] ✉ and Stephen L. Ross[1] ✉

(1) University of Connecticut, 2100 Hillside Road, Storrs, CT 06269-1041, USA
(2) State Street Corporation, State Street Financial Center, One Lincoln Street, Boston, MA 02111, USA

✉ John P. Harding
    Email: john.harding@business.uconn.edu

✉ Xiaozhong Liang
    Email: x.liang@statestreet.com

✉ Stephen L. Ross (Corresponding author)
    Email: Stephen.l.ross@uconn.edu

Received: 25 January 2011 Revised: 11 September 2011 Accepted: 22 December 2011 Published online: 4 February 2012

Abstract
This paper studies the impact of capital requirements, deposit insurance and franchise value on a bank's capital structure. We find that properly regulated banks voluntarily choose to maintain capital in excess of the minimum required. Central to this decision is both firm franchise value and the ability of regulators to place banks in receivership stripping equity holders of firm value. These features of our model help explain both the capital structure of the large mortgage Government Sponsored Enterprises and the recent increase in risk taking through leverage by financial institutions. The insights gained from the model are

图 4-49　SpringerLink HTML 全文显示界面

案例分析

检索 Journal of Financial Services Research 杂志上
发表的有关银行监管方面的文献

解析：此题可分别使用简单检索和高级检索，方法如下。

① 直接在简单检索文本框内编制表达式检索：bank regulation AND Journal of Financial Services Research，命中 211 篇。若用字段代码限定检索：ti: bank ti: regulation AND Journal of Financial Services Research，命中 10 篇。

② 高级检索的检索结果与简单检索的第二种情况相同。

高级检索与简单检索的主要区别是有文献类型限定检索，可准确确定文献类型。

由此看来，使用高级检索或简单检索的第二种方法，检索出的文献更准确，也更符合课题要求。

小　　结

本章重点讲述了 6 个外文数据库的检索语言、检索方式、检索结果及原文传递。它们各有特色，都是能提供外文资料检索的数据库，EBSCO 全文数据库、Elsevier 电子期刊数据库和 Springer 电子期刊数据库均为综合性数据库，其本身就是全文库，使用方便，其中 EBSCO 数据库以收录文献多著称，而 Elsevier 和 Springer 电子期刊数据库的出版商排列世界前三；CASHL、CALIS 和 NSTL 网站虽本身只是一个文摘题录库，但都提供外文期刊全文的传递服务，若用户需要索取原文，可直接在文献检索的基础上请求"文献传递"或"订购全文"服务，但要收取一定的费用。

练　习　题

1. 熟悉一下 6 个数据库各自的检索规则。
2. 分别用 Elsevier、EBSCO 和 Springer 3 个数据库检索本专业的文献，要求写出课题名称、检索方式、检索表达式及命中篇数并浏览一下检索历史。
3. 从 SpringerLink 的高级检索入手，检索在 Journal of Financial Services Research 杂志上发表的有关银行监管方面的文献。
4. 分别用 CASHL、CALIS 和 NSTL 网站检索本专业的文献，并练习一下全文传递。
5. 使用 e 得平台，试着浏览或检索一下 NSTL 和上海图书馆的期刊和图书。

第 5 章　网络信息资源检索

前面给大家介绍的信息检索基本知识、中外文检索工具、电子图书、中外文期刊数据库及特种文献数据库，着重报道的是学术研究方面的信息资料，比较准确可靠，是从事科学研究和论文写作的重要检索源。但有关产品信息、统计资料、公司扩展、外商投资、内部资料、新闻稿、常用软件、名人名言、医疗健康、有关规则、规定、股票、邮编、天气预报及求购等散见的信息情报在以上各种数据库中很难见到，一般都不收集、报道，那么如何来收集这类信息呢？

5.1　Internet 应用基础

Internet 就是收集上文中讲到的各类信息的那个"网"。那么这张"网"到底是怎样运作的？在这张"网"上呈现的丰富多彩的文字、图像、视频以及许多好玩儿的或是有用的信息是谁提供的，又是如何传输到用户的电脑里的呢？在这一节里，将给读者介绍相关的知识。

5.1.1　Internet 概述

Internet 是一个连通全世界的超级计算机互联网络，是全球信息中心。Internet 最早起源于美国国防部的军事研究项目 ARPAnet，后来随着大学、科研机构的加入，从技术到规模都得到了快速发展，到 20 世纪 90 年代初期基本发展成了覆盖全球范围的超大计算机网络。Internet 的快速发展和运行，得益于 TCP/IP 的应用，TCP/IP 是数以亿计的网页信息在网上传送的保障。

1. TCP/IP

TCP/IP 实际上是一个协议集合，由许多协议组成，是信息在 Internet 中的计算机之间准确无误地传送和接收的保证。这个协议集里最重要的两个协议就是 TCP（Transmission Control Protocol）和 IP（Internet Protocol）。

TCP 保证了数据能够顺利到达目的地，用户发送数据时，TCP 负责将用户数据分解成数据包，在数据包头部加入发送和接收节点的名称及其他信息。用户接收数据时，TCP 负责将收到的数据包还原成一个文件，从而保证了发送者和接收者所看到的内容是一样的。

IP 即"网络之间互连的协议"，也就是为计算机网络相互连接进行通信而设计的协议，主要完成两项任务：一是提供相邻节点之间的数据传送，二是为数据的传送提供路径选择。根据 IP，计算机在接入 Internet 时都有一个 IP 地址，是一台计算机在 Internet 上的唯一身份标识，有些计算机是有固定不变的身份标识的。例如，网上众多的网页服务器，而大部分终端用户的计算机都是动态的身份标识，这个动态是在一定范围内变化的，如一个用户的局域网 IP 地址段是 218.242.178.11～218.242.178.51，那么该用户在上网的时候，Internet 上的其他用户看到该用户的 IP 地址是在这 40 个地址当中变化的。

2．IPv4 和 IPv6

IP 分为 IPv4 和 IPv6 两种，目前主流应用是 IPv4，但是，随着 IPv4 资源的短缺形势越来越严峻，向 IPv6 过渡已经是大势所趋。使用 Windows Vista 的用户在配置更改宽带连接属性时会发现，在属性配置栏里有两个版本的 Internet 协议，如图 5-1 所示。用户在申请 Internet 服务时要弄清服务商提供的 IP 到底是哪种类型的。

（1）IPv4

目前，我国大部分上网用户使用的都是 IPv4 地址，IPv4 使用 32 位地址，因此最多可能有 4 294 967 296（=2^{32}）个地址。一般的书写法为 4 个用小数点分开的十进制数。IPv4 地址的长度为 32 位，分为 4 段，每段 8 位，用十进制数字表示，每段数字范围为 0～255，段与段之间用句点隔开，例如 159.226.1.1。IP 地址有两部分组成，一部分为网络地址，另一部分为主机地址。其中，一些特别的 IP 地址段讲解如下。

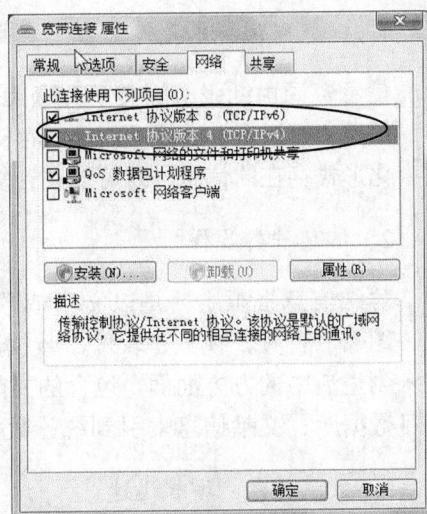

图 5-1　Internet 协议版本

① 127.x.x.x：给本机地址使用。

② 224.x.x.x：为多播地址段。

③ 255.255.255.255：为通用的广播地址。

④ 10.x.x.x，172.16.x.x 和 192.168.x.x：供本地网使用，这些网络连到 Internet 上需要对这些本地网地址进行转换。

（2）IPv6

IPv6 是 IETF（Internet Engineering Task Force，互联网工程任务组）设计的用于替代现行 IPv4 的下一代 Internet 协议。IPv6 正处在不断发展和完善的过程中，它在不久的将来将取代目前被广泛使用的 IPv4。IPv6 不仅可以使每一台电脑都连入 Internet，也可以使家用电器、传感器、远程照相机、汽车等加入 Internet 中。

单从数字上来说，IPv6 所拥有的地址容量是 IPv4 的约 8×10^{28} 倍，IPv6 支持 2^{128}（约 3.4×10^{38}）个网络地址，这不但解决了网络地址资源数量的问题，同时也为除电脑外的设备连入 Internet 在数量限制上扫清了障碍。如果说 IPv4 实现的只是人机对话，而 IPv6 则扩展到任意事物之间的对话，它不仅可以为人类服务，还将服务于众多硬件设备，将构成无时不在、无处不在的深入社会每个角落的真正的宽带网。

IPv6 地址的表达形式一般采用 32 个十六进制数，IPv6 地址由两个逻辑部分组成：一个 64 位的网络前缀和一个 64 位的主机地址，主机地址通常根据物理地址自动生成。

目前，IPv6 技术已经开始在我国应用，第 2 代中国教育和科研计算机网（CERNET2），是中国下一代 Internet 示范工程（CNGI）最大的核心网和唯一的全国性学术网，也是目前世界上规模最大的纯 IPv6 网络。南开大学、南京林业大学、重庆大学、上海理工大学等都已经将网络升级到 IPv6。

5.1.2 网络信息资源的特点

网络信息资源也称虚拟信息资源、数字化信息、电子资源，它是以数字化形式记录、以多媒体形式表达，存储在网络计算机磁介质、光介质以及各类通信介质上，并通过计算机网络通信方式进行传递的信息内容集合。简言之，网络信息资源就是通过计算机网络可以利用的各种信息资源的总和。目前网络信息资源以 Internet 信息资源为主，同时也包括其他没有在 Internet 上呈现，但是可以通过 Internet 传输的信息资源，如 FTP、电子邮件等。

网络信息资源经过十几年的发展，主要有以下几个特点。

1. 以数字化形式存储，占用空间少

信息资源由纸张上的文字转变为数字化信息存储在磁性介质或者光介质上，使信息的存储、传递和查询更加方便，而且所存储的信息密度高、容量大，可以无损耗地被重复使用。以数字化形式存在的信息，既可以在计算机内高速处理，又可以通过信息网络进行远距离传送。

2. 信息种类多样

传统信息资源主要是以文字或数字形式表现出来的信息。而网络信息资源则可以是文本、图像、音频、视频、软件、数据库等多种形式存在的，涉及领域从经济、科研、教育、艺术到生活中的方方面面，包含的文献类型从电子报刊、电子工具书、商业信息、新闻报道、书目数据库、文献信息索引到统计数据、图表、电子地图等。

3. 数量巨大，增长迅速

据 ReadWriteWeb（http://www.readwriteweb.com）网站报道，2008 年 7 月 25 日 Google 宣布，它的索引系统已经收录了 1 万亿网页信息，并且还在每天以数十亿的数量增长，尽管 Google 每天都在删除大量的死链接，但这也足以说明网上的信息量的庞大。中文网上信息的数量发展也很迅速，到 2009 年 7 月，中文最大的搜索引擎百度收录的网页数量已达 20 亿页。而据 CNNIC 于 2009 年 1 月发布的第 23 次《中国互联网络发展状况统计报告》报道，截至 2008 年年底，我国网页总数超过 160 亿个，较 2007 年增长 90%。比 2002 年的 1.6 亿个增长了 100 倍。

4. 传播方式的动态性

网络环境下，信息的传递和反馈快速灵敏，具有动态性和实时性等特点。信息在网络中的流动非常迅速，电子流取代了纸张和邮政的物流，加上无线电和卫星通信技术的充分运用，上传到网上的任何信息资源，都只需要短短的数秒钟就能传递到世界各地的每一个角落。

5. 信息源复杂

由于 Internet 是开放的、共享共建的，所以人人都可以在 Internet 上存取信息。尤其是

Web2.0 技术的推广，提供了很多的网络出版平台，使得网络出版与网上创作更加容易，但由于没有质量控制和管理机制，有些信息没有经过严格编辑和整理，良莠不齐，各种不良和无用的信息大量充斥在网络上，给用户选择和利用网络信息带来了障碍。

根据网络信息资源的这些特点，我们在使用网络资源的时候，对于有明确的出版人或发布人的网站信息，如一些电子资源提供商网站、政府企业、媒体等，可以认为是可用的无需再求证其准确性的信息，而一些有网民自由发布的信息，在使用时一定要验证是否准确，以免使用了错误的信息。

5.1.3 网络信息资源的服务形式

1. Internet 接入服务方式

每一台计算机上网都需要 Internet 信息服务商提供网络接入，现在大部分计算机上网都采用网线接入的方式，但随着无线网络的发展，越来越多的计算机开始使用无线上网，尤其是笔记本电脑用户。

（1）有线宽带接入方式

有线宽带是相对于无线宽带而提出来的，过去称为宽带上网，主要指利用电话线、光纤、同轴电缆和电力线上网的方式，目前宽带上网主要有 4 种方式：ADSL、小区宽带、有线通和电力上网。

① ADSL 上网：ADSL（Asymmetric Digital Subscriber Line）即非对称数字环路，是宽带接入技术中的一种，它利用现有的用户电话线，通过采用先进的复用技术和调制技术，使得高速的数字信息和电话语音信息在一对电话线的不同频段上同时传输，为用户提供宽带接入的同时，维持用户原有的电话业务及质量不变。

② 小区宽带（FTTX+LAN）：这是大中城市目前较普及的一种宽带接入方式，网络服务商采用光纤接入到楼，再通过网线接入用户家。小区宽带一般为居民提供的带宽是 10Mbit/s，这要比 ADSL 的 2Mbit/s 高出不少，但小区宽带采用的是共享宽带，即所有用户公用一个出口，所以在上网高峰时间小区宽带会比 ADSL 更慢。目前国内有多家公司提供此类宽带接入方式，如中国网通、长城宽带、歌华有线等。

③ 有线通（Cable Modem）：有的地方也称为"广电通"，这是与前面两种完全不同的方式，它直接利用现有的有线电视网络，并稍加改造，便可利用闭路线缆的一个频道进行数据传送，而不影响原有的有线电视信号传送，其理论传输速率可达到上行 10Mbit/s、下行 40Mbit/s。

④ 电力上网：电力上网就是利用电线实现电力线通信，它的英文名称为 PLC（Power Line Communication）。它通过利用传输电流的电力线作为通信载体，使用 PLC 具有极大的便捷性。我们除了可以利用电力上网外，还可将房屋内的电话、电视、音响、冰箱等家电利用 PLC 连接起来，进行集中控制，实现"智能家庭"的梦想。目前，PLC 主要是作为一种新的接入技术，适用于居民小区，学校，酒店，写字楼等领域。

（2）无线宽带接入

目前，无线上网主要有两种类型，一种是通过手机开通上网功能，电脑通过手机或无线上网卡来实现无线上网，上网速度受手机信号强度等技术限制；另一种无线上网方式是通过无线网络设备，它是以传统局域网为基础，由无线 AP（Access Point，无线访问节点、会话点或存取桥接器）和无线网卡来构建的无线上网方式。

常见的无线上网方式包括：手机单独上网；在计算机上安装无线宽带网卡拨号上网；计算机在检测到 Chinanet 的 WLAN 信号，通过账号认证方式上网；计算机连接手机（用连接线/蓝牙），把手机当作 Modem 拨号，计算机上网；在有线宽带上安装无线路由器（或称无线AP），计算机或手机通过无线 AP 的 WLAN 信号上网；手机通过蓝牙（无线方式）连接到已有线上网的计算机，共享计算机的网线上网。

目前国内提供无线上网服务的主要有中国电信、中国联通、中国移动 3 家运营商，其中中国电信、中国联通为广域无线上网和无线局域网，中国移动为广域无线上网。广域无线上网可在所有手机信号覆盖的区域无线上网，无线局域网上网则是在部分有热点的区域（像机场、高档宾馆、高档咖啡厅、部分政府机构等有无线路由的地方）才可使用，有很大的区域限制。

中国电信的无线网络速度目前是国内最快的，用户规模也最大，根据组网方式的不同，中国电信提供 WLAN、CDMA 1X 和 CDMA EvDO（3G）网 3 种方式的无线上网服务。这里以中国电信的无线上网卡客户端安装过程，为读者介绍无线上网卡的安装方法（以安装 WindowsVista 系统的计算机为例）。

① 先将 USB 接口无线上网卡插在电脑的 USB 接口中，系统会自动读取安装文件，如图 5-2 和图 5-3 所示。在"欢迎您安装使用中国电信无线宽带客户端"窗口中单击"安装"按钮。

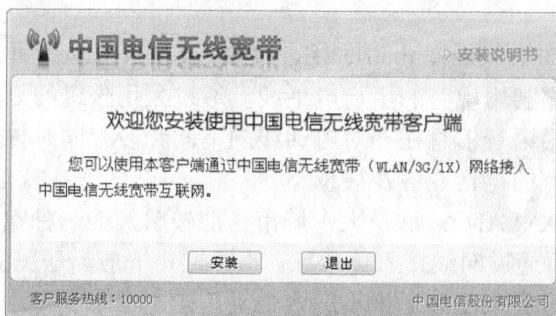

图 5-2　无线宽带客户端安装首页

② 在安装许可协议页面中，选择"我同意"选项。

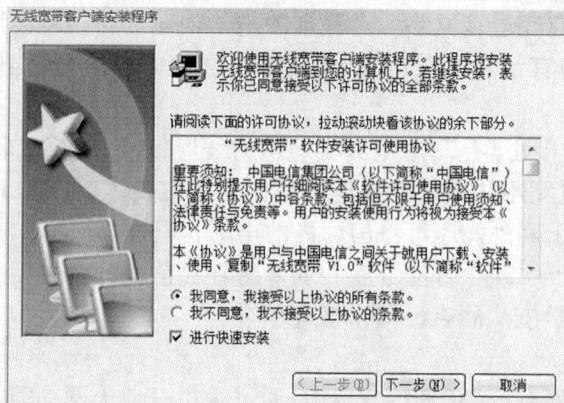

图 5-3　接受许可协议选择快速安装

③ 单击"完全安装"选项，单击"下一步"按钮，信息中提到的数据卡已经安装在 USB 中，如图 5-4 所示。

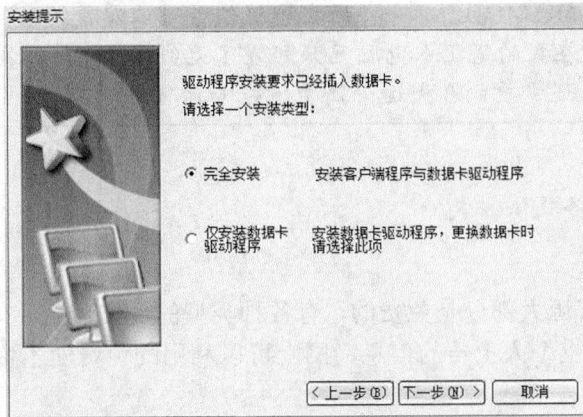

图 5-4　选择安装类型

④ 安装程序将分别安装客户端软件和数据卡驱动程序。安装程序结束时，需要重新启动计算机，以保证软件能正常运行。在桌面生成无线宽带拨号客户端软件图标 。

⑤ 客户端初始已设置天翼（包括无线宽带 1X 及无线宽带 3G）接入号、用户名、密码，无须重新设置。接入号为＃777，用户名为 ctnet@mycdma.cn，密码为 vnet.mobi。所以单击"无线宽带"图标即可进入中国电信无线宽带网络连接界面，如图 5-5 所示。

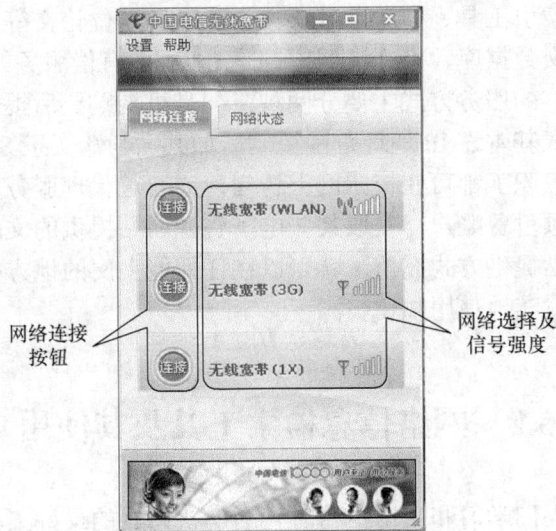

图 5-5　无线宽带网络选择及连接

⑥ 为了防止有人蹭网，避免网络速度下降和被入侵的风险，用户可以在"设置"菜单中启用 PIN 码设置，但是设置了 PIN 码以后一定将 PIN 码单独记录下来，免得忘记后解锁麻烦。

无线网卡和无线上网卡的区别：无线网卡主要应用在无线局域网内用于局域网连接，要有无线路由或无线 AP 这样的接入设备才可以使用，而无线上网卡就像普通的 56K MODEM 一样用在手机信号可以覆盖的任何地方进行 Internet 接入，我们现在买的笔记本电脑里只配置了无线网卡，要想在大部分地方都能通过无线上网，还需要向 3 大运营商申请账号才可以。

重要提示

2. Internet 内容服务提供方式

（1）免费内容服务

Internet 上的信息资源大部分是免费的，有各种类型的免费信息，有网站直接发布的，也有网民在各种发布平台上个人上传的信息，网上可以利用的免费学术资源可以分为以下几种类型。

① 按内容加工的深度可分为：一次出版信息，包括网上图书、期刊、报纸、专利、政府出版物、会议资料等；二次出版信息，包括文摘索引数据库、搜索引擎、网站导航等；三次出版信息，包括百科全书、手册指南等参考型网站。

② 按交流方式分：正式出版的电子图书、电子期刊、数据库、计算机软件、图书馆公共查询目录等；非正式出版的电子邮件、电子公告版（BBS）、论坛、博客（Blog）等。

③ 开放获取：有开放获取（open access）期刊、收藏库。

（2）有偿内容服务

有偿内容服务主要是指由电子资源提供商提供的一些大型文献数据库。一般都是正式出版的图书、期刊、文摘索引工具、参考工具书、会议录和学位论文等文献的网络版，在本书前面的章节中介绍的中文数据库、外文数据库都是 Internet 有偿服务的最常见的内容。

目前网上的有偿内容的服务方式主要分两种：一是机构购买后提供给下辖的所有人员使用，这类服务的提供方式基本靠 IP 地址范围控制，如某大学购买了 ScienceDirect 的使用权，其所属的学生和所有的教职工都可在校园网上访问，或通过代理服务器远程访问。二是个人用户购买检索卡或设立预付费账户，获取某些电子资源网站提供的文献，如中国知网，注册成为其会员后，只要网站提供方式充值，就可以在任何能上网的地方下载该数据库的学术论文，大大方便了网民随时随地使用知识资源。

5.2 网络信息检索工具及其使用

参考工具书始终是人们学习和生活中随时查阅解决问题的最好工具，随着网络的普及，一些著名的参考工具书纷纷推出了网络版，大大提高了用户的查阅效率，而网络资源的独特性使网络版的参考工具书更具可看性和全面性。

5.2.1 字典、词典

字典、词典统称辞书，是人们最普遍、最熟悉也最常用的工具书之一，例如人们熟悉的

《新华字典》，几乎每一个受过小学教育的人都要学会使用，而且是真正可以用一辈子的工具书。字典和词典是汇集语言和事物名称，按一定次序编排，并一一给以解释的工具书。网络版字典、词典以语义性字、词典为主，也有一些专业词典；有纸质版著名字词典推出的网络版，也有直接在网络上出版的电子词典。

1. 新华字典

新华字典有下载安装版、网络版、手机版。下载安装版是由澄海夫子工作室开发的，该软件是目前网上最好的辞典软件。全面收集最新版本的新华字典 16 159 条汉字、新华词典 371 834 条词语、现代成语词典 31 847 条成语、现代歇后语辞典 14 028 条歇后语、大英汉辞典 36 672 条语词翻译、古今名人 12 992 条名言录。每个汉字款目包括汉字拼音、笔画、部首、检字法、五笔编码，字源、组词、举例、意思等。成语词典包括拼音、出处、举例等。歇后语典包括前部分及后部分。新华字典、成语词典、歇后语典都包括模糊检索功能。

网络版新华字典有多个版本，笔者认为比较好的两个网站是在线新华字典（http://xh.5156edu.com）和金山词霸公司推出的爱词霸（iCIBA）汉语词典版，这两个网站不仅提供新华字典的检索，同时还提供成语词典、反义语词典、古今典籍等汉语知识学习的一些常用工具。

在线新华字典查询方法如下。

（1）汉字检索法

在线新华字典提供了汉字、部首和拼音 3 种查询方法，3 种方法相互补充，供不同需要的用户使用。网站的默认检索页面是"汉字检索"页面，如果知道字的读音和写法就直接输入到检索框内然后查字义就可以了。例如查"顶"字，将顶字输入到检索框中，并单击"检索"按钮，如图 5-6 所示。

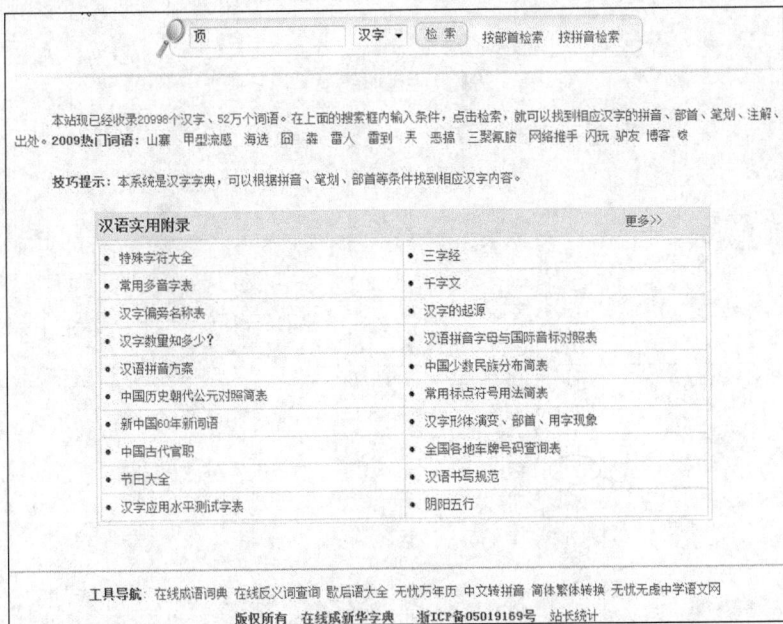

图 5-6 在线新华字典汉字检索

图 5-7 所示是检索结果显示页面，包括基本解释、详细解释、相关词语和相关成语四个栏目内容。基本解释中的内容基本与印刷版相同，详细解释中不仅融汇的多本词典的内容还加入了英语翻译。

（2）部首检索法

单击主页的"按部首检索"进入部首显示页面。如图 5-8 所示，单击用户想查的部首，如"氵"，就可以进入该词典收录的所有含"氵"的汉字页面，在这里可浏览查字，也可以按字的笔画数查到你想要查的字，如图 5-9 所示。

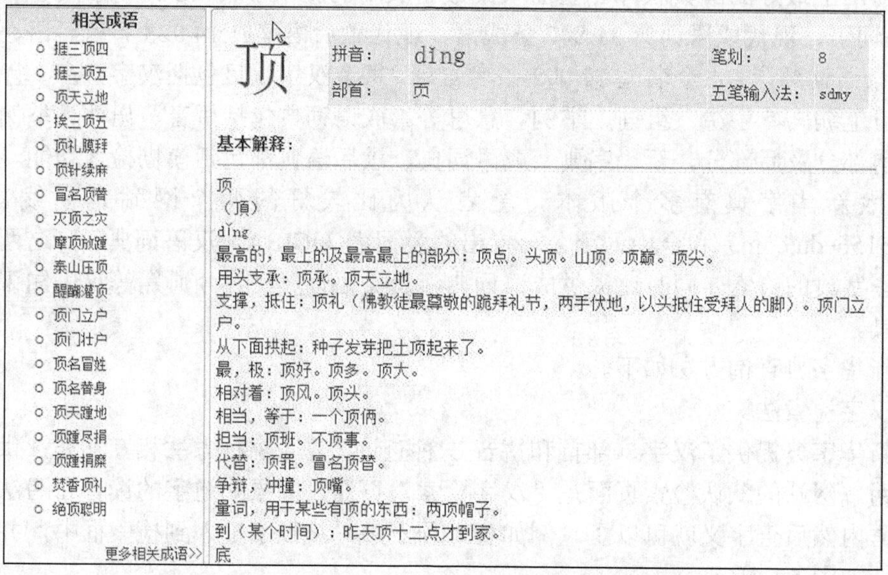

图 5-7　在线新华字典检索结果

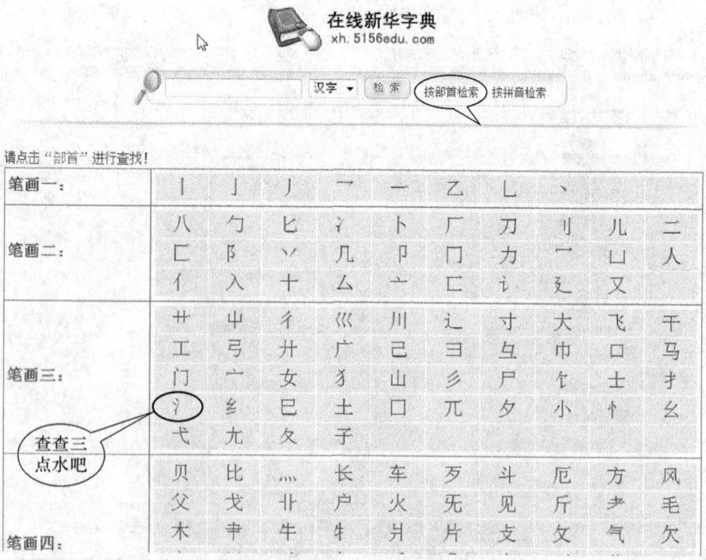

图 5-8　部首显示和检索

图 5-9　部首查字结果列表

（3）拼音检索法

"按拼音检索"和部首检索法相同，读者可自己参阅相关章节的讲解。

2. 爱词霸汉语词典（iCIBA）（http://hanyu.iciba.com）

爱词霸汉语词典提供两种检索方法：汉字直接输入检索和手写输入法，比较有特点的是手写输入，当用户只会用拼音输入法打字，可又不知道某个字的读音和该字的哪一部分是部首时，用户该如何用网络字典查字呢？如最近在网上风靡一时的"烎"字，爱词霸的手写输入就解决了这个问题，而且它设置的手写板直接在网页上就可以手写，无需用户添加设备或启用本地程序。手写输入法使用步骤：

① 单击手写输入链接，如图 5-10 所示，打开手写板。

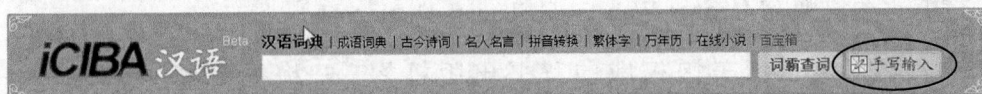

图 5-10　手写输入链接

② 在手写板的米字格中写上用户要查的字，如"烎"，如图 5-11 所示，在右边的空白方格中显示出用户写入的字和写法相近的字，单击要查的字，系统自动将该字添加到检索框中，按"词霸查词"，就可以看到用户想知道的内容了。

③ 结果显示页，如图 5-12 所示。在这里用户可以看到该字的注音、释义，并可以单击喇叭图标听到该字的标准读音，用户也可以继续检索这个字在《康熙字典》中的解释，了解该字的更多知识。

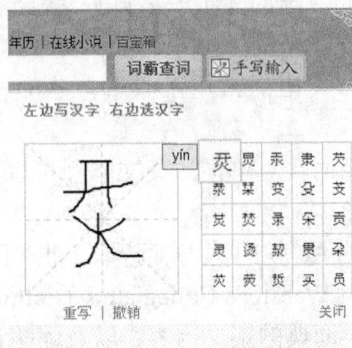

图 5-11　在手写板上写字并选字

图 5-12　iCIBA 汉语结果显示页

> **重要提示**　网上词典有很多的版本，用户在使用时一定要选一个正规的网站，免得被误导，或学到错误的知识。

3. 韦氏大学词典（Merriam-Webster Collegiate Dictionary）

韦氏大学词典是由美国权威的辞书出版机构——梅里亚姆－韦伯斯特公司（Merriam-Webster，也译作"梅里厄姆-韦伯斯特"）出版的著名英语词典。目前有印刷版、电子版、网络版 3 种版本。韦氏大学词典（Merriam-Webster Collegiate Dictionary）深得美国人青睐，主要因为它具有 150 年历史，数代美国人在它的哺育下长大，它在美国的地位相当于中国的《新华字典》。曾经有人这么评论过："韦氏词典是划时代的，它的出现标志着美语体系的独立"。至今该词典已出版了第 11 版，收录 16.5 万个词条，它不仅是美国人学习英语的常用工具书，也是非英语国家的学生学习英语可以使用的重要英文原版词典。

韦氏词典对单词的英文解释可以帮助学生理解单词的精确含义，同时避免受一些中文释义的误导。

网络版韦氏大学词典，也可称韦氏在线词典，是基于印刷版韦氏大学词典（Merriam-Webster's Collegiate® Dictionary）第 11 版开发的网上英语词典。韦氏在线词典包括韦氏大学词典的正文内容，以及缩略语、外来词和词组，还收录人名、地名附录。包括 1 000 幅插图和 25 个表格。在印刷版大学词典里的标志和符号部分，在线韦氏大词典没有收录，因为它们包含的特殊字符和符号，还不能用 HTML 语言描述。

网络版韦氏大学词典英文名为 "Merriam-Webster Online"，网址：http://www.merriam-webster.com/。

网络版韦氏词典的使用方法。

（1）网络版韦氏词典的组成

网络版韦氏词典由 4 个参考部分组成，即 Dictionary（字典）、Thesaurus（同义词词典）、Spanish-English（西班牙式英语）和 Medical（医学），如图 5-13 所示。所以我们在使用时首先要 "SELECT A REFERENCE"，就是要确定你想查的词要得到什么样的结果，如你想知道一个词的具体解释、惯用法以及词源你就要选择 Dictionary，如要查某个词的同义词有哪些就要选 Thesaurus。

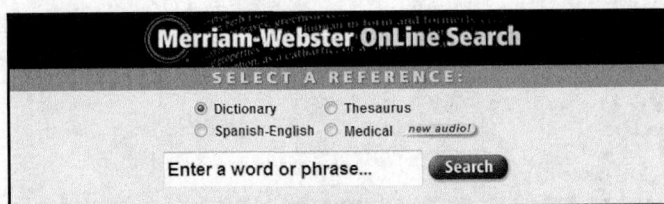

图 5-13　韦氏词典词典选择

（2）网络版韦氏词典的检索方法

免费网络版韦氏词典检索方法较简单，只提供一种简单检索方法，检索词的字段限定为 "Main Entry"，即检索的词是出现在字典正文的 "Main Entry" 字段中。如我们要检索 "history" 这个词在韦氏词典中的释义，我们在检索框中输入该词，如图 5-14 所示，然后按 "search" 按钮，进入检索结果页面，如图 5-15 所示。

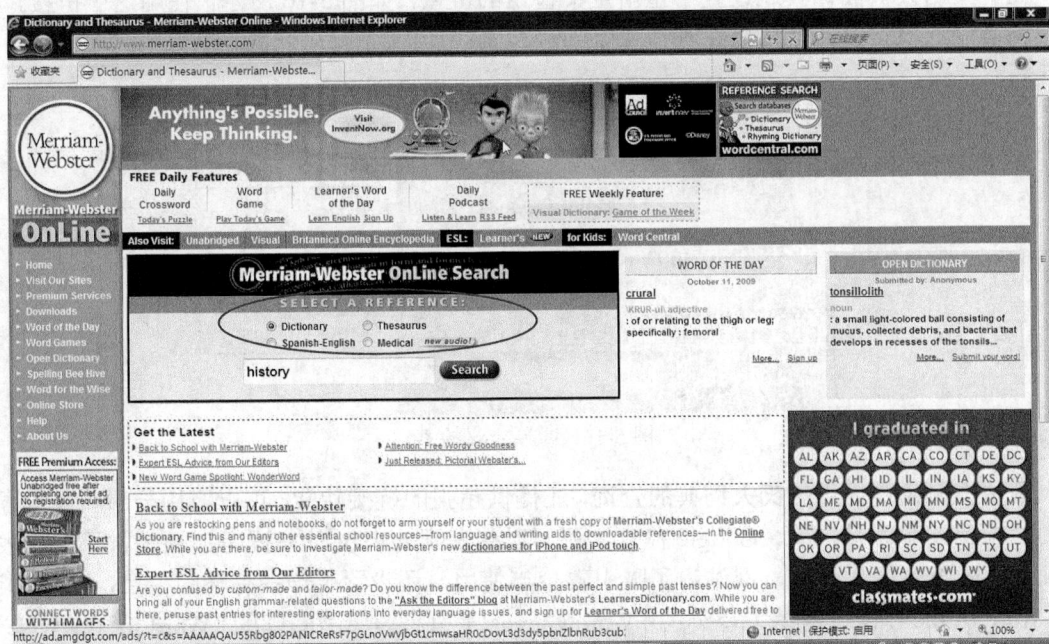

图 5-14　韦氏词典查词首页

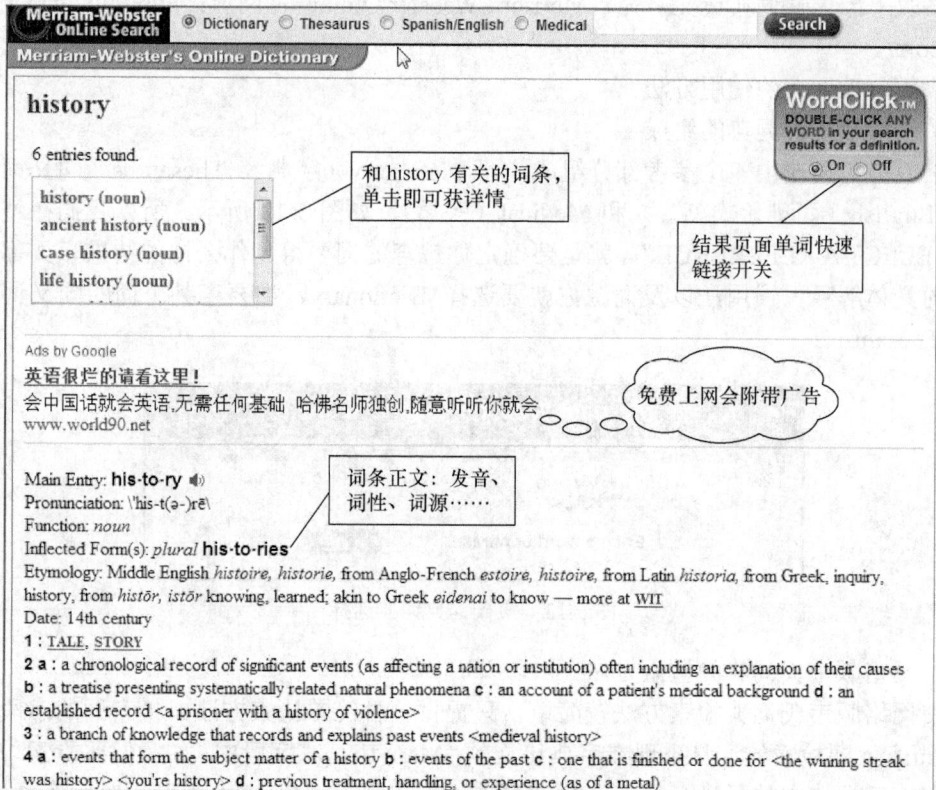

图 5-15　韦氏词典检索结果页

在检索结果页面词典还设置了重新定义检索的链接，如图 5-16 所示，使用这个链接，我们不用再输入检索词，就可以在其他 4 个部分检索。

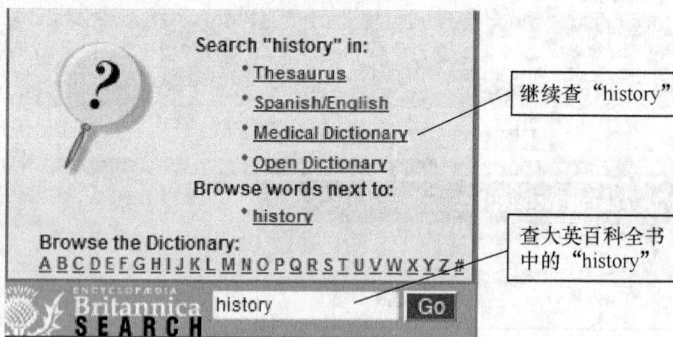

图 5-16　重新定义检索

网站不仅免费提供韦氏大词典的查询，还提供超强的链接功能，可以将用户所查找的词，直接扩展到大英百科全书、Google 检索，还可以共享到 MySpace 空间等。还提供了音标表，供我们随时查音标。另外，网站为了吸引青少年使用，还设置了一些有趣的栏目，有学单词的"Word of the Day"，有练习单词的"Word Games"，有练习听力阅读的"Word for the Wise"，有练习拼写的"Spelling Bee Hive"，还提供了编制用户自己的词典的"Open Dictionary"的功能。

5.2.2　百科全书

百科全书是 Internet 出现以前被称作"没有围墙的大学"的一种工具书,虽然 Internet 现在可以为我们提供各种各样的信息,但是百科全书至今仍然是人们学习和工作的重要参考工具。上海辞书出版社 1979 年版《辞海》给百科全书的定义是"以辞典形式编排的大型参考工具书。收集社会科学和自然科学各科专门术语、重要名词(人名、地名、事件名称、物品名称等),分列条目,加以详细的叙述和说明并附有参考书目"。百科全书的英文名 Encyclopedia 源于古希腊文 enkyklios(各方面的)和 paideia(教育)合为"全面教育"的意思。百科全书的主要作用是供人们查检必要的知识和事实资料,高质量的百科全书的编纂成为衡量一个国家科学文化发展水平的标志之一。

百科全书通常分为综合性百科全书和专业性百科全书,综合性百科全书是指概括人类一切知识门类的工具书。18~20 世纪,英、德、法、意、苏、日等国相继编纂出版了一批权威性的百科全书,如《不列颠百科全书》、《美国百科全书》、《苏联大百科全书》、《世界大百科事典》等,其中比较著名的英语百科全书 ABC,即《大英百科全书》(或称《不列颠百科全书》Encyclopedia Britannica)、《美国百科全书》(Encyclopedia American)、科利尔百科全书(Collier' Encyclopedia)。明代编纂的《永乐大典》是我国古代最大的百科全书。我国自 1978年起开始编辑出版的《中国大百科全书》,总计 74 卷,历时 15 年,于 1993 年 8 月全部出齐,现今已出第 2 版。

近年来随着 Web 2.0 技术的应用,不仅传统的印刷版百科全书纷纷推出了网络版,还出现了纯电子版的百科全书,如微软公司推出的 Microsoft Encarta。最令人振奋的是出现了开放式的网络百科全书,如维基百科、百度百科等。在本节重点介绍几个网络版百科全书使用方法。

1.　中国大百科全书

目前可用网址:http://202.114.65.26:918

《中国大百科全书》是中国第一部大型综合性百科全书,也是世界上规模较大的百科全书之一。从 1978~1993 年,中国大百科全书总编辑委员会和中国大百科全书出版社先后组织了 2 万余名专家学者,取精用弘,历时十五载编纂而成。《中国大百科全书》网络版以《中国大百科全书》和中国百科术语数据库为基础,是我国最权威、最专业、影响力最高的百科全书,总共收录 7.9 万个条目,计 1.35 亿字,图表 5 万余幅,内容涵盖了哲学、社会科学、文学艺术、文化教育、自然科学、工程技术等 66 个学科领域。该书网络版提供多卷检索、条目顺序检索、条目分类检索、全文检索、逻辑组配检索等功能,可以打印、下载、复制以方便用户。主页如图 5-17 所示。

2.　大英百科全书

网址:http://www.britannica.com

诞生于 1768 年的《大英百科全书》(又称《不列颠百科全书》,Encyclopædia Britannica),最初在英国爱丁堡出版,历经两百多年修订、再版的发展与完善,形成享有盛誉的 32 卷册百科全书。被认为是当今世界上最知名、最具权威的百科全书,大英百科全书的条目均由世界各国著名的学者、各个领域的专家撰写，对主要学科、重要人物事件都有详尽介绍和叙述，其学术性和权威性已为世人所公认。1994 年正式发布的《大英百科全书网络版》——Encyclopedia Britannica Online，作为 Internet 上第一部百科全书，网络版除包括印刷本内容外，还包括最新的修改和大量印刷本中没有的文章，可检索词条达到 98 000 个。收录了 322 幅手绘线条图、9 811 幅照片、193 幅国旗、337 幅地图、204 段动画影像、714 张表格等丰富内容。

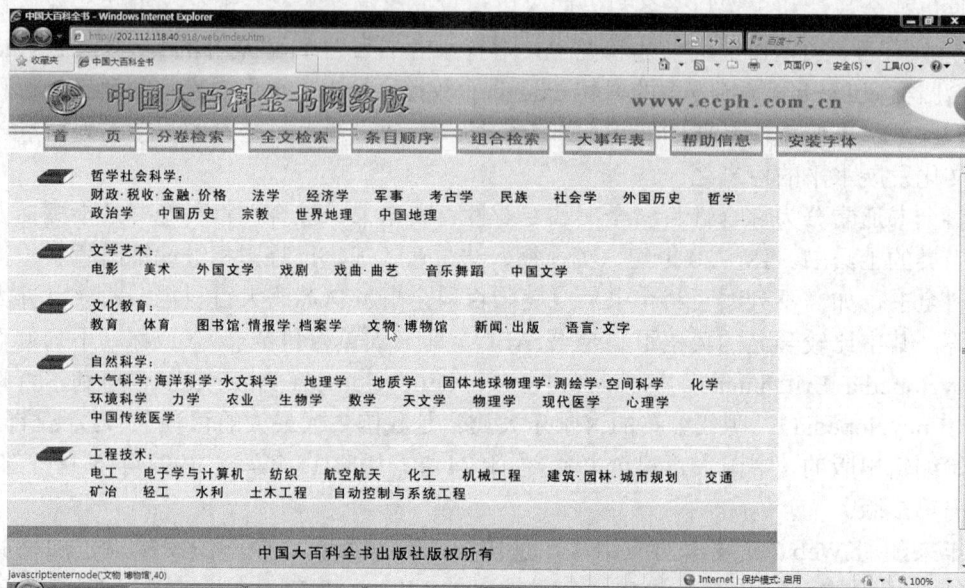

图 5-17　中国大百科全书网络版

大英百科全书的使用方法很简单，只要在它的"search"框中输入你想要查找的词，然后单击"go"按钮就可以了。如要查找关于金融危机的资料，输入"financial crisis"，页面上弹出与输入词相关的所有词条选择窗口，如图 5-18 所示。

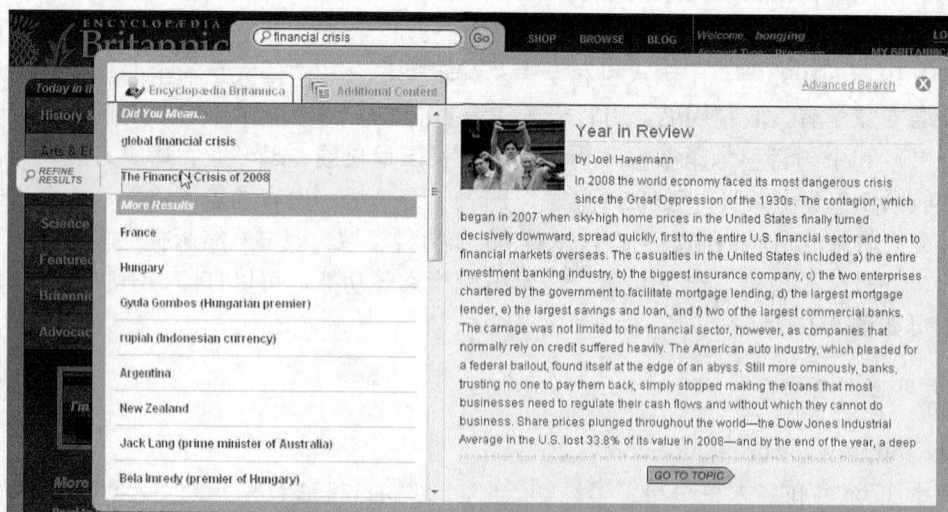

图 5-18　大英百科全书检索词条列表

单击所选词条，在词条列表窗口的右半部分即出现该词条的摘要内容，单击"Go To Topic"就可以看到详细内容，如图 5-19 所示。

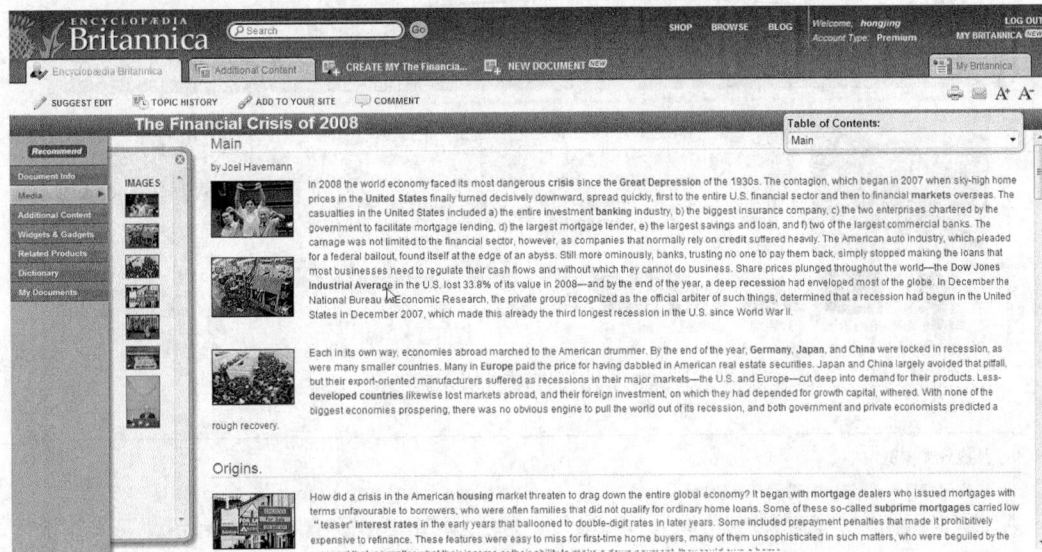

图 5-19　大英百科全书检索结果显示页

我们所查到的内容体现了网络版百科全书的优点，资料更新速度远远快于印刷本，而且还有相关视频可以观看。

> **重要提示**　网络版大英百科全书注册后有 14 天试用期，可以看到全部内容，之后需要付费才能看到全部内容，如果不注册只能查阅部分内容。

3.　百度百科

网址：http://baike.baidu.com

百度百科是一部内容开放、自由的网络百科全书，旨在创造一个涵盖所有领域知识、服务所有 Internet 用户的中文知识性百科全书。百度百科始建于 2006 年 4 月，本着平等、协作、分享、自由的 Internet 精神，提倡网络面前人人平等，所有人共同协作编写百科全书，让知识在一定的技术规则和文化脉络下得以不断组合和拓展。至今已有 1 813 992 个词条（至 2009 年 10 月 14 日），百度百科为用户提供一个创造性的网络平台，强调用户的参与和奉献精神，充分调动 Internet 所有用户的力量，积极进行交流和分享。用户使用百度百科，可以进行自主学习增长见识，也可以参与编写分享智慧，将头脑中的隐性知识重新组织，不断累积成全人类共同的开放知识库。但是百度百科毕竟是开放式的网络作品，虽然百度有审查制度，但百密难免有一疏，用户在使用时最好与正规版本的百科全书对比使用。有能力的用户也可以积极地参与编写词条，为开放式中文百科全书添砖加瓦。

百度百科在使用方面设置了两种途径：一种是直接搜索，如图 5-20 所示。另一种是分类浏览，如图 5-21 所示。为参与编写的用户设置了 ▲ 编辑试验 、 ✏ 创建词条 、 ⏱ 完善词条 ，由于是中文界面，用户只需按照页面提示即可完成任务。

图 5-20　百度百科主页

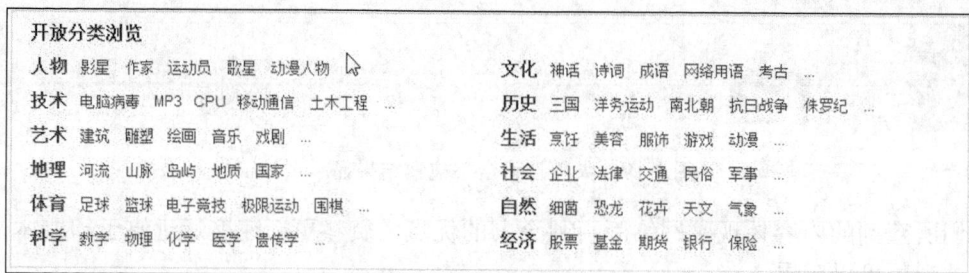

图 5-21　百度百科分类目录

4. 维基百科

网址：http://www.wikipedia.org（全球）http://zh.wikipedia.org（中文）

维基百科（Wikipedia）全书是一部用不同语言写成的百科全书。英文维基百科开始于 2001 年 1 月，现在已有超过 3 060 955 个条目（2009 年 10 月 14 日）。维基百科全书还有其他多国语言的版本，维基百科采用了 WikiWiki 技术，任何人都可以对条目进行编辑，并且这些修改都会得到完整的记录。中文维基百科的运作开始于 2002 年 10 月，目前已有 279 456 个条目（2009 年 10 月 14 日），并且还在不断增加。维基百科的内容可以被复制、修改和再发布，只要新的版本也同样遵循 wikipedia 的许可，并且注明来自于维基百科。维基百科上的文章以此来始终保持自由。

截至 2009 年 10 月 14 日，维基百科条目数第一的是英文维基百科，所有 255 种语言的版本共突破 1 000 万个条目，总登记用户也超越 1 000 万人，大部分页面都可以由任何人使用浏览器进行阅览和修改，英语维基百科的普及也促成了其他计划，例如维基新闻、维基教科书等计划的产生，虽然也造成对这些所有人都可以编辑的内容准确性的争议，但如果所列出的来源可以被审察及确认，则其内容也会受到一定的肯定。

维基百科也提供了两种检索方式，一种输入检索词检索所需词条，另一种是使用分类索引浏览检索，维基分类更加详细，共分 10 个大类若干个小类。图 5-22 所示是中文维基的分类索引页面。

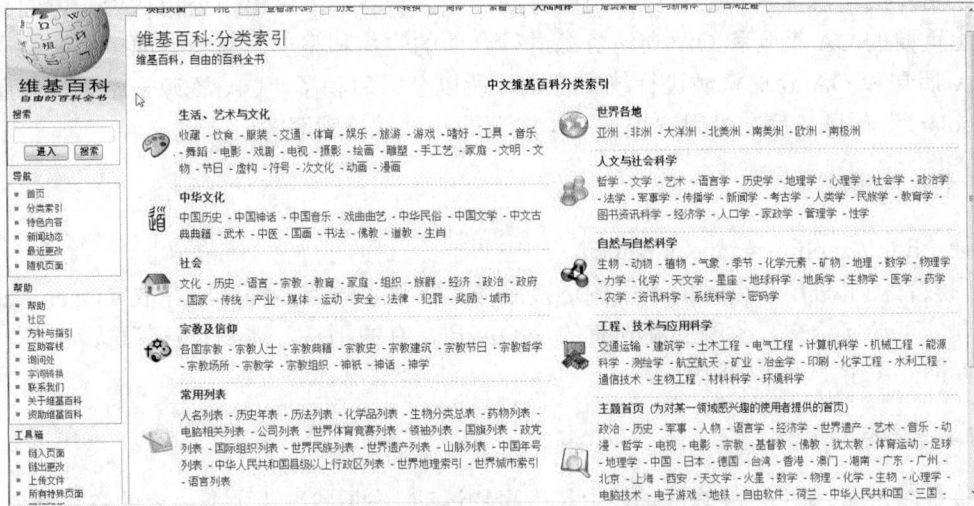

图 5-22　中文维基百科分类页面

　　维基除拥有百科以外，还相继开发了数个多语言、内容开放的项目，亦称在"姊妹项目"，如图 5-23 所示。

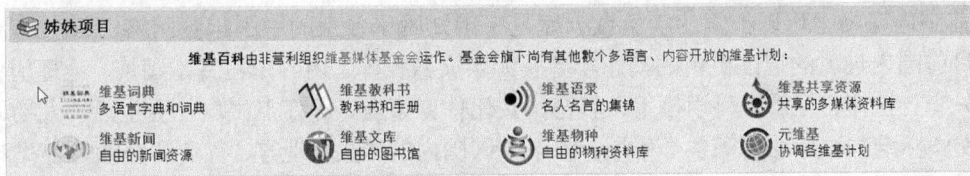

图 5-23　维基百科的姊妹项目

　　知识链接：Wiki 一词来源于夏威夷语的 "wee kee wee kee"，原本是 "快点快点" 的意思。

5.2.3　开放存取资源

　　开放存取（Open Access，OA），是 20 世纪 90 年代在国外发展起来的一种新的出版模式，旨在促进学术交流，扫除学术障碍。它依托网络技术，采用 "发表付费，阅读免费" 的形式，通过自归文档和开放存取期刊两种途径，实现开放期刊、开放图书、开放课件和学习对象仓储等内容的知识共享。根据有关规定，凡是开放存取的作品，其作者不能再向编辑部投稿，否则将受到处罚；读者引用开放存取作品而生成新的学术成果，必须注明其来源。这部分资源的获取不以校园网为限，在可以上网的地方就可以获取。是一种对科研、工作、学习、教学都非常有帮助的资源。

1.　中国教育图书进出口公司的 Socolar 网站

网址：http://www.socolar.com

基于用户的信息需求和信息检索角度考虑，中国教育图书进出口公司认为一方面有必要对世界上重要的 OA 期刊和 OA 仓储资源进行全面的收集和整理，另一方面也有必要支持对重要 OA 期刊和 OA 仓储资源进行统一检索，所以公司启动了"OA 资源一站式检索服务平台（Socolar）"项目，旨在为用户提供 OA 资源的一站式检索服务。

2．中图链接服务

网址：http://cnplinker.cnpeak.edu.cn

中国教育图书进出口公司的"中图链接服务"提供了一万多种开放存取（Open Access）外文期刊，可访问全文，收藏的期刊有的是 OA 刊，有的不是，需要自己筛选，另外，有些刊部分卷期 OA 了，当年刊没有 OA。

5.2.4　年鉴

年鉴是以全面、系统、准确地记述上年度事物运动、发展状况为主要内容的资料性工具书。汇集一年内的重要时事、文献和统计资料，按年度连续出版的工具书。它博采众长，集辞典、手册、年表、图录、书目、索引、文摘、表谱、统计资料、指南、便览于一身，具有资料权威、反应及时、连续出版、功能齐全的特点。年鉴大体可分为综合性年鉴和专业性年鉴两大类，前者如百科年鉴、统计年鉴等；后者如经济年鉴、历史年鉴、文艺年鉴、出版年鉴等。

目前国内在网上可以检索的年鉴数据库是中国知网平台上的中国年鉴网络出版总库，该数据库是目前国内最大的连续更新的动态年鉴资源全文数据库。内容覆盖基本国情、地理历史、政治军事外交、法律、经济、科学技术、教育、文化体育事业、医疗卫生、社会生活、人物、统计资料、文件标准与法律法规等各个领域。收录中国国内的中央、地方、行业和企业等各类年鉴的全文文献。收录年限自 1912 年至今。该数据库属于收费数据库，免费提供目录索引。至 2010年 3 月已收录年鉴总计 2 038 种，12 949 本，12 043 200 篇。该库提供了年鉴整刊导航、初级检索和高级检索方法，在检索时可以单独使用一种检索方法，也可以将整刊导航和高级检索一起使用，因为中国知网检索平台已将检索区和导航栏整合到了一个页面上，如图 5-24 所示。

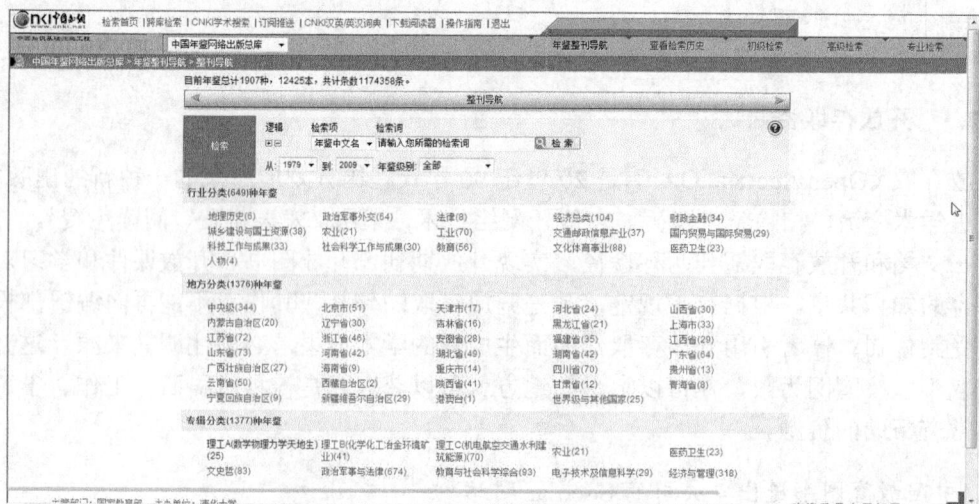

图 5-24　中国年鉴网络出版总库分类及检索

5.3　网络搜索引擎

Internet 诞生不久便面临着查询难的问题，随着连入的计算机数量的增加，网上的信息量也在不断增加，信息的增加也意味着查询越来越困难，于是就有了 Internet 初期的查询工具 Archie（为 FTP 站点建立的索引）、WAIS（广域网信息服务）和 Gopher（一个被称为地鼠的菜单式检索系统），而真正具有搜索引擎意义的检索工具则是随着万维网（World Wide Web）的出现而诞生并迅速发展起来的，从 1994～2009 年搜索引擎经历了飞跃性的发展。

5.3.1　搜索引擎

搜索引擎，英文为 Search Engine，是利用软件自动搜索网上的所有信息，组建成自己的索引数据库，供人们检索网上信息的检索系统。每一个搜索引擎也是一个万维网网站，与普通网站不同的是，搜索引擎网站的主要资源是它的索引数据库，而非它的网页信息，因此它的主要功能是为人们搜索 Internet 上信息并提供获得所需信息的途径。简单地说搜索引擎就像图书馆的目录卡片，它能告诉你图书馆里共有多少馆藏，有多少种文献类型，你要的文献在图书馆的什么位置。搜索引擎的索引数据库搜索的信息资源以万维网资源为主，是人们通向 Internet 世界的大门，因此，在我国最开始的几个综合性搜索引擎也被称为门户网站，如搜狐、新浪、Yahoo 等。

一个完整的搜索引擎主要包括 4 个部分。

1. 搜索引擎的搜索程序

搜索程序又称"采集器"和"搜索器"，用于搜索和寻找网站和网页。搜索引擎网站采用两种方式进行数据收集：人工方式是由专门的工作人员跟踪和选择有用的 Web 站点和网页，根据站点内容对其进行规范化的分类标引，建立索引数据库；自动收集数据的方式是搜索引擎网站使用 ROBOT（也称 Crawler、Spider）自动跟踪索引搜索程序，沿着万维网的超文本链接，在网上搜索新的网页信息，分析新的链接点，并建立、维护和更新索引数据库，从而保证了对网络资源的跟踪与检索的有效性和及时性。

2. 标引程序

标引程序用于标引数据库中的内容，实际上标引程序并不是一个单独的程序，而是 ROBOT 的一部分功能，ROBOT 在执行完收集任务后会根据分析结果，对采集到的信息进行自动标引。ROBOT 对网页进行标引的方法是根据网页中的词频高低进行选词，即在略去只起语法作用的共用词后，一个词在文献中出现的频率越高，说明它代表该文件主题的程度越高，从而作为标引词的准确性也越高。ROBOT 进行标引时，还利用网页的 HTML 标签中的词，如网页名称标签<title> </title>，标题标签<head> </head>，链接点标签<a> </a>，网页中开始几段文字<body> </body>，robot 会根据这些标签中的词来帮助选词，确定标引词。ROBOT 对网页内容是进行全文标引，分析整个网页所有词汇，依据其在网页中出现的位置和频率来确定权重。

3. 索引数据库

搜索引擎对信息的组织，是利用数据库管理系统（DBMS）对所采集标引的网页信息进行组织，从中抽取出索引项，形成索引数据库。数据库中的索引项基本上对应一个网页，一般包括关键词、标题、摘要、URL、更新时间等信息。由于各个搜索引擎的标引方式不同，针对同一网页，索引记录的内容可能相差很大。如我们分别在百度和 Google 检索"北京大学"所得到的检索结果中的第一条都是北京大学主页的链接，但记录的内容却相差很大，如图 5-25 和图 5-26 所示。

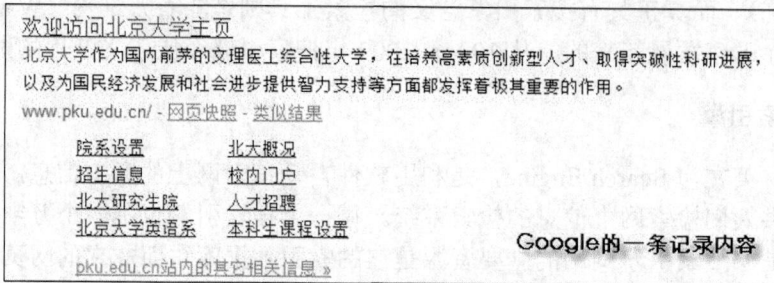

图 5-25　Google 的一条记录内容

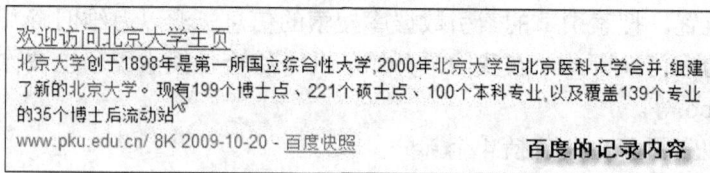

图 5-26　百度的一条记录内容

数据库靠信息搜集模块和信息标引模块共同进行动态维护，网络处于多变的环境下，网页内容会不断地更新，网页地址会发生变化，所以，robot 要对索引数据库进行及时更新、添加和删除，以保证索引数据库的准确性。

4. 检索程序

指接到提问要求后，从索引、数据库中检索资料的算法和相关程序。一般搜索引擎的检索程序部分包括检索界面子模块、检索策略子模块、检索执行子模块和检索结果子模块，用户通过检索界面将检索提问式输入给计算机，然后检索策略模块将用户的请求编织成规范化的检索式，执行模块利用检索式检索索引数据库，最后由检索结果组织模块将与检索提问式相匹配的信息进行整理组织，并反馈给用户。

Internet 搜索引擎经过十几年的发展，现在已有数千个，很多网站都发展成了综合性网站，提供的检索内容也越来越丰富，检索功能也越来越与专业文献检索系统相近，搜索引擎从基于关键词检索技术发展到基于超链分析技术，已经从根本上提高了搜索引擎的功能，也为用户提供了更准确的检索结果，从而节省了用户的时间。

5.3.2　百度

百度搜索引擎是目前全球最大的中文搜索引擎。它使用了高性能的"网络蜘蛛"程序自动在 Internet 中搜索信息。可定制、高扩展性的调度算法使得搜索器能在极短的时间内收集到最大数量的互联网信息。百度在中国各地和美国均设有服务器，搜索范围涵盖了中国大陆、中国香港、中国台湾、中国澳门、新加坡等华语地区以及北美、欧洲的部分站点。百度搜索引擎拥有目前世界上最大的中文信息库，总量超过 20 亿页以上，并且还在以每天几十万页的速度快速增长。百度采用的超链分析技术就是通过分析链接网站的多少来评价被链接的网站质量，这保证了用户在百度搜索时，越受用户欢迎的内容排名越靠前。

百度目前提供网页搜索、MP3 搜索、图片搜索、新闻搜索、百度贴吧、百度知道、搜索风云榜、硬盘搜索、百度百科等主要产品和服务，同时也提供多项满足用户更加细分需求的搜索服务，如地图搜索、地区搜索、国学搜索、黄页搜索、文档搜索、邮编搜索、政府网站搜索、教育网站搜索、邮件新闻订阅、WAP 贴吧、手机搜索（与 Nokia 合作）等服务。百度还在个人服务领域提供了包括百度影视、百度传情、手机娱乐等服务。

1. 百度提供的检索方式

百度提供简单检索和高级检索两种检索方式。百度的默认主页就是简单检索界面，如图 5-27 所示。百度提供的简单检索方式又包括新闻、网页、贴吧、MP3、图片、视频等多种检索页面，每种检索页面各有特点。我们可以在检索框中直接输入检索词，也可以在框中输入组合好的带有字段限定名称和算符代码的检索式进行检索。单击页面上的"更多>>"进入列出了所有百度产品或者说百度提供给用户的所有服务的栏目列表。

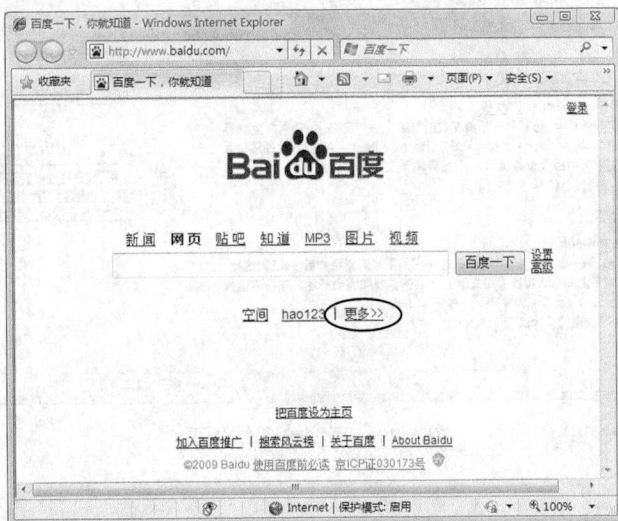

图 5-27　百度主页

高级检索页面如图 5-28 所示：百度的高级检索界面提供了关键词的布尔逻辑、时间、显示结果、语言、文档格式、关键词位置和网站域名限定项。在这里特别要指出的是文件格式限定，用户可以通过此项限定，准确地查找到网上的特定类型的文件，如.doc.ppt.pdf 等 5 种格式的文件，而不必在检索结果中再大海捞针似的查找。如果用户要检索医学文献检索课的课件做参考，可以在高级检索界面进行如图 5-28 所示的检索词输入与限定，执行检索后得到满意的检索结果如图 5-29 所示。

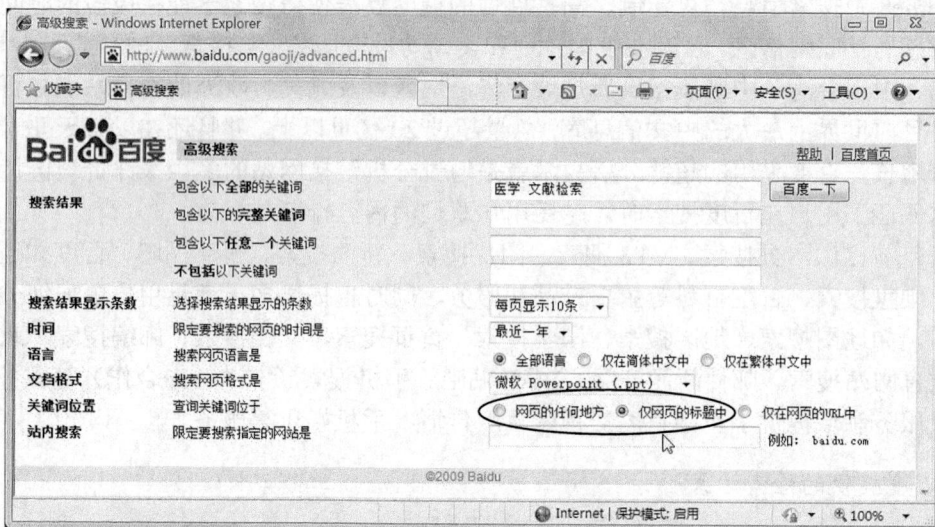

图 5-28　百度高级检索页

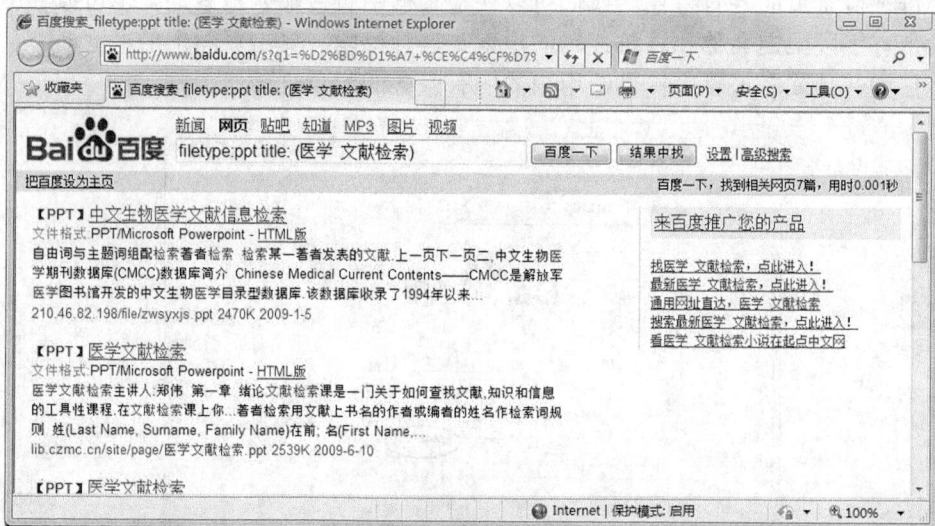

图 5-29　百度检索结果页

2．基本检索技术

（1）"与"运算

缩小搜索范围。运算符为"空格"或"+"。在使用时可以将两个检索词（或检索式）用一个空格隔开，表示进行与运算，也可以使用"+"将两个检索式连接起来进行运算，但需要注意的是用"+"时，"+"的前后必须留出一个半角空格，否则检索程序在运行检索式时会将"+"作为检索词来处理。

（2）"非"运算

去除特定的不需要的资料。运算符为"-"。减号前后必须留一半角空格，语法是"A - B"。

有时候，排除含有某些词语的资料有利于缩小查询范围。例如，要搜寻关于"武侠小说"，但不含"古龙"的资料，可使用如下查询：武侠小说-古龙，查到的资料就是指定检索项中不含"古龙"信息的资料。

（3）"或"运算

并列搜索。运算符为"|"。使用"A|B"来搜索得到的检索结果或者包含关键词 A，或者包含关键词 B，或者包含 A、B 的网页。例如：您要查询"图片"或"写真"相关资料，无须分两次查询，只要输入图片 | 写真搜索即可。百度会提供跟"|"前后任何关键词相关的网站和资料。

（4）使用双引号或书名号进行精确搜索

引号必须是英文双引号。这尤其适合输入关键字中包含空格的情况，如"古龙"，由于网站收录其作品时会在其名字中加上一个汉字的空格，百度就会认为这是两个关键字，如"内蒙古龙首山大峡谷别有天地"、"对付古墓 2 代恶龙的绝招"之类的信息都会出现在结果中。为了避免这种结果，不妨用英文双引号将其括起来，即"古龙"，告诉搜索引擎这是一个词而不是两个关键字，则结果会更加准确。用双引号可以进行整句话的精确搜索。如，用户想在网上查一下"什么是搜索引擎"，检索程序就会把关键字确定为"搜索引擎"，那么得到的结果会将包括搜索引擎的各类信息都检索出来，数量达到 123 万篇。但是如果用""什么是搜索引擎""，结果就大不一样了，只有 29 400 篇。

在百度检索中，中文书名号是作为检索词被查询的。加上书名号的查询词，有两层特殊功能，一是书名号会出现在搜索结果中；二是被书名号括起来的内容，不会被拆分。书名号在某些情况下特别有效果，例如，查名字很通俗和常用的那些电影或者小说。比如，查小说《办公室主任》，电影"手机"等，检索词前后用不用书名号，结果就大不一样了。

5.3.3　Google

可以肯定地说，创建于 1998 年 7 月年的 Google，发展到今天已经成为互联网上最大、服务最全面的搜索引擎，Google 以其搜索迅速、准确、容易使用等特点，被公认为是"世界最佳搜索引擎"。由于使用了 PageRank[①]技术，Google 在网络访问的广度和信息有效性方面，是其他任何一种搜索引擎都望尘莫及的。2006 年，公司正式启用"谷歌"为中文名，但在真正使用时人们还是更喜欢说 Google。

Google 可以有 100 多种语言用来自定义界面，在我国用户面较广的是 Google 中文版和英文版。谷歌中国提供了 32 种服务，常用的有网页搜索、学术搜索、图书搜索等。Google 所提供的分类搜索服务有以下这些方面。

（1）iGoogle 个性化首页：自订新闻、财经、天气以及更多常用小工具到用户的谷歌个性化首页。

（2）博客搜索：从博客文章中查找感兴趣的主题。

（3）财经：商业信息、财经新闻、实时股价和动态图表。

（4）265 导航：实用网址大全，便捷直达常用网站。

（5）地图：查询地址、搜索周边和规划路线。

---

① PageRank：Google 衡量网页重要性的工具，测量值范围从 1 至 10 分别表示某网页的重要性。

（6）工具栏：为用户的浏览器配置搜索框，随时 Google 一下。

（7）购物搜索：搜索商品和购物信息。

（8）快讯：定制实时新闻，直接发至邮箱。

（9）谷歌浏览器：更快速、稳定、安全的浏览器。

（10）热榜：众多热门榜单，最新流行尽在掌握。

（11）生活搜索：身边的分类生活信息，例如：房屋、餐饮、工作、车票……

（12）视频：搜索网络视频。

（13）图片：超过几十亿张图片。

（14）图书：图书全文，并发现新书。

（15）网页搜索：全球上百亿网页资料库。

（16）网页搜索特色：特色计算器、天气查询、股票查询等搜索小窍门。

（17）学术搜索：搜索学术文章。

（18）音乐：搜索并发现音乐。

（19）字典：查找多种语言词典、网络新词。

（20）资讯：阅读、搜索新闻资讯。

1. Google 的检索方法

Google 提供了分类和检索词相结合的检索方法，检索界面有简单检索和高级检索两种。默认界面为简单检索如图 5-30 所示，默认页面上设置了音乐、地图、图片等快速链接点，单击"更多"链接，进入 Google 大全页面。单击检索框后面的"高级"链接，就可以直接进入高级检索界面，如图 5-31 所示。

在高级检索中，用户使用了在百度中同样的检索式，得到的结果是 4 条，经过查看发现全部是有效链接，说明 Google 在链接更新方面做得要强于百度。

图 5-30　中文 Google 主页

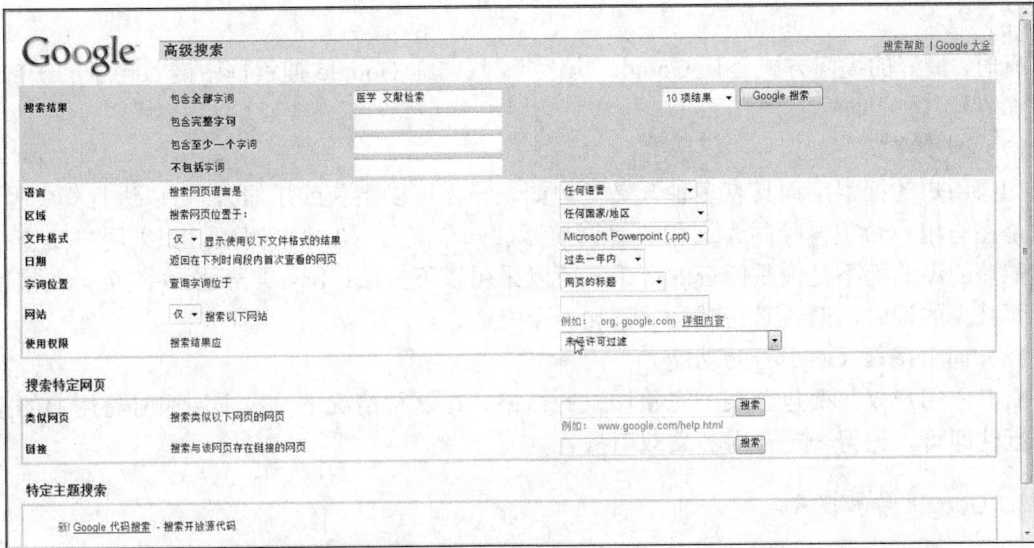

图 5-31 Google 高级检索页

2. Google 的检索技术

Google 搜索引擎也采用了布尔算符、精确检索算符英文双引号 " " 等几乎与正规数据库接近的检索技术。由于 Google 已经是一个全方位的搜索引擎，所以它除了采用一些常规检索技术外，还使用了一些它独有的检索限制算符和限定方法。

（1）独特的"+"

Google 会忽略 where、the、how 等常用字词和字符，以及不能改善结果的数字和字母。它会在结果页中的搜索框下方显示详细信息，以指出是否排除了某一字词。如果必须要使用某一常见字词才能获得需要的结果，我们可以在该字词前面放一个"+"号，从而将其包含在查询字词中。（请确保在"+"号前留一空格）。例如，要确保 Google 将"I"纳入对"星球大战前传 I"的搜索中，可以采用以下方法：星球大战前传+I。

（2）"OR"搜索

要查找包含两个字词之一即可的网页，请在字词之间添加大写"OR"。

（3）数字范围搜索

用户通过数字范围可以搜索包含指定范围内的数字的结果。只需在搜索框内向搜索字词后面添加两个数字，并将其用两个英文句号分开（中间无空格）即可。用户可以使用"数字范围"设置从日期（Willie Mays 1950..1960）到重量（5 000..10 000 kg 卡车）的各种范围。不过，请务必指定度量单位或其他一些说明数字范围含义的指示符。

（4）同义词搜索

如果用户并不仅仅想搜索单个字词，而是想一并搜索其同义词，则在搜索字词前加上一个代字符（~）即可。

（5）字典定义

要查看某个字词或词组的定义，在此字词或词组前加上"define:"即可。请注意，搜索结果会提供整个词组的定义。

（6）填空

有时，最好的提问方式是让 Google"填空"：只需在 Google 搜索框中键入句子的一部分，然后加星号（*）即可。

（7）减少字义

如果用户的搜索字词具有多种含义（例如，bass 可以指鱼或乐器），可以进行集中搜索，方法是在与用户希望排除的含义相关字词前添加一个减号（"-"）。例如，如果用户要查找有大量鲈鱼的湖泊而不是偏重低音的音乐，可以采用以下方法：bass − music（注意，在搜索中包含要减少的词时，请务必在减号前添加一个空格）。

（8）词组搜索（双引号的功能）

有时，用户仅需要包含某个完整词组的结果。在这种情况下，只需用引号将用户的搜索字词括住即可。记得一定要用英文双引号。

3. Google 学术搜索

Google Scholar 是 Google 公司将 Google 网页搜索中的学术资源部分改进了排序和呈现方法，于 2004 年年底推出的专门面向学术资源的免费搜索工具，它能够帮助用户查找包括期刊论文、学位论文、书籍、预印本、文摘和技术报告在内的学术文献，内容涵盖自然科学、人文科学、社会科学等多种学科。Google Scholar 的资料来源主要是网络免费的学术资源、开放获取的期刊网站、付费电子资源提供商、图书馆链接 4 个部分。Google Scholar 已经和多家电子资源提供商进行了合作，一些国内高校订购的数据库基本上都被 Google Scholar 收录，中文的有万方、中国知网和维普数据，外文的 ScienceDirect、JSTORE、IEL 等数据库，在 Google Scholar 中检索的文章，如果学校订购了收录该文章的数据库，就可以直接单击相关链接，就会打开该文章所在数据库的索引页面，用户就可以看到该文章的详细内容了。Google Scholar 最大特点在于它不仅能够给用户找到某篇文章，还能把用户的问题放到世界学术领域的索引中比较、检验并过滤出最相关的文章，就是帮用户找出在该领域最相关、最有价值的文章。虽然有些文章用户需要付费才能看到全部内容，但至少能通过学术搜索的"被引用次数"让用户知道哪些文章是最有价值的。

由于检索的是学术出版物，所以 Google Scholar 的高级检索设置了特定的搜索限定项。

（1）作者限定搜索

根据作者信息查找到特定文章最有效的方式之一。如果知道要查找的文章作者，则只需将其姓氏添加到搜索字词中就可以检索该作者的文献，但有时作者名字和普通名词相同，在高级检索中直接使用作者检索框就可以限定，在简单检索的搜索框中需要用作者字段限定，使用方法是"作者：×××"。

（2）出版机构或出版物限制搜索

可检索某个出版机构出版的跟检索词相匹配的学术文献，也可将检索词限定在某种出版物范围内检索。如我们搜索 2009 年诺贝尔经济学得主之一 Oliver E.Williamson 在 Elsevier 出版社出版的出版物中发表的文章情况时，我们既要用作者限定，也要用出版物限定，检索页面如图 5-32 所示，图 5-33 所示为检索结果。在这个检索中，如果我们要全面了解该作者的文章，我们只能进行作者限定，结果我们搜到了 1 670 条相关信息。如果用英文 Google Scholar

则会得到更准确更全面的结果。

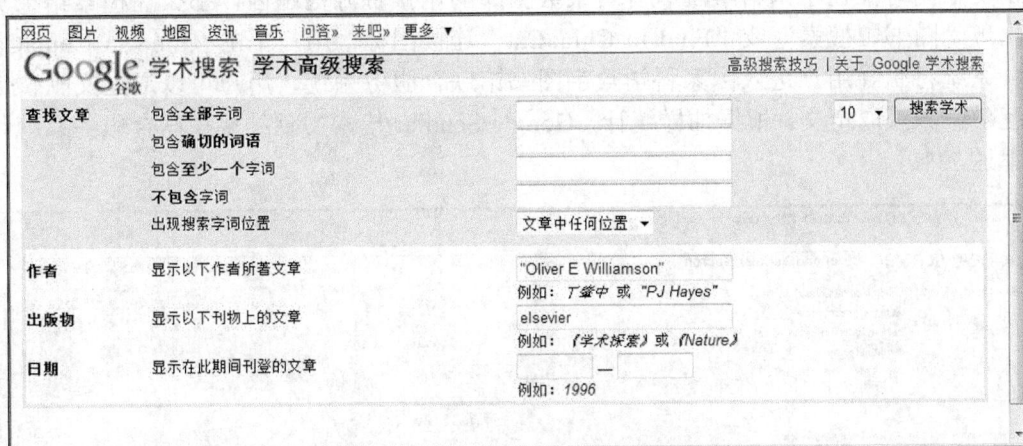

图 5-32　中文 Google Scholar 高级检索

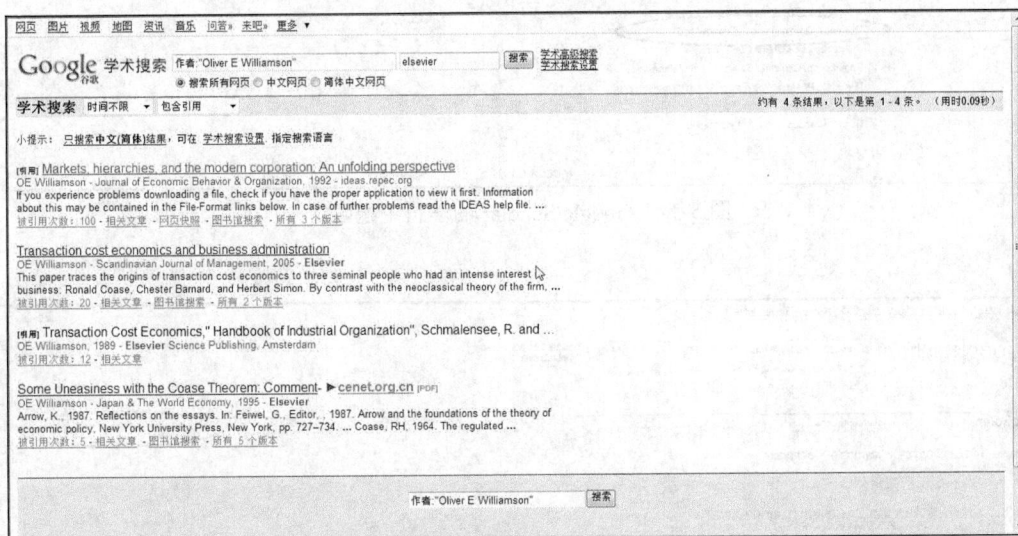

图 5-33　中文 Google Scholar 检索结果

（3）英文 Google Scholar 的学科主题限定

当你进入英文 Google Scholar 的高级检索界面后你会发现，该界面比中文高级检索界面多了 "Subject Areas"，即学科主题领域，在这里提供了 7 个学科主题范围的限定，可以使我们的检索结果限定某个学科领域范围内。所以上面的检索例题，如果用英文 Google Scholar 检索我们将得到更满意的结果，如图 5-34 和图 5-35 所示。

Google Scholar 与中国科学院联合目录数据库服务系统合作，为中国用户提供了了解国内图书馆文献收藏和获取全文的通道。2006 年 4 月 21 日，中国科学院联合服务系统图书与 Google Scholar 连接成功，面向中国科学院和全国的科研工作者开放 40 万条学术信息资源。2006 年 11 月又实现了期刊与 Google Scholar 的连接。用户通过 Google Scholar 进行学术文献查询，Google Scholar 能够根据 IP 地址判断是否是中国用户，如果是中国用户，所查询的学术文献同时又在中国科学院联合目录数据库的馆藏资源范围内，那么在检索结果页面上将出现"图书馆搜索"或"Find in ChinaCat"连接图标，用户单击"Find in ChinaCat"连接，系统将引导用户进入国家科学数字图书馆联合服务系统，用户可以通过文献传递或馆际互借服务获取全文。根据抽样统计，Google Scholar 检索文献结果被联合服务系统收录覆盖率达 73%。

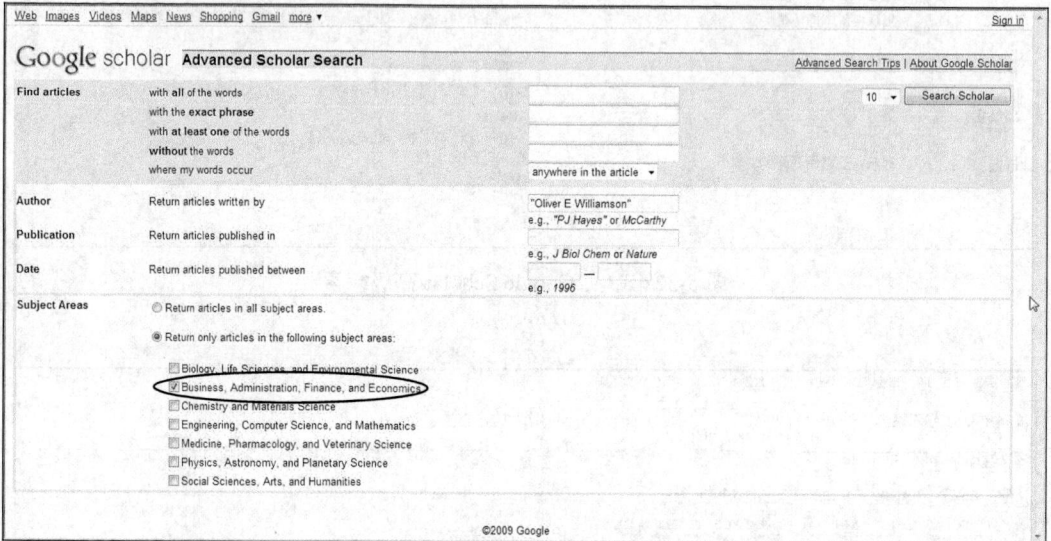

图 5-34　Google Scholar 的学科主题限定

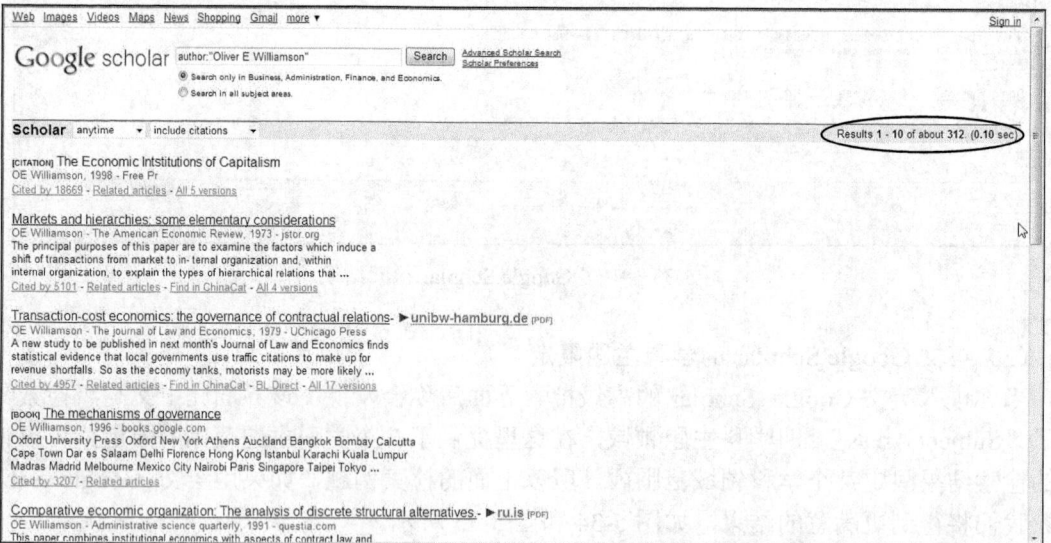

图 5-35　GoogleScholar 的学科主题限定后的检索结果

阅读材料

Google 的含义

"Googol" 是一个数学术语，表示 1 后面带有 100 个零。Google 公司对这个词作了微小改变，借以反映公司的使命，意在组织网上无边无际的信息资源。该词现在已被韦氏词典收录，可以用作动词，例如 "google 某物" 的意思是在 google 搜索引擎上搜索 "某物" 这个关键词。

小 结

本章系统地介绍了 Internet 信息资源的服务形式、网上的各种免费检索工具及其使用，并重点讲述了两种搜索引擎的检索方式及其使用。

练 习 题

1. 分别用百度和 Google 搜索引擎查找 2008 年以后发布文献检索课的课件，不包括医学文献检索的课件。
2. 查找 Google 一词在韦氏大学词典中的解释，以及该词出现的时间。
3. 利用 Google 地图查找青岛奥帆中心的坐标值。
4. 查找 Internet 在大英百科全书和维基百科中的条目内容。
5. 查找本专业相关的开放存取期刊，并列出部分目录。

第6章 特种文献检索

特种文献是介于图书与期刊之间的一种出版形式比较特殊的科技文献，如会议文献、学位论文、专利文献、标准文献、档案及政府出版物等，其内容广泛新颖、类型复杂多样，且涉及科学技术、生产生活的各大领域。因此这些文献一般都是本学科本专业最先进最前沿的、也是代表当前最高水准的一类信息资源，对高校师生和研究人员具有重要的参考价值。

6.1 会议论文检索

会议文献是指在国内外各个科学技术学会、协会及有关主管部门召开的学术会议或专业会议上提交、宣读、讨论或交流等形式所形成的一系列资料及出版物的总称。包括会议论文、会议决议、会议报告、讨论记录等。其中，会议论文是最主要的会议文献，本节将介绍一些国内外有影响的会议论文数据库。

6.1.1 会议文献概述

会议文献与其他文献相比，具有专业性鲜明、针对性强、内容新颖、学术争鸣、反映水平、出版发行迅速多样等特点。因此，会议文献往往代表着一门学科或专业的最新研究成果，反映着时代的发展水平或动态，是科研人员了解世界各国科技发展和动向的重要信息媒体之一。

1. 会议文献的类型

会议文献按出版时间的先后顺序，可分为会前、会间和会后3种文献类型。

（1）会前文献

会前文献即在会议召开之前预先印发给与会代表的会议论文预印本、会议论文摘要或论文目录。由于一些会议并不出版会议录，因此预印本将会是会议重要的保留资料。

（2）会间文献

会间文献大都是些行政事务性和情况报道性文献。如会议期间的开幕词、贺词、报告、讲演词、闭幕词、讨论记录、会议决议等，一般学术参考价值不大。但有时会议期间请专家做的学术报告，还是很值得期待的会议文献。

（3）会后文献

会后文献是指会议结束后正式出版的会议论文，它是会议文献中的核心部分。由于会后文献是在会议讨论、争鸣的基础上，又经作者的修改、补充，因此会后文献比会前文献更加准确和成熟。会后文献形式多样、名称各异，常见的有：会议录（Proceeding）、会议论文集（Symposium）、学术讲座论文集（Colloquium Papers）、会议论文汇编（Transactions）、会议记录（Records）、会议报告（Reports）、会议文集（Papers）、会议出版物（Publications）、会议辑要（Digest）等。

2.　会议文献的出版形式

会议文献的出版形式很多，在此只按传统的出版形式划分。

（1）图书

以图书形式出版的会议文献，大多称为会议录（Proceeding），会后文献一般采用该种形式出版。会议文献著录的主要特征是：会名、会址和会期。

（2）期刊

会议文献还常常以专刊、特辑的形式发表在期刊上，多数刊载于主办学术会议的学会和协会的会刊中，如美国电气与电子工程师学会（IEEE）、国际商业机器公司（IBM）主办的各种会刊等。

（3）科技报告

有些会议文献还会以科技报告的形式出版，如在著名的美国四大科技报告中就有会议文献的踪影。

随着社会的发展，人们对信息的需求日新月异，因此会议文献的出版形式也灵活多样，不仅仅限于印刷版中，还有相应的光盘版、网络版及会议录音、录像等视听资料。

6.1.2　万方数据资源系统会议论文

1.　数据库简介

中国科技信息研究所万方数据资源系统（http://www.wanfangdata.com.cn）是一个集万方各种数据资源于一体的知识服务平台，不仅可进行单库检索，还可实现跨库检索，如图 6-1 所示。万方的会议数据库是国内最具权威性的学术会议论文全文数据库，收录了 1985 年至今世界主要学会和协会主办的会议论文，以一级以上学会和协会主办的高质量会议论文为主。内容涵盖了自然科学、工程技术、农林、医学等领域。分为中文版和英文版两个版本，中文版所收会议论文内容是中文，英文版主要收录在中国召开的国际会议的论文，论文内容多为西文。万方的会议数据库每年涉及上千个重要的学术会议，接近 100 万篇论文，且每年增加约 18 万篇，每月更新。

万方数据除了下载全文外，对全部用户都可通过万方数据资源系统的网站免费检索。而高校团购用户的万方数据界面如图 6-2 所示，既可通过校园网内的相应链接进入，也可直接输入本校网上包库的 IP 地址或本校镜像服务器的 IP 地址进行访问。

2.　检索方式

高校团购用户的万方会议数据界面如图 6-2 所示，可以查看全文。该库仅此一种检索方式，非常简洁，用户只要点选检索字段、逻辑"与、或、非"、在文本框中输词检索即可，中栏的每个文本框只能输一词或一个词组，对于多词检索可通过左栏的⊞图标添加文本框。

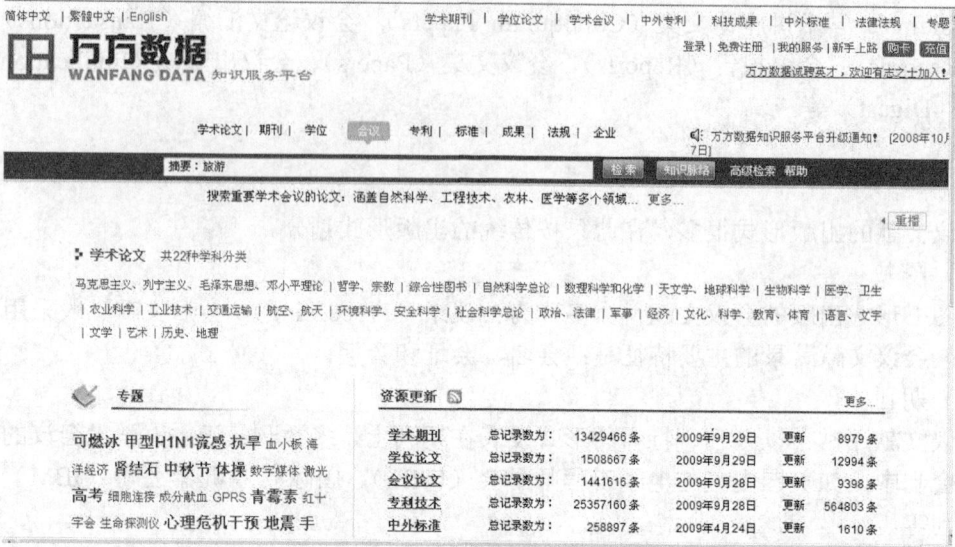

图 6-1 万方数据资源系统主页

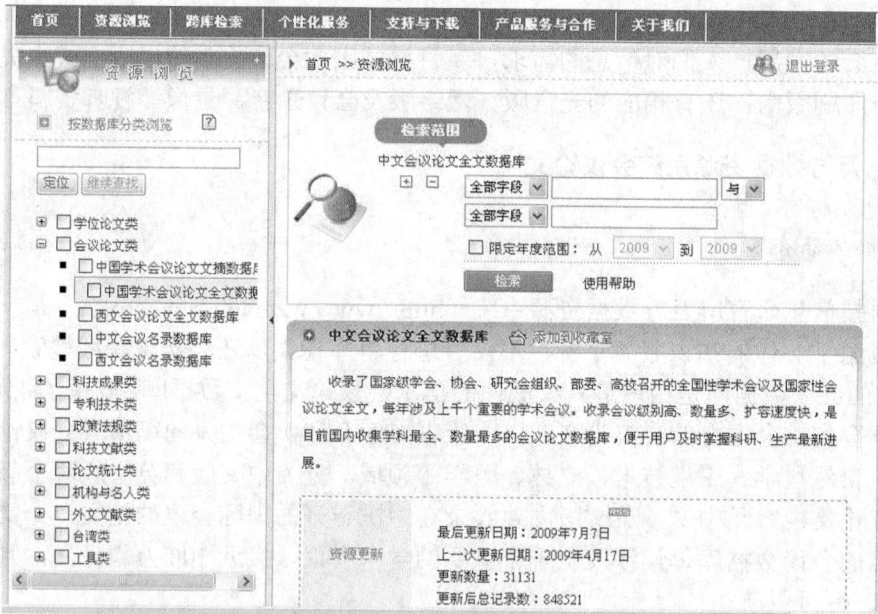

图 6-2 团购用户的万方数据界面

对于免费检索的万方会议资源（见**图 6-1**）只能查看会议的题录文摘信息，但检索方式灵活多样，可满足读者多途径的检索要求。该库不仅能提供简单检索、高级检索、经典高级检索，还可进行专业检索和分类检索，无论何种检索方式，均可进行二次检索。下面讲解万方免费会议资源的检索。

（1）简单检索

数据库的默认首页是其相应的简单检索页面（见**图 6-1**），首先选中会议选项。简单检索只提供一行文本输入框，且要用户自己输入检索字段和检索词。在万方知识服务平台中，简单检索（首页）、检索结果等页面的检索文本框默认接受的检索语言为 PairQuery，也就是 PQ 表达式。万方会议资源简单检索所提供的检索字段为：标题、作者、会议名称、关键词、摘要等检索项。例如，摘要：旅游，如图 6-1 所示。

阅读材料

PQ 表达式的基本用法

每个 PQ 表达式由多个空格分隔的部分组成，每个部分称为一个 Pair，每个 Pair 由冒号分隔符 ":" 分隔为左右两部分，冒号左侧为限定的检索字段，右侧为要检索的词或短语，即 "左（检索字段）: 右（检索词）"。

PQ 表达式还支持精确匹配，检索时，在检索词部分使用引号 "" 或书名号《》括起来，表示精确匹配。例如作者："张凡"，表示作者字段中含有并且只含有 "张凡" 的结果。

PQ 表达式对检索日期检索采用 "Date: 起始年代-结束年代" 的形式，"-" 前后分别代表限定的年度上下限，上限和下限可以省略一个，代表没有上限或下限，但 "-" 不可省略。

（2）经典高级检索

简单检索的默认页面只提供一行文本输入框，若要一次进行多个检索词的组配检索，则可通过高级检索来实现，在高级检索中可看到高级检索、经典高级检索和专业检索 3 种检索方式。

经典高级检索由检索项（检索字段）和检索词（五行）两栏组成，用户检索时，只要从每个检索项中提供的 7 个字段（标题、作者、会议名称、主办单位、中图分类、关键词、摘要）中点选、输入检索词即可。这样一次最多可进行 5 个检索词的组配检索，如图 6-3 所示。

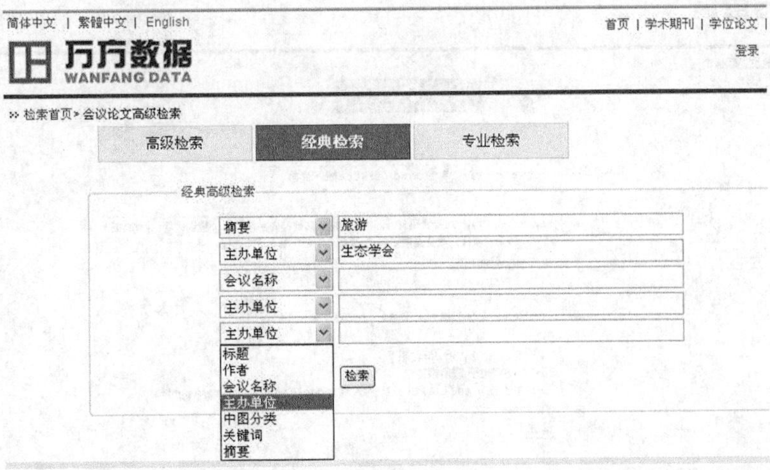

图 6-3　经典高级检索界面

（3）高级检索

高级检索也由检索项（检索字段）和检索词（7 行）两栏组成，只是检索项中的字段有所不同且每项检索项中的字段是固定的，这样一次最多可进行 7 个检索词的组配检索。所提供的 7 个字段分别为：标题中包含、作者中包含、关键词中包含、摘要中包含、会议名称、主办单位、会议时间。此外还提供有无全文和排序的选择，如图 6-4 所示。

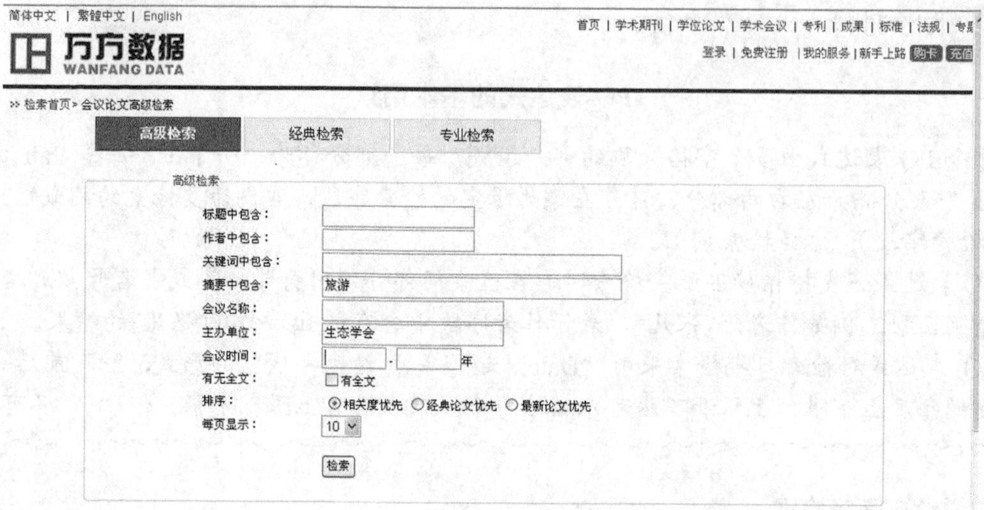

图 6-4　高级检索界面

（4）专业检索

当用户查找比较复杂的内容时，使用以上几种检索就难于一次检索成功，而专业检索则不受此限制，可在一个大的文本输入框中随心所欲地构造检索表达式，完成此任。在简单检索页面单击"专业检索"，即可进入专业检索页面，如图 6-5 所示。但专业检索使用的是 CQL（常用提问语言）检索语言。

图 6-5　专业检索界面

阅读材料

CQL（常用提问语言）的基本用法

CQL 支持简单词的检索，如：旅游。

CQL 用 "=" 表示关系表达式即相当于模糊匹配，用于查找匹配一定条件的记录，如：convener=生态学会 and Abstract=旅游，如图 6-5 所示；用 exact 表示精确匹配检索，例如：Creator exact "王红"，是指查找作者是王红的记录；

all 表示检索词中包含有多重分类时，它们可分别被扩展成布尔运算符 "and" 的表达式。例如：Title all "酒店 旅游"；

any 表示检索词中包含有多重分类时，它们分别可被扩展成布尔运算符 "or" 的表达式，例如：Abstract Any "度假旅游"；

CQL 还支持布尔表达式运算。

重要提示　① 专业检索中检索字段只能用英文；② 专业检索中表达式中的小括号、引号等必须为半角（英文）状态下输入的符号；③ 专业检索中逻辑算符与检索项和检索词之间要空一格。

（5）分类检索

如果读者想了解某一专业或某一学科都召开过什么样的会议或某一类会议主办单位举办过什么样的会议，根据分类检索应为首选。按分类检索必须熟悉各种分类体系。

单击万方知识服务平台首页右上方的"学术会议"即可进入分类导航检索界面，万方会议分类既可按学术会议分类检索，也可按会议主办单位分类检索，如图 6-6 所示。学术会议分类检索将会议划分为 17 个学科进行浏览，而每个学科之下又按会议年份和会名浏览，并可对其进行检索。

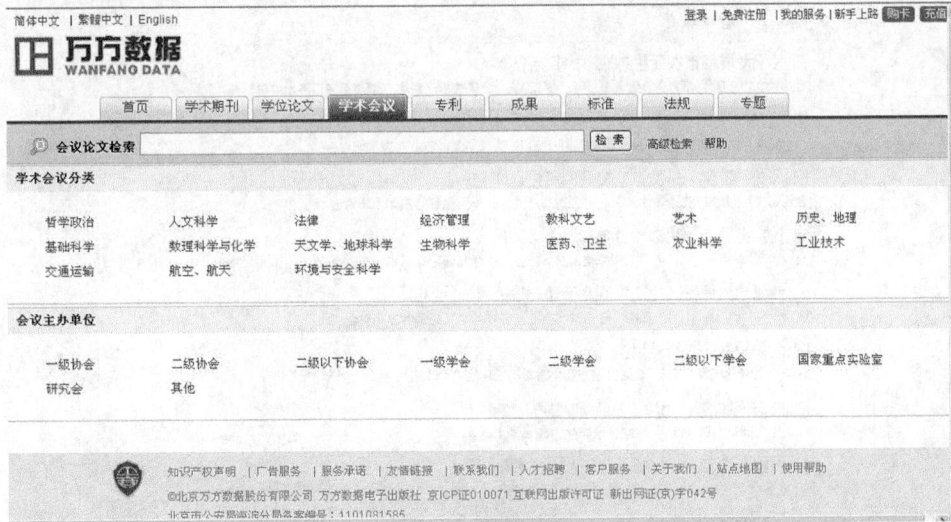

图 6-6　分类检索界面

3. 检索结果

万方会议资源的检索结果如图 6-7 所示，左栏和上栏可对文献进行二次检索，中下栏显示命中文献，每篇文献按论文题目、文献类型、作者、会议名称、摘要、关键词等排列，此外可对检索结果提供参考文献、文本、XML、NoteExpress、RefWorks、EndNote 6 种导出文献格式，如图 6-8 所示。

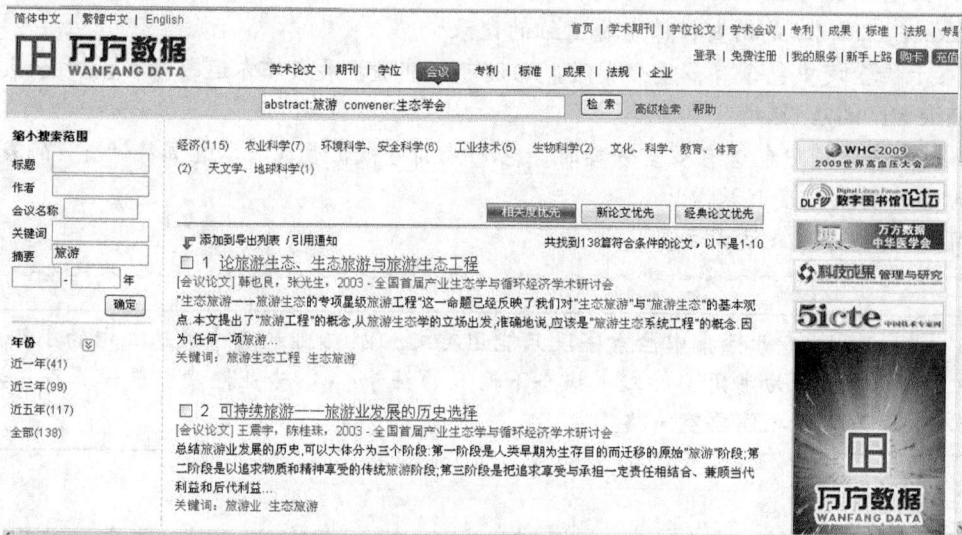

图 6-7　检索结果界面

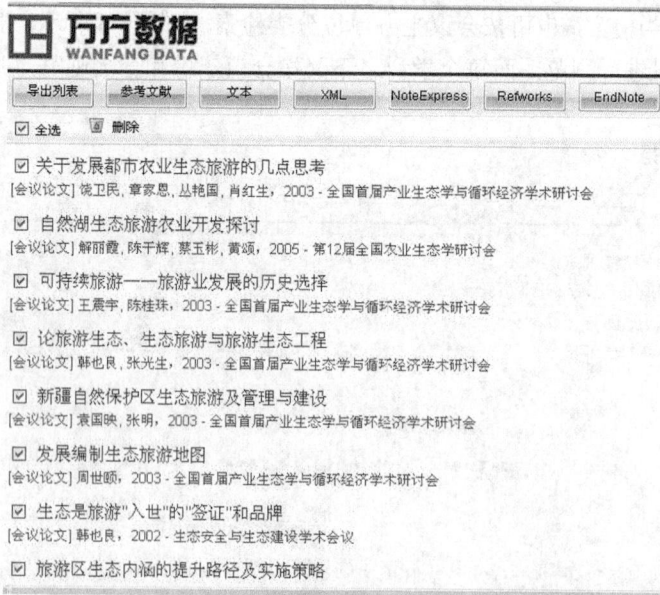

图 6-8　导出文献界面

案例分析

检索会议主办单位中含有生态学会，且会议摘要中含有旅游的文献

解析：根据课题的要求，万方免费会议资源所提供的 5 种检索方式均可使用，如图 6-3、图 6-4 和图 6-5 所示分别为从经典高级检索、高级检索和专业检索入手的检索界面，如图 6-7 所示为检索结果界面。

6.1.3　ISI Proceedings

1. 数据库简介

《科学技术会议录索引》（Index to Scientific and Technical Proceedings，ISTP）和《社会科学与人文会议录索引》（Index to Social Sciences & Humanities Proceedings，ISSHP）是查找全世界会后文献最具权威的检索工具，均由美国科学情报研究所（Institute for Scientific Information, ISI）编辑出版，它们不仅有印刷版、光盘版，还有网络版。美国 Thomson Scientific 公司在 ISI Web of Knowledge 平台上，将 ISTP 和 ISSHP 两大会议录索引集成为 ISI Proceedings，提供网络版的会议论文文摘和全文检索。ISI Proceedings 是覆盖学科范围广、收录文献水准高、提供信息全面的学术会议录数据库，是查找国外会议文献的首选数据库之一。目前，该库已收录 1990 年以来超过 6 万个会议的 410 多万条记录，并每年收录 12 000 多个会议，年新增 20 余万条记录，数据每周更新。所收录的会议有一般性会议、座谈会、研究会、专题讨论会等，其数据库内容的 65% 是以图书形式出版的会议录或丛书，其余来源于期刊。

ISI Proceedings 数据库采用 IP 控制使用权限，凡属于 IP 地址订购单位范围内的用户具有访问权，既可通过校园网内的相应链接进入，也可直接输 IP 地址：www.isiknowledge.com 进行访问。

2. 检索语言

ISI Proceedings 与 SCI 网络版同为一个检索平台，故其检索语言相同。表 6-1 即为 ISI Proceedings 检索语言一览表。

表 6-1　　　　　　　　　ISI Proceedings 检索语言一览表

算符名称		算符代号	举　例	注　释
逻辑检索	逻辑与	AND	A AND B	两词同时出现在文献中
	逻辑或	OR	A OR B	两词任意一词出现在文献中或两词同时出现在文献中
	逻辑非	NOT	A NOT B	在文献中出现 A，但排除 B
优先级检索		（ ）	（A AND B）NOT C	括号里的运算优先执行
截词检索		*	comput*	可代替任意一个字母
精确检索		？	wom?n	精确地代替一个字符
		$	Car$	可取代 0 或一个字符
		""	"A B"	作为词组看待，但标点符号、连字符等会忽略不记
位置检索		Same	A Same B	A、B 两词只要出现在同一句子中（指两个句号之间的字符串）即可

3. 检索方式

ISI Proceedings 与 SCI 网络版的检索方法相似。ISI Proceedings 只提供基本检索和高级检索两种检索方式。

（1）基本检索

数据库的默认页面就是基本检索界面（见图 6-9），该界面提供 3 个文本检索框，可通过点选字段、年限限定、逻辑算符及其他的检索语言输词检索。若文本检索框不够，可单击"添加另一字段"链接，增加文本框，或单击"清除"按钮删除文本框。基本检索共提供 13 个检索字段：主题、标题、作者、团体作者、编者、出版物名称、出版年、地址、会议、语种、文献类型、基金资助机构和授权号。

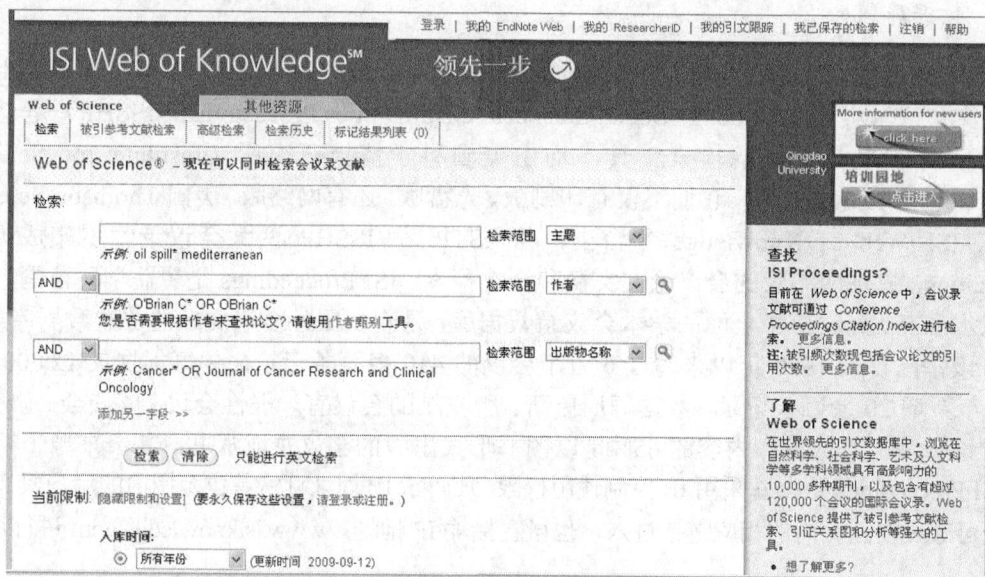

图 6-9　基本检索界面

基本检索在出版物名称和作者两个字段之后设有访问检索辅助工具图标🔍链接，单击该链接可以使用相应的出版物名称索引或作者索引，从而帮助用户准确地确定出版物名称或作者，并能将所选标题传输至"基本检索"页面上的"出版物名称"或"作者"字段。图 6-10、图 6-11 和图 6-12 所示即为在出版物名称索引中输入 Intercultural 进行查找，然后确定 INTERNATIONAL JOURNAL OF INTERCULTURAL RELATIONS 和 LANGUAGE AND INTERCULTURAL COMMUNICATION 两个出版物名称，并将所选的出版物名称添加至"基本检索"页面上的"出版物名称"字段的 3 个过程。

重要提示

① 对于姓氏不详的著者可用缩写 anon 进行检索。

② 会议字段包括会议名称、会议地址、会议组办者及会议日期。通常，为了查找某一特定的会议，可用到两个词进行 AND 组配检索。

③ 只能在主书名或主刊名中检索，不包括丛书名和子刊名。

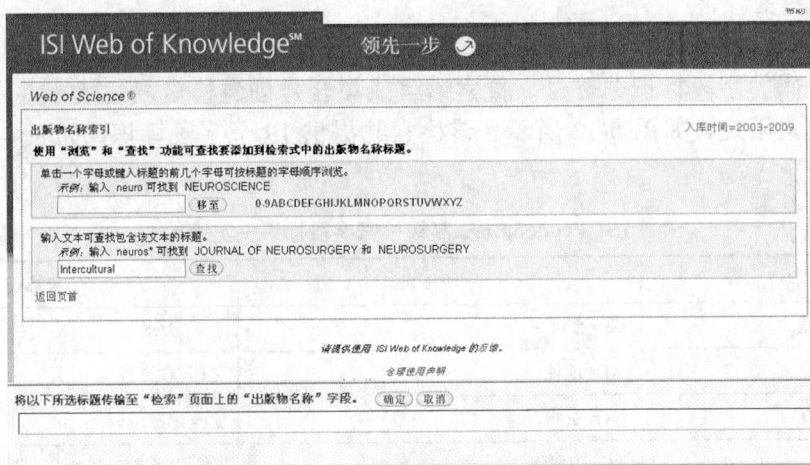

图 6-10　出版物名称检索辅助工具界面

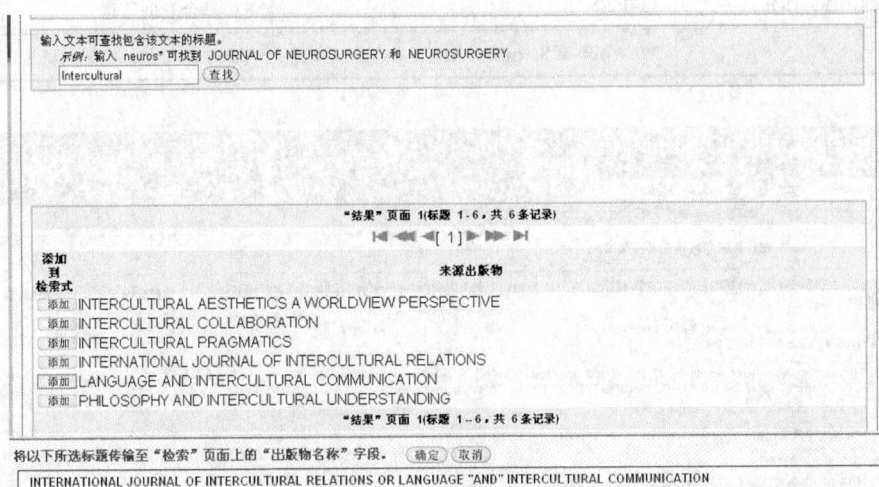

图 6-11　出版物名称查找结果界面

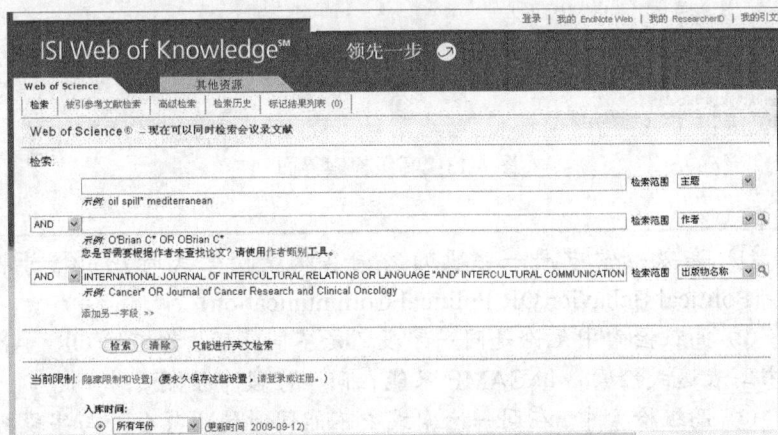

图 6-12　添加所选的出版物名称到基本检索界面

（2）高级检索

高级检索只设一个文本检索框，是一种比较适合专业人员的复杂检索方式。检索时必须使用两字代码的字段标识、等号、检索语言或集合号创建检索表达式，并有检索文种、文献类型的检索限定，如图 6-13 所示。该检索共提供 19 个字段标识，如表 6-2 或图 6-13 所示。

表 6-2　　　　　　　　　　ISI Proceedings 高级检索字段标识一览表

字段标识	字段标识	字段标识
TS=主题，TI=标题	CF=会议	PS=省/州
AU=作者	AD=地址	CU=国家/地区
RID= ResearcherID	OG=组织	ZP=邮政编码
GP=团体作者	SG=下属组织	FO=基金资助机构
ED=编者	SA=街道地址，CI=城市	FG=授权号
SO=出版物名称，DO=DOI	IS=ISSN/ISBN	FT=基金资助信息
PY=出版年	WC=Web of Science 分类	SU=学科分类，UT=入藏号

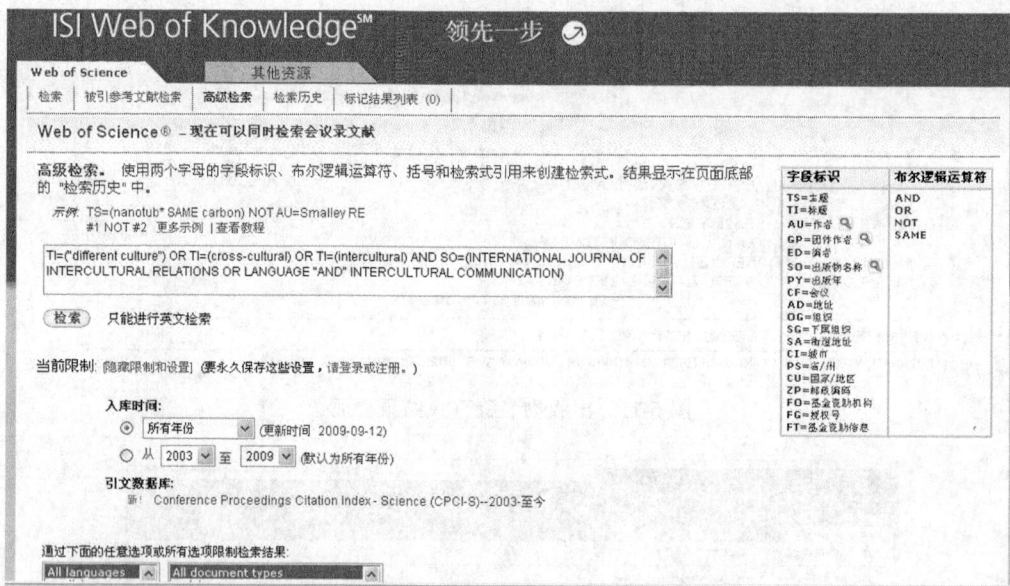

图 6-13　高级检索界面

① 高级检索中同一字段的多词在构造检索式时应用括号将其括起，如 SO=(Political Behavior OR Political Communication)。

② 高级检索中无论是同一字段还是不同字段，都可用 OR、AND 和 NOT 算符书写表达式检索，但 SAME 只能在同一字段中使用。

③ 高级检索中，在同一检索式中不能同时使用集合号与字段标识组配检索。

重要提示

4. 检索结果

检索结果分 3 栏显示，如图 6-15 所示。上栏显示检索表达式、检索命中数量；左栏用于缩小检索范围，可在学科类别、文献类型、作者、来源出版物、出版年、会议标题、机构、语种、国家/地区等检索项中进行精炼检索，图 6-16 和图 6-17 所示即为在学科类别中进行精炼检索界面和新的检索结果；右栏以"标题、作者、会议信息、来源出版物、页、出版年、被引频次、全文"形式显示检索结果。

高级检索的检索结果先在其页面底部的"检索历史"中出现，如图 6-14 所示；单击检索结果链接后，可查看到检索结果的详细信息，如图 6-15 所示。另在高级检索中还可以使用集合号进行组配检索。所谓集合号就是在检索过程中系统自动生成的检索步骤号，如#1，可以参见图 6-14 中的"检索历史"，每个集合号都可以代表一个完整的检索表达式。

图 6-14　高级检索历史界面

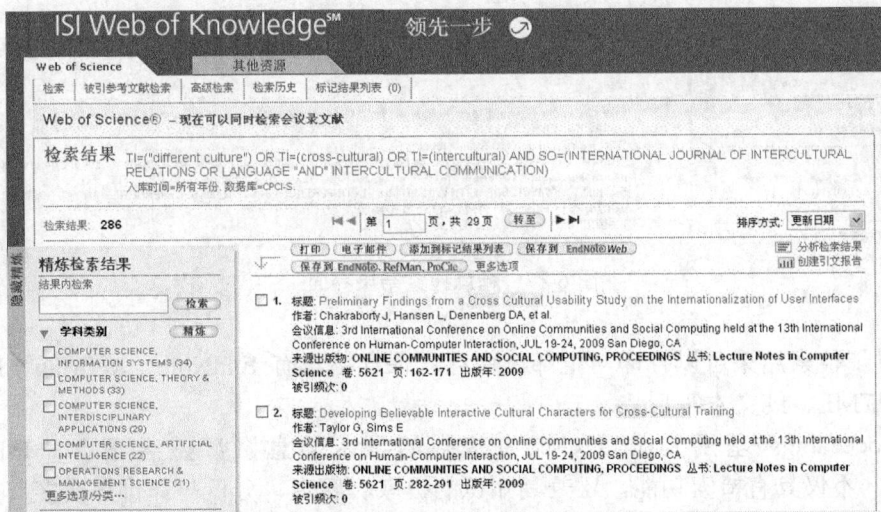

图 6-15　检索结果界面

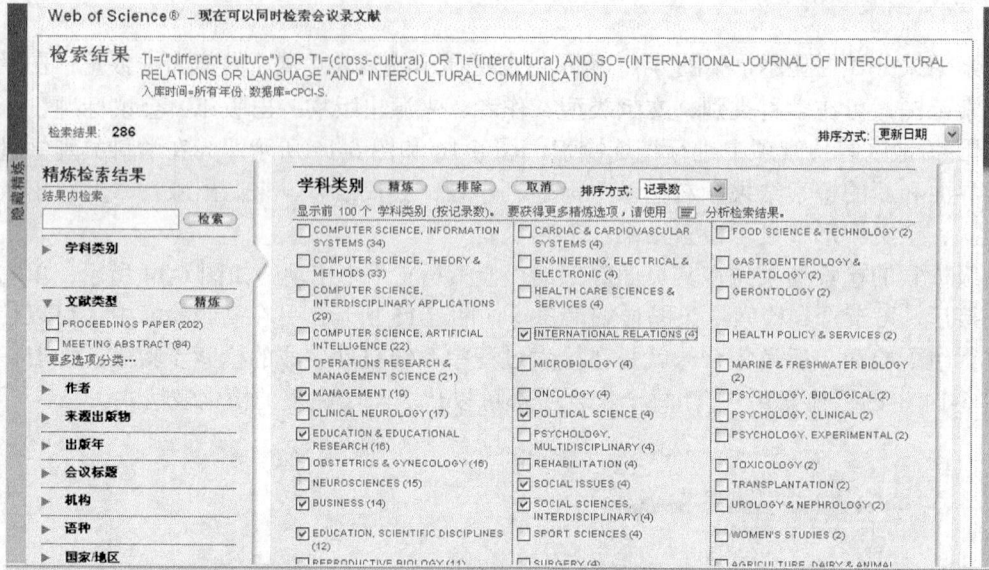

图 6-16　选择学科类别界面

图 6-17　精炼检索结果界面

　　系统对于检索结果可以打印、电邮、保存。保存格式有 EndNote、RefMan、ProCite、BibTeX、HTML、纯文本等形式。

　　ISI Proceedings 基于一个以知识为基础的学术信息资源整合平台—ISI web of Knowledge，不仅具有检索功能，还兼具知识的提取、管理、分析与评价等诸多其他功能。如独特的被引参考文献检索功能，以及与其他出版公司的数据库、原始文献、图书馆馆藏等建立了强大的链接功能等。

案例分析

检索有关异文化交流方面的会议文献

解析：

① 根据课题的要求，选择 3 个同义词：different culture、cross-cultural、intercultural。该题既可使用基本检索，又可使用高级检索。使用高级检索，3 个同义词既可单独检索也可一次性检索，结果检出 356 篇，如图 6-14 中所示的检索式#2、#3、#4、#5。

② 由于检出文献较多，所以可对（1）进行精炼检索，首先通过出版物名称所设的检索辅助工具图标，将其限定在 INTERNATIONAL JOURNAL OF INTERCULTURAL RELATIONS 和 LANGUAGE "AND" INTERCULTURAL COMMUNICATION 两个出版物中检索，如图 6-10、图 6-11 和图 6-12 所示。

③ 该题也可一次性进行检索，用基本检索的情况如图 6-14 所示中的检索式#1；用高级检索的表达式：TI=("different culture") OR TI=(cross-cultural) OR TI=(intercultural) AND SO=(INTERNATIONAL JOURNAL OF INTERCULTURAL RELATIONS OR LANGUAGE "AND" INTERCULTURAL COMMUNICATION)，如图 6-13 所示；检索结果均为 286 篇，如图 6-14 和图 6-15 所示。

④ 由于检出文献还是不少，可对（3）中的检索结果再在学科类别中进行精炼检索，如图 6-16 和图 6-17 所示，经过两次精炼检索以后，命中结果是 59 篇。

⑤ 索取原文。ISI Proceedings 数据库中有全文链接的可直接下载、阅读；无全文链接的可通过其他途径，如原文传送等。

6.2 学位论文检索

学位论文是高等学校或研究机构的毕业生作为评定各级学位而撰写的论文。目前多数国家的学位分为学士、硕士和博士三级，但通常所称的学位论文一般仅指硕士和博士学位论文，如中国优秀博硕士学位论文全文数据库、中国学位论文全文数据库、CALIS 高校学位论文数据库及 PQDD，这些学位论文数据库均指硕士和博士学位论文。本节就介绍两个国内外有影响的学位论文数据库。

6.2.1 学位论文概述

学位论文一般可分为两大类。一类是综述型的，该类论文作者主要是以前人有关某一领域的大量翔实的参考资料为依据，通过分析、综合、概括和总结，提出本人的独特见解。另一类是研究型的，此类论文作者是在前人提出的论点和结论的基础上，再经过大量的实验和研究，提出进一步的新论点和新假说。

由于学位论文都是在导师或研究员的亲自指导下完成的，所以学位论文一般学术性强、内容比较专一，引用文献全面、阐述详细。特别是博士论文都要经过该领域著名学者的严格审查，因此具有一定的独创性、新颖性，专业水准高、参考价值大。

学位论文除少数通过其他媒体发表或出版外，多数不公开发行。为挖掘学位论文的潜力，一些国家的图书馆将其编成目录、索引，制成缩微胶卷，随着光盘、网络的出现，各国又都出版了学位论文数据库。

目前索取学位论文，除了向有关收藏单位借阅或复制外，使用最多的是网络版学位论文。

6.2.2　中国学位论文全文数据库

1．数据库简介

中国学位论文全文数据库资源由国家法定学位论文收藏机构中国科技信息研究所提供，并委托万方数据加工建库，该库精选了相关单位自 1980 年以来我国自然科学领域博士、博士后及硕士研究生论文，涵盖自然科学、数理化、天文、地球、生物、医药、卫生、工业技术、航空、环境、社会科学、人文地理等各学科领域。现已收录全文 60 余万篇，每年稳定新增 15 余万篇，是我国收录数量最多的学位论文全文库。

万方学位论文数据除了下载全文外，对全部用户都可通过万方数据资源系统（http://www.wanfangdata.com.cn）的网站免费检索，如图 6-1 所示。而高校团购用户的万方学位论文数据界面还有如图 6-18 所示的情况，该站点既可通过校园网内的相应链接进入，也可直接输入本校网上包库的 IP 地址或本校镜像服务器的 IP 地址进行访问。

2．检索方式

对于免费检索的万方学位论文资源（见图 6-1）只能查看学位论文的题录文摘信息，但可以提供 5 种检索方式，参考 6.1.2 小节相关内容的讲解。在此仅对万方团购的学位论文资源另一种界面作一叙述。

高校团购用户的万方学位论文数据库如图 6-18 所示，除了可以查看学位论文的题录文摘信息外，还可以下载、阅读全文。该库只有个性化检索和分类两种检索方式，并可进行二次检索。

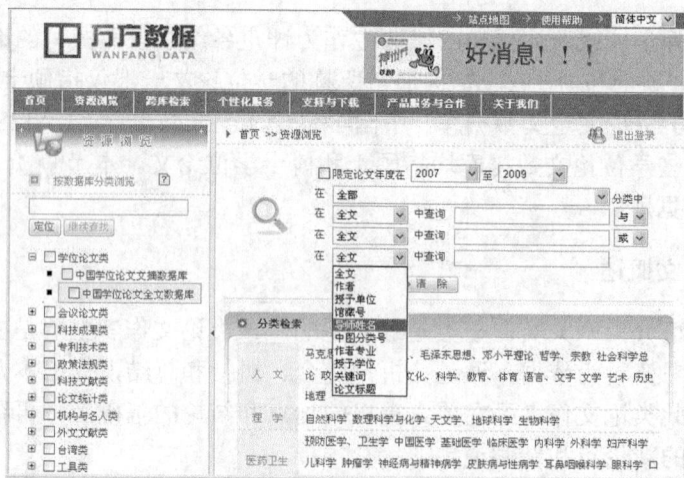

图 6-18　团购用户的万方学位论文数据界面

（1）个性化检索

个性化检索界面就是数据库的默认页面（见图 6-19），该界面提供给用户直观方便的 3 个组配检索框，用户只需通过点选左栏的字段，右栏的逻辑算符（与、或、非），并在中栏的文本框中输词检索即可，另在检索框上面还有年限、分类限定检索。个性化检索共提供 10 个检索字段：全文、作者、授予学位、馆藏号、导师姓名、中图分类号、作者专业、关键词、论文标题。

（2）分类检索

分类检索位于个性化检索页面的下部，检索依据为中图法，用户可先按人文、理学、医药卫生、农业科学和工业技术 5 部分分类，然后单击中图法相应的分类类名，即可检索相应类目的学位论文，如图 6-19 所示。

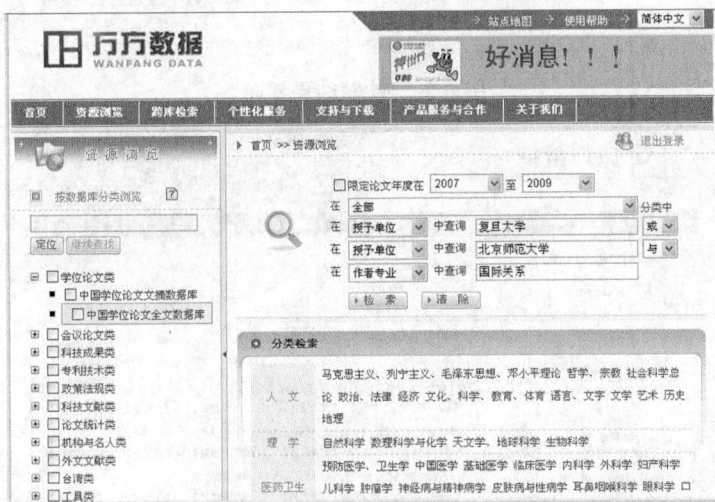

图 6-19　个性化、分类检索界面

重要提示　由于受到各自数据库出版发行版权的限制，各不同学位论文数据库所收藏的学位论文来源单位会有差异，如在万方学位论文数据库中就无法检索到清华大学的学位论文。使用作者专业字段检索时，一定要掌握准确，如有的学校称艺术设计学，而有的学校称设计艺术学。

3.　检索结果

万方学位论文资源的检索结果如图 6-20 和图 6-21 所示，左栏显示命中文献数量，上栏可对文献进行二次检索，下栏显示命中结果。每篇文献按论文标题、数据库类型、简单信息、详细摘要信息、查看全文和打包下载顺序排列。

单击简单信息链接，将以"作者、分类号、关键词、数据库名"格式显示；单击详细摘要链接，将以"论文标题、作者、作者专业、授予学位、授予单位、授予学位时间、分类号、关键词、摘要、文摘语种、论文页数、数据库名"格式显示，如图 6-22 所示；单击查看全文链接，可显示全文格式，如图 6-23 所示。

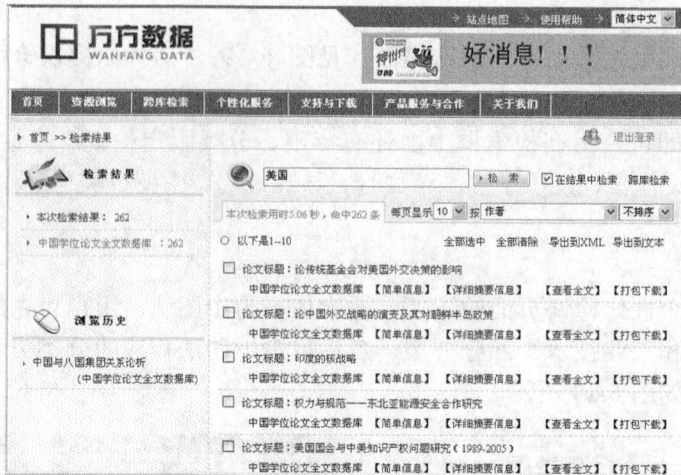

图 6-20 检索结果界面

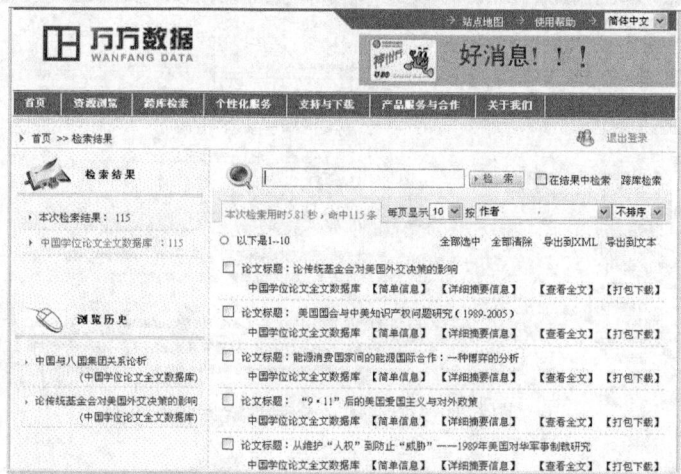

图 6-21 二次检索结果界面

图 6-22 检索结果界面

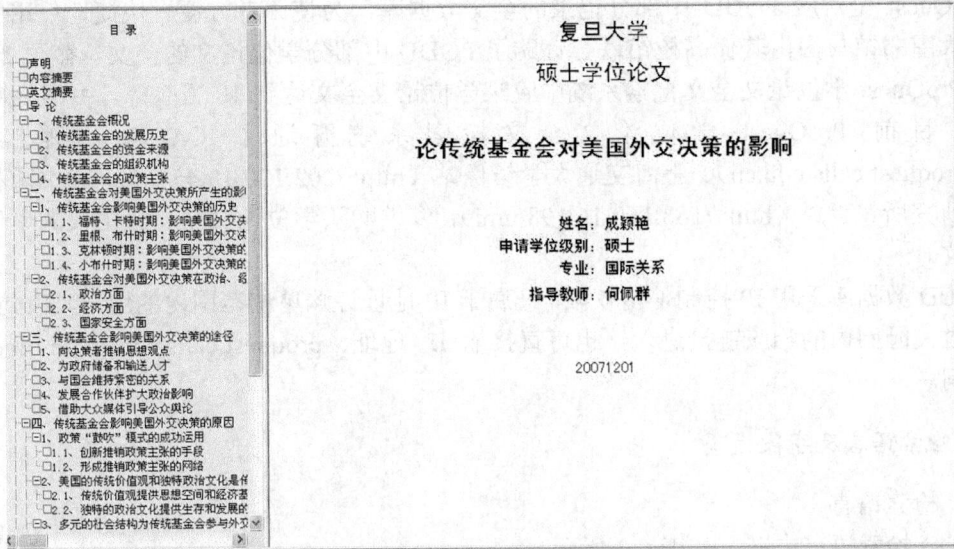

图 6-23 全文显示界面

此外对检索结果可按免费输出格式.html、详细输出格式.html、详细输出格式.txt、详细输出格式.xml 4 种情况输出，也可将文献导出到 XML 和文本当中。

案例分析

检索专业学位论文

检索复旦大学和北京师范大学在国际关系专业发表的学位论文。

解析：根据课题的要求，该题最好使用个性化检索，检索表达式如图 6-19 所示；首次检索命中 262 篇，其结果如图 6-20 所示，由于检出文献过多，可缩小检索范围，如进一步限定在"美国"中进行再检索，如图 6-21 所示；其中一篇原文的显示格式如图 6-23 所示。

6.2.3 PQDD 博硕士论文

1. 数据库简介

PQDD 是世界著名的博硕学位论文数据库 ProQuest Digital Dissertations 的简称，其对应的印刷版刊物有：Dissertation Abstracts International（DAI），American Doctoral Dissertations，Comprehensive Dissertation Index（CDI），Masters Abstracts International。

PQDD 收录欧美 1 000 余所大学文、理、工、农、医等领域的 200 万篇博硕士论文的摘要索引。其特点是：收录年代长，从 1861 年开始，迄今已有近 140 多年的数据积累；数据库每周更新；收录的 1997 年以来的论文不仅能看文摘题录信息，还可看到每篇论文前 24 页的全文信息，同时提供网上全文订购服务。

ProQuest 是对应 PQDD 中部分记录的全文数据库，为使读者方便、快捷地使用学位论文，北大图书馆与国内其他高校馆联合订购了 PQDD 中部分学位论文的全文。截至 2005 年年底，ProQuest 学位论文全文检索系统中收录学位论文全文达到 10 万余篇，并且还将逐年增加。目前 ProQuest 学位论文全文检索系统开通了 CALIS 本地镜像站（http://proquest.calis.edu.cn）、上海交通大学镜像站（http://202.120.13.45/umi）和中国科学技术信息研究所镜像站（http://168.160.16.198/umi），以供购买学位论文全文使用权的单位直接阅读全文。

PQDD 数据库采用 IP 控制使用权限，凡属于 IP 地址订购单位范围内的用户具有访问权，既可通过校园网内的相应链接进入，也可直接输 IP 地址：proquest.calis.edu.cn/umi/index.jsp 进行访问。

2. 检索语言及字段代码

（1）检索语言

PQDD 检索语言丰富，如表 6-3 所示。

表 6-3 　　　　　　　　　　　PQDD 检索语言一览表

算符名称		算符代号	举　例	注　释
逻辑检索	逻辑与	AND	A and B	A、B 两词必须在文献中同时出现
	逻辑或	OR	A or B	A、B 两词中的任意一个或两个同时出现在文献中均可
	逻辑非	AND NOT	A and not B	AND NOT 算符前面的 A 词出现在文献中，后面所跟的 B 词不出现在文献中
优先级检索		( )	(A or B) not C	括号里的运算优先执行
截词检索		*	comput*	可代替任意个字母
		?	wom?n	精确地代替一个字符
位置检索		W/#	A W/3 B	A、B 两词相隔不超过 3 个词，前后词序不定
		PRE/#	A PRE/1 B	A、B 两词相隔不超过 1 个词，前后词序一定
		W/PARA	A W/PARA B	A、B 两词出现在同一字段内
		W/DOC	A W/DOC B	
		NOT W/#	A NOT W/2 B	A、B 两词在文献中出现，但不能在相隔 2 个以内的词中出现，A、B 两词前后词序不定
短语检索		" "	"A B"	精确短语检索

重要提示　　ProQuest 系统在检索过程中，对诸如一些连词、介词、冠词、代词、系动词、情态动词等作为禁用词，会自动忽略并用空格取代进行检索。若要将它们用作检索短语的一部分，可用引号引起来。如"the sound and the fury"。

（2）字段代码

PQDD 可在 18 个字段中进行检索，特别是在基本检索中，为了提高检准率，常常需要使用字段代码加以限定，如表 6-4 所示。

表 6-4
PQDD 字段代码一览表

字段名称	字段代码及全称	举例备注
引文和摘要	Citation and abstract	是指在"作者、人名、摘要、产品名称、文章篇名、学科术语、公司名称、来源（出版物名称）、地理名称"字段中检索
摘　要	AB= Abstract	
导　师	ADV= Adviser	
作　者	AU= Author	
委员会成员	CMT	指已由特定委员会成员评议过的论文
学　位	DA= Degree	
教育机构中的系部	DEP	
文档 ID	UMI Number: 3351514?	在 ProQuest 中检索文章和文档的唯一性数据库 ID
文档语言	LA=LN= Language	
文档正文	TEXT	
文档标题	TI=Title	
索引短语（关键字）	IF	
国际标准书号	ISBN	
出版物/订单编号	DISPUB	
学校名/代码	SCH= School	
学科名/代码	SUB= Subject	
卷/期	DVI=DISVOL	

3. 检索方式

PQDD 提供基本检索和高级检索两种检索方式。

（1）基本检索

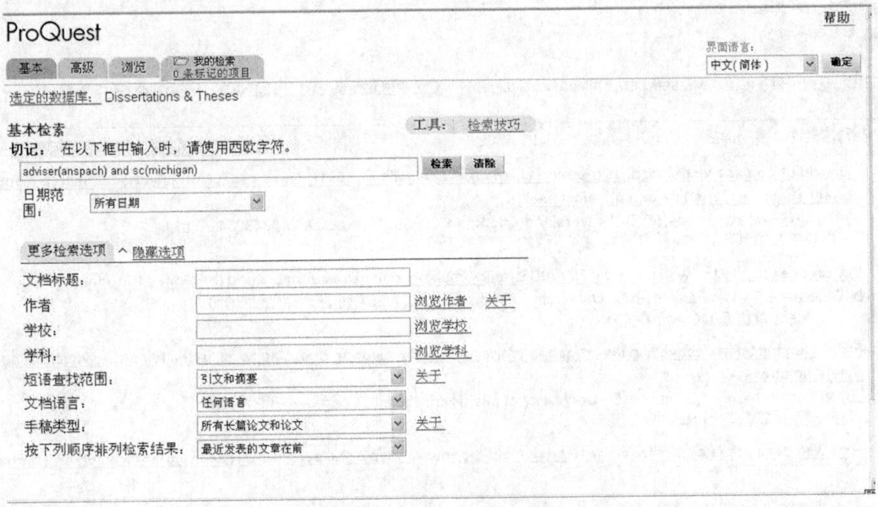

图 6-24　基本检索界面

基本检索界面如图 6-24 所示，也是数据库的默认页面。该界面上半部分为文本检索框，主要供用户编制检索表达式之用；下半部分有一个"更多检索选项"链接，平时隐藏，单击可显示，是为限定检索之用。基本检索的检索表达式要求用户自己添加逻辑算符或字段代码，有关字段代码的详细使用方法可参见基本检索界面中的检索技巧或字段代码表（见表 6-4）。

（2）高级检索

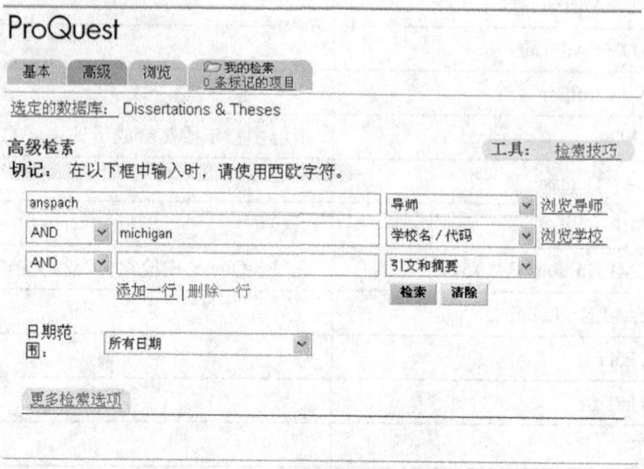

图 6-25　高级检索界面

单击 PQDD 页面上方的"高级"选项卡，即可进入高级检索界面，如图 6-25 所示，该检索界面也是由上下两部分构成，下半部分与基本检索相同，上半部分由 3 个文本检索框组成，用户只需通过点选左栏的逻辑算符（与、或、非），右栏的字段、并在中栏的文本框中输词检索即可，若文本检索框不够用，可单击文本框下的 添加一行 链接加行。

4．检索结果

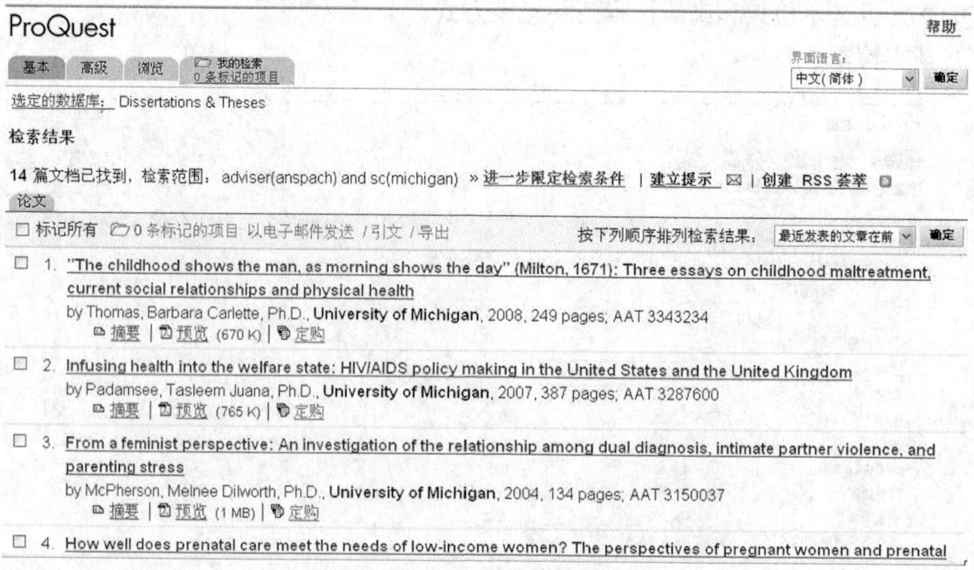

图 6-26　检索结果界面

PQDD 的检索结果如图 6-26 所示，上方显示命中文献数量、检索表达式，以及进一步限定检索条件、创建 RSS 链接等。每篇文献按论文标题、作者、学位、大学、年份、总页数、文档 ID、摘要、预览和定购依次显示查看全文和打包下载顺序排列。若想看文摘、前 24 页的原文预览或定购原文，则可单击图中相应的超链接图标，如图 6-27、图 6-28 和图 6-29 所示。

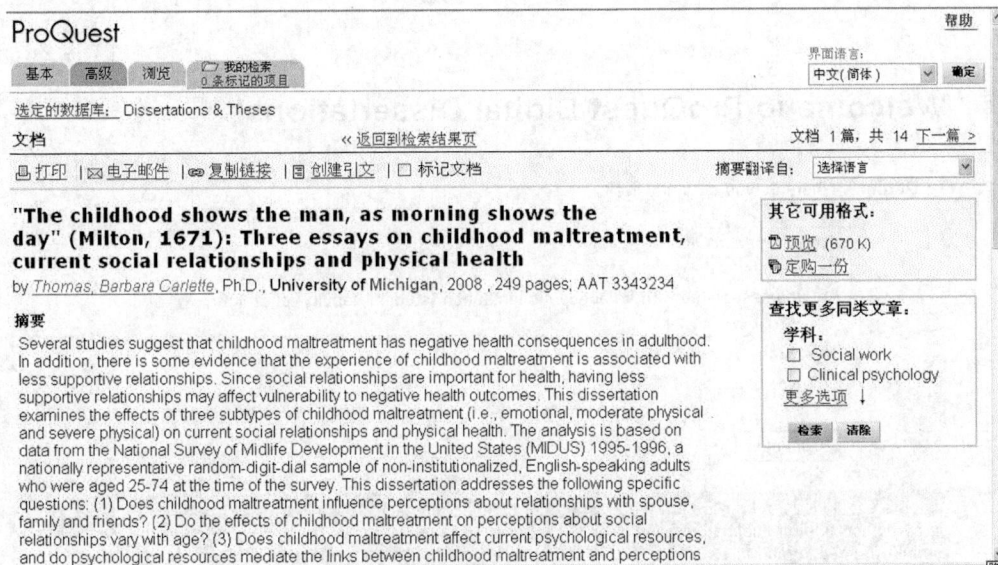

图 6-27　摘要显示界面

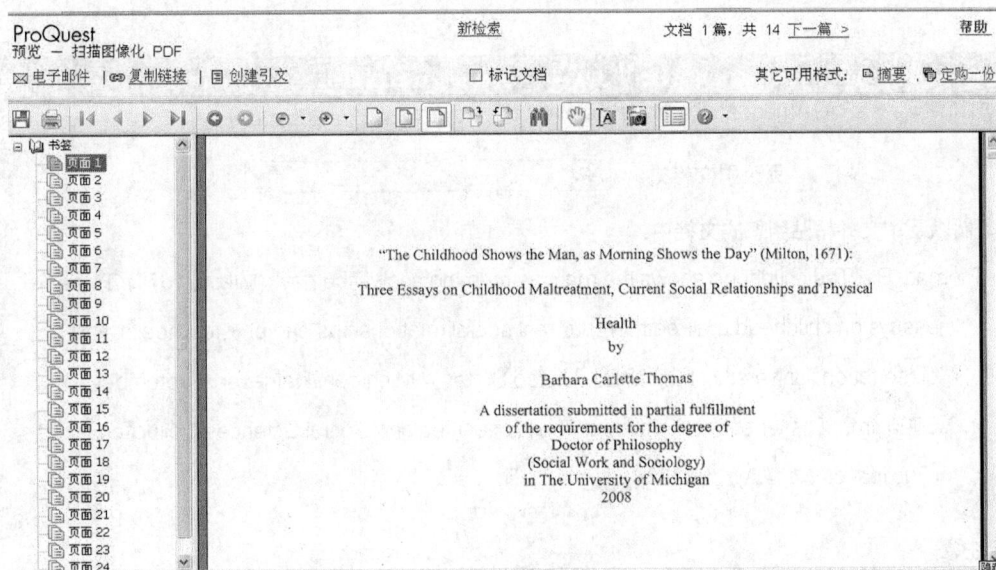

图 6-28　预览结果界面

另外还可按学科查找更多同类文章，并可对文献进行打印、电邮，如图 6-29 所示。此外还可创建引文，如图 6-30 所示。

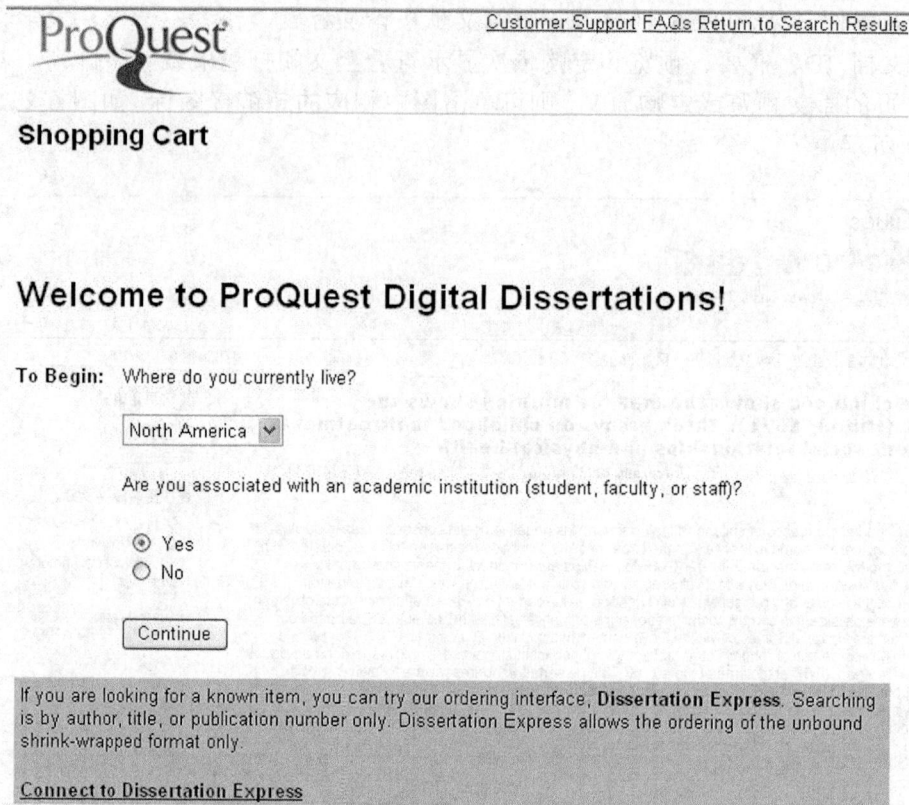

图 6-29　全文订购界面

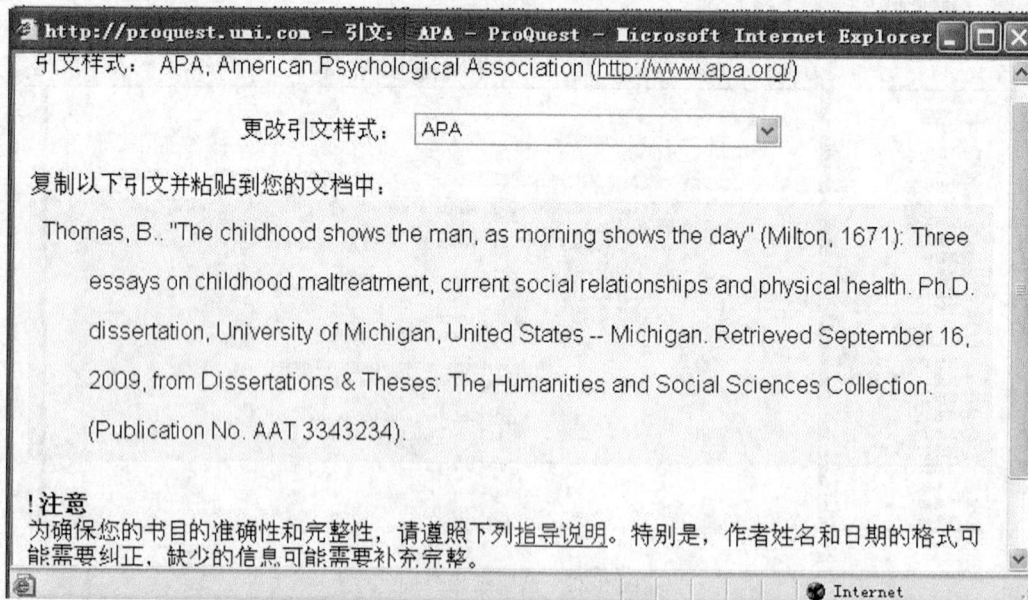

图 6-30　创建引文界面

检索密歇根大学 Anspach 教授所指导的论文

解析：该题的已知条件是密歇根大学 michigan 和 Anspach 教授。

根据课题的要求，该题既可使用基本检索，又可使用高级检索。使用基本检索，表达式：adviser (anspach) and sc (michigan)，如图 6-24 所示；使用高级检索，表达式如图 6-25 所示。检索结果如图 6-26 所示，其中一篇论文的摘要显示界面如图 6-27 所示，而该论文前 24 页的全文信息则以 PDF 格式显示，如图 6-28 和图 6-30 所示为创建引文界面。

6.3　专利文献检索

专利文献报导内容新颖、详尽、图文并茂、出版迅速，涉猎应用领域广阔、重复出版量大。因此，专利文献是反映最新的科学技术发明，是最可靠的技术情报。世界知识产权组织曾做过这样的统计：在科研工作中，查阅专利文献可以缩短研究时间 60%、节省研究费用 40%。同时经济界认为，专利是衡量公司企业兴衰的标志。目前网上专利文献资源多数国家都可免费检索，具有极大的开发潜力和使用价值。所以，专利文献对科学研究、制定发展规划、市场预测、技术引进、新产品开发等方面具有前瞻性指导作用，它既可避免工作中不必要的重复研究，又可取得事半功倍之效。本节将介绍有关专利的一些基本知识和几个国内外有影响的专利文献数据库。

6.3.1　专利概述

1. 专利

专利是专利权的简称，是指国家专利机关依专利法授予发明人或设计人在一定的时间、地域范围内，对其发明创造享有独占性的制造、使用和销售的专有权。专利有三层含义：一是指专利权，二是指取得专利权的发明创造，三是指专利文献。我们通常所说的专利主要是指专利权。

2. 专利权的特征

专利的第一层含义是从法律角度出发，指受专利法保护的权利，也像其他知识产权一样，具有 3 个主要特性。

（1）垄断性

垄断性，也称独占性或专有性。是指国家授予同一内容的发明创造只有一次，被授予专利权的人独享专有，即专利权人对其发明创造享有独占性的制造、使用、销售和进出口的权利，具有排他性。按照专利法的规定，未经专利权人许可，任何单位和个人不得实施其专利，若有他人实施该专利，必须与专利权人订立许可合同，支付专利使用费。

（2）地域性

根据巴黎公约规定的专利独立原则，专利权的地域性是指一个国家依照其本国专利法授予的权利，仅在该国法律管辖的范围内有效，对其他国家没有任何约束力，外国对其专利权不承担保护的义务。如果认为有必要在本国以外的地方获得专利保护，那就必须同时向国外申请专利。

（3）时间性

是指专利权人对其发明创造所拥有法律赋予的专有权只在法律规定的时间内有效，期限到期后，专利权人对其发明创造就不再享有独自制造、使用、销售等的专有权。到此，原来受法律保护的发明创造就成了社会的公共财富，任何单位或个人都可以无偿地使用。也就是说专利权只在专利法规定的一定期限内有效，即专利权的有效期限。

对于专利的这一期限，世界各国的规定是不一致的。绝大多数国家都规定为 10～20 年不等。总的来看，工业发达国家保护专利权的有效期限趋向于长一些，发展中国家则普遍地倾向于短些。

我国专利法从 1993 年 1 月 1 日起施行新的专利法规定：发明专利权的期限为自申请日起 20 年，实用新型和外观设计专利权的期限为 10 年，在此期间可以转让，也可以有继承权。

3. 专利类型

专利类型是指受专利法保护的发明。按国家划分，各国（地区）根据其专利内容可划分为不同的类型，例如中国、日本、德国、意大利等国的专利可分为发明、实用新型及外观设计 3 种，而英国专利仅有发明专利 1 种，美国专利则分为发明、植物、外观设计等各种不同专利。若就专利的地域性，同一项发明可向不同国家（地区）申请专利，按其产生专利文献的先后顺序不同，又可划分为基本专利、相同专利、同族专利及非法定专利 4 种。

（1）发明专利

发明专利是指具有较高技术水平的发明创造。一般都经过专利局较严格的"三性"审查。我国专利法实施细则第二条指出："专利法所称的发明是指对产品、方法或者其改进所提出的新的技术方案。"因此发明专利包括两种情况：一是产品发明，如机器、设备工具等物品以及某些无固定形状的非自然存在的人造物质；二是方法发明，如某种制造工艺、加工方法、测量方法、化验方法、通信方法等。

（2）实用新型专利

实用新型专利是指技术水平较低的"小发明"。即指机器、设备、装置、用具或器件的产品形状、构造或其结合提出的新方案，新方案能够在工业上制造具有实用价值或实际用途的产品。

实用新型与发明专利相比有两个主要的区别：一是技术水平，实用新型略低于发明；二是各自涉及的范围，实用新型比发明要窄得多，发明不仅包括产品，而且包括各种方法，而实用新型专利仅适用于产品，不适用于工艺方法。

（3）外观设计专利

外观设计专利是指对产品的形状、图案、色彩或其结合作出的富于美感、并适于工业上应用的新设计。这种新设计可以是产品的二维平面设计，也可以是产品的三维立体造型。外观设计专利与以上两种专利完全不同，即外观设计专利不是技术方案。因此申请外观设计专利，需要指明该设计用于何种产品。外观设计还必须是只对产品的外表设计。此外，外观设计专利必须是能在工业上批量生产，即用于工业品，而不是用于艺术品。

实用新型与外观设计都提到形状，其区别在于，前者主要涉及产品的功能，后者一般只设计产品的外观。

4. 专利条件

专利的第二层含义是从技术角度出发，指受专利法保护的发明即专利技术。一项发明创造要获得专利权，其一要按照专利法规定，向专利局提出专利申请；其二应属于专利法规定的授予专利权的发明创造范围。除此而外，还应具备新颖性、创造性和实用性，即通常称之为专利的"三性"，这是授予专利权的实质性审查条件。

（1）新颖性

新颖性是指一项发明是前所未有的，即指一项发明或实用新型在申请日以前未被公开发表过或未被公知公用。目前各国专利法都把新颖性作为获得专利权的首要条件。

世界上绝大多数国家以专利申请日或优先权日作为确定新颖性的时间界限，一项发明或实用新型在申请日或优先权日之前没有与其相同的发明创造被公开发表或被公知公用，就认为该发明或实用新型具备新颖性。但少数国家，如美国、加拿大等，以发明日作为确定新颖性的时间界限。

（2）创造性

发明的创造性在有些国家也叫"先进性"或"非显而易见性"。我国《专利法》第 22 条规定，创造性"是指同申请日以前已有的技术相比，该发明有突出的实质性特点和显著的进步。"《专利法》中所规定的创造性标准很清楚，只有当发明的技术特征与已有技术相比具有本质上的差异，这种差异对于所属技术领域内的中等水平专业人员来说，是非显而易见性的。

（3）实用性

发明的实用性也称工业实用性，或工业再现性。实用性就是能够在产业上制造或使用。也就是指能在工农业等各种产业中应用，凡不能在产业上应用的发明，就不具备实用性。我国《专利法》第 22 条规定："实用性，是指该发明或者实用新型能制造或者使用，并且能够产生积极效果。"

5. 专利说明书组成

专利的第三层含义是从文献角度出发，指专利文献。从广义上讲，专利文献是指与工业产权有关的所有专利资料，即有关的专利组织在审批专利过程中所产生的各种文件，如申请专利时提交的权利要求书、各种类型的专利说明书，还包括有关部门在处理专利诉讼时的法律性文件以及专利公报、专利索引等出版物。狭义地讲，专利文献就是指专利说明书，它是专利文献的主体。因此专利文献是一种集技术与法律于一体的实用性很强的文献信息媒体。通常一件专利说明书由其专利文献的著录项目、摘要、说明书正文、附图和权利要求书等部分组成。

（1）著录项目

专利说明书的著录项目很多，通常都刊登在专利文献的扉页上，包含着丰富的情报事项，这是区别任何其他文献的显著标志之一。它包括发明的名称、国际专利分类号、申请人、发明人、受让人、申请号、优先权申请号、优先权申请日期、优先权申请国家、PCT 的指定国等项。其中数字表示的是各国专利说明书按照国际统一格式印刷出版所采用统一的国际标准代码（INID）进行著录的标识。

① 申请（专利）号

我国专利号沿用申请号，采用 9-13 位数字，第三或第五位数表示专利类型，如 92228729.5，200510028479.0。

② 公开号、授权公告号

我国的公开号、授权公告号由国别代码、7-9 位数字和专利法律状态符号组成。其中第一位数字用来区分 3 种不同类型的专利，如 CN1050324A、CN1473987B，编号后标有字母进一步区分其法律状态：标有 A，表示发明专利申请公开，CN 1776068A；标有 B，表示发明专利申请审定公告。

③ 国际专利分类号

国际专利分类法（International Patent Classification，IPC）是专门适用于专利文献的分类法，IPC 采用"混合式分类"原则，即"功能分类和应用分类相结合"的原则。目前，主要工业发达国家除美国、英国外，日本、德国、俄罗斯、法国、意大利等国全部采用国际专利分类法作为本国专利文献的分类体系。我国发明、实用新型两种专利也是直接使用国际专利分类法。

IPC 以等级的形式，将技术内容按部（Section）、分部（Subsection）、类（Class）、小类（Subclass）、主组（Maingroup）、分组（Subgroup）逐级分类，IPC 类号采用字母数字混合编排方式。

IPC 共 8 个部，8 个部分别用 A 至 H 8 个大写字母表示。部下的分部没有类号标识，共 20 个，如表 6-5 所示。

表 6-5　　　　　　　　　　　　　　　　IPC 的部与分部

部	部　　名	分　部　名
A	人类生活必需（农、轻、医）	农业；食品与烟草；保健与娱乐；个人与家用物品
B	作业、运输	分离、混合；成型；印刷；交通运输
C	化学	化学；冶金
D	纺织、造纸	纺织；造纸
E	固定建筑物	建筑；掘井、采矿
F	机械工程	发动机或泵；一般工程；照明、加热；武器、爆破
G	物理	仪器；核子学
H	电学	

大类 130 余个，由所属部的符号加上两位阿拉伯数字组成；小类 600 多个，由大类类号加上一个大写字母（第一版 IPC 中则用小写英文字母）组成。

主组与分组都用数字表示，之间用"/"分隔。主组号由小类号加上 1～3 个三位数字，而后在斜线"/"后加上两个零；分组号为主组号除两个零之外的数字。分组又可细分出一级分组、二级分组等，最多可分至八级。分组的等级关系由类目前面的错位及"·"的数目表示。例如：

A	人类生活需要	部
	食品与烟草	分部
A21		大类
A21B		小类
A21B1/00	食品烤炉	主组
A21B1/02	·以加热装置为特征的	一级分组
A21B1/04	··在焙烤前只用火加热的烤炉	二级分组
A21B1/06	··用辐射器加热的烤炉	二级分组
A21B1/08	···用蒸汽加热的辐射器	三级分组

斜线后的数字在分类表中不表示任何进一步细分类的等级关系，即 1/06 并不是 1/04 的细分类，而 1/08 后的三个圆点决定了它是 1/06 的细分类，即是离它最近的少一个圆点类号的细分类。

而我国外观设计专利采用的是国际外观设计分类，即洛迦诺分类。该分类表依据产品的用途，采用大类和小类两级分类制。大类号和小类号分别用两位阿拉伯数字表示，不足两位数的，在数字 1～9 之前加 0，目前共分为 31 个大类和 217 个小类，包括 7 000 多个产品系列。此外，还设有第 99 类，将各个大类和小类中未包括的产品划归到第 99 类中。例如：

19 类　文具用品、办公设备、艺术家用材料及教学材料

19-01 书写纸、明信片和通知卡

19-02 办公设备

19-03 年历、日历

19-04 书本及其他与其外观相似物品

19-05 空白

19-06 用于写字、绘图、绘画、雕刻、雕塑和其他工艺技术的材料和器械

19-07 教学材料

19-08 其他印刷品

19-99 其他杂项

④ 优先权项

优先权项一般包括优先权申请号、优先权申请日期和优先权申请国。

优先权是专利制度的一种特殊规定，它是 1883 年 3 月 10 日在巴黎签订的《保护工业产权巴黎公约》规定的一种为巴黎公约缔约国之间共同遵守、相互承认的优惠权利。

优先权是指任一个缔约国的申请人就同一发明先在一个成员国申请专利，只要时间间隔不超过一定期限（发明与实用新型为 12 个月，外观设计、商标为 6 个月），则后来向其他成员国的申请日期均按最早的那次申请日期算起。因此，一项发明创造的第一次提出专利申请日期既称为申请日，也称为优先权日。按照巴黎公约有关优先权的规定，一项发明创造在一个成员国提出专利申请之后，虽然内容公开了，但只要在法定的期限内向其他成员国提出专利申请，完全不影响后面申请案的新颖性。

⑤ PCT（专利合作条约）

如果要向许多国家申请专利可以使用 PCT。PCT 是专利领域的一项国际合作条约，是一

个非开放性公约，只对巴黎公约成员国开放，目前成员国有 140 余个，我国是 1994 年加入的。PCT 的宗旨是简化国际间专利申请手续和程序，从而节省时间和开支。

PCT 的主要特点是建立一种国际体系，申请人只要用一种语言，向一个受理局（PCT 成员国的本国专利局）提出一件专利申请（国际申请），通过一次检索（国际检索），就能在申请人要求指定的每一个 PCT 成员国都有效，而不必分别到各国提出申请、检索。我们通常所说的国际专利（WO）指的是按照 PCT 规定提出的专利申请案。但 PCT 不对国际专利授权，至于是否授予专利权的任务和责任仍然由申请案提交时的指定国专利局行使起职权。

（2）摘要

专利说明书摘要是对该发明创造的技术内容所作的简明描述，一般紧接在专利说明书的有关著录项目之后。

（3）说明书正文

专利说明书正文是申请人向专利局申请专利权时必交的文件之一。在说明书中，申请人详尽地叙述了发明创造名称、发明的目的、发明的技术背景、发明的详细内容及发明创造的效果等。

（4）附图

可更好地阐明发明创造内容，尤其对一些涉及设备电路和具体产品的发明创造，一般都用附图加以补充说明。

（5）权利要求书

权利要求书可提供专利申请人请求法律保护的范围，它是专利局判定是否侵权的依据。权利要求书必须以说明书的内容为依据，不能超出说明书范围。

6. 专利检索依据

可用作专利检索依据的专利信息很多。一般情况下，所有专利文献著录项目都可以作为专利信息检索依据。主要可归纳为以下 3 种情况。

（1）主题检索

主题检索分为：分类检索（IPC、ECLA、US 分类号等）和关键词检索（发明名称、摘要）。

（2）名字检索

名字检索：申请人（专利权人、专利受让人）、代理人、发明人（设计人）、代理机构。

（3）号码检索

号码检索：申请日、公开（公告）日、公布（批准）日、申请号、专利号、优先权项。

6.3.2 中国专利检索

网上能提供中国专利数据库的网站很多，主要网站有：
（1）中国专利信息网（http://www.patent.com.cn）
（2）中华人民共和国国家知识产权局网（http://www.sipo.gov.cn）
（3）中国发明专利技术信息网（http:// www.1st.com.cn）
（4）中国知识产权网（http://www.cnipr.com）

（5）中国专利项目网（http:// www.hgptpc.cn）

这些网站中多数只能阅读到题录文摘信息，在此仅介绍中华人民共和国国家知识产权局网的专利检索（http://www.sipo.gov.cn）部分。该网是我国诸多专利网中能免费检索中国专利全文的网站之一，并且能检索发明和实用新型专利，检索外观设计专利，还可以浏览到各种说明书全文及外观设计图形。国家知识产权局网可提供快捷检索、高级检索和 IPC 分类检索 3 种方式。

1. 快捷检索

快捷检索位于国家知识产权局网主页右侧的中部（见图 6-31），只能在申请（专利）号、申请日、公开（公告）号、公开（公告）日、申请（专利权）人、发明（设计）人、名称、摘要、主分类号 9 个检索字段中进行检索。快捷检索只支持模糊检索。其中，用"?"代表 1 个字符，用"%"代表 0～n 个字符，且模糊算符在末尾时可省略。如在申请（专利）号字段输入：95?03417，在名称字段输入：防菌%口罩，另外，系统本身有自动截词功能。

图 6-31　基本检索界面

2. 高级检索

单击中华人民共和国国家知识产权局网页中的"高级检索"即可进入高级检索界面。高级检索实为菜单检索，共提供了 16 个检索字段输入框，既可进行组配检索又可进行单一检索，各字段间的关系为逻辑与。高级检索具有检索语言提示功能，用户检索时，只要把鼠标放在某一字段输入框上，就会显示检索提示功能。其中在专利名称、摘要字段，既可实现模糊检索也可用逻辑与（AND）、或（OR）、非（NOT）组配检索，如图 6-32 所示。

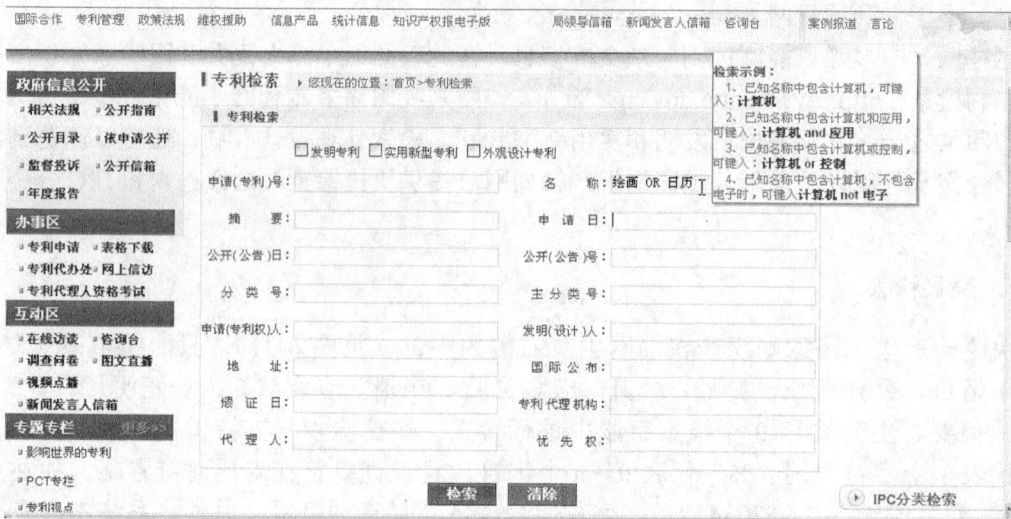

图 6-32　高级检索界面

> ① 高级检索中，构造检索表达式时，检索词与算符之间要空一格。
> ② 国家知识产权局网的说明书为 TIF 格式文件，在线浏览说明书全文必须安装本网站提供的专用浏览器。

重要提示

3. IPC 分类检索

单击高级检索界面右侧的"IPC 分类检索"则可进入分类检索界面，该界面可通过 IPC 的 8 个大部逐级选择类目层层逼近检索，如图 6-33 所示，当然该系统还可在有关类目下，进一步输入关键词进行限定检索，如图 6-34 所示。

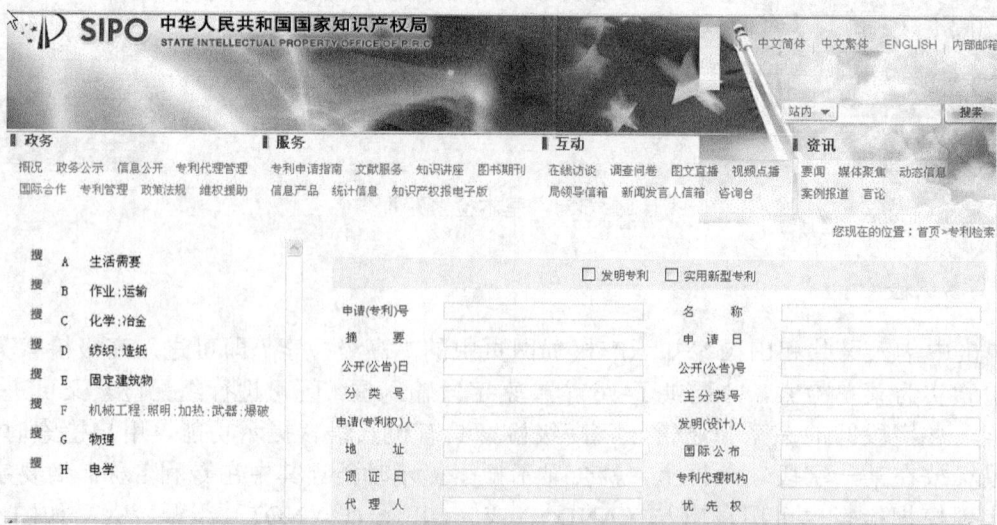

图 6-33　IPC 分类检索界面

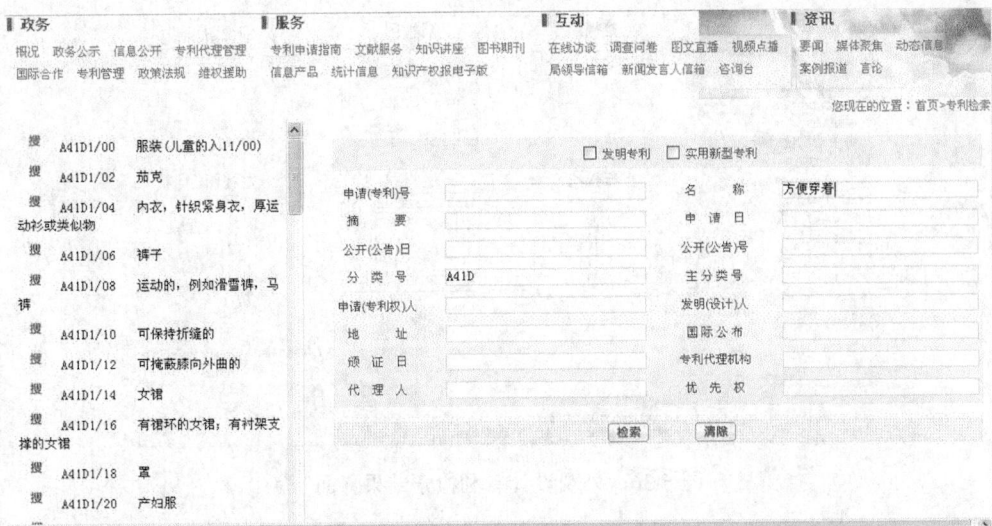

图 6-34　IPC 分类检索界面

4. 检索结果

国家知识产权局网的专利检索结果如图 6-35 和图 6-37 所示，最上方显示专利类型及命中专利数量，而最为显著的位置则按篇罗列专利文献，每篇专利以"序号、申请号和专利名称"依次显示。对于外观设计专利，单击图 6-35 中的申请号或专利名称，就可看到专利的全部著录项目和专利全文（见图 6-36），在外观设计专利中，所谓的全文就是由若干幅图所组成。对于发明和实用新型两种专利，单击图 6-37 中的申请号或专利名称，可看到专利文摘等信息（见图 6-38），若想看专利全文，则可单击图 6-38 最上方的"实用新型说明书（4）页"超链接，如图 6-39 所示。

图 6-35　检索结果界面

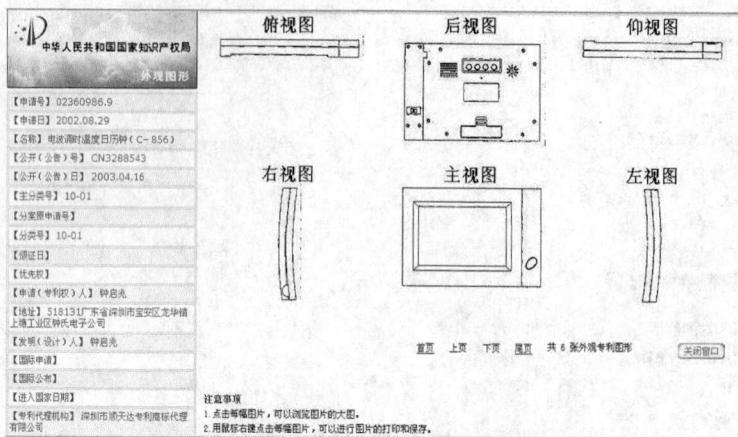

图 6-36 外观设计专利检索结果界面

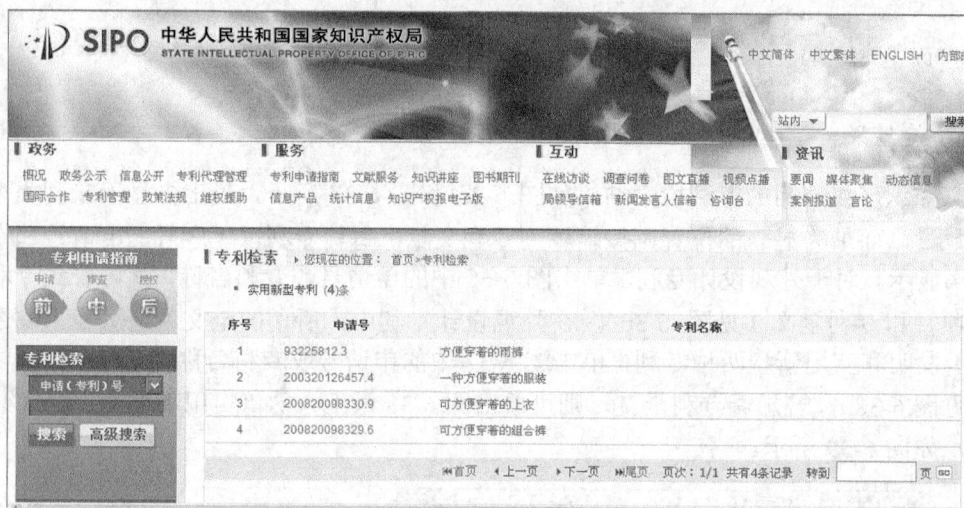

图 6-37 检索结果界面

图 6-38 实用新型专利检索结果界面

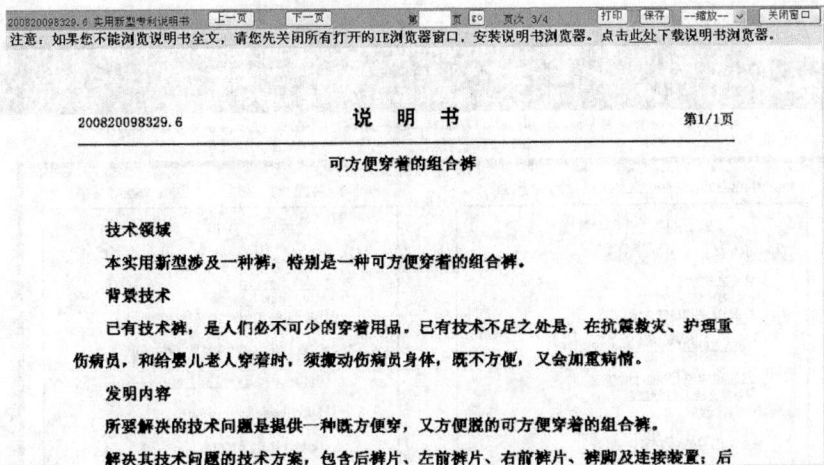

图 6-39 专利全文显示界面

案例分析

检索专利

① 检索绘画或日历方面的外观设计专利。

解析: 该题最好使用高级检索, 在名称字段输入表达式: 绘画 OR 日历, 如图 6-32 所示, 检索结果如图 6-35 和图 6-36 所示。

② 查找可方便穿着的衣服方面的专利。

解析: 该题使用国家知识产权局网的 3 种检索方式皆可。在此从 IPC 分类检索入手, 首先选: A 生活必需; 然后在其下单击 A41 服装; 再单击 A41D 外衣、防护服、衣饰配件; 当然还可在有关类目下, 进一步输入关键词进行限定检索, 如在名称框中输 "方便穿着", 则可进一步缩小检索范围 (如图 6-33 和图 6-34 所示)。检索结果如图 6-37 和图 6-38 所示, 专利全文如图 6-39 所示。

6.3.3 美国专利检索

1. USPTO 简介

在 Internet 上, 有数家机构的 Web 服务器提供美国专利数据库检索。其中, 美国专利与商标局 (United States Patent and Trademark Office, USPTO) 的服务器可免费获取美国专利全文信息, 其网址为: http://patft.uspto.gov。

USPTO 数据库收录了 1976 年以来的所有美国专利全文信息, 并有扫描图像原始全文专利说明书的超链接, 数据库每周二更新一次。其专利检索主页如图 6-40 所示, 主页左栏为已公布的专利, 右栏为申请专利。

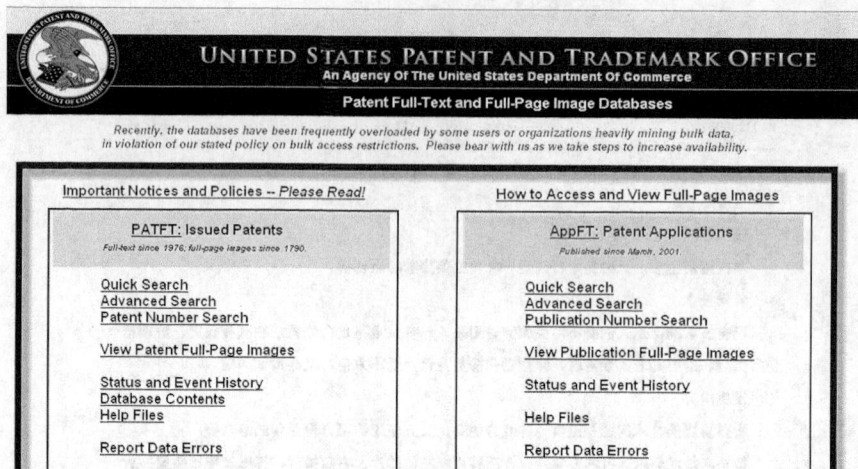

图 6-40 USPTO 主页

2. 检索语言

检索语言是数据库检索的核心技术,即通常所说的各种检索算符,USPTO 的常用检索语言如表 6-6 所示。

表 6-6 USPTO 常用检索语言

算符名称	使用符号	实 例	注 释
逻辑与	AND	A AND B	A、B 两词同时出现在文献记录中
逻辑或	OR	A OR B	A、B 两词任意一词或同时出现在文献记录中
逻辑非	AND NOT	A AND NOT B	A 词出现在文献记录中,但 B 词不出现
优先级	( )	(A or B) and C	优先执行括号中的表达式
截词符	$	plant$	可检出与 plant 词干相同,而其词尾字母不限的所有词
短语检索	" "	"A B"	精确短语检索

3. 检索方式

USPTO 专利库提供 3 种检索模式,即"Quick Search"(快速检索)、Advanced Search(高级检索)和 Patent Number Search(专利号检索)。

(1)快速检索

单击 USPTO 主页中的"Quick Search"或其他页面中的 Quick 链接,都可进入快速检索界面,图 6-41 所示为在题名字段查找网球拍的实例。

快速检索只提供两个文本输入框,用户可通过下拉菜单选择检索字段、逻辑算符及检索年代,并输入检索词进行检索。

快速检索可选择的字段包括题名、文摘、专利号、发明人等 30 多个字段,默认状态下为所有字段。该检索界面简单直观,易于初学者掌握。

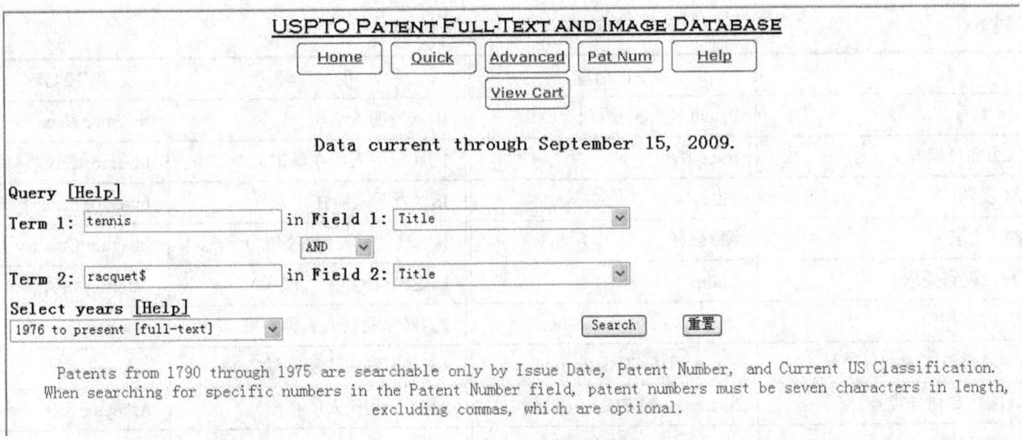

图 6-41　快速检索界面

> 快速检索只适用两个及以下检索词或短语的检索，每个文本框中只允许输入一个检索词或短语，对于两个以上的检索词或短语的检索必须用高级检索进行。

（2）高级检索

单击 USPTO 主页中的"Advanced Search"或其他页面中的 Advanced 链接，都可进入高级检索界面，如图 6-42 所示。

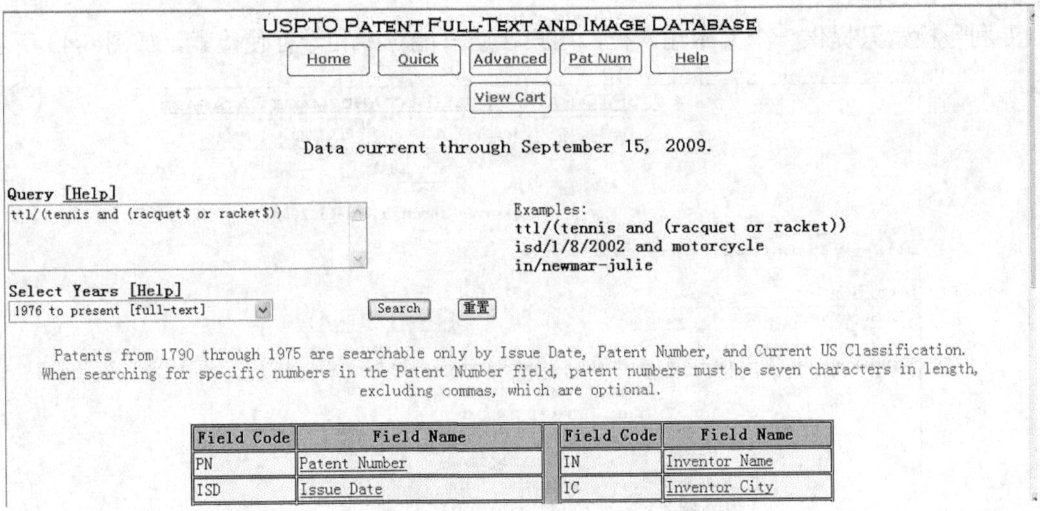

图 6-42　高级检索界面

在高级检索界面中，用户可根据需要，用表 6-6 检索语言和表 6-7 检索字段代码，在 Query 文本输入框内一次性输入检索表达式。另检索字段代码与检索词之间要用符号"/"加以限定。

表 6-7   **USPTO 检索字段代码**

代　　码	字段名称	代　　码	字段名称
PN（专利号）	Patent Number	IN（发明人名称）	Inventor Name
ISD（公布日期）	Issue Date	IC（发明人所在城市）	Inventor City
TTL（题名）	Title	IS（发明人所在州）	Inventor State
ABST（文摘）	Abstract	ICN（发明人所在国家）	Inventor Country
ACLM（权利要求）	Claim（s）	LREP（律师或代理人）	Attorney or Agent
SPEC（说明书）	Description/Specification	AN（专利权人名称）	Assignee Name
CCL（最新美国专利分类号）	Current US Classification	AC（专利权人所在城市）	Assignee City
ICL（国际专利分类号）	International Classification	AS（专利权人所在州）	Assignee State
APN（申请号）	Application Serial Number	ACN（专利权人所在国家）	Assignee Country
APD（申请日期）	Application Date	EXP（主审人）	Primary Examiner
PARN（原始案例信息）	Parent Case Information	EXA（助理审查人）	Assistant Examiner
RLAP（相关 US 申请日期）	Related US App. Data	REF（引用文献）	Referenced By
REIS（再公告日期）	Reissue Data	FREF（国外参考文献）	Foreign References
PRIR（外国优先权）	Foreign Priority	OREF（其他参考文献）	Other References
PCT（专利合作条约信息）	PCT Information	GOVT（政府股份）	Government Interest
APT（申请类型）	Application Type		

（3）专利号检索

单击 USPTO 主页中的"Patent Number Search"或其他页面中的 Pat Num 链接，都可进入专利号检索界面。

专利号检索只提供一个文本输入框，用户在此只能对专利号行使检索，如图 6-43 所示。

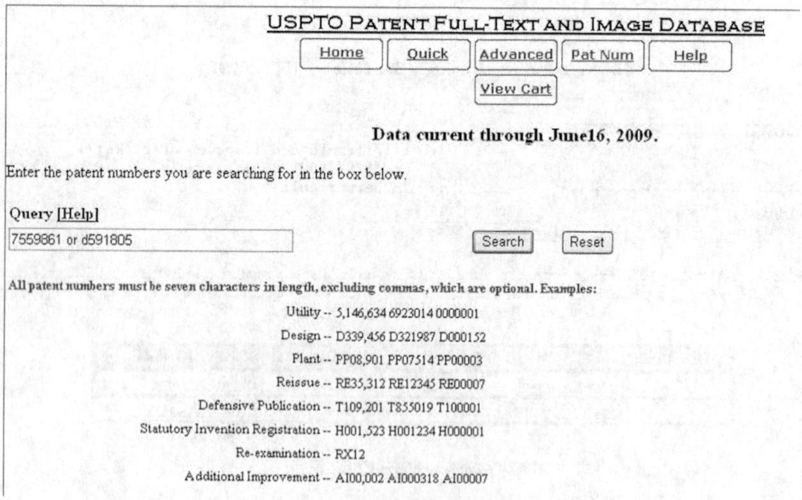

图 6-43　专利号检索界面

由于美国专利的种类较多，在输专利号时应注意它的格式：发明专利（Utility）代码为 A，输入时省略，直接输专利号；其他 7 种专利，如外观设计专利（Design）代码为 D、植物专利（Plant Patent）代码为 PP、再公告专利（Reissue）代码为 RE、防卫性公告（Def.Pub.）代码为 T、依法登记的发明（SIR）代码为 H、再审查专利（Re-examination）代码为 RX、补充专利（Additional Improvement）代码为 AI，在检索框中除了输入专利号外，还要在专利号之前冠以专利代码符号。

4. 检索结果

在上述 3 种检索模式中，单击"Search"按钮后，系统执行检索并将匹配的记录输出到屏幕上，其显示内容有检索表达式、命中条数、专利题录等信息，专利题录按专利号大小倒叙排列，包括记录顺序号、专利号和发明名称，显示结果如图 6-44 所示。单击图中的专利号或题名，可看到除附图之外的专利说明书的所有内容，包括各种专利著录项目、摘要、说明书和权项等更详细的信息，如图 6-45 所示。若要浏览专利说明书图形，可单击专利页面上部的"Images"按钮。

检索结果可以保存和打印，但一次只能保存和打印一条全记录。

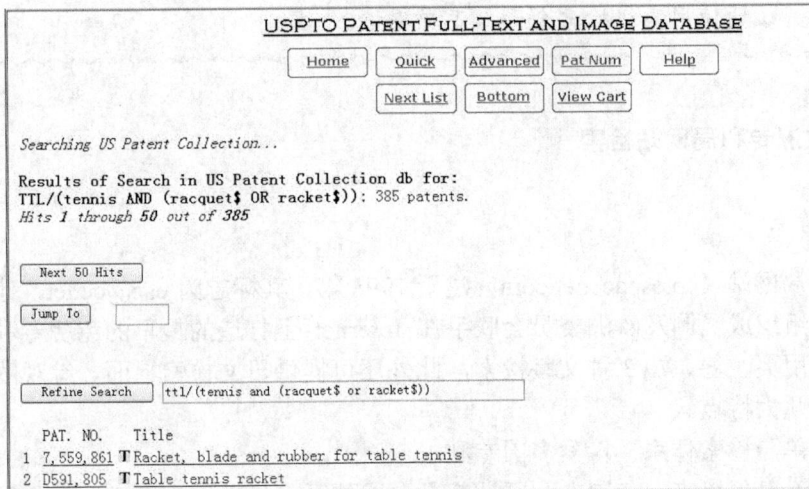

图 6-44　检索结果界面

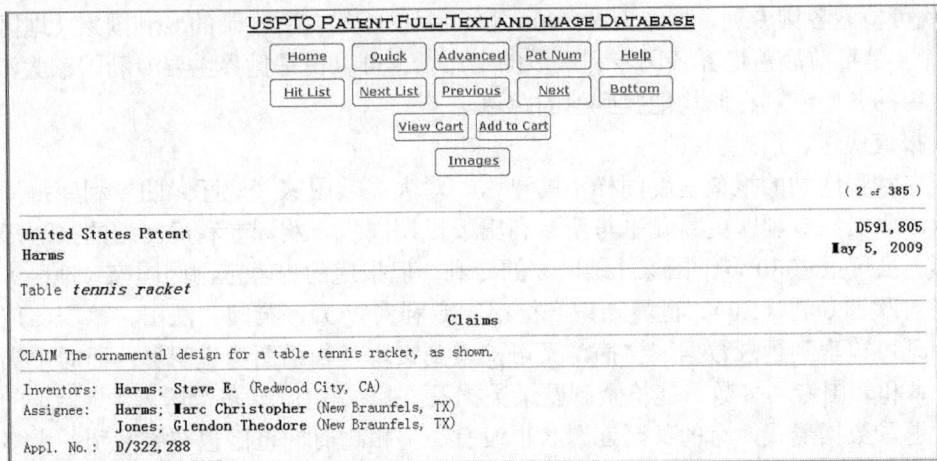

图 6-45　专利全文显示界面

> **重要提示**
> ① 高级检索中有关申请日及发明日等涉及日期的字段，要留心输入格式，如申请日为 March 25 1996，则输入格式：apd/3-25-1996 或 apd/3/25/1996。
> ② 用专利号检索，包括代码在内，不能超过 7 位数字。

案例分析

查找网球拍方面的专利

解析：根据课题的要求，该题既可使用快速检索，又可使用高级检索。使用快速检索，限定在题名字段，表达式为：tennis and racquet$，如图 6-41 所示；使用高级检索，表达式为：ttl/(tennis and (racquet$ or racket$))，如图 6-42 所示。快速检索命中 91 篇专利；高级检索命中 385 篇专利，其检索结果如图 6-44 所示，其中一篇专利的全文显示界面如图 6-45 所示。

由此可见，该题使用高级检索全面、不易漏检。

6.3.4 欧洲专利局网站检索

1. 检索特点

欧洲专利局网站（ep.espacenet.com）建于 1998 年，其标志为 esp@cenet，他是欧洲专利局、欧洲专利组织成员国及欧洲委员会联手在 Internet 上打造的最早的免费专利检索网站之一。现在可以用英、德、法 3 种文字检索，此外还可提供日文检索界面。综观欧洲专利局网站，具有这样几大特点。

（1）掌握单一检索体系，检索多国专利

自 Internet 诞生以来，各国专利网站都是自成体系，如采用本国语言、使用本国专利分类法、检索本国专利。而欧洲专利网站的出现，只需用户掌握单一检索体系，熟悉一种语言（英语）就可检索各国专利，据该网站 2006 年 11 月的报道，所收录的专利国家（地区）已达到 80 多个，是目前涵盖世界各国专利最多的网站，也可以说是世界主要专利国家大汇总，我们经常使用的各国专利在此均能找到他的踪迹。

（2）报道快速、形式多样

欧洲专利局网站的报道速度同样不同寻常。对大多数国家（地区）的专利库每周更新一次，对欧洲成员国专利库更新几乎与新专利出版日期同步。欧洲专利局网站的报道形式也是丰富多彩。虽可报道 80 多个国家（地区）的专利，但报道的内容范围因国家（地区）差异很大，一般对欧洲专利（EP）、世界知识产权组织专利（WO）、英国、法国、德国、瑞士和美国等专利既可检索到题录数据、文摘，又可检索到文本及扫描图像说明书；而对中国、中国台湾、日本和韩国专利多数只能检索到题录数据及文摘；其他 70 多个国家（地区）的专利一般仅提供题录数据形式，有的甚至连题名也没有。另报道时间范围也有所区别，大多数国家可回溯到 1970 年，但对特别重要的国家可回溯到 1920 年，如奥地利、巴西、英国、德国等，而对美国专利书目数据和图像甚至可追溯到 1790 年。

（3）检索界面、输入字段标准化

欧洲专利局网站为世界各国专利资源共享开创了先河，这不仅体现在能用统一的语言检索上，还体现在检索界面、输入字段的统一标准上。虽对于不同的检索界面则有不同的检索字段，但检索字段共设有题名关键词、题名或文摘中的关键词、公开号（专利号）、申请号、优先权号、公开日期、申请人姓名、发明人、欧洲专利分类号和国际专利分类号 10 个字段可供选择。虽对不同国家的数据库，字段略有增减，但他们所输入的形式和表示的含义都是一致的。

（4）检索语言及显示结果固定统一

欧洲专利局网站对所有的检索部分均使用统一固定的检索语言，如表 6-8 所示。

表 6-8　　　　　　　　　　　　欧洲专利局网站检索语言一览表

算符名称		使用符号	举　例	注　释
逻辑算符	逻辑与	AND	A AND B	A、B 两词同时出现在文献记录中
	逻辑或	OR	A OR B	A、B 两词任意一词或同时出现在文献记录中
	逻辑非	NOT	A NOT B	A 词出现在文献记录中，但 B 词不出现
优先级		( )	(A OR B) AND C	优先执行括号中的表达式
短语标识符		" "	"A B"	精确地检出用双引号引起的短语部分
截词标识符		*	book*	可取代任意长度的字符串
		?	book?	取代零或一个字符
		#	book #	精确地代替一个字符

同样该网的显示结果及显示窗口细阅区的格式也大致相同。

2.　检索方式

欧洲专利局专利网站共提供快速检索、高级检索、专利号检索和分类检索 4 种检索方式，其专利检索入口界面见该网站主页的左上方图示（见图 6-46）。esp@cenet 数据库由 3 部分构成。

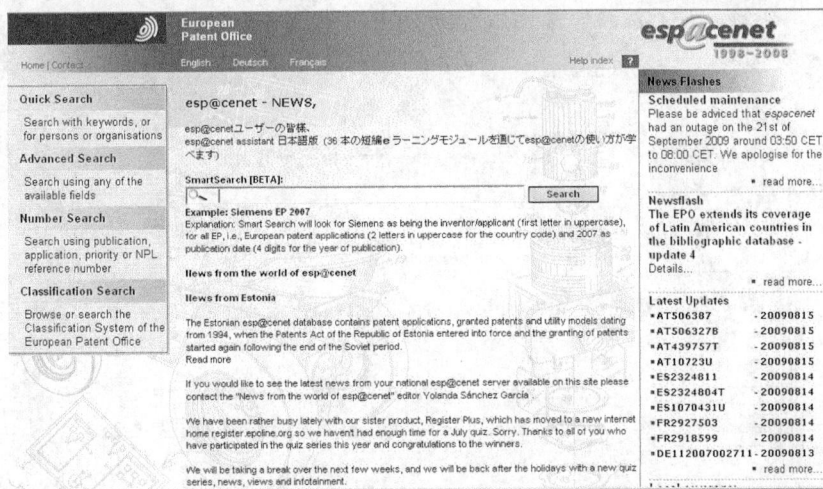

图 6-46　欧洲专利局网站主页

世界专利数据库（worldwide）：截至 2006 年 11 月，收录 80 多个国家（地区）的 5 600 万件专利的著录项目。

WIPO（World Intellectual Property Organization，世界知识产权组织）数据库：收录最近 24 个月公布的 PCT 申请的著录数据。

EP 数据库：收录最近 24 个月公布的欧洲专利申请的著录数据。

（1）快速检索（Quick Search）

单击欧洲专利局专利网站左上方的 Quick Search 链接，即可进入快速检索界面。快速检索界面包括以下 3 部分内容。

① 选库：可通过下拉菜单选择 worldwide、WIPO、EP 3 个数据库，系统默认数据库为 worldwide。

② 选择检索字段：快速检索只提供两种类型的检索字段：一是选取发明名称或摘要中的关键词字段进行检索；二是选取发明人或申请人的名字字段进行检索。

③ 输入检索词：快速检索只提供一个文本输词框，可以依据表 6-8 的检索语言构造检索表达式，如图 6-47 所示。

（2）高级检索（Advanced Search）

单击欧洲专利局专利网站左上方的 Advanced Search 链接，即可进入高级检索界面（见图 6-48）。高级检索界面包括以下两部分内容。

① 选库：高级检索选库同快速检索。

② 输入检索词：高级检索共提供 10 个检索字段，它们分别是：题目当中的关键词（Keyword(s) in title）、题目或文摘中的关键词（Keyword(s) in title or abstract）、公开（公告）号（Publication Number）、申请号（Application Number）、优先权申请号（Priority Number）、公开日期（出版日期 Publication Date）、申请人（Applicant）、发明人（Inventor）、欧洲专利分类号（European Classification=ECLA）和国际专利分类号（IPC）。

每个字段的输入规则可参考检索字段右侧，如果同时在多个字段中检索，其字段之间的逻辑关系为逻辑与，即满足所有条件的专利才被检索出来。输入检索内容后单击 Search 按钮即可执行检索。

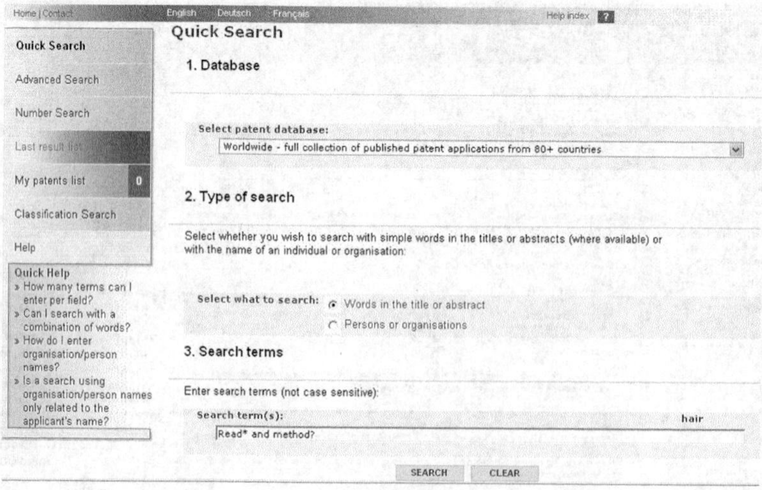

图 6-47 快速检索界面

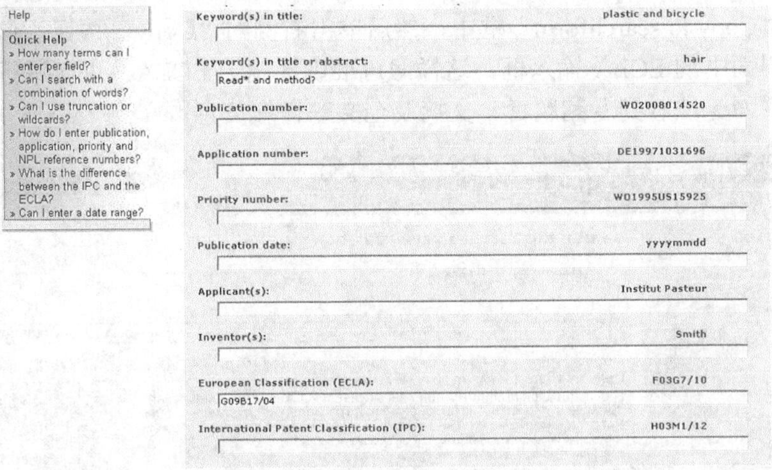

图 6-48　高级检索界面

（3）（专利）号码检索（Number Search）

单击欧洲专利局专利网站左上方的 Number Search 链接，即可进入号码检索界面。号码检索既可使用专利公开号（公告号），又可使用申请号或优先权申请号检索，但号码前一定要加二字国别代码，如图 6-49 所示。

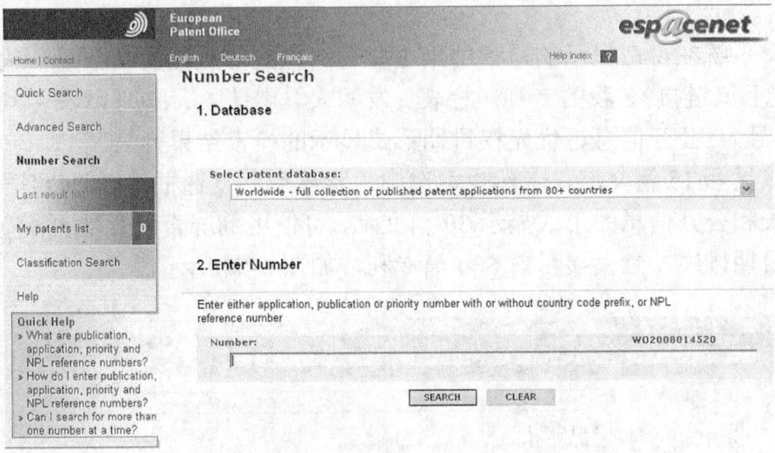

图 6-49　（专利）号码检索界面

（4）分类检索（Classification Search）

欧洲专利局网站的分类检索是指使用欧洲分类法（ECLA）检索专利。单击欧洲专利局专利网站左上方的 Classification Search 链接，即可进入分类检索界面。

分类检索实际上是为了配合高级检索来确定欧洲专利分类（ECLA）使用的一种辅助途径。ECLA 系统的分类原则是以国际专利分类（IPC）为基础，在 IPC 8 个部的基础上，又多加了 1 个部，分类位置的编排设置与 IPC 基本相同，其类名、类号、参见、附注、分类原则、分类方法等都可引用 IPC 的相关定义，只是主组以后的分类号更加细化。在分类检索中，既可按欧洲专利分类号的 9 个部（前 8 个部与 IPC 相同）逐级浏览，又可按关键词或具体的分类号检索（见图 6-50）。但无论哪种方式，只要选中界面右侧分类号的复选框，分类号即被复制到下部的"Copy to searchform"框中，然后单击右侧的"Copy"按钮，该分类号就可添加到高级检索界面中的 ECLA 输入框，这样即可准确地确定 ECLA，进而进行高级检索。因此在分类检索界面无法看到专利题目、文摘及全文等详细信息。

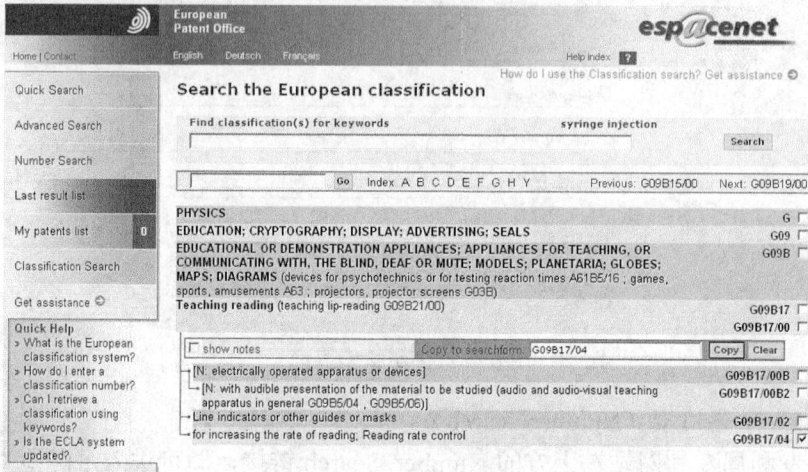

图 6-50　分类检索界面

3. 检索结果

检索完毕，系统在窗口显示的检索结果主要有：查到的匹配文献数量；输入的检索表达式；及序号、题目（链接）、我的专利一栏表、发明人、申请人、EC（欧洲专利分类号）、IPC（国际专利分类号）、公开信息、优先权日期形式显示的检索结果列表。

一屏一般只显示 15 篇文献，当然也可选中"紧凑型"复选框，则只以序号、专利题目、我的专利一栏表和公开信息的形式显示 30 篇文献，可使用翻屏查看其他页。检索结果列表按数据库上载的日期排序，且仅显示前 500 篇专利，如图 6-51 所示。

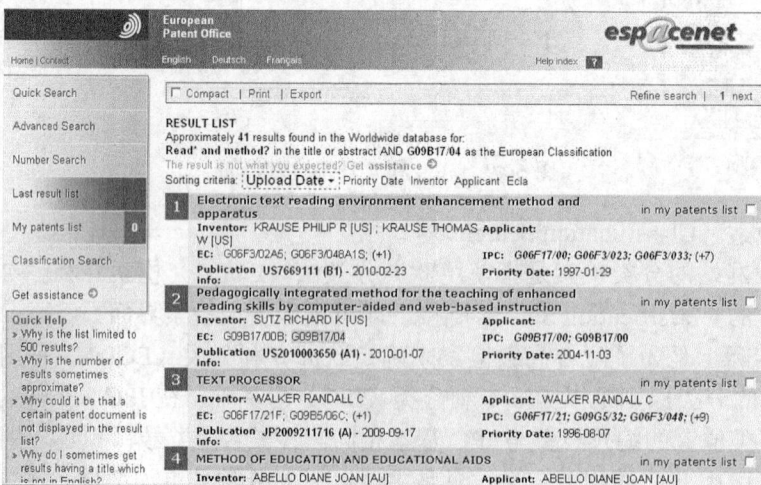

图 6-51　检索结果界面

　　从检索结果列表中选取任一篇专利文献题目可进入该专利文献的细阅区，在此可看到系统默认的题录数据（含文摘），当然还可通过"其他选项卡"链接到文本形式的说明书（Description）、权利要求书（Claims）、以 PDF 格式显示的说明书附图（Mosaics）、扫描图像的原始全文说明书（Original document）、INPADOC 法律状态（INPADOC legal status）及查找该专利的同族专利入口（View INPADOC patent family）等，如图 6-52所示。

　　在图 6-52 的专利文献细阅区中，单击文献显示窗口右上方的"INPADOC legal status"项，即可获得该专利的法律状态信息列表。单击"Original document"，可查看图像格式的专利全文，并能进行专利全文说明书的下载和打印。除此而外，还可通过其右上方"Also published as"下的专利文献图标，显示该专利申请的相同专利。单击页面右中部"Cited documents"下的专利文献图标，可以查看该专利的参考专利。

　　单击图 6-52 左中部的"View INPADOC patent family"项，可获得该专利（包括该专利在内）的所有同族专利。单击"View list of citing documents"，可以查看该专利的引用情况。单击"View documents in the European Register"，可以查看该专利的欧洲登记信息。另esp@cenet 数据检索系统还可以在专利列表中存储文献，只要选中"In my patents list"项，即可存储该件专利文献。

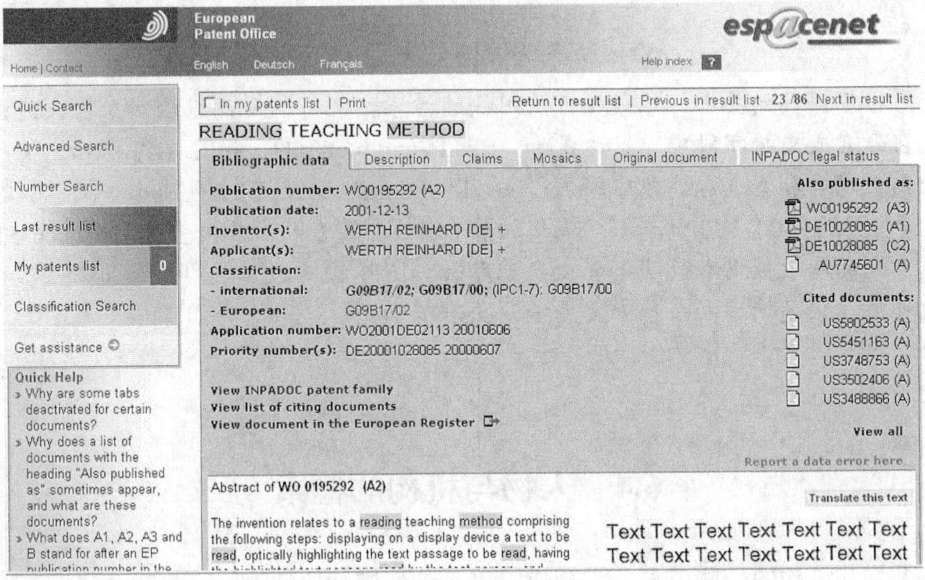

图 6-52　检索结果界面

　　① 系统的 3 种截词字符只能在专利题目、题目和文摘、发明者及申请者（专利权人）字段使用。
　　② 在截词算符后不允许再有字母，如 colo？r 输入错误。
　　③ 检索过程中，各种算符要在半角（英文）状态下输入，如小括号、？等。

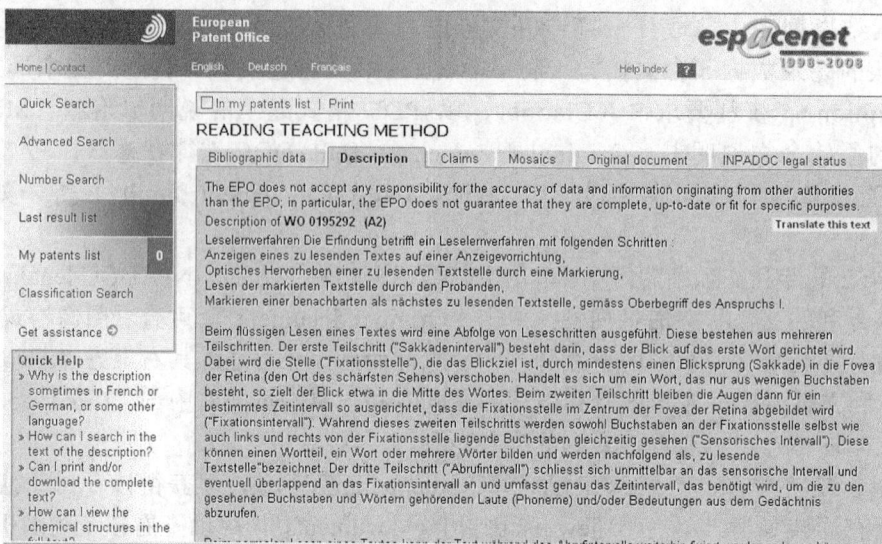

图 6-53　说明书全文显示界面

案例分析

查找有关阅读方法方面的专利

　　解析：根据课题的要求，该题既可使用快速检索，又可使用高级检索。在快速检索中，只能限定在题名或文摘字段中，表达式为：Read* and method?，如图 6-47 所示；使用高级检索，可分别在题名和 ELLA 字段中输入：Read* and method?、G09B17/04，如图 6-48 所示。快速检索命中大于 100 000 篇专利；高级检索命中 41 篇专利，其检索结果如图 6-51 所示，其中一篇专利的题录数据和说明书全文显示界面如图 6-52 和图 6-53 所示。

　　由此可见，该题使用高级检索更灵活、更准确。

6.4　人物与机构的检索

　　对于人物和机构的一些信息，常会使用"名录"进行检索。

　　所谓名录（directory），是系统汇集有关人名、地名和机构名录概况信息的事实类检索工具，具有简明、准确、新颖等特点。由于名录大多按某一学科、某一系统、某一专业、某一地域名称组织编排，因此是人们查找有关人物生平事迹、机构组织、行政区划沿革等信息，进行同行切磋、学术鉴定、商务贸易、谋求职业的重要索引指南。名录按收集信息的内容的不同，可分为人名录、地名录、机构名录和大学指南等。

6.4.1　人物信息检索

　　人名录又称"名人录"，是介绍有关人物生卒年、学历、代表作品、学术思想等方面的检索工具。

1. 中国人物库

中国人物库（China Who's Who）是高校财经数据库的 12 个子库之一。

高校财经数据库是中国资讯行（INFOBANK）专门为中国大陆高校系统量身定制的数据事实检索库。中国资讯行（INFOBANK）于 1995 年在香港创立，是一家专门收集、处理及传播中国商业、经济信息的香港高科技企业。为确保数据的准确与权威，INFOBANK 与国家经贸委、外贸部、国家工商局、路透社等近百家中国政府部门和权威资讯机构建立了战略联盟。目前 INFOBANK 通过网络、光盘、印刷版等多种媒体向全球客户提供信息服务。

凡购买了高校财经数据库的单位，皆可通过本校校园网中的相应链接进入，也可直接输中国大陆教育网内镜像站点的 IP 地址（www.bjinfobank.com）进行访问，如图 6-54 所示。

图 6-54 高校财经数据库主页

高校财经数据库收录了国内 1 000 多家专业媒体的公开信息，分 12 个大型专业数据库，内容涉及 19 个领域，197 个行业。

在此仅介绍中国人物库（China Who's Who），该库提供详尽的中国主要政治人物、工业家、银行家、企业家、科学家以及其他著名人物的简历及有关的资料，其文献内容主要来源于国内 800 多种公开发行资料。

高校财经数据库的 12 个子库检索界面相同，都提供简易搜索和专业搜索两种检索方式。无论何种方式均可用全部字词命中（逻辑"与"）、任意字词命中（逻辑"或"）和全部词不出现（逻辑"非"）3 种逻辑关系进行组配检索。

简易搜索是系统的默认检索界面，对两个以上人物关键词进行检索时，只要选好逻辑关系，彼此间空一格即可。专业检索不仅可以定义要检索的人物关键词及它们之间的逻辑关系，还可以选择在人物关键词的职业分类、籍贯、检索范围（姓名、性别、正文、全部）、起始日期等字段中进行限定检索。因此，专业检索较简易搜索更准确。

重要提示

① 无论是简易搜索还是专业检索，首先要选库然后再检索且只能一个库一个库的检索。

② 中国人物库表格内容清晰，但更新速度欠佳。

---

2. 中国年鉴网络出版总库

中国年鉴网络出版总库（acad.cnki.net/Kns55/brief/result.aspx?dbPrefix=CYFD）收录了自1912年以来的我国国内中央、地方、行业和企业等各类年鉴近2 000条。虽说年鉴是系统汇集上一年度的社会、经济发展的客观资料和数据信息的权威性工具，但一些年鉴中常有记录人物信息的专栏。如中国年鉴中的人物栏目，中华人民共和国年鉴中的人物、政治人物栏目，中国出版年鉴中的诺贝尔奖金获得者栏目，西安年鉴、河南教育年鉴中的逝世人物栏目，中国排行榜年鉴中的人物榜栏目等。所以利用年鉴查找有关名人也是一个不错的选择。由于中国年鉴网络出版总库是中国知网的一个子库，因此检索界面、检索方式与 3.2 节"中国学术期刊网络出版总库"一致，只是检索字段更换而已。

案例分析

查找有关袁隆平、刘翔、许振超、张五常的简介

解析：根据课题的要求，该题使用中国年鉴网络出版总库的标准检索或专业检索皆可，如图 6-55 所示为标准检索界面；检索结果如图 6-56 所示。

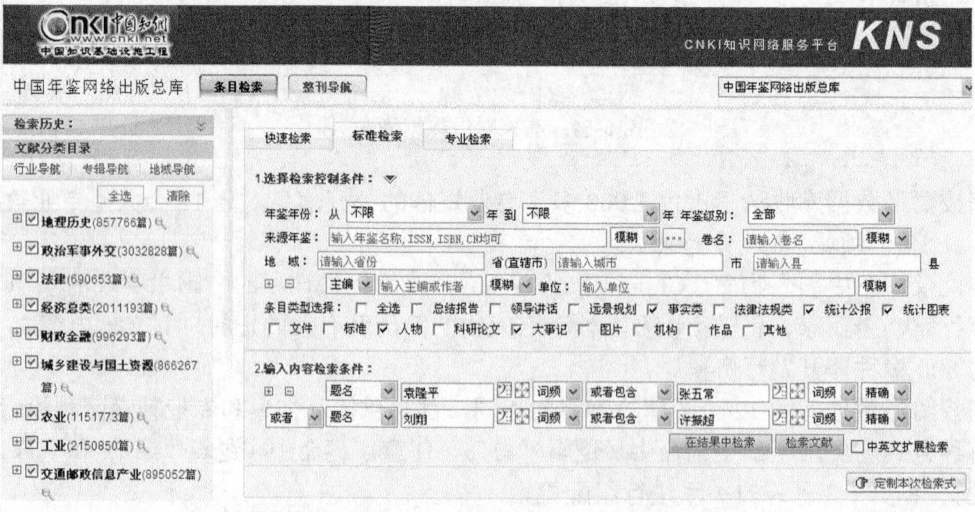

图 6-55　中国年鉴网络出版总库标准检索界面

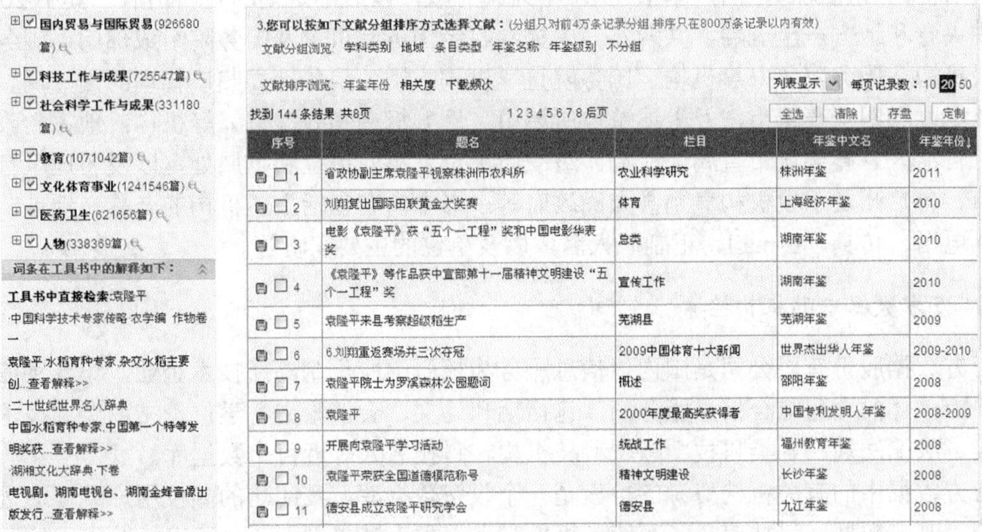

图 6-56　中国年鉴网络出版总库检索结果界面

3. 人人网

人人网的前身是校内网，校内网（xiaonei.com）成立于 2005 年 12 月，是中国最早的校园 SNS 社交网站。2006 年 10 月，千橡公司收购校内网，同年年底，完成了千橡公司 5Q 校园网与校内网的合并，并正式命名为校内网，域名为：http://www.xiaonei.com。2009 年 8 月 4 日千橡集团召开战略发布会，宣布校内网正式更名为人人网。

校内网的创始人是来自清华大学和天津大学的几位大学生，最初定位是为在校的大学生提供一个交流互动平台，之后几经变迁，已从具有垄断中国大学生市场地位的校园网打造成为一个社会品牌，网内不仅有大学生，还有高中、初中，直至小学同学及工作后的职员群体。目前，人人网已开通国内 32 000 所大学和国外 29 个国家 1 500 所大学、56 000 所高中及 85 000 家公司。

由于该网站从创建伊始就鼓励大学生用户实名注册，上传真实照片。因此使用人人网很容易找到昔日的老同学，结交今日的新朋友；另人人网还可以通过其发布日志、照片、推荐音乐、电影视频等站内外资源，为用户提供一个展示自我的空间，并能与朋友一起分享忧愁和快乐，找到倾诉对象的平台；由于大量的第三方网络公司、编程爱好者的加盟，在人人网中还能享受大批量的网络版 Internet 小应用程序和网络版游戏，让用户在网络上体验到现实生活的乐趣。

6.4.2　机构信息检索

机构名录又叫机构指南，实际上是汇集机构名称、主要负责人、地址、联系方式等信息的机构名片。它对沟通信息、相互交流、加强协作提供了很大的便利。

1.《中国政府机构名录》

《中国政府机构名录》由该书编辑部编辑、新华出版社出版，是我国政府机构概况的大

型工具书，内容充实、全面。本书 1989 年为第一版，以后不定期的更新出版。其中 2005 版
分为中央卷和地方一至五卷，共六卷。中央卷收录国务院机关及国务院组成部门、国务院直
属特设机构、国务院各办事机构、国务院直属机构、国务院各部委归口管理的国家局、国务
院事业单位和四个直辖市，及上述单位所属司（厅）机构和处（室）等机构；地方卷收集我
国省、自治区、省会城市直属厅（局）级职能单位、事业单位和下属处室以及各地区行署、
地级市、自治州及下设机构直到县人民政府等。书中内容包括上述机构的名称、地址、邮政
编码、电话、传真、E-mail、正副职人名，以及单位的主要职责等。

2. 万方数据中的机构检索

万方数据股份有限公司是国内以信息服务为核心的股份制高新技术企业，集各种信息资
源产品为一体的大型综合信息服务商，包括期刊论文、会议论文、学位论文、专利技术、中
外标准、法律法规、各类科技文献、科技机构、科技名人等近百个数据库。

万方数据中的有关机构资源的检索是一个收费数据库，凡团购的高校用户既可通过校园
网内的"万方数据—科技信息子系统—机构与名人类"链接进入，也可直接输入本校网上包
库的 IP 地址或本校镜像服务器的 IP 地址进行访问，如图 6-57 所示。万方数据中的机构资源
库包含《中国企业公司与产品数据库》、《中国科研机构数据库》、《中国科技信息机构数据库》
和《中国高等院校及中等专业学校数据库》。

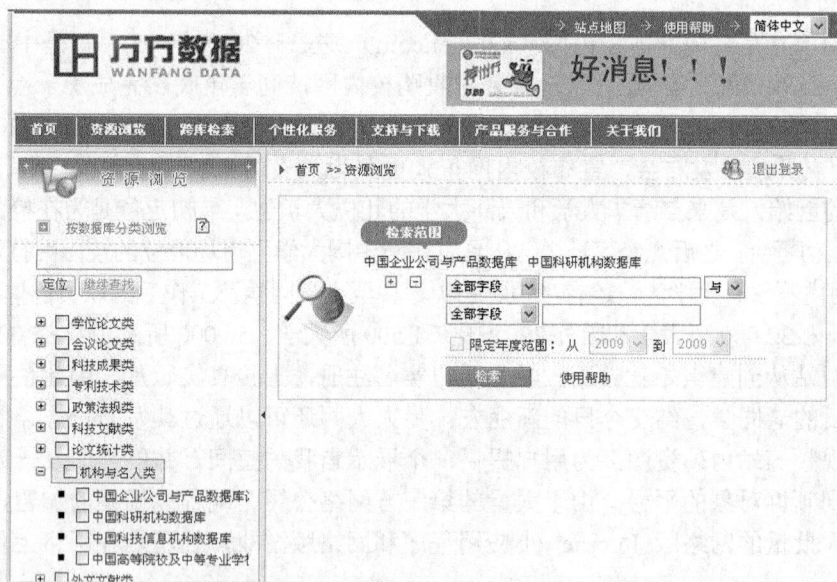

图 6-57 万方数据—机构与名人类检索界面

（1）《中国企业公司与产品数据库》

《中国企业公司与产品数据库》由万方数据联合国内近百家信息机构于 1988 年共同开发
研制。目前收录了近百个行业 20 余万家企业详细信息，每条数据包含 30 多个字段，对企业
公司进行了全面的详细描述，此外该库信息更新及时、数据准确，提供多种形式的载体和版
本。因此《中国企业公司与产品数据库》是汇中国企业公司与产品之大全，是国内外用户了
解中国市场的一条捷径。

单击图 6-57 左栏的"中国企业公司与产品数据库",即可进入该库,如图 6-58 所示。《中国企业公司与产品数据库》(2009 年)分快捷查询和分类浏览两种检索方式。分类浏览按行业划分,单击分类名称可浏览该类数据,单击分类名称前的 ⊞ 可查阅更详细分类,另分类浏览还可按行业和地区浏览。快捷查询如图 6-58 所示,该界面为用户提供 3 个文本检索框,用户只需通过点选左栏的字段,右栏的逻辑算符(与、或、非)、并在中栏的文本框中输词检索即可,另在检索框下面还有机构类型、企业性质、注册资金等的限定检索。

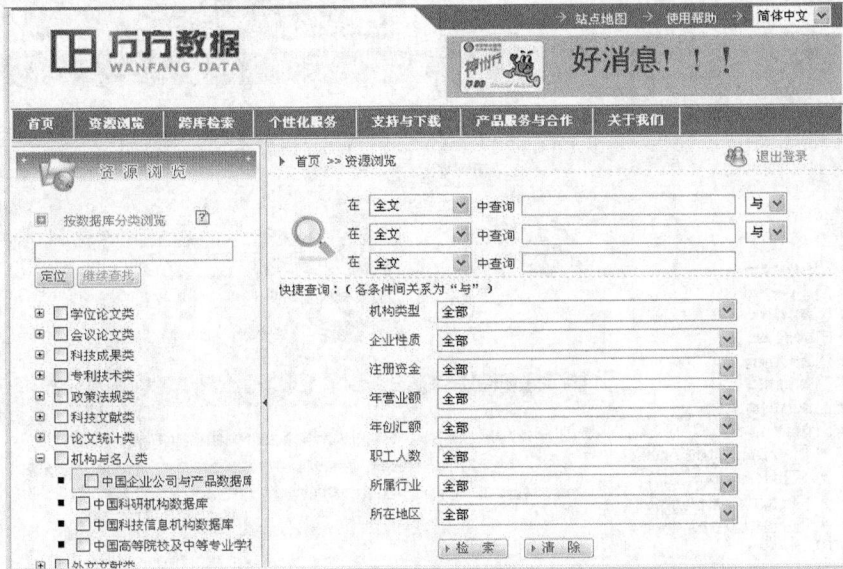

图 6-58　中国企业公司与产品数据库检索界面

(2)《中国科研机构数据库》

《中国科研机构数据库》收录了我国近 1 万家地、市级以上及大学所属主要科研机构的详细信息,包括机构所在地区、通信地址、邮政编码、联系电话、传真、网址、电子邮件地址、成立年代等,是查找我国科技单位的名录库。

单击图 6-57 左栏的"中国科研机构数据库",即可进入该库。该库只提供一种检索方式,与《中国企业公司与产品数据库》的快捷查询类似,只是默认界面为两个文本检索框,但可通过检索字段左上方的⊞、⊟图标增减文本检索框,检索界面如图 6-59 所示,检索结果如图 6-60 所示。

(3)《中国科技信息机构数据库》

中国科技信息机构数据库是一个介绍我国各科技信息机构和高校图书情况单位业务状况的数据库。该库共收入我国各科技信息单位和高校图书情报单位 2 000 多家,著录项目包括单位标识、通信地址、邮政编码、机构所在地区、联系电话、传真、网址、电子邮件地址、机构类别、机构负责人等信息。是查找我国图书馆、信息事业单位的名录库。该库的检索方式与《中国科研机构数据库》相似,如图 6-61 所示。

(4)《中国高等院校及中等专业学校数据库》

《中国高等院校及中等专业学校数据库》全面收集国家公布的有招生资格的高校信息,辅以部分中专学校。主要内容包括主管单位、通信方式、办学类型、重点学科、专职教师数量、定期出版刊物、院系设置、博士硕士本科专科专业、研究机构、校办产业、学校名人等，对高校的人才培养和学术研究等情况进行了全方位的立体描述，是学生择校和了解高校现状的重要参考工具。该库的检索方式与《中国科技信息机构数据库》、《中国科研机构数据库》非常相似，如图 6-62 所示。

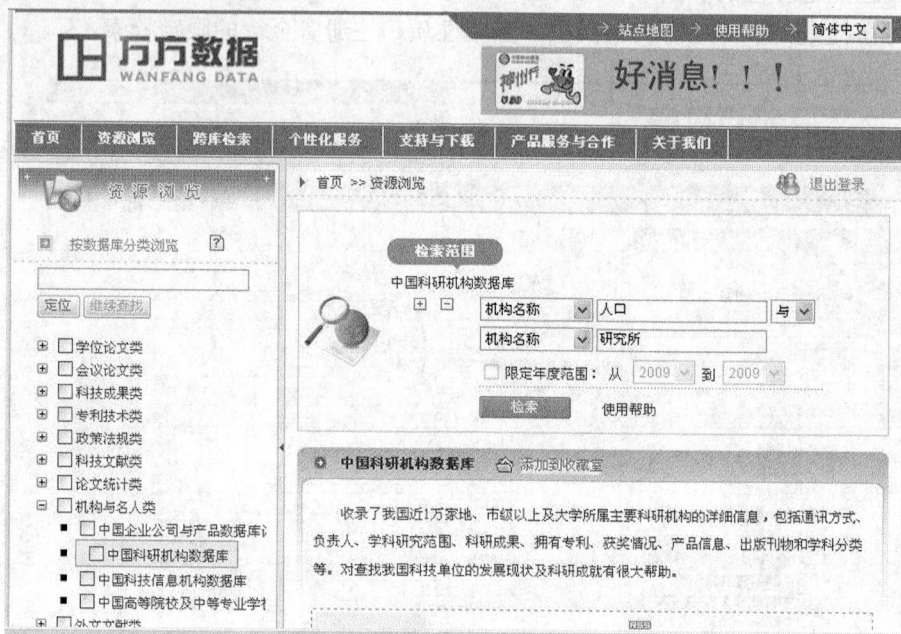

图 6-59　中国科研机构数据库检索界面

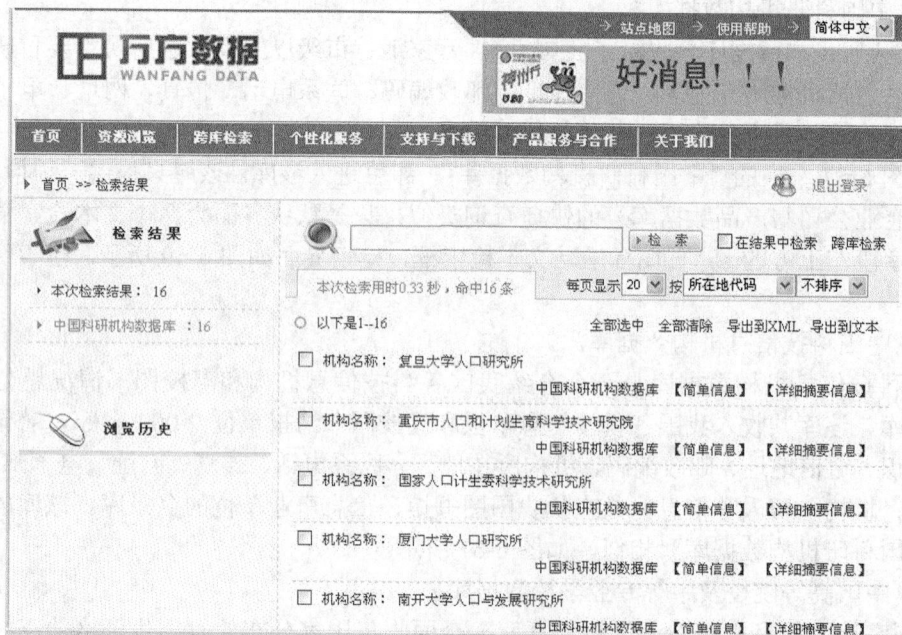

图 6-60　中国科研机构数据库检索界面

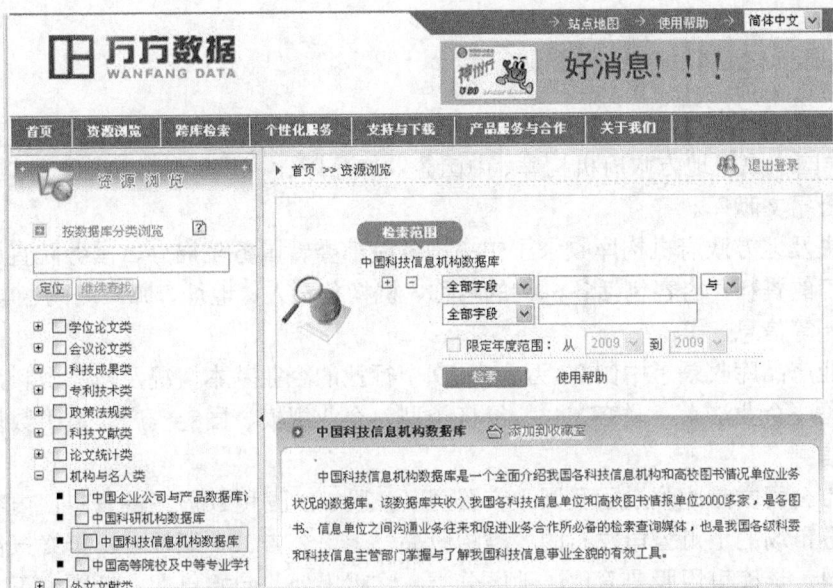

图 6-61　中国科技信息机构数据库检索界面

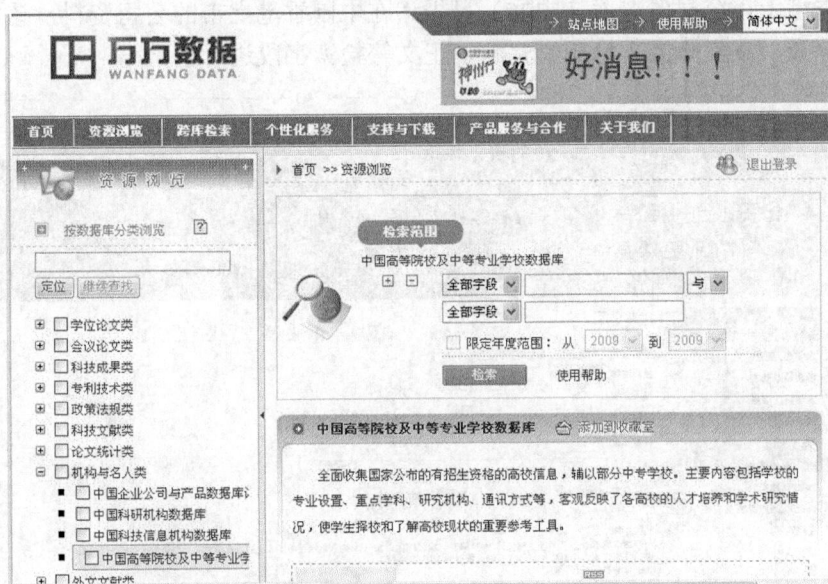

图 6-62　中国高等院校及中等专业学校数据库检索界面

案例分析

查找有关人口研究所方面的信息

解析：根据课题的要求，该题使用中国科研机构数据库检索，图 6-59 所示为专业检索界面，检索结果如图 6-60 所示。

3. 高校财经数据库中的机构检索

高校财经数据库共设 12 个数据库，主页如图 6-54 所示，其中可提供有关机构检索的子库有 4 个：中国中央及地方政府机构库、中国企业产品库、中国香港上市公司资料库（中文）和中国上市公司文献库。

中国中央及地方政府机构库收录了中央国务院部委、国务院局办、国务院直属机构及地方政府各部门的资料，内容包括各机构的名称、机构负责人、地址、邮政编码、电话、传真、机构主要职能等信息。

中国企业产品库收录了中国 27 万余家 39 个行业的企业基本情况及产品资料，主要内容包括企业代码、企业法人、联络方式、经济类型、企业规模、固定资产、员工数量、产品及生产能力等信息。

中国上市公司文献库收录了我国上市公司（A 股、B 股和 H 股）的资料，内容包括在深圳和上海证券市场的上市公司发布的各类招股书、上市公告、中期报告、年终报告、重要决议等文献资料。该库可用股票简称、地区分类、文献出处、起始日期、标题、正文等检索字段进行检索，数据库信息每日更新。

而中国香港上市公司资料库（中文）只报道在中国香港上市的公司资料，该库可用股票代码、行业分类、文献分类、日期、标题、正文等检索字段进行检索。

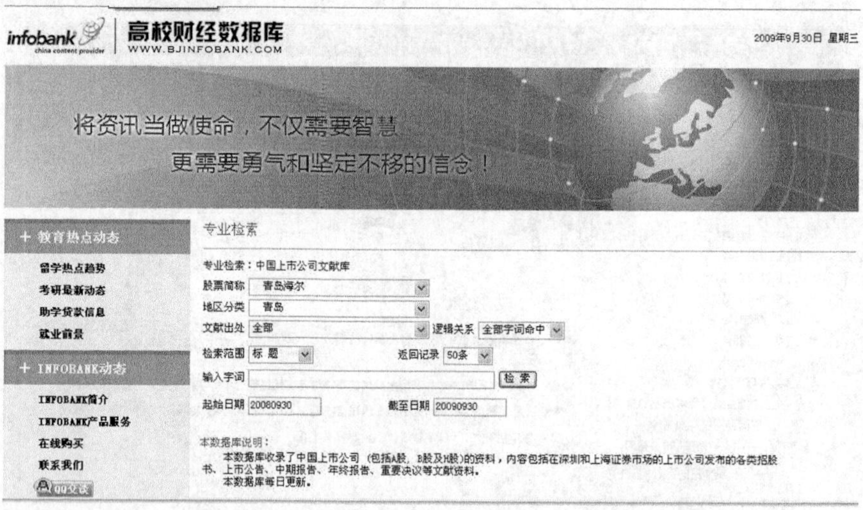

图 6-63　中国上市公司文献库专业检索界面

高校财经数据库的 12 个子库检索界面相同，都提供简易搜索和专业检索两种检索方式且可用逻辑"与"、"或"、"非" 3 种逻辑检索技术构造检索表达式。

案例分析

查找有关青岛海尔上市公司方面最近一年的信息

解析：根据课题的要求，该题使用高校财经数据库的中国上市公司文献库检索，图 6-63

为该库的专业检索界面，检索结果如图 6-64 和图 6-65 所示。

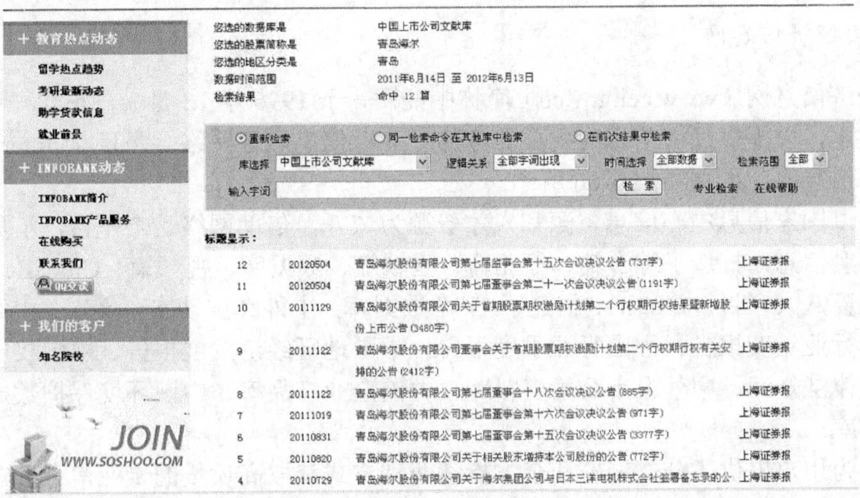

图 6-64　中国上市公司文献库检索结果

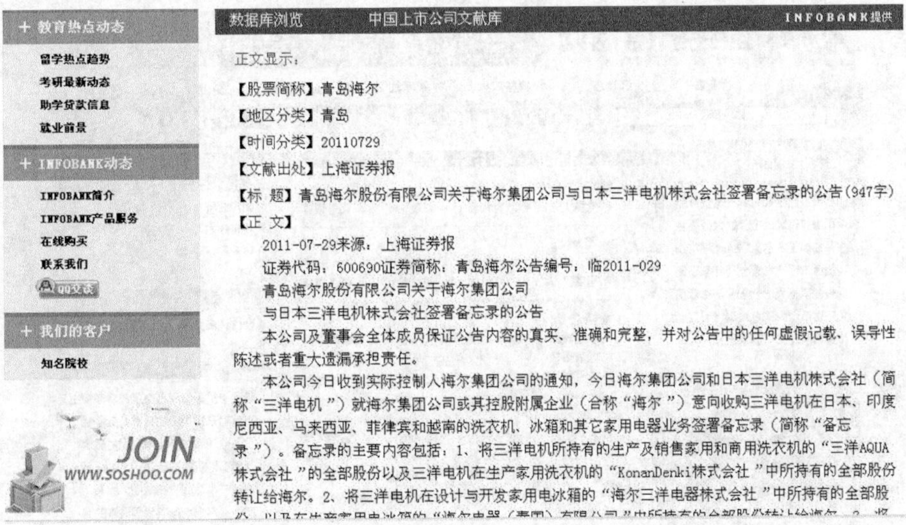

图 6-65　中国上市公司文献库检索结果界面

6.5　文科各专业专用的文献检索

　　有关经济、法律、文学、历史、艺术等文科各专业的文献检索在第 4 章、第 5 章及本章中都有过介绍，本节只介绍一些文科各专业专用的文献检索数据库或网站。

6.5.1 经济类文献检索

1. 中国经济信息网

中国经济信息网（www.cei.gov.cn）简称中经网，于 1996 年 12 月 3 日正式开通，由国家信息中心组建，以提供经济信息为主要业务的专业性信息服务网络，是目前 Internet 上最大的中文经济信息库。主页如图 6-66 所示。

中经网以国家信息中心信息资源和人才资源为依托，借助网络这个平台，汇集、整合国内外经济金融信息，打造了综合篇、行业篇、区域篇、数据库、视频篇、ChinaEconomy、企业篇和网站篇八大栏目，并加工、组建了 11 个数据库：中外经济动态全文库、中经网统计数据库、中国行业年度报告、中国行业季度报告、中国地区经济发展报告、中国权威经济论文库、中国法律法规库、中外上市公司资料库、中国企业产品库、中国环境保护数据库、中经网产业数据库。

中经网为用户提供了分类浏览和全文检索两种方式获取高质量的专业信息，在使用时应注意，该网的信息分免费和收费两种情况，有的信息可免费阅读全文，但有的信息只能免费阅读文章题名。对于 11 个数据库均要收费，用户可与中经网公司联系办理使用事宜。

图 6-66 中国经济信息网主页

2. 国务院发展研究中心信息网

国务院发展研究中心信息网简称国研网（www.drcnet.com.cn），由国务院发展研究中心主管、国务院发展研究中心信息中心主办、北京国研网信息有限公司承办，创建于 1998 年 3 月，该网是集理论研究、趋势走向、形势分析、政策解读、数据发布、管理决策于一体的专业经济信息平台，是描述和研究中国经济的权威专业性网站，主页如图 6-67 所示。

图 6-67　国研网主页

国研网借助国务院发展研究中心信息资源和专家资源的优势，全面汇集、整合国内外经济金融领域的经济信息及研究成果，成功推出了国研视点、宏观经济、金融中国、行业经济、世经评论、国研数据、区域经济、企业胜经、高校参考、基础教育十余个内容丰富、检索便捷、功能齐全的大型经济信息数据库集群，同时针对各种不同用户的需求特点开发了综合版、世经版、金融版、教育版、企业版及政府版 6 个专版产品。另外，国研网还可为中国各级政府部门、广大企事业单位和众多海内外机构提供深度的市场研究与决策咨询服务。

国研网为用户提供了分类浏览和关键字检索两种方式，对于团购用户可查看文章的标题、摘要、关键字、相关文章、直至阅读全文等内容，而对于一般用户只能免费查看文章的标题、摘要、关键字、相关文章等信息。

3. 高校财经数据库中的有关经济库检索

高校财经数据库共设 12 个数据库集群（参见 6.4.1 小节和 6.4.2 小节中的相关内容），主页如图 6-54 所示，其中可提供有关经济信息检索的子库有两个：中国经济新闻库和中国商业报告库。

中国经济新闻库（China Economic News）收录了国内及相关的海外商业财经信息，以媒体报道为主。数据来源于中国千余种报刊文章及部分合作伙伴提供的专业信息，按行业及地域分类，共包含 19 个领域 197 个类别，侧重经济新闻。该库收录了 1992 年以来的经济消息，数据库每日更新。

中国商业报告库（China Business Report）收录了经济学家及学者关于中国宏观经济、中国金融、中国市场及中国各个行业的评论文章及分析研究文献，以及政府的各项年度报告全文。主要为用户提供专业的研究资料，侧重于经济深度分析。该库收录时间为 1993 年至今的商业报告，数据库信息每日更新。

高校财经数据库的 12 个子库检索界面相同，都提供简易搜索和专业检索两种检索方式且可用逻辑"与"、"或"、"非" 3 种逻辑检索技术构造检索表达式。

案例分析

查找有关中国低碳经济方面的信息

解析：根据课题的要求，分别在两库中检索。

使用中国商业报告库的专业检索，限定在标题字段中输入：低碳 经济，限定时间范围：2008 年 10 月 4 日至 2009 年 10 月 4 日，检索命中 31 篇，检索界面如图 6-68 所示。

图 6-68 中国商业报告库检索界面

使用中国经济新闻库的专业检索，限定在标题字段中输入：低碳 经济，限定时间范围：2008 年 10 月 4 日至 2009 年 10 月 4 日，检索命中 83，检索结果如图 6-69 和图 6-70 所示。

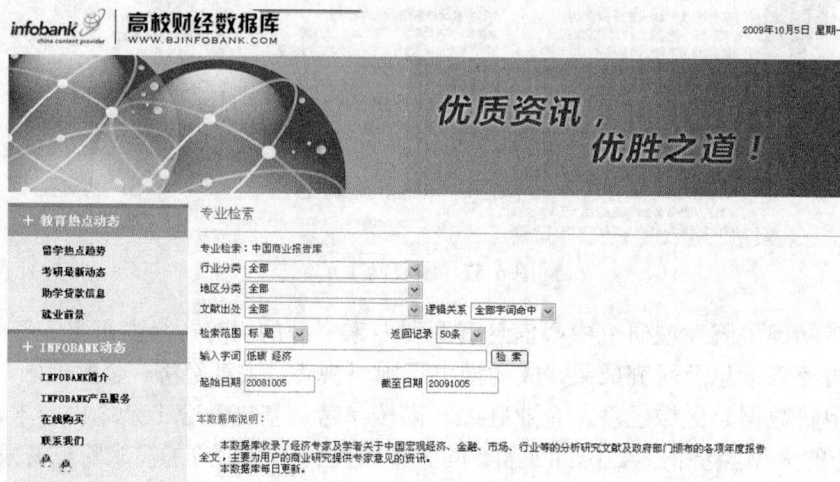

图 6-69 中国经济新闻库检索结果

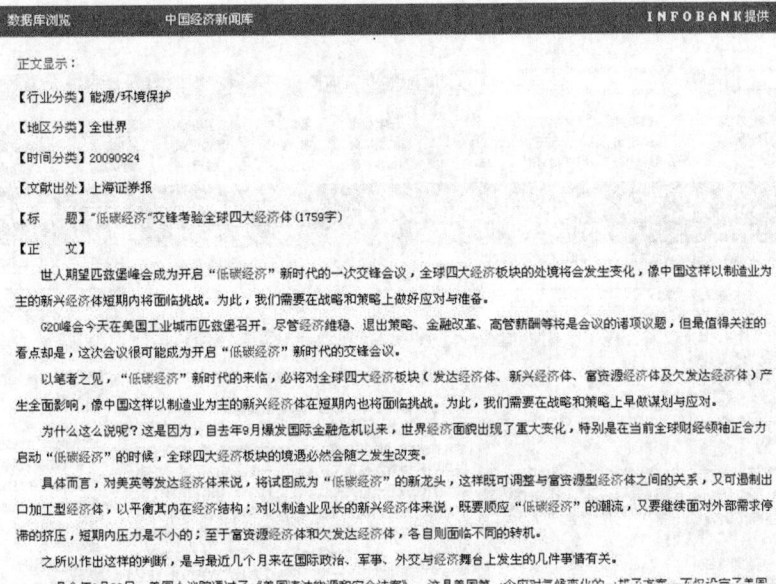

图 6-70 中国经济新闻库检索结果

6.5.2 法律类文献检索

1. 北大法律信息网（www.chinalawinfo.com）

北大法律信息网是北大英华公司和北大法制信息中心共同创办的法律综合型网站，1995年开通，是 Internet 上第一个中文法律网站。该网以北大法学院的学科优势为依托，集法律知识的学术、实践、专业性、系统性、技术革新和研发之大成为一体的法律信息行业的领军网站，在网站内容的广度、深度方面颇有建树，主页如图 6-71 所示。该网的特色栏目主要有法学在线和北大法宝。

法学在线是北大法律信息网在原有的法学文献栏目基础上，于 2009 年全新推出的一个"促进学术成果的交流、打造法律学人思想家园"的全新栏目，该栏目拥有众多法学名家文集，并收录了三千多位法律学人不同时期的法学文章达三万余篇。法学在线栏目既可按最新文章、热点文章、时评与随笔、论著与书评、域外法学、外文专区版块进行浏览，也可限定在文章的标题、作者、全文、关键词、作者单位等字段中输词进行文章检索，还可按文章分类和作者单位进行分类导航检索，并可免费阅读、下载、打印全文和评论文章。

北大法宝是由北京大学法制信息中心和北大英华联合推出的法学资料在线高端产品，是目前业内最专业、全方位呈现的法律法规数据库集群。该库内容全面、权威、检索功能强大，且在法条联想基础上，新增法律逐条释义、英华法律实务指南及法学理论教程，同时还可揭示法条历史修订情况，使法条与各种法律实务和学术信息形成完整的关联体系。北大法宝设有中国法律检索系统（法律法规）、司法案例、法学期刊和中国法律英文译本 4 个数据库。4个数据库既可在文章的标题和全文中输词检索，也可进行各种分类导航。系统在使用标题、全文或关键词字段查询时，支持逻辑与（*或空格）、逻辑或（+）、逻辑非（-）和优先级"（ ）"，并可进行二次检索。

图 6-71　北大法律信息网主页

北大法宝的司法案例库，由民事案例、刑事案例和行政案例 3 个子库组成。汇集精选了我国大陆法院的各类案例，并独家推出个案系统呈现、案例帮助系统及刑事比对功能。同时该库在法条联想的基础上，可再实现法规与案例的全方位联想功能，使用户及时地了解与本案相关的理论、法律实务方面的知识。

> **重要提示**　使用北大法律信息网，必须先登录，否则不能查看法规的全部内容。

案例分析

查找有关著作权纠纷方面的案例

解析：根据课题的要求，使用司法案例库。

在案由分类中选择知识产权纠纷，在精选案例中选择专家推荐，在关键词中输入：著作权*纠纷，并限定在全文字段中，检索界面如图 6-72 所示，检索命中 17 条，结果如图 6-73 所示；单击其中一条的标题，如图 6-74 所示，单击其摘要栏目下的"查看全文"可阅读全文；单击法条依据栏目下的"条文释义"可查看相关法规的法条内容和释义内容，如图 6-75 所示。

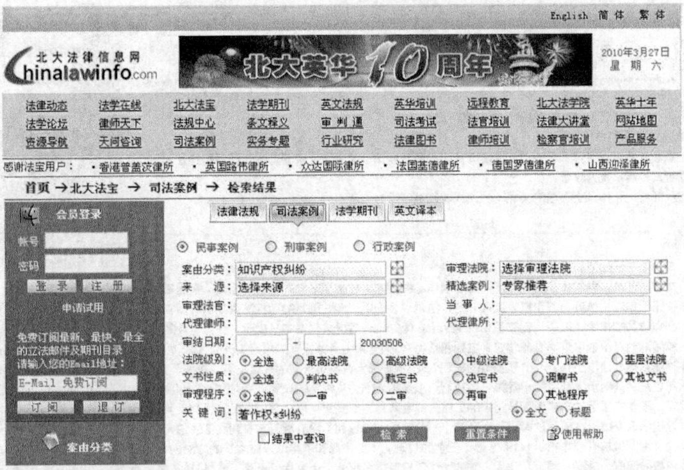

图 6-72 北大法宝—司法案例检索界面

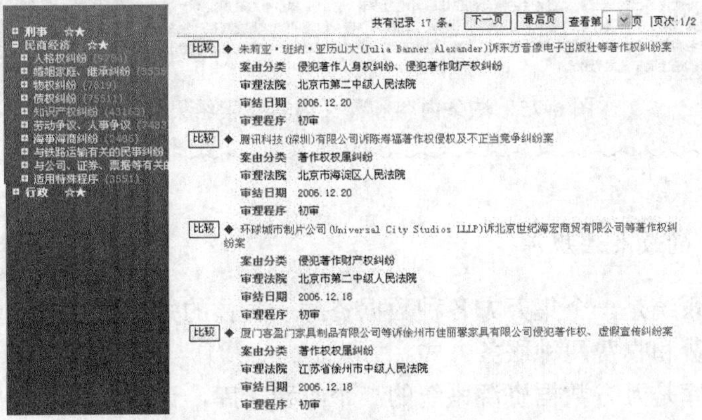

图 6-73 北大法宝检索结果界面

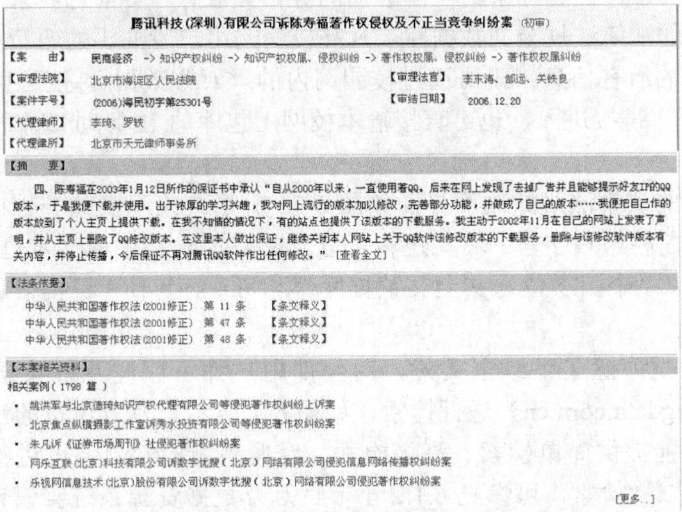

图 6-74 北大法宝详细检索结果界面

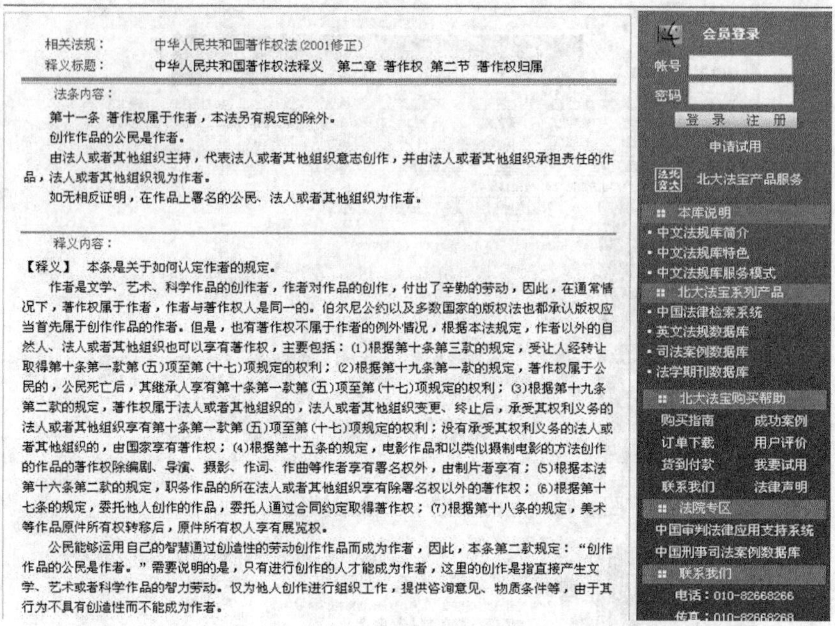

图 6-75　法条内容和释义内容检索结果界面

2. 万方数据中的政策法规库

万方数据资源系统是一个集万方各种数据资源于一体的知识服务平台，该资源系统的有关法律法规库分免费和收费两种服务方式。

政策法规数据库是万方数据资源系统的一个收费子库，该库汇集了新中国成立以来国内各部门颁布的各项法律、法规、政策、规章制度、案例分析、司法解释、法律文书、裁判文书，以及国外发布的法律，国际条约与国际惯例等相关信息。目前已收录了 28 万余篇记录，是比较全面、实用的法律法规全文数据库。凡高校团购用户所购买的政策法规数据库都可以查看包括全文在内的所有信息，既可通过校园网内的"万方数据-科技信息子系统-政策法规类-政策法规数据库"链接进入，也可直接输本校网上包库的 IP 地址或本校镜像服务器的 IP 地址进行访问。

高校团购用户的政策法规数据库界面如图 6-76 所示。该库仅此一种检索方式，非常简洁，用户只要点选左栏检索字段、右栏逻辑"与、或、非"、在中栏文本框中输词检索即可。也可参见 6.2.2 小节"中国学位论文全文数据库"和 6.4.2 小节"机构信息检索"中的相关内容。

免费的法律法规库除了下载全文外，对全部用户都可通过万方数据资源系统的网站（http://www.wanfangdata.com.cn）进行检索，如图 6-1 所示。万方免费的法律法规库检索方式灵活多样，不仅能提供简单检索、高级检索、经典高级检索，还可进行专业检索和分类检索，并均能进行二次检索，可参见 6.1.2 小节"万方数据资源系统会议论文"中相关内容的讲解。

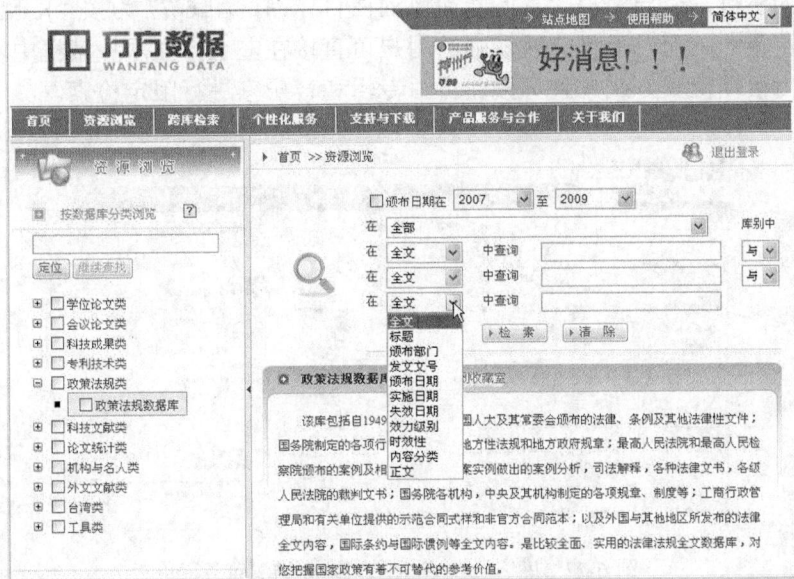

图 6-76 政策法规数据库检索界面

3. 中国法律法规库

中国法律法规库是高校财经数据库的一个子库（参见 6.4.1 小节"人物信息检索"、6.4.2 小节"机构信息检索"、6.5.1 小节"经济类文献检索"中的相关内容），收录自 1949 年以来中华人民共和国中央及地方的各类法律法规，以及各行业有关的条例和案例全文，数据库信息每日更新。该库以中国法律法规文献为主，兼收其他国家法律法规文献。

高校财经数据库的 12 个子库检索界面相同，都提供简易搜索和专业检索两种检索方式且可用逻辑"与"、"或"、"非"3 种逻辑检索技术构造检索表达式。

6.5.3 音乐类文献检索

库客数字音乐图书馆（www.kuke.com）于 2006 年 9 月正式建成发布，是国内唯一一家专注于传播、推广、交流非流行音乐发展的数字音乐图书馆。该音乐图书馆以 Naxos、Marco Polo、Countdown、AVC 等国际著名唱片公司的授权和中国唱片总公司等国内唱片公司的资源为依托，开创了世界古典音乐和中国、美国、西班牙、日本、瑞士、南非、伊朗等多个国家独具特色的民族风情音乐之最，同时包含爵士、电影、新世纪音乐等多种音乐类型，并且汇聚了从中世纪到现代 5 000 多位艺术家、100 多种乐器的音乐作品，总计约 30 万首曲目。

库客数字音乐图书馆在播放各种音乐唱片的同时，还配有详细的文字资料和唱片信息描述等，为音乐学习者和爱好者提供了一个图、文、声并茂的全方位立体化检索平台。

凡购买库客数字音乐图书馆的高校团购用户既可通过校园网内的相应链接进入，也可直接输本校网上包库的 IP 地址进行访问，且可以免费下载、播放 kuke 音乐，阅读辅助的歌剧故事大纲、作曲家及演奏家生平简介等信息。

库客数字音乐图书馆设有音乐图书馆、K-MUSIC、有声读物、音乐教育、电子杂志、明星乐器、明星音乐家等栏目，栏目下一般都有多级分类导航，另外各级频道页面还设有资深音乐编辑推荐的栏目，引导用户欣赏不同曲风的曲目作品，图 6-77 为按"K-MUSIC-器乐精选"的分类浏览界面。而对于目的性较强的用户可直接在左上方文本检索框中输词搜索，系统缺省状态下为模糊检索方式，且可按曲目、专辑和音乐家进行限定检索。

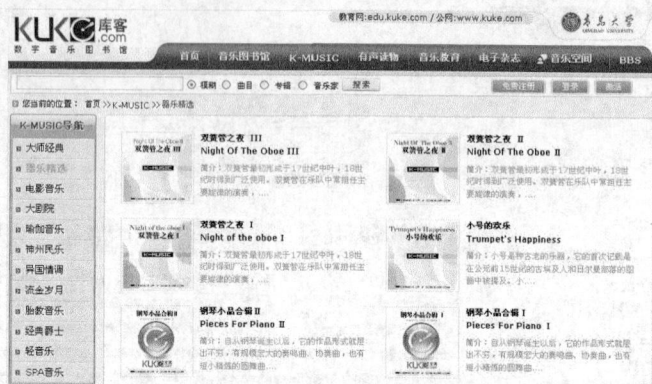

图 6-77　库客数字音乐图书馆分类浏览界面

案例分析

查找贝多芬的有关作品

解析：根据课题的要求，最好使用库客数字音乐图书馆文本检索框查找。首先选中音乐家，然后在文本检索框中输词"贝多芬"，单击"搜索"按钮，检索界面及结果如图 6-78 所示，在此可以看到贝多芬的生平介绍、代表作品、曲风分类等信息；单击"致爱丽丝"，可以下载、播放曲目音乐，检索结果如图 6-79 所示，同时也可以按"同风格类专辑"、"大家都在听"排行榜进行聆听或按曲目所属分类进行欣赏"古典合辑、古典主义时期、贝多芬"的其他作品。

图 6-78　库客数字音乐图书馆检索界面

图 6-79　库客数字音乐图书馆播放、下载界面

6.6　查　新

查新是基于信息检索基础之上的高层次的情报研究工作。查新的结果是要出具查新报告。在我国查新报告具有法律效力，只有具有省级以上查新资质的业务单位才有权力出具查新报告。本节将介绍一些与查新有关的基本常识。

6.6.1　查新概念

1．查新定义

查新是科技查新的简称，是指由专门的查新机构针对查新委托人所提供的科技项目内容要点，通过计算机检索和手工检索方式将其检出的文献进行综合分析对比，查证其是否具有新颖性并做出结论的过程。查新是我国科技部为了避免科研课题重复立项以及客观正确地判断科技成果的新颖性所例行的一项必要程序。

查新的结果是为被查课题出具一份查新报告。查新报告现已成为科研立题、成果鉴定、申请专利、产品开发、申报奖励、项目验收、博士论文等的必交材料之一（不少学校的博士论文也要出具查新报告）。其实查新报告的基础是信息检索技术，但又有情报分析的深层次研究工作，它是通过检出文献的客观事实来对项目的新颖性、先进性做出结论。因此，查新有较严格的内容、时间范围限定和查全率、查准率的程度规定，查新结论要求明确，具有客观性和鉴证性，但不能取代全面的成果评审结论。可见查新报告的地位非同一般，已成为专家鉴定评议的客观参考依据。

2. 查新机构

依据《科技查新机构管理办法》、《科技查新规范》（国科发计字[2000]544号）中的第二条，科技查新机构（以下简称查新机构）是指具有科技查新业务资质，根据委托人提供需要查证其新颖性的科学技术内容，按照科技查新规范操作，有偿提供科技查新服务的信息咨询机构。

目前，国内科技查新机构种类繁多。若按查新系统划分，可分为全国省市级综合查新机构、各行业部委专业性查新机构和高校3大查新机构。若按查新级别划分，又可分为一级和二级两大查新机构。

我国查新机构的正式认定是在1990年，原国家科委授权了11家国家一级查新单位；之后原国家科委又分别在1994年和1997年批准了两批共27家一级查新单位，如中国科学技术信息研究所、国电信息中心等。至此，国家一级查新单位共38家。其间，各部委、各省科委和部分地级市情报机构还批准了一大批二级查新机构，如建设部情报所、福建省科技情报研究所、青岛市情报所等。

从2003～2006年期间，教育部在全国各类高校中重新认定和新认定了教育部部级科技查新工作站，分三批共57所高校，如北京大学、上海交通大学等。

6.6.2 查新程序

《科技查新规范》（国科发计字[2000]544号）中明确规定了查新机构对查新业务的处理程序，大致可归纳为以下几步。

1. 查新委托

① 确认查新课题并选好查新机构后，应由查新课题组的成员或熟悉查新课题的委托人填写"查新课题委托单"或"科技查新合同"，一般可直接到查新机构填写，也可通过E-mail填写电子版的委托单或查新合同。

② 查新委托人要据实、完整、准确地填写查新委托单或试填查新合同，如表中"委托人提供的主题词"一栏，应包括关键词、同义词、近义词、缩写词、分类号、分子式、化学物质登记号等，若查新课题包含国外查新，还要选出英文的主题词，且用词要规范，最好从查新课题所在专业的文献常用词中选择。而"项目简介、科学技术要点"一栏，要填写研究课题的概要，重点表述主要技术特征、参数、指标、发明点、创新点等。"查新点或创新点"一栏，是指需要查证的内容要点，委托人要明确查新课题的查新点即课题的新颖性，新颖性是指具体的技术概念创新，在描述新颖性内容时，必须要用已有的规范技术概念表达单独的技术内容，而不是简单、笼统的有关整体特性。一般查新点只限两点，委托人为了准确确定查新点或创新点的提法，最好事先检索一下，以便做到心中有数。"用户提供的参考文献（分类号、专利号、化学物质登记号、产品名称等)"一栏，最好注明有关参考文献的分类号、专利号、化学物质登记号、产品名称等。

2. 查新受理

查新机构将根据《科技查新机构管理办法》和《科技查新规范》的有关规定，确认、判断查新委托人提交的"科技查新合同"和相关的技术资料、背景材料是否真实、完备、准确，若查新委托人与查新机构对此无异议即可订立查新合同。与此同时查新委托人可能还要向查新单位交付一定的押金。至此，查新单位即视为正式受理了查新委托人的"科技查新合同"。

3．检索

签订好查新合同后，查新人员将按照《科技查新规范》（12.3 节"检索准备"、12.4 节"选择检索工具"、12.5 节"确定检索方法"和"途径"、12.6 节"查找"）和查新合同中的内容制定检索策略并进行检索和分析。

4．撰写查新报告

① 索取必要的原始文献和资料。

② 将检索得到的相关文献与查新课题的技术要点逐篇进行对比分析，确定其查新课题的新颖性，最后做出查新结论。

③ 查新人员根据其检索结果和对比分析结果草拟查新报告。

④ 查新报告必须经由审核员审定，查新员和审核员签名并加盖"科技查新专用章"，才有法律效力。

5．提交查新报告

查新机构应按查新合同规定的时间、方式和份数向查新委托人提交查新报告及其附件。同时查新委托人要按科技部的规定付清全部查新费用。

小　　结

本章内容较杂，分别介绍了会议论文、学位论文、专利文献、人物与机构、国学专题信息资源和文科各专业专用的文献检索，并介绍一些与查新有关的基本常识。重点讲述了特种文献的特点及检索方式方法。

练　习　题

1．用《中国学位论文库》查任两所大学在本专业授予的学位论文，要求写出检索方式、表达式及命中篇数。

2．用 PQDD 查一下有关评论"法国作家福楼拜所写的《包法利夫人》小说"这方面的学位论文。

3．使用《中国学术会议论文库》查找感兴趣的篇章，要求写出检索题目、检索方式、表达式及命中篇数。

4．检索一下本校最近一年被 ISI Proceedings 收录的论文情况。

5．用 ISI Proceedings 判断以下写法是否正确

① TS=quark* OR TS=lepton*　　　② TS=(quark* OR lepton*)

③ TS=(quark* SAME polariz*)   ④ TS=addict* AND AU=Poser

⑤ TS=addict* SAME AU=Poser   ⑥ #5 AND SO=Journal of Psychology

⑦ (#1 OR #5) NOT #3

6．查一下张悉妮发明的专利，要求写出网址、检索方式、检索入口词并写出与该件专利说明书相匹配的专利特征标记。

7．使用欧洲专利网站查一件感兴趣的专利，要求写出检索方式、检索入口词。

8．使用中国年鉴网络出版总库查找袁隆平、刘翔、许振超、张五常的个人信息。

9．使用中国年鉴网络出版总库查找 2009 年逝世人物。

10．使用人人网联系你的校友。

11．用高校财经数据库查重庆市地方税务局的信息。

12．用有关的经济信息库检索一下世界低碳经济的发展趋势。

13．用北大法律信息网查找北京大学法学院朱苏力发表的文章。

14．用高校财经数据库检索一下我国著作权法最早的实施日期及向报社、期刊社投稿的日期限定规定。

第7章　信息检索的综合利用

获取学术信息的最终目的是通过对所得信息的整理、分析、归纳和总结，根据自己学习、研究过程中的需要，将各种信息进行重组，创造出新的知识和信息，从而达到信息激活和增值的目的。本章将分别讲解信息收集、网上论坛、新闻组的使用、信息调研与分析、科研的选题、科研论文的写作以及与知识产权相关的法律法规。

7.1　信息收集

文献收集，是指利用各种不同的渠道、方法收集特定信息的过程。在科学研究活动中，从科研选题，到科学实验以及科研成果的鉴定，都离不开对信息知识的收集和利用，文献信息的收集作为一项基础性的工作，是科学研究的重要环节。快速、准确、全面地收集相关信息，并通过对信息的综合、分析，从中选出自己所需要的信息，从而指导自己的日常工作，科学研究以及论文写作，是科学研究工作者应该具备的一项基本技能。

7.1.1　信息收集方法

1. 科研信息的收集原则

（1）针对性

信息的收集必须以用户及其特定的信息需求为基础，要针对研究课题和信息分析的目标进行有计划地搜集和整理信息。如政府的规划、计划、决策，科研机构的课题攻关、课题研究、成果评价、科研管理，企业的产品研制、技术开发、项目评估，甚至是个人的学习、生活规划等。

（2）新颖性

信息的利用价值取决于该信息能否及时获取，只有新颖及时的信息才有助于准确把握科学研究的方向。因此，要以课题为中心，及时搜集和选择能够反映科学研究领域中最新研究成果的资料，以确保所收集的信息能够反映学科的研究现状和发展水平。

（3）系统性

只有系统、全面地搜集信息，才能完整地反映科学研究活动的全貌，为决策的科学性提供保障，也是能否顺利进行课题研究，得出正确研究结论的一个重要保证。所以获取资料应尽可能做到系统、全面，切忌片面、零散，否则会导致得出错误的结论，影响信息分析成果的质量和水平。

（4）准确性

准确性是信息收集工作的最基本的要求。在信息收集中，要充分考虑文献信息的真实性、准确性和权威性，以保证研究建立在比较客观、正确的基础上。因此，在注重文献信息收集的系统和全面的同时，要注意信息收集对象的权威性和真实性，如提供信息的机构性质，数据库、网站权威性等，对收集到的信息要反复核实，不断检验，力求把误差减少到最低限度。

2. 信息收集方式

科技信息的收集可通过非文献资料形式和文献资料的形式获取，即非正式渠道的信息收集和正式渠道的信息收集。

（1）非正式渠道的信息收集

非正式渠道的信息收集，即非文献形式的信息直接收集过程。常见的方法有同行间实地调查和交流，参加学术会议，实物解剖等形式。同行间实地调查，包括实地了解研究进展、参观生产试验装置等，也可以通过信函或交流形式进行。参加学术会议及相关展览会的方式非常有助于了解课题已经取得的成果、发展前景及存在的问题。解剖实物，是指对实物进行解剖和分析，从中获取有关信息。

（2）正式渠道的信息收集

正式渠道的信息收集，即通过专门的工具和途径，从浩瀚的文献信息中系统地检索相关文献信息的方法，是科研信息收集主要途径。然而，依据信息收集的内容、性质及目的的不同，所采取信息收集的对象方法也会不同。例如，以了解具体事件，数值和知识等为目的信息收集，应该首先选择利用具有参考工具书性质的三次文献获取，如百科全书、年鉴、手册、设计手册、学术机构指南、名人录等工具实现；若要快速了解特定学科领域的研究动态，则应以综述性文献为主要检索对象；而对于一个科研课题，则应根据课题研究的目标要求，以一次文献作为主要的检索目标，利用二次文献或者全文数据库，尽可能全地检索相关文献。

除此之外，还可以根据信息收集的具体内容和要求，采用更为针对性的技术和方法。例如，技术攻关性质的课题，文献收集的重点通常是科技报告、专利、会议文献和期刊论文；仿制性质的课题，收集文献的重点首先是同类的产品说明书、专利说明书和标准资料；其次是科技报告和期刊等；综述性质的课题，文献收集的重点通常是近期发表的一次和三次文献；对于科研成果水平鉴定及专利信息检索，应以相关的科技成果公报类期刊、专业期刊、专利和专业会议文献为收集重点。信息收集的同时要对检索文献进行分析，找出与课题相关的核心分类号、主题词、重要的具有领先性质的作者、重要的期刊或会议等，利用这些线索再次进行检索或复查，以求尽可能全地获得相关信息。此外，还要注意收集相关公司企业的信息，必要时直接向他们索取产品样本、说明书等。

3. 在信息收集过程中需要注意以下问题

（1）文献信息的收集兼顾国内外

收集文献要对国内、国外资料同样重视，不能偏废，尤其注意那些具有独创性的文献。国际资料有助于了解国际研究动态，开拓思路，但首先要注意了解国内本专业研究动态。如果不了解国情，盲目性地模仿国外的做法，必然会走弯路，更不可能得到具有领先水平或突破性的科研成果。

（2）系统检索与最新文献信息相结合

运用系统的检索工具，可以较全面地收集到所需文献，在检索工具的选择中，应根据实际需要，在多种检索数据库和工具中检索，避免单一检索系统报道文献的局限性，提高查全率。此外，还要注意与课题相关的最新文献信息的收集。对于那些尚未收入到检索工具的最新文献，应随时到图书馆新到期刊中浏览。

（3）重视核心期刊

期刊是重要的信息源，核心期刊是在专业范围内，刊载文献数量最多、引文率、文摘率、利用率较高，文献寿命长，专家学者推崇的期刊。在日常工作中，应精心选择几种中外文核心期刊，浏览和阅读。科研人员如果能结合自己专业的特点，精选和熟悉本专业的核心期刊，可以在最少的时间和精力范围内，掌握最重要的和最新的信息。

（4）研究论文与综述文献相结合

研究论文，特别是具有先进性、新颖性、独创性的论文，是科学研究有所发展的标志。但我们同样不能忽视综述评论性文献的收集，这类文献往往能反映学科发展的概况和动态，对专题发展的历史、争论的焦点、研究课题之间内在的科学关系等问题，进行了综合性评述，具有较高的参考价值。

（5）重视非文献形式信息的收集

重视非文献形式信息的收集，也称非正式交流的信息，如口头交流、报告、讲座、参观同行实验室、展览等，都可以获得重要的信息。此外，应学会利用 Internet 等各类网络电子论坛（BBS）、聊天工具或通过 E-mail 等，与同行专家对一些研究工作中出现的问题随时进行探讨和研究，交流信息。也可以利用 Internet 上专业的搜索引擎、相关网址中的 News、Newsgroup、What's New、Today's News、Latest News 等来获取热点信息。

7.1.2　信息整理方法

1．信息的组织

根据课题的需要，按照一定的方法，对收集的文献信息进行分类整序，以方便对所需信息的选择和利用。常见的信息组织方式如下。

（1）按内容组织信息

包括按主题内容组织信息和按学科分类组织信息两大类。只有同类或同一主题内容的文献集中，才有可能对相同的研究内容和观点进行分析比较，得出正确的结论。

（2）按地区组织信息

根据课题要求，按国家和地区的不同对信息进行分类方法。

（3）按时间组织信息

依据时间顺序划分信息。

2．文献信息的阅读

阅读文献是科研工作者的基本功。明确阅读目的，掌握科学的阅读方法，有助于提高阅读效率，达到事半功倍的效果。

阅读文献的目的有多种多样，一般可归纳为：科研选题、科研课题设计和课题总结；解决教学、科研、工作中具体的疑难问题；系统掌握、扩充专业知识；分析和研究某些文献资料，以及其他一些特殊目的。

科学阅读文献的方法比较可行的有以下几种。

（1）先浏览，后粗读，再精读

在短时间内以较快的速度阅读查到的文献及专著的大致内容即为浏览，其方法是一看题目，二看关键词，三看摘要，四看前言，五看结论。阅读文献时，往往要浏览、粗读、精读互相配合，做到粗中有细，精中有粗，区别情况，恰当应用。

（2）先国内后国外

对于查到的中、外文文献，要按文献涉及的内容，先读主题内容相同的中文文献，后读外文文献。中文文献没有语言障碍，有助于理解文章的内容，从而可以提高阅读外文文献的速度。另外，国内文献后面所附的参考文献，许多是国外资料，可进一步扩大查阅外文文献的线索。

（3）先近后远

对于检索到的年代较长的文献，应先阅读近期发表的，再追溯阅读以往发表的，这样可以迅速掌握当前有关专业或学科的最新研究成果及其发展动态、趋势。若已满足研究需要，可停止阅读既往年代的文献，节约阅读时间。

（4）先文摘、后原文

根据文摘提供的信息，决定是否需要阅读原始文献，减少阅读全文的时间。

（5）先三次文献，后一次文献

若收集的文献包括综述和科研论文等一次文献，应先阅读综述，以便对有关课题的现状、发展趋势有一个全面的了解，在此基础上，根据需要阅读有关期刊论文、会议资料等。

（6）重点阅读

有说服力的数据、启发性的观点、严谨的推理，作为重点来阅读。

3. 文献信息的鉴别

根据信息的可靠性、针对性和先进性的原则，对收集的文献进行鉴别和筛选。

（1）可靠性

可靠性表现在文献所包含的技术内容的科学、精确、完整与成熟的程度上。立论科学、数据精确、逻辑严谨、阐述完整、技术成熟的文献资料具有较高的可靠性。可以通过了解文献中涉及的研究方法，提出的基本观点、论点论据、主要结论、成熟程度来衡量，文献被利用率也是判断文献可靠性的重要指标。此外，还可以通过信息来源进行鉴别，例如研究机构是否是发达国家的著名学术机构，或国内权威机构，著者是否是该领域的权威学者或后起之秀，所刊登的期刊是否是该领域的核心期刊或重点期刊等。

（2）针对性

针对性即文献所涉及的技术内容，是否与所从事的课题相关或密切相关。只有适合课题研究需要的文献，才是最有价值的信息。

（3）先进性

先进性即指文献技术内容的新颖性。凡新理论、新技术、新工艺、新应用都具有一定的先进性。

4. 文献信息的积累和管理

文献的积累，首先要通过检索、筛选、收集所需文献信息；其次要对收集到的文献进行阅读、分析，滤出所需的论点、论据、方法、技巧；还要定期整理滤出的零散资料，使其系统化。

积累文献资料的方法很多，但常用的主要有以下几种。

（1）做文献资料卡

将收集到的文献资料制作成题录式资料卡或文摘式资料卡。资料卡上的内容可以输入计算机进行保存和管理。

（2）做读书笔记

读书笔记大致有摘录式和摘评式两类。摘录式笔记：原封不动地摘录文中的重要观点、论证和结论；摘评式笔记：既摘录原文某些内容，又有自己的体会，可以是对原文的评价、质疑，也可以是在原文启示下产生的新构思。摘录式笔记包括提纲式笔记、提要式笔记、读书心得和批注式笔记。

（3）做剪报

剪报就是将自己认为有参考价值的文章或片段资料，裁剪或复印下来，注明出处，然后像资料卡片一样，按分类或主题等方法归档，天长日久就积累出一批有关某一专题的资料。

（4）计算机数据库信息管理系统

计算机的应用为文献信息的积累与管理带来了极大的便利。使用者可以根据自己的需要及习惯设计合理简便的数据库，也可以购买商业化的建库软件，这些管理软件一般包含在线检索文献，建立文献和图片库管理文献以及利用文稿模板进行科技论文写作等功能。例如，Thomson Corporation 下属机构 Thomson ResearchSoft 开发的《EndNote》文献管理软件，用于桌面和网络管理书目参考文献工具《Reference Manager》；《NoteExpress》作为国内一款较为专业的文献检索与管理系统，完全支持中英文，设计追求人性化，容易学习和掌握；《PowerRef 参考文献管理系统》（PowerReference）是一个科研参考文献管理与自动化输出处理系统，利用计算机信息网络技术，实现了对引用、注释和参考文献的自动化处理和规范化管理，是一套适合于本科生、研究生、教师以及各级各类科研人员的集成式软件工具；《医学文献王》是国内研发成功的第一款文献管理软件，其界面友好，含有中华医学会大部分杂志的文献格式。

使用数据库管理资料，要注意对数据进行反复仔细的审核，确保资料数据的准确性、完整性。要对资料逐级进行细分，使数据库的结构体现科学性和系统性。

（5）建立自己的网络导航

随着 Internet 的日益普及，网上的资料越来越丰富，可以结合自己的专业需要，将网上的资料进行收集，编制成网页，建立自己专业网络导航。如常用的能够在网上看到全文的电子期刊、经常要使用的专业网站、网上免费获取资料的网站、专业数据库、常用工具书网站等信息，都可以作为自己网页的收集内容。

5. 原始文献的获取

如果检索到的信息不是全文，仅仅是文献线索——题录或文摘，那么就需要根据文献线索索取原文。索取原始文献时要掌握就近索取、方便快捷的原则。以下介绍一些常用的方法。

（1）利用本单位或本地图书馆馆藏目录和全文数据库

根据检索工具提供的期刊刊名或图书的书名等线索，利用图书馆的馆藏目录来查找一次文献（原文）。

（2）利用联合目录

联合目录是提供多个图书馆图书或期刊收藏情况的目录。目前联合目录有两种形式，一是印刷型的联合目录；二是网络版联合目录。根据联合目录提供的原文收藏地点，利用可行的方法去索取，如利用信件、E-mail 联系收藏地点的工作人员，或通过当地的同学、朋友帮助复印。

（3）与著作者直接联系

有的二次文献中提供了著者联系方式，如通信地址、E-mail 等，可以据此直接与著者联系，获取原始文献。

（4）图书馆之间的馆际互借（Interlibrary Loan）服务

馆际互借是现代图书馆最重要和最发达的一项服务职能。世界上任何图书馆都不能做到大而全，为了满足读者的需要，图书馆不仅要依靠本馆资源，更要依靠国内或国际其他馆的文献资源。文献资源的互借利用，在图书馆之间已达成共识。

（5）互联网上的原文搜寻

Internet 上含有大量的科技文献信息，其中也不乏原始文献。如图书、期刊论文、专利文献、学位论文、会议论文等。不过大部分的网上文献需要收取一定的费用，但也有许多文献是免费的。

7.2 网上论坛、新闻组的使用

随着网络信息技术的迅速发展，网络信息的利用方式和途径也发生了巨大的变化，人们在网上不再是被动地接受信息，动态性和交互性的信息交流方式，成为网上开放、丰富和自由的网络信息资源。这种双向互动的信息交流平台，在世界范围内给我们提供了一种便捷高效的信息交流方式。网络信息交流形式多样，如电子邮件、网上聊天、网络论坛、讨论组和新闻组，以及日志、博客、播客……并随着网络技术的进步，越来越方便、完善和人性化。涉及内容从日常生活、商务、娱乐，乃至科研、教育等各个领域。

7.2.1 网上论坛的使用

网络论坛作为 Internet 上的一种丰富的信息资源和信息交流方式，主要形式是 BBS（Bulletin Board System）系统，即电子公告板或电子公告栏。它是一种交互性强，内容丰富的 Internet 电子信息服务系统，它提供一块公共电子白板，用户在这里可以享受各种信息服务，发布信息、讨论、聊天等。

与任何一种传统媒介相比，BBS 依托网络强大的技术支持，为网民获取信息、传播信息、发表意见提供了一个充分开放和自由的场所，成为参与者更广泛、互动性更强、讨论更自由的新型交流空间，也是网络舆论形成的主要平台。

最初的 BBS 系统是为了给计算机爱好者提供一个互相交流的地方。今天，BBS 的用户已经扩展到各行各业，例如，政府机关用于文件传输和信息发布的 BBS；公司企业用于联系、吸引和服务用户的 BBS 系统；高等院校建立的 BBS 网；Internet 网站建立的 BBS 站，如中央电视台的复兴论坛、人民网的强国论坛、新浪网的体育沙龙；以及个人开办的 BBS 站，如天堂资讯站等。随着网络论坛的规模不断的扩大，论坛的划分也越来越细，呈现出多元化和专题化的趋势，不同需求的用户都可以从中找到自己感兴趣的论坛，图 7-1 所示为复旦大学论坛。

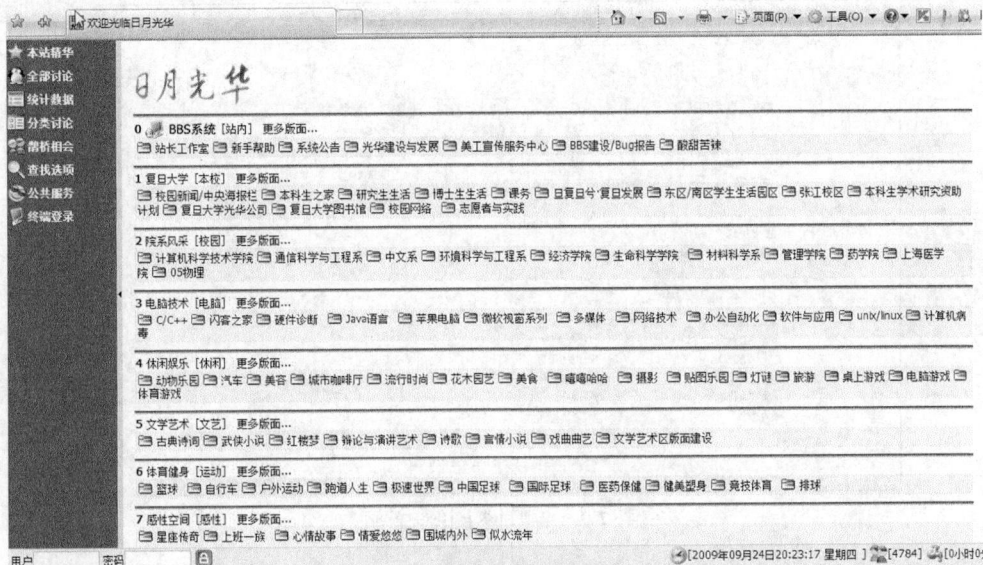

图 7-1　复旦大学论坛

1. 网络论坛，学术信息交流中的一种新模式

在网络环境下，由于现代信息技术的运用，学术信息的产生和交流都发生了质的飞跃。人们可以通过网络迅速、及时地获取和传递各种信息资源。并可以通过不同的网络服务器，实现多向、实时、互动的信息交流。这在很大程度上弥补了以往信息交流范围狭窄的缺点，使难以扩散或无法积累的有用的信息通过网络计算机广为散发或海量储存，也使学术信息交流更为自由、方便和多样化。

网络论坛为不同的专业人员提供了一个在线交流的网络平台。在网络中，活跃着成千上万个各种主题、各种专业领域的电子论坛。人们可在电子论坛中共同探讨问题，彼此交换信息与心得。

这种非正式信息交流方式具有其独特的优越性：交流的环境比较宽松、自由和积极，并且交流的内容覆盖面广；交流的频率要比正式交流高得多；运用丰富的表达工具表达和包容多种信息，如文字、图片、语音、影像等。美国学者 Kovaes 认为网络环境为学术交流所带来的益处中尤为突出地表现在 4 个方面：可检索到大量的非正式信息；迅速地与同行沟通，了解不同的反映和评价；短时间内与全世界范围内的同行分享成果；发现新同行，寻觅与自己一样对某项研究有兴趣的同人。

2. 网络论坛进行学术交流的积极意义

（1）思想共享

网络论坛以其快速、便捷、价廉的特点，为人们开辟了一条新的信息交流的途径，不同国家、不同地域的具有相同目标、兴趣的研究者们通过这一平台进行交流，展现自己的学术思想和思路，这种思想共享的形式使人们能够跳出自己的思维方式，从更高、更全面的角度进行相关论题的思考，从而扩大了视野，也激发了创造性。图 7-2 所示为谷歌网上论坛首页。

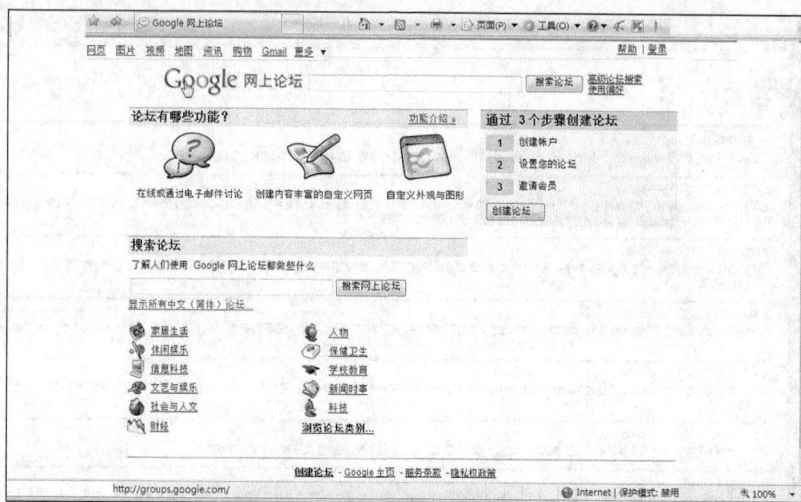

图 7-2　谷歌网上论坛首页

（2）双向与多向互动

在网络论坛上，学术交流经常会出现一呼百应、唇枪舌剑的味道，对同一个事件的不同视角和见解形成了一个多元碰撞局面，大家可以在这一平台上无所顾忌，畅所欲言，各抒己见，这种基于网络论坛的交流事实上变成了人们之间双向性的思想的交流，这种双向交流建立在开放的、多对多的基础上，其魅力并不在于盲目的赞同，而是理性的批判，不是"罢黜百家"，而是"百花齐放"。在这个环境中，大家的学术思想得到充分发挥，每个人可以使自己处在所谓的"隐蔽"状态进行轻松交流，这是在平常的工作、学术活动中所没有的，是一种基于网络论坛的头脑风暴，无疑给学术论坛带来巨大的活力。

（3）共同提高

参与论坛的成员（会员）有 3 种不同类型，一类为核心发言人，这些人往往是学术专家，他们会提出一些发人深省学术问题来引发人们进一步思考和讨论，并能帮助他人解答一些学术和业务上的问题；一类是带着问题和需求来参加沙龙的，他们希望能在沙龙里与他人就某些学术、业务和技术问题进行共同探讨；还有一些人是为了了解一些最新学术信息，他们基本上提不出什么问题也解答不了什么问题，仅仅是一个旁听者。后两部分的成员在网络论坛里占了绝大部分，是网络论坛的最大受益者，他们都抱着一种求知和探索的心态来到网络论坛，在学术的氛围里感受如何做学问、搞研究、做工作，而随着加入论坛时间的延长，第三类型的人会在学习和讨论中逐步上升为第二层次，这就是网络论坛的魅力，相信会有更多的学者在网络论坛中成长，从而带动学术研究的进步发展。图 7-3 所示为零点花园学术论坛。

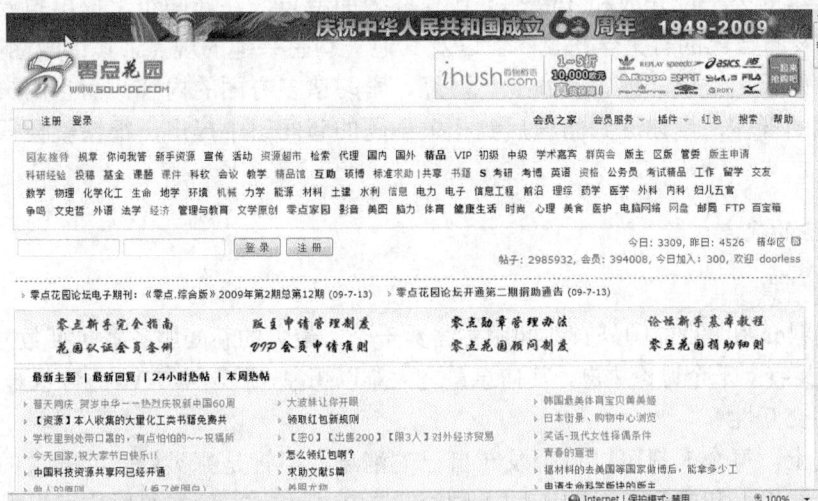

图 7-3　学术论坛——零点花园

3. 论坛使用

在 BBS 中，管理者根据内容主题将论坛划分成若干个专题论坛，每个专题论坛会有一个或者多个称之为"版主"的义务管理员负责，对该论坛上各路"网虫"的言论实行有效的管理，促使论坛健康的发展。论坛中都有关于加入论坛的详细的法规条例，加入论坛必须遵守论坛规则，以及国家的法律法规。注册成功后，即可登录进入，选择感兴趣的专题论坛浏览帖子，但一般新注册的用户在注册完成后需要推迟一段时间才允许跟帖和发帖。

大部分论坛只允许注册用户"发帖"和"跟帖"，但少数论坛允许非注册用户以"游客"等身份参与讨论。一般论坛都支持发"普通帖"和"投票帖"，普通帖可以是文本图片，甚至可以插入音频、动画、flash 等多媒体形式；发帖人为了统计自己感兴趣的某些资料可以通过发投票贴，以网上问卷的形式来搜集相关数据。除了在论坛发帖，论坛注册用户之间还可以通过"站内信"的形式进行一对一的交流。论坛管理员可以利用群发站内信的方式向注册用户发布信息。

7.2.2　新闻组的使用

新闻组（英文名 NewsGroup 或 Usenet）是一个遍及全世界的巨大的电子公告栏系统，它由个人向新闻服务器投递的新闻邮件组成。我们可以把新闻组看成是一个有组织的电子邮件系统，不过在这里传送的电子邮件不再是发给某一个特定的用户，而是全世界范围内的新闻组服务器。

新闻组作为一个完全交互式的超级电子论坛，是任何网络用户都能参与的网络信息交流工具。任何人都可以在这里发布消息／新闻（帖子），也可以下载阅读其中的帖子，与常见的网络论坛非常相似。但是浏览、发帖和回帖都是通过电子邮件来进行的。

1. 新闻组的功能

新闻组是讨论性质的信息交流工具，它允许世界上任何地方的用户参与。新闻组的用户常常利用新闻组的公平、开放和 Internet 快速高效的特点，在新闻组上提出自己在生活、工作中的问题，发布自己的有关学术、商业以及其他一切感兴趣的观点，其话题涵盖了计算机、网络、生活、娱乐、文学、体育、商业、财经、学习诸多方面的内容，而且用户大多是具有一定专业知识的群体，当你遇到问题后到相关主题的新闻组中提出，很快就会得到高手的指点与帮助。

2. 新闻组的优点

（1）海量信息

据有关资料介绍，目前国外有新闻服务器数千个，最大的新闻服务器包括数万个新闻组，每个新闻组中又有上千个讨论主题，其信息量之大难以想象，就连 WWW 服务也难以与其相比。

（2）直接交互性

在新闻组上，每个人都可以自由发布自己的消息，不管是哪类问题、多大的问题，都可直接发布到新闻组上和成千上万的人进行讨论。与 BBS 相比，新闻组同样可以发表带有附件的"帖子"，传递各种格式的文件，但不支持即时聊天。离线浏览是新闻组的一大特色。

（3）全球互联性

全球绝大多数的新闻服务器都连接在一起，就像互联网本身一样。在某个新闻服务器上发表的消息会被送到与该新闻服务器相连接的其他服务器上，每一篇文章都可能漫游到世界各地。这是新闻组的最大优势，也是网络提供的其他服务项目所无法比拟的。

（4）主题鲜明

每个新闻组只要看它的命名就能清楚它的主题，所以我们在使用新闻组时其主题更加明确，往往能够一步到位，而且新闻组的数据传输速度与网页相比要快得多。

3. 新闻组的命名

国际新闻组在命名、分类上有其约定俗成的规则。新闻组由许多特定的集中区域构成，组与组之间成树状结构，这些集中区域就被称之为类别。目前，在新闻组中主要有以下几种类别。

comp：关于计算机专业及业余爱好者的主题。包括计算机科学、软件资源、硬件资源和软件信息等。

sci：关于科学研究、应用或相关的主题，一般情况下不包括计算机。

soc：关于社会科学的主题。

talk：一些辩论或人们长期争论的主题。

news：关于新闻组本身的主题，如新闻网络、新闻组维护等。

rec：关于休闲、娱乐的主题。

alt：比较杂乱，无规定的主题，任何言论在这里都可以发表。

biz：关于商业或与之相关的主题。

misc：其余的主题。在新闻组里，所有无法明确分类的东西都称之为 misc。

新闻组在命名时以句点间隔，通过上面的主题分类，我们可以一眼看出新闻组的主要内容。

4. 新闻组的使用

新闻组一般不需要注册。所以任何人都可以随时加入新闻组，进行各项活动。事实上，全世界的新闻组就像一个世界性的聊天广场，在这里你会发现你所能想到的任何聊天话题。

新闻组服务器是存储和管理新闻组邮件的中心，它负责接收世界各地用户发来的文章，然后转发给其他用户。用户要进入新闻组，首先就要连接到该新闻组的服务器。任何人都可以加入新闻组，也可以向新闻组投递新闻或阅读其中的新闻。

最容易得到的软件就是 Windows 下的 Outlook Express（OE）（Vista 系统为 Windows Mail，WM）。

（1）设置

打开 WM，单击"工具—账户"（图 7-4），弹出账户设置窗口，该窗口的默认状态是邮件设置，单击窗口中的"新闻"选项卡切换到新闻服务器设置，单击"添加"按钮选择"新闻"，则激活了新闻组设置向导，单击"下一步"依次填写在回复信件中显示的名称，回复的发送 E-mail 地址，以及要加入的新闻组服务器名等完成设置（见图 7-5）。

图 7-4　新闻组设置 1

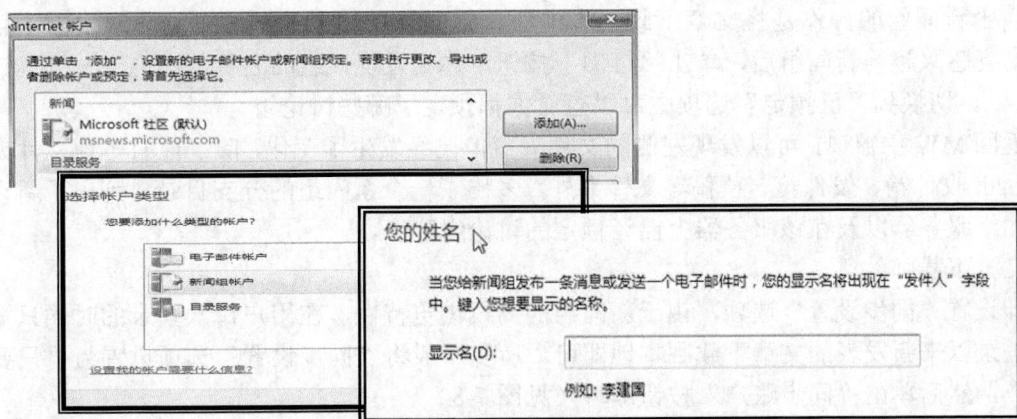

图 7-5　新闻组设置 2

需要注意的是，有些新闻组是需要验证密码才允许特定用户登录的，这样的话，就要选中"新闻（NNTP）服务器"窗口最下端"我的新闻服务器要求登录"（见图 7-6）前的复选框，并单击"下一步"继续，如果没有选择需要登录就会出现设置完成窗口，单击"完成"按钮结束该新闻组的设置；如果选中了新闻服务器需要登录的选项，单击"下一步"会转到密码设置窗口，只需将服务商提供的新闻组登录密码填写到对话框里就可以了。

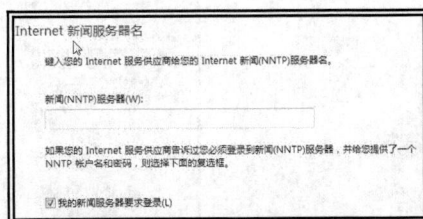

图 7-6　新闻组设置 3

（2）新闻组订阅

单击"工具—新闻组"，进行新闻组订阅。一个新闻组包含了大量不同主题的讨论组，用户查找自己需要的讨论组可能会花费较多的时间，因此 MW 还提供了关键词查询功能，在搜索窗口输入需要查询的新闻组主题，系统可以将该主题的相关讨论组迅速从众多讨论组中分离出来（见图 7-7）。

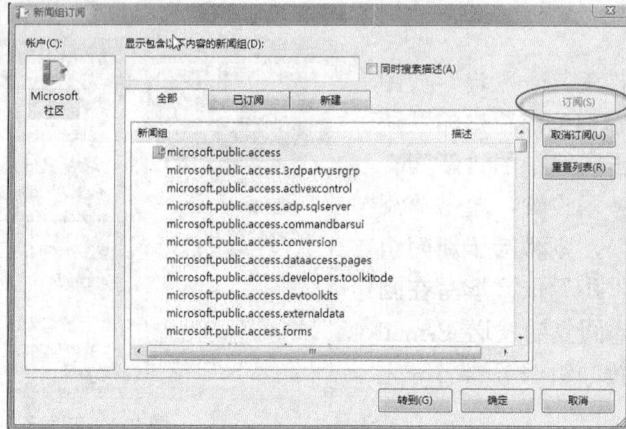

图 7-7　新闻组订阅

由于新闻组的操作是将文章下载回本地计算机阅读并回复的，所以用户选定需下载的组，高亮感兴趣的新闻组后，单击"订阅"按钮，你会发现该组的名称前出现了一个已订阅标记：。切换到"已预定"选项中可以查看你都预定了哪些讨论组。

返回 MW 主窗口，可以发现左侧的文件夹窗口已经发生了变化，除了原有本地文件夹中的 E-mail 收件箱、发件箱、草稿等文件夹外，多出了一个新闻组的分支目录，列出了新设置的新闻组服务器以及在该服务器上已经预定的讨论组列表。

（3）下载邮件

即设置"同步设置"选项，由于新闻组的离线浏览特性，在用户每次登录的时候只需将上次登录以来新发表的文章下载回本地即可。所以一般将"同步设置"选项设置为"只要新邮件"，然后单击"同步账户"按钮即可（见图 7-8）。

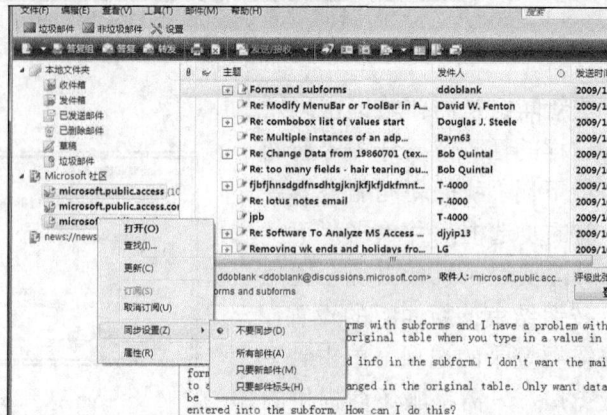

图 7-8　新闻组邮件下载

第一次登录新闻组的用户如果想要获取以前的所有邮件，就要选中"所有邮件"的选项将该组所有邮件下载回本地了，不过对于比较庞大的新闻组来说，不推荐读者下载普通组的所有内容，因为其中必然包含了很多无用的垃圾信息。

由于新闻组中的精华区都有专职管理员负责，如果希望获得某个讨论主题的全面内容，对于一般的新闻组，建议初次订阅的用户在"同步设置"中选择"只要邮件标头"，此时 MW 只会将所有邮件的标题下载回来，速度很快，然后用户可以在线浏览感兴趣的新闻邮件，同时你浏览过的新闻邮件就被下载回了本地机，断线后可以再次阅读这些感兴趣的新闻邮件。

（4）参与讨论

如果想在一个讨论组中发表用户的想法或观点供大家讨论。只要在窗口左侧列表中选中用户想要发言的组，再单击窗口上方的"写邮件"按钮，并写一封新邮件即可。回复新闻组邮件信息，像普通邮件一样可以答复和转发，但这里要提醒注意的是答复功能包括了答复新闻组（答复组）和答复发件人（答复）以及全部答复，"答复组"是将用户对这封邮件的看法和意见发回到该组该新闻组中，新闻组中的所有人都能浏览用户的答复；而"答复"是将用户的回复邮件发送到邮件发送者的私人信箱中，其他用户是看不到的。回复的过程与发送普通电子邮件并无区别。如果在离线状态下写完回复后单击"发送"按钮，邮件会被保存在发件箱中待上线后发送。

作为一种快速便捷的讨论方式。新闻组有着不可比拟的优越性。虽然国内的新闻组不是很多，但新闻组中的文章从质量和时效性方面都是其他媒体所不能比的。因此说新闻组是一个无穷无尽的知识宝库实在是十分贴切。应该充分利用新闻组为人们的学习、工作、生活服务。

7.3　信息调研与分析

信息调研与分析是科研人员围绕特定地区、特定范围、特定环境或特定课题的科学研究需要，在广泛收集文献信息和实际调查的基础上，对所获得的信息采用科学方法，进行整理、分析、判断、综合，而得出的科学研究动态的评价性报告，包括既往研究状况的总结和未来研究。

7.3.1　信息调研

1. 信息调研的意义

（1）信息调研的目标和作用

信息调研的基本目标首先是对无序、凌乱的信息，经过分析、归纳，从中筛选与提炼有用、有效的信息；其次是从局部、不完整的信息入手，通过科学的方法，推理、演绎出事物发展的具体状况和事物发展变化的规律；最后依据以掌握的过去及目前发展状况的信息，科学地预测有关课题的未来发展趋势。

信息调研工作对于及时了解国内外科学发展动态，分析国内外科学研究环境、制定科研发展规划、计划和科研立题，都有着重大的意义。

（2）信息调研的决策和指导作用

信息调研在科研规划和计划管理中，对于确定研究方向和选题起指导作用。

首先，信息调研是通过对文献资料进行分析，以及对实际情况进行调查，为领导决策，为科学研究服务的一项复杂的劳动。为领导决策服务，是一种战略性信息，如科研管理部门每年科研课题招标工作的实施和招标项目的确定，需要在广泛收集、分析国内外大量相关文献的基础上，确定国家近年主要的研究方向和应解决的问题，从而确保研究项目能符合科学发展规律和国家建设的需求。

其次，科研人员选择某一课题时，通过信息调研可以明确该课题的研究背景，国内外的研究历史和现状，了解该课题的研究动态：他人做了些什么，已经取得了哪些成果？有哪些经验教训？哪些问题尚需解决等一系列问题。在大量的信息调研工作的基础上，确定自己选题依据和研究方向，并对课题的必要性、可行性做出正确的分析和评估，制定出完善的计划，采取合理的技术路线，最终确定课题的主攻方向，取得研究的成功。同时科研人员还必须经常关注与课题相关的最新信息，借鉴别人的经验和教训，不断完善课题研究，以保证科研方向明确，少走弯路。

（3）信息调研与科研成果鉴定

信息调研可以起到成果评价与信息反馈的作用。课题完成后，要通过信息调研，对课题进行评估，确定课题的研究水平，帮助专家减少对其水平鉴定的偏差。通过调研了解本课题与国内外相关研究的异同，在与国内外相关研究的科学性、新颖性、先进性和实用性进行比较后，并找出本课题的创新点。撰写研究报告或研究论文时，通过信息调研，对研究成果给予理论解释和评价。成果推广应用时，信息调研的结果有助于市场的发展前景，减少盲目性。

总之，从科研选题，到取得成果直至成果的推广应用，每一环节无不以信息调研为先导，信息调研贯穿于科学研究的始终。科研人员信息调研水平的高低，直接影响着科研工作的顺利进行。科研部门通过信息调研，可以科学地规划和管理科研工作，提高科研管理工作的效率。

2. 信息调研的内容

信息调研的内容大体上可归纳为以下 8 个方面。

（1）科学情报调研

科学情报调研包括两个方面的内容：一是基础科技信息调研；二是科技政策、科研方法和科研组织管理的信息调研。

（2）技术信息调研

技术信息调研包括某种技术的沿革和技术原理；某种技术国内与国外先进水平的差距；本地区与国内先进水平的差距；本部门与国内同行业先进水平的差距；技术应用的条件和范畴；技术推广情况及实验手段等。

（3）技术经济信息调研

科学技术的推广和应用，首先要考虑其经济效益和社会效益。技术经济信息调研的核心是对一项技术决策进行经济评价，包括技术上的可行性、先进性以及经济上的合理性。技术经济信息调研包括经济效果评价和社会效果评价两个方面。

（4）产品信息调研

产品的发展方向，直接关系到企业的前途与命运，因此产品信息调研是一个企业要面临的重要课题。产品信息调研包括国家的技术、经济政策，市场情况的调查和预测，原材料供应情况的调查，同行企业技术水平和研制能力的分析调研等。

（5）市场信息调研

随时掌握市场行情的变化和价格的涨落，并且通过分析调研以预测未来的动态，不断改进产品性能或开发新产品，适应市场的变化，是企业立于不败之地之本。市场信息调研的内容广泛，如市场动态，产品生命周期，本企业产品市场占有率调研，产品销售地点，产品用户心理，产品广告设计，市场的多样化、季节性和稳定性的调研等。

（6）管理信息调研

管理信息调研包括微观管理信息调研和宏观管理信息调研。前者主要是与科研机构、生产企业的管理工作有关的信息调研；后者主要是与国民经济发展的目标、计划、方针政策有关的信息调研。

（7）政策和法规信息调研

关于科技、经济总体政策；能源、环保、卫生、安全、金融、进出口贸易等方面的政策法规等的信息调研。

（8）预测性信息调研

预测性信息调研主要是探讨某项产品、某项技术、某个问题的发展趋势和发展规律，预测今后一个时期内的发展动向，并给予评价和作出预测性的结论，包括发展规律、影响发展的因素以及各环节之间的关系变化等。

3．信息调研的基本程序

信息调研同其他科学研究的课题实施步骤一样，都要经过立题、制定调研规划、收集所需资料、资料价值的判断整理和综合分析、撰写调研报告等步骤。

（1）信息调研课题的确立

确立信息调研课题，即确定科学研究的对象、中心内容和目的。这是研究工作的起点，是关系到课题成功与否的关键。在课题的选择过程中，需要遵循科学性、实用性、可行性、效益性、计划性、先进性等原则。

情报调研的题目一般来自以下几个方面：指令选题：国家及各级科研管理决策部门下达的全局性信息调研。委托选题：主管部门提出调研课题，或者某些单位委托信息部门完成的科研立题查新、专利查询、科技成果鉴定评奖、开发新技术或新产品的专题研究等。自选选题：科研人员在长期的实践和知识积累的基础上，提出和主动选择的一种课题。

（2）制定课题调研计划

课题确立后，为了保证科研课题的顺利进行，需要制定详细周密的调研计划，以了解和掌握课题研究的性质、内容、范围、主攻方向与技术路线、方法设备等。其主要内容包括如下：课题说明；拟定详细的调研大纲；人员和调研时间步骤的合理组织。

（3）信息资料的搜集

信息调研主要从科技文献入手，通过对大量文献资料的搜集以及对日常学术信息的积累，用分析判断的方法，得出相应的结论。广泛搜集课题所需的信息资源是信息调研的重要条件。搜集文献信息的方法和途径有很多，除了本章第一节提到的文献收集方法以外，还包括：实地调查和定题跟踪。

（4）信息价值的判断、整理和综合分析

获得信息资料后，通常需要对信息的价值进行可靠性、新颖性、适用性、典型性评价，以判明适用程度。

通过各种途径收集的信息，经过评价之后，还必须经过一定方式和层次的加工整理，在内容上加以集中浓缩，在形式上使之条理有序，具有系统性，然后运用逻辑思维和必要的数学方法，进行综合分析和研究。

（5）撰写信息调研报告

信息调研工作是通过对调研对象的观察、分析、判断、综合，最后提出的有事实、有分析、有观点、有建议的调研报告，即调研成果总结。信息调研成果必须以书面的形式反映出来。调研成果要依据大量的可靠数据和理论依据，采用严谨的逻辑论证方法得出。包括调研结果、结论、改进建议及科学的预测，供上级部门或科研人员参考和借鉴。调研报告反映了信息调研工作的质量。

7.3.2　信息分析

信息分析是信息调研过程中非常重要一步，是一种对信息定向选择和科学分析的研究活动，即按特定的需要有目的地对信息进行深度加工的过程。所谓信息加工的过程，就是对信息进行鉴别、评价、筛选、揭示、整序、分析、提炼、组织、综合研究，使信息从无序到有序，给信息重新定位的过程，也是创造新信息系统、赋予信息新价值的过程。通过信息分析，可以达到去伪存真、净化信息环境、排除信息干扰的目的，同时也可以集合信息、加速信息交流。

1.　信息分析的内容和分类

信息分析的目的主要是为决策服务，包括战略决策和战术技术发展。它不仅为科研服务，也可为生产、教育或其他事业服务，而且越来越成为国民经济发展决策的一个重要依据来源。总地说来，当前信息分析研究的主要任务包括以下几个方面：科技发展的动态信息的分析研究；专业、学科或单项和综合技术信息的综合分析研究；科技和经济发展决策和管理的信息的分析研究；技术经济信息的分析研究；市场信息的分析研究。

信息分析根据不同的标准，可以分为不同的类型，例如：从分析的内容出发，信息分析可以分为科学信息研究、技术情报研究、经济和市场信息研究；从研究内容的时间划分，主要可以分为历史研究（发展历程、经验教训等）、现状研究（当前水平、最新动态、基本差距、基础数据等）和未来研究（发展趋势、发展战略等）；从课题类别可将其分为科学与技术政策信息研究、水平动向研究、经验教训研究、战术技术信息研究、专业学科或专门技术发展趋势研究、工程项目的动议性信息研究、市场供求与产品结构研究、技术经济信息研究、正在进行中的科研课题的信息研究、科技管理科学化经验信息研究等。

2.　信息分析的基本方法

信息分析的方法虽然很多，但主要可以归纳为两大类，定性分析和定量分析。

定性分析是在逻辑分析、判断推理的基础上发展起来的，是传统的信息研究的主要方法。即运用比较、分析、类比、分类和综合、归纳与演绎等逻辑学方法对信息进行分析研究，从而得出研究对象质的特征的一类方法。常用的如综合分析法、比较分析法、相关分析法、典型分析法、专家调查法。

定量分析是运用数学方法对研究对象的本质特征进行量化描述与分析的方法。量化描述主要通过数学模型来实现，所以定量分析也可以说是利用数学模型进行信息分析与研究的方法。其核心技术是数学模型的建立、求解和对模型解的评价判定。常用方法有趋势外推法、回归分析法、时间序列法、文献计量学法。

定性分析和定量分析是信息分析研究的两个方面，具体方法的运用要根据具体研究内容而定，必要时可以将两者结合运用。下面介绍几种常用的基本方法。

（1）对比分析法

对比分析法是对所收集的资料进行比较、鉴别、判断的一种方法，是信息调研中经常使用的一种方法。在信息研究中，常见的比较对象有：科学研究水平、发展特点的对比；社会发展的条件及历史背景的对比；某一学科或技术发展历史和现状的对比；技术方案和决策方案的对比；市场需求与销售情况的对比等。根据不同的标准和角度，对比法主要可归纳为纵向对比法和横向对比法。

① 纵向对比法：对同一事物不同时期的状况进行对比，认识事物的过去、现在和未来发展趋势，提示事物的发展过程。

② 横向对比法。对不同国家、地区、部门的同类事物进行对比，找出差距，判明优劣。这种方法主要用于同时期内科学研究、科学技术、管理决策等方面水平的比较。

③ 对比分析法通常采用三种方式进行对比，即数字对比、图示对比和描述对比。应用比较分析法必须要注意在时间、空间范畴等方面的可比性，防止认识上的片面性，避免表面化。

（2）相关分析法

利用事物之间或者其内部各个成分之间的关系，如现象与本质、原因与结果、目标与途径、事物与条件等，通过对这些关系进行分析，从一种或几种已知的事物来判断或推算未知的事物，这就是相关分析法。相关分析法涉及研究对象的质和量两个方面，因此它包含定性分析和定量分析两项内容。这种分析方法的特点是由此及彼，由表及里，应用广泛，尤其适用于军事技术、专利及其他难得到的技术情况的研究。

（3）分析综合法

分析综合法是把研究对象分解，把复杂的事物分解成各种简单因素或若干阶段，分别加以研究，从而获得对事物本质的认识。在通过综合的方式，把事物的各个部分、要素进行归纳整理形成对事物整体认识的逻辑方法。

（4）文献计量法

文献计量学是从定量角度研究文献及其特征的发展规律的科学。包括文献计量法、引文分析法和词频分析法。

（5）专家调查法

专家调查法是以专家作为索取信息的对象，依靠专家的知识和经验，通过专家调查对问题作出判断、评估和预测的一种方法。专家调查法应用比较广泛，在一些数据缺乏或没有的情况下，专家的判断往往是唯一的评价根据。专家调查法又可分为专家个人调查法、专家会议调查法、头脑风暴法、德尔菲法。德尔菲法又称规定程序专家调查法，是由调查组织者拟定调查表，按照规定程序，通过函件分别向专家组成员征询调查，专家组成员之间通过组织者的反馈材料匿名地交流意见，经过反复几轮意见征询和信息反馈，使专家们的意见逐渐集中，最后得出比较一致的结论。德尔菲法是一种广为适用的研究预测方法，并逐步成为一种重要的决策工具。

（6）趋势外推法

趋势外推法就是把事物发展的已有的趋势延伸到未来，对未来做出预见的推理方法。

7.4 科研的选题

科学研究，是探求客观事物的本质和规律性的活动。它的内容是观察新的现象、发现新的规律、创造新的理论、新的发明和新的产品。而科研选题是科学研究中首先必须面临的问题，也是科学研究的关键性的一步，一个科研课题选定的恰当与否，直接关系到以后的研究成功与否。爱因斯坦说过："提出一个问题，往往比解决一个问题更重要，因为解决问题，也许仅仅是数学上或实验上的技能而已。而提出新的问题，新的可能性，从新的角度去看旧的问题，都需要有创造性的想象力，而且标志着科学的真正进步。"对于科研人员来说，一个好的科研课题的选定，需要相当的知识储备，科学素养以及丰富的想象力，同时也要懂得课题的来源，选题的方法和原则等知识。

7.4.1 科研选题的基本原则

科研选题是一个复杂和艰巨的环节，也是创造性的思维过程。科学研究的目的是探求未知现象，发现和研究事物的发展规律，促进科学技术的发展和社会的进步。所以创新性、科学性、可行性是科研选题首先应该遵循的原则，需要性原则则为科研选题实现其价值的意义所在。

1．创新性原则

科学研究的灵魂在于创新，具有创新性的课题应该是具有新颖性和先进性的课题，即别人没有提出过、没有解决，以及没有完全解决的课题，把别人尚未解决问题作为自己研究起点，避免简单重复别人已经作过的研究。

2．科学性原则

科学研究目的是探求客观事物的规律性，科研立题要符合自然界、社会、思维以及其他客观现实的规律和本质，选题要具有一定的科学理论根据和科学事实根据，切不可主观臆想，想当然的违背科学与实际的选题。

3．可行性原则

选定课题要切合实际，要充分考虑研究所需的设备条件、课题组人员的科研水平与能力，以及课题是否已具备研究基础。要充分考虑研究对象和研究环境的主客观条件，在注重研究课题的创新性和科学性前提下，课题一旦实施，能否顺利完成同样不应忽略。

4. 需要性原则

选定的课题要符合社会、生产和科学发展的需要。即科研课题要具有现实的意义和价值，包括经济价值和社会价值。也就是说科研课题要符合经济发展的需要和政治、军事、文化教育等方面的需要。

7.4.2 科研选题的来源

1. 指令性课题

指上级部门下达的课题任务。国家、省市及各种学术团体会定期提出许多科研课题，如国家、部省市的重点规划课题、年度课题，这些课题一般具有较重要的理论意义、现实意义，是选题的重要来源。包括国家自然科学基金、政府管理部门科学基金、单位科学基金等。通常被称为纵向课题。

2. 委托课题

受相关部门委托而接受的课题，目的是借助受委托单位的技术和人才优势进行新产品、新技术和新方法的开发和研制。如工厂企业委托高校完成的科技攻关项目。

3. 自选课题

研究人员通过自己的科研活动和日常工作而产生和形成的研究课题。常见的选题如下。

（1）从实践中选题

人们在现实生活和社会实践工作中会遇到各种各样的问题，需要我们去研究、去探索、寻求解决问题的办法。大至世界政治、经济、文化艺术，小至日常生活中的吃穿住用行，选题的内容极为广泛，只要深入探索，就会发现有许多值得研究的课题。

（2）文献记载中选题

一些科学研究者在他们的研究过程中，会遇到或者发现理论上或者实践上的某些问题，但由于受当时的科学技术水平、理论知识，以及所处的环境、研究条件或专业知识结构的限制而无法解决；或者研究者对研究中发现的某些现象提出了一些假说，这些问题会被记载在文献中。所以科研人员可以根据文献的记载，结合自身的研究基础，选择研究课题。

（3）从学术交流和学术争鸣中选题

学术交流是指同行专家对某一特定的学术问题，在研究方法、结果和存在的问题等方面所做的探讨、交流。而研究人员对于某些学术问题会从不同的角度观察、研究和评价，从而会有不同学术观点，这些不同学术观点之间的碰撞则为学术争鸣。学术交流和学术争鸣对于科研课题的选择非常有意义，研究人员根据学术交流和学术争鸣中谈到的问题，设计的某些事实与理由，发现问题，从中选定自己的研究课题。

（4）从学科交叉、渗透中选题

学科的交叉、渗透是科学在广度、深度上发展的一种必然趋势，科学的交叉和渗透必然导致新的学科以及新的研究领域的诞生。如比较学科，边缘学科，软科学，综合学科及超科学等。

（5）从直觉思维、意外发现中选题

科研人员对研究对象富有浓厚的探索兴趣，也是科研选题的一个重要来源。大量值得研究的选题，首先表现在各种社会现象和偶然事件中。这时，选题常常得益于科研人员的想象、灵感、直觉，以及对这些直觉、现象的思维和捕捉。例如詹纳（Edward Jenner）由挤奶女工不患天花的现象，研究和发现了预防天花的牛痘疫苗。另如郭沫若在对郑成功事迹的追踪调查中，意外发现了郑成功铸造的钱币，使中国自铸钱币的历史向前推进了将近 200 年，并进一步发现了郑成功的财政政策和复国宏图，推进了晚明史的研究。

7.5 科研论文的写作

科研论文，是科研工作者对自己开展的科学研究工作成果的论说性文章，是阐述原始研究结果并予以公开发表的文字性报告。科研论文是科学研究的手段和继续，同时也是表述科研成果、进行学术交流的一种工具。他是以科研成果为对象，采用科技语言、科学逻辑思维方式，并按照一定的写作格式撰写，经过正规严格的审查后公开发表的论文。撰写科研论文的目的是报告自己的研究成果，说明自己对某一问题的观点和看法，接受同行的评议和审查，以图在讨论和争论中接近真理，揭示自然界和社会的发展规律，推动社会的进步。

在科技发展的历史长河中，任何一项科技发明，都必须继承和借鉴前人和今人已有的研究成果。科研论文作为科研成果的一种特殊的表达方式，在促进科技信息交流，提高研究水平，减少无效劳动和推动科学技术的发展中发挥着举足轻重的作用。

7.5.1 科研论文的主要表现形式

科研论文是探讨、研究、总结科学领域中的问题，发表科研成果，进行学术交流的一种文体形式。科研论文根据其不同的属性，可划分为不同类型。按其所属的总体学科门类，可将其分为社会科学论文、自然科学论文和哲学论文等。按其论述的内容，可将其划分为研究报告、理论性研究论文、专题性研究论文和综述性论文等。按作者写作目的的不同，又可将其划分为学术论文和学位论文。

1. 学术论文

中国国家标准 GB7713-87 对学术论文的定义是："某一学术课题在实验性、理论性或观测性上具有新的科学研究成果或创新见解和知识的科学记录；或是某种已知原理应用于实际中取得新进展的科学总结，用以提供学术会议宣读、交流或讨论；或在学术刊物上发表；或作其他用途的书面文件。"从表现手法上看，科研论文是以议论和说明为主的议论文体，作者通过论文直接表达自己对客观事物的认识，推断事物的正确与错误，揭示事物的本质特征。

学术论文按其性质可以划分为学术性论文、技术性论文和综述性论文。

（1）学术性论文

学术性论文是科研工作者在其研究领域中，通过严谨规范的科学研究而取得的研究成果，是一种原创性论文，例如新的学术观点的阐述，新的理论的论证，新的科技发明，新的科学发现以及某项重大的科学难题的突破等。这类论文以学术研究为主，其特点是具有创新要素，是科学有所前进的标志。是研究人员提供给学术期刊或向学术会议提交的论文。水平较高的学术论文反映了学科领域的最新前沿水平，能够达到或代表了该学科领域国内或国际先进水平。

（2）技术性论文

技术性论文是工程技术人员在已有的科学理论、技术成果的基础上，为解决设计、工艺、设备、材料等具体技术问题而取得的研究成果的书面总结。为应用性研究论文，内容重点在于技术上的直接应用，理论与实践的相印证。

（3）综述性论文

综述性论文是作者针对国内外某一新的学科领域或者某一学科专题的科学研究进展和动态，在阅读大量的尽可能全的相关研究论文的基础上，经过自己深入的分析和综合，并作出有价值的总结而写成的论文。综述性论文如果包含了作者对相关内容所做的推断、评价和预测，称为述评。这类文章能使读者在短期内了解某问题的历史、现状、存在的问题、最新成果以及发展方向。可以节约科研工作者查阅专业文献的时间，了解专业动态，提供文献线索，从而帮助选择科研方向、寻找科研课题等。

2．学位论文

学位论文是作者用以申请相应的学位而撰写的论文。国家标准 GB7713-87 对学位论文所做的定义是："学位论文是表明作者从事科学研究取得创造性成果或有新的见解，并以此为内容撰写的，作为提出申请授予相应学位的学术论文。"与一般研究论文不同，学位论文的目的是展示作者的知识水平和研究能力，论文中要求详细地介绍课题的研究历史、现状、方法和具体的实验研究过程等，注重强调论文的系统性。一般的研究论文大多开门见山，直切主题，论题的背景等相关信息往往以注解和参考文献的形式列出，更注重研究结果的展示，重视论文的学术性和应用价值。学位论文按层次又可分为学士论文、硕士论文和博士论文。

（1）学士论文

学士论文可以是学术论文、调查报告，也可以是技术总结、技术设计等。这种论文一般只涉及不太复杂的课题，论述的范围较窄，深度也较浅。论文或设计和撰写要求能表明作者较好的掌握了本学科的基本理论、知识和技术，并具有的从事科学研究或担负专门技术国内工作的初步能力，以及科研论文写作的初步技能。学士论文一般还不能作为科技论文发表。

（2）硕士论文

合格的硕士论文应能表明作者已经掌握了扎实的学科基础理论和系统的专门知识，掌握了某一方面的研究方法和技能，并具有从事专门技术和科研工作的能力和基本的科研论文写作能力。它虽然是在导师指导下完成的，但已经具有了一定程度的创新性，论文强调和注重作者的独立思考作用。通过答辩的硕士论文，应该基本上达到了发表的水平。

（3）博士论文

博士论文可以是 1 篇论文，也可以是相互关联的若干篇论文的总和。是研究生独立撰写的比较完整、系统，具有较高的学术水平的论著。博士论文被视为重要的科技文献，因为博士论文不仅反映出作者坚实广博的基础理论知识、系统深入的专门知识、独立从事科学技术研究工作的能力，及较高的论文写作水平，而且其研究项目是该科学技术领域较为前沿的独创性成果，在学术和理论上都具有较大的科学意义，或者在实用上具有较大的社会效益和经济效益。

7.5.2 科研论文的撰写规范与要求

科研论文写作水平，往往直接影响科研工作的进展。如一篇好的科研选题报告或建设项目的可行性论证报告，可以促进一个有价值的科研项目或建设项目尽快上马；反之，一篇表达不规范、内容不准确的论文，也会使科研成果的公认受到阻碍，导致某种新理论、新方法不被人们所接受，某项先进技术难以得到迅速的推广；或者使一个具有发表价值的研究成果，由于文稿写作质量问题，不能被期刊编辑部门所接受。因此，作为科研工作者，应该掌握科研论文写作的一般方法，熟悉国家的有关标准和规定，并在写作实践中不断提高自己的写作能力，从而使自己能够得心应手地写出学术价值或实用价值高、科学性强、文字细节和技术细节表达规范的科研论文，使自己的研究成果在促进学术交流和推动科学技术及经济建设的发展中发挥应有的作用。

科研论文通常包括题目、作者、摘要、关键词、引言、正文、结论（和建议）、致谢、参考文献等部分。

1. 题目

文章的标题，它是论文特定的思想内容、研究范围和深度的高度总结，是读者认识全文的窗口。标题选定应注意以下原则。

（1）简短精练

标题字数尽可能少而精。使读者印象鲜明，便于记忆和引用。在保证准确反映论文最主要的特定内容的前提下，题名字数越少越好。汉字一般在 20 个字以内；英文题目不超过 10 个实词。如果涉及内容过多时，可选择使用副标题以缩小主标题的字数。

（2）准确得当

题名应能准确地表达论文的中心内容，恰如其分地反映研究的范围和达到的深度，不能使用笼统的、泛指性很强和华而不实的词语。

（3）便于检索

题名所用词语必须有助于选定关键词和编制题录、索引等二次文献，以便为检索提供特定的实用信息。

（4）结构规范

首先一个题目只能有一个中心，不能同时有两个或两个以上无关联的内容。在一个中心的前提下，可以包括其中所含的两个问题，也可以包括与中心相关的另一个问题。其次，题目不是一个完整的句子，不能有动词出现。无论是中文还是英文，都要把动词转变为动名词。另外，题目中一般不要用标点符号，但有时可用圆括号、书名号、顿号、问号等。

2. 作者署名与作者单位

作者在自己科研论文中签署自己的名字和工作单位、联系方式。署名具有四重意义：表明论文的归属；文责自负的承诺；利于编制二次文献，建立索引和查检；便于读者与作者联系。

个人的研究成果，个人署名；集体的研究成果，集体署名（一般应署作者姓名，不宜只署课题组名称）。集体署名时，按对研究工作贡献的大小排列名次。学位论文署名，研究生在前，指导导师在后。

署名者只限于那些参与选定研究课题和制定研究方案、直接参加全部或主要部分研究工作并作出主要贡献，以及参加论文撰写并能对内容负责，同时对论文具有答辩能力的人员；仅参加部分工作的合作者、按研究计划分工负责具体小项的工作者、某一项测试任务的承担者，以及接受委托进行分析检验和观察的辅助人员等，不列入署名范围，但在"致谢"中予以说明。

在作者署名下面要用"（ ）"写明作者的单位、地址和邮政编码。

3. 摘要

摘要是论文的高度浓缩。它要求准确、完整、简练地介绍研究的目的、方法、结果和结论，不加解释和评论。

摘要的作用是便于读者了解论文的基本内容；便于二次文献的摘编和索引。

目前科研论文经常使用的摘要类型有指示性摘要、报道性摘要和报道－指示性摘要。指示性摘要是对论文论题的简要说明，或者概括地表述研究目的，字数一般控制在 50～100。报道性摘要反映了作者的主要研究成果，能够让读者从中了解论文的全部创新内容和尽可能多的定量定性信息。结构式摘要是报道性摘要的另一种表现形式，按照研究论文的结构，从目的、方法、结构和结论 4 个方面介绍论文内容，这是目前生物医学领域期刊普遍使用的一种摘要格式。报道－指示性摘要是介于报道性摘要和指示性摘要之间的一种摘要格式，即采用报道性摘要的形式介绍文献中信息价值较高的部分，以指示性摘要的形式表述其余部分的内容。中文摘要一般不宜超过 200～300 字，英文文摘要不宜超过 250 个实词。在《文摘编写规则》（GB6447-86）中对不同类型综述的文字做了具体规定："报道性摘要和报道－指示性摘要一般以 400 字为宜；指示性文摘一般在 200 字为宜。"

摘要只能用文字形式表述，不能采用图表、化学结构式、数学表达式等非文字性资料，不列举例证，不分段。

科研论文的摘要一般要求采用中、英文两种形式。有的杂志中文摘要在前，英文摘要附在论文最后。也有的杂志在摘要位置同时刊有中英文两种摘要。英文摘要内容前要增加英文题目，作者和作者单位等信息。

撰写摘要应注意：力求简明易懂，逻辑清楚，不能含糊和重复；从旁观者的角度，客观反映原文信息，不能带有赞同和批评的倾向，采用第三人称书写；撰写英文摘要时，其时态与事情发生的时间相一致，叙述基本规律时用现在时，叙述研究的对象、方法、结果时用过去时；尽可能用规范术语，非公知公认的符号或者术语，第一次出现要写明全称。

4. 关键词

关键词是能够表达论文研究和讨论的主要内容的名词术语。是为了满足文献标引或检索工作的需要从论文中选取出的词或词组。

我国学术论文编写规范（GB 7713-87）中，规定学术论文中应标引 3～8 个关键词，并尽可能使用规范化的词表提供的规范化词，如《汉语主题词表》、《医学主题词表》（MeSH）、《美国国家航空航天局叙词表》（NASA）、《工程与科学词汇叙词表》（TEST）等。对那些确能反映论文的主题内容，但未被收入主题词表的词或词组可以作为自由词列出，以补充关键词个数的不足，更好地表达论文的主题内容。

为了便于国际交流，应同时标引英文关键词，置于英文摘要的下方。

5. 引言

引言也称前言、导言、序言等，是论文主题部分的开端。写引言的目的是交代研究的来龙去脉，使读者对论文先有一个总体的了解，起引导读者阅读的作用。

引言的内容主要包括课题的研究现状、背景，研究的思路、目的、范围以及要解决的问题，并简要说明课题研究的意义，他人已经取得的研究成果，观点以及与本课题的关系等。

引言篇幅不宜过长，写引言要注意言简意赅，重点突出，客观直接。人所共知的知识和基本理论，最好不要在引言中出现，更不要介绍基本方法和推导公式，不要与摘要雷同，也不要夸大研究的意义和水平。

引言一般与结论相呼应，在引言中提出的问题，在结论中应该有所解答，但应避免引言与结论的雷同。对于比较简短的论文，引言可只用一小段文字表达，不必用单独一节。

6. 正文

正文是论文的核心部分，是论文的主体。论文的论点、论据和论证都在这里阐述，因此它要占主要篇幅。正文中要对已获得的材料和数据进行概括、抽象、判断、归纳、综合、推理，以求从现象中揭示本质，从变化中发现规律。文字表述要有合乎逻辑、顺理成章、简明精练和通顺易读。所以文章的正文，是作者学术水平、逻辑思维与文字表达的综合产物。

由于论文涉及的学科、选题、研究对象和研究方法、工作进程、结果表达方式以及文章类型的不同，学术论文的陈述方式差异很大，所以对正文要写的内容不能作统一规定；但是，总的思路和结构安排应当符合"提出论点，通过论据（事实和（或）数据）来对论点加以论证"这一共同的要求。

比较完整的科研论文，正文部分一般包括理论分析、材料与方法、结果与分析、小结与讨论 4 个部分。

（1）理论分析

理论分析即基本原理。是论文的立论基础和逻辑起点，包括论证的理论依据，对所作的假设及其合理性的阐述，对分析方法的说明。

（2）材料与方法

材料是指研究中使用的实验（试验）材料、仪器、设备等。列出材料的目的是使同行科研工作者，根据作者提供的材料、仪器等能够进行重复实验（试验），便于核对论述结果的可靠性。方法是研究中采用的实验（试验）方法和操作步骤。如果采用的是别人用过的方法，只需写明是什么方法和标明文献来源。若对前人的方法有改进，则应将改进的部分叙述清楚；如果是作者自己设计和创造的新方法，则应详细介绍，使同行科研工作者在具备相同的设备和条件时能够重复实验（试验）。

（3）结果与分析

结果与分析是论文的关键和价值所在。除了给出研究结果外，同时要对结果进行定量或定性的分析。包括以绘图和（或）列表（必要时）等手段整理实验结果；通过数理统计和误差分析说明结果的可靠性、再现性和普遍性；进行实验结果与理论计算结果的比较；说明结果的适用对象和范围；分析不符合预见的现象和数据，检验理论分析的正确性等。

研究结果的表述要层次分明，数据可靠，分析深入，结论明确，表达简明规范。

（4）小结与讨论

对结果进行讨论，目的在于阐述结果的意义，说明与前人所得结果不同的原因，根据研究结果阐述作者自己的新见解，并以自己研究的结果、提出的观点与现有的研究结果比较，找出异同点，最主要的是突出新发现、新发明，说明研究结果的必然性或偶然性。同时可以对尚未定论之处和相反的结果进行讨论，提出研究的方向和问题，新的设想和思考，以引起同行读者在这一方面进一步去研究和探讨。

7. 结论和建议

结论又称结束语、结语。是对整个研究结果的总结性文字，它是在理论分析和实验验证的基础上，通过严密的逻辑推理而得出的富有创造性、指导性、经验性的结果描述。结论是对整篇论文的高度概括，要尽量简练、完整和准确。结论主要包含以下内容：论文研究结果说明了什么问题，得出了什么规律，解决了哪些理论和实际问题；论文对前人或他人的相关研究做了哪些检验和创新，与本文研究结果有哪些异同，作者做了哪些修改、补充和发展；论文及研究有哪些的不足之处，哪些问题有待解决，对解决这些问题有哪些设想等。

结论里应包括必要的数据，但主要是用文字表达，一般不用插图和表格。"建议"部分可以单独用一个标题，也可以作为结论的最末一条。如果没有建议，也不要勉强杜撰。

8. 致谢

现代科学技术研究往往需要他人的合作与帮助，因此，当研究成果以论文形式发表时，作者应当对他人的劳动给以充分肯定，并对他们表示感谢。凡对本研究直接提供过资金、设备、人力，以及文献资料等支持和帮助的团体和个人均应列入致谢对象。

"致谢"可以在论文最后单列一节，也可不列标题，空一行置于"结论"段之后。

9. 参考文献

参考文献即"文后参考文献"，是在论文撰写过程中参考和引用的信息资料。在科研论文中，凡是引用前人（包括作者自己过去）已发表的文献中的观点、数据和材料等，都要对它们在文中出现的地方予以标明，并在文末以列出参考文献的方式列出，称为参考文献著录。

（1）著录参考文献的作用

著录参考文献的作用主要体现在：① 反映作者的科学态度，也反映出论文具有真实、广泛的科学依据，及论文的起点和深度；② 作者在文中阐述和自己观点的同时，也使他人的成果得以展示，这不仅表明了论文作者对他人劳动的尊重，也免除了抄袭、剽窃他人成果的嫌疑；③ 索引作用，读者通过参考文献进行追溯检索，查找相关文献，了解论文之间的科学联系，扩大信息获取范围；④ 节省篇幅。论文中需要表述的内容，凡已有文献记载的只需注明文献出处，从而避免了一般性表述和资料堆积现象，精练了语言，节省了篇幅；⑤ 著录参考文献有助于科技情报人员开展情报研究和文献计量学分析。

（2）参考文献的著录方式

参考文献的著录方式，国际上流行的有许多种，我国国家标准《GB7714-2005 文后参考文献著录规则》中规定采用"顺序编码制"和"著者-出版年制"这两种。其中，顺序编码制为我国科学技术期刊所普遍采用。其中，参考的文献若为期刊中的析出文献，其规范格式为：序号，作者姓名，论文题目，杂志名称，出版时间，卷（期）次，页码。若为论著，其规范格式为：序号，作者姓名，论著名称，出版地址，出版社，版次，出版年，页码。

10. 文献分类号和文献类型标识码

为了从论文的学科属性的角度进一步揭示论文内容，便于建立和编制索引，以供查检，期刊编辑部和学位论文审定单位都要求对论文按照《中国图书馆分类法》进行分类。分类后的分类号和类目名称列入关键词的下方。在列出文献分类号的同时，中国知网"中国期刊全文数据库"还要求该数据库所收录期刊，对其刊登的论文做文献类型标识码的标注，与分类号一起一并列出。文献标识码的具体含义如下。

A——理论与应用研究的学术论文（包含综述报告）；
B——实用性技术成果报道（科技）、理论学习与社会实践总结（社科）；
C——业务指导与技术管理性文章（包括领导讲话与特约评论等）；
D——一般动态性信息（通信、报道、会议活动、专访等）；
E——文件、资料（包括历史资料、统计资料、机构、人物、书刊、知识介绍等）。

7.5.3 科研论文撰写的一般程序

科研论文的写作通常分为选题、搜集和整理资料、拟定提纲、初稿及修改定稿 5 个步骤。

1. 选题

选题是科研论文写作的第一步。包括限制性选题和自由式选题。限制性选题是在自己研究课题范围内的选题，如学位论文撰写及某项研究成果的论文的撰写等，所选题目受研究内容的限制。这种情况下，所研究课题的题目即可作为论文的题目。对于一些较大的研究项目，由于研究内容分支较多，其研究成果可以撰写成多篇论文，这就需要重新选题。对于题目不够突出和新颖的研究课题，撰写论文时也需要重新构思题目。自由式选题是不受内容的限制，可根据自己的兴趣、工作中的经验、阅读中产生的新思想等，自由选择论文题目。

无论是何种类型的选题，论文选题必须遵守以下原则。

（1）新颖性

撰写论文时，要把自己的新观点、新见解和新发现尽可能在题目中点出，起到醒目的作用，以吸引更多的读者。

（2）需要性

需要性指选题要符合科学技术进步与社会发展的需要，这也是论文写作的现实意义。具体地说，就是论文选题要为科学技术发展、国民经济建设、人民生活提高等方面服务，为科学技术转化为生产力服务。

（3）可行性

实事求是，从实际出发，从自己的基础、兴趣考虑，选择自己力所能及的题目。

2. 搜集和整理资料

文献资料是形成学术论点和提炼主题的基础。只有掌握足够的资料，才能了解自己研究学科的发展阶段、发展动向、研究范围和深度、存在的问题及目前的主攻方向等，这对撰写论文是十分必要的。主要包含 4 个方面：理论准备和知识准备的资料；别人已有的相关论述的资料；对立的有关的资料；背景和条件的相关资料。准确而全面的资料不仅可以帮助了解某一学科领域的发展动态，同时又为自己的论文提供了有力的论据。

在材料搜集的基础上，对搜集到的资料进行比较、鉴别和整理，以认清性质，判明其真伪、估价其意义，去除那些关系较远的、重复雷同的、观点不明的、来源不清的、转手过多的材料，保留那些权威性较高、来源可靠、研究较为深入、代表性强的资料。再把提炼过的资料，顺序排在各相关标题及分标题下，这样便于撰写论文时利用。

3. 拟订提纲

即用简洁明了的语言，安排出论文的章节结构，把文章的逻辑关系展现出来。提纲是论文整体布局和层次安排的设计图，是构造论文的基本框架。

提纲通常有 3 种形式，标题式提纲、简介式提纲和混合式提纲。

4. 撰写初稿

按照写作提纲，围绕题目提出的论题中心写出论文初稿的过程。论文初稿是进行再创造的复杂思维过程，表达方式的选择与使用，段落的组织与衔接以及语言形式的运用，都是这个阶段要妥善处理的问题。初稿是论文的基础，有了这个基础，再进行修改、完善、提高就比较容易了。

初稿起笔有两种方式：从引言起笔，即按照提纲的自然顺序，先提出问题，明确基本论点，再逐步展开，论证、归纳总结，得出结论；从正文起笔，即先写正文，结论后，再写引言。

在撰写初稿时，尽可能放开思想，既要照顾到提纲的要求，又不要受原提纲的限制，将自己的分析能力、判断能力、逻辑思维能力全部发挥出来，凡思考到的观点、见解、推理、判断等都写出来，最好是一气呵成。撰写稿子时，思维高度集中，大脑的兴奋和活跃程度比较高，往往会产生出新论点、新思路，有时还会推出比原论题更深、更高的新认识和新观点。

5. 修改定稿

初稿完成后，需要再三推敲，反复修改。修改的主要任务是斟酌论点、检查论证、调整结构、推敲文字。初稿修改通常分两个阶段，前一阶段着重对论文的内容、结构和篇幅进行修改，使文章观点明确，主题突出，层次分明，字数恰当。后一阶段主要对文字进行修改，以保证论文在内容上逻辑清楚、论点明确、顺理成章，在文字上语言流畅，用词准确，合乎语法。同时还要保证论文结构、用词、图表规范合理。

7.6　知识产权相关法律法规

随着我国改革开放向更高层次的迈进，法律在为改革开放和市场经济建设服务方面的促进和保障功能日显突出。在众多的法律制度中，知识产权保护制度在鼓励和保护创新、促进经济发展、科技进步和文化繁荣等方面，其地位和作用越来越重要和突出。

7.6.1 知识产权相关法律法规举要

1. 知识产权和知识产权法

知识产权：知识产权（Intellectual Property）是一种无形财产，又称"智力财产权"，是从事智力创造性活动取得成果后依法享有的权利。即法律赋予智力劳动成果的创造人对其智力创造成果在一定时期内享有的专有权利。

知识产权法：知识产权法是为了调整智力成果的创造者在取得、使用、转让知识产权，以及在知识产权的管理和保护中所产生的各种社会关系的法律规范的总和，它是确认、使用和保护知识产权的一整套法律制度。

2. 知识产权的范围

传统的知识产权，包括专利权、商标权和著作权。前两者称工业产权，后者也称版权。随着科学技术的迅速发展，新的高新技术的智力成果不断产生，又给知识产权带来了一系列的新的保护客体，如生物技术成果和动植物品种权的保护等，所以广义的知识产权包括一切涉及人类智力成果的权利。如科学技术成果权或商业形象权等。工业产权主要包括专利权（发明、实用新型、外观设计和植物品种权）和商标权等。

工业产权是知识产权的重要组成部分。这里的"工业"泛指工业、农业、交通运输业、采掘业、商业等各个产业及科学技术部门。而工业产权，是指人们在生产活动中基于智力的创造性劳动所产生的一种特殊的权利。根据《保护工业产权巴黎公约》中明文规定，工业产权内容应包括发明专利、实用新型、工业品外观设计，商标、服务标记、厂商名称、货源标记、原产地名称，制止不正当竞争的保护等。

著作权主要包括文学、艺术、美术、录音、录像、演出和广播，以及计算机软件和集成电路布图设计等，知识产权的范围如图 7-9 所示。

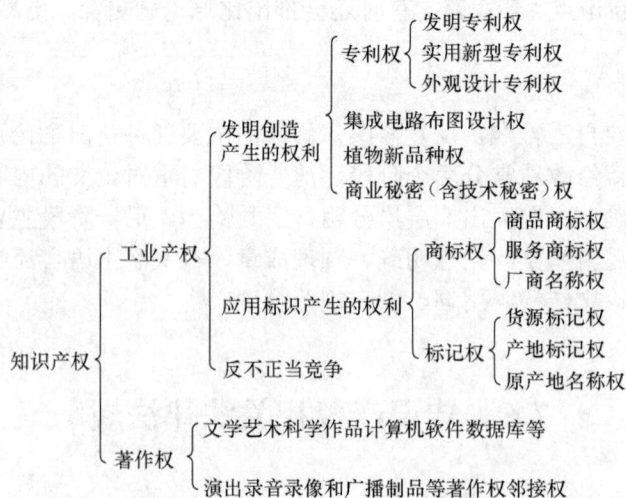

图 7-9　知识产权范围

　　我国知识产权司法保护的范围包括对专利权、商标权、著作权（版权）、邻接权，防止不正当竞争权等涉及人类智力成果的一切无形财产的财产权和人身保护权。我国法律规定的保护范围和水平基本与知识产权国际条约规定的范围和水平相同，并且将会受到《与贸易有关的知识产权协议》等国际公约的积极影响。此外，人民法院的知识产权审判庭还将有关技术转让、技术合作等各类技术合同纠纷案件作为自己的收案范围。

　　《世界知识产权组织公约》规定的知识产权的范围包括：文学、艺术和科学作品；表演者的表演、录音和广播；一切创造性活动领域内的发明；科学发现；工业设计；商标、服务标记，商号和商业标识；防止不正当竞争；其他一切来自工业、科学、文学、艺术领域内的智力创作活动。

　　WTO《与贸易有关的知识产权协定》规定的知识产权的范围有：著作权和相邻权，商标，地理标识，工业设计，专利，集成电路布图设计（拓扑图），未披露信息的保护，合同许可中反竞争行为的控制。

　　3. 知识产权保护的相关法律

　　（1）我国知识产权保护的相关法律

　　自改革开放以来，尤其是加入世贸组织前后，我国加快了知识产权保护制度的建设，先后制定了知识产权保护的相关法律法规，基本形成了一个较为完备的知识产权的法律保护体系。

　　我国颁布的知识产权法有：中华人民共和国专利法；中华人民共和国专利法实施细则；国防专利条例；集成电路布图设计保护条例；著作权集体管理条例；中华人民共和国商标法；中华人民共和国商标法实施条例；中华人民共和国著作权法；中华人民共和国著作权法实施条例；计算机软件保护条例；中华人民共和国知识产权海关保护条例；中华人民共和国海关关于知识产权保护的实施办法；奥林匹克标志保护条例；中华人民共和国合同法（节选）；中华人民共和国担保法；中华人民共和国植物新品种保护条例；中华人民共和国植物新品种保护条例实施细则（农业部分）；中华人民共和国植物新品种保护条例实施细则（林业部分）；中华人民共和国反不正当竞争法。

　　（2）国际知识产权保护制度的相关法律

　　知识产权的国际保护制度，是指以多边国际公约为基本形式，以政府间国际组织为协调机构，通过对各国国内知识产权法律进行协调并形成相对统一的国际法律制度。

　　为了保护智力劳动成果，促进发明创新，早在一百多年前，国际上已开始建立保护知识产权制度。它以 1883 年在巴黎签署的《保护工业产权巴黎公约》（简称《巴黎公约》），1886 在瑞士伯尔尼签署的《保护文学艺术作品伯尔尼公约》（简称《伯尔公约》）和 1994 年签署的《与贸易有关的知识产权协议》等代表性的国际公约为基本形式，以世界知识产权组织、世界贸易组织等相关国际组织为协调机构，协调各国知识产权制度，形成了一个国际性的知识产权保护的法律规则与秩序，各国独自产生的知识产权制度在知识产权国际保护的框架下，逐渐走上一体化、国际化的道路。

　　① 世界知识产权组织（World Intellectual Property Organization，WIPO）。为了促进全世界对知识产权的保护，加强各国和各知识产权组织间的合作，《巴黎公约》和《伯尔公约》的 51 个成员国于 1967 年 7 月 14 日在瑞典首都斯德哥尔摩共同缔约，签订了《成

立世界知识产权组织公约》并成立了该组织,1974 年世界知识产权组织成为联合国的专门机构。

成立世界知识产权组织的宗旨是:通过国家之间的合作,并在适当的情况下,与其他国际组织合作,以促进在世界范围内保护知识产权,加强保护知识产权组织各联盟之间的行政合作建立了"世界知识产权组织"。

WIPO 管理的知识产权领域的条约,根据其不同作用可分为三类:第一类条约确定了各成员国进行知识产权保护的国际协定的基本标准;第二类就是人们所熟知的全球保护体系条约。以确保一项发明、商标和外观设计的国际注册或申请在任何一个缔约国内均可具有效力,建立了工业产权的多国快速保护机制;第三类为分类条约,该类条约创建了把有关发明、商标和工业品外观设计的信息编排成便于检索的索引式可管理结构,便于查询。

② 世界贸易组织及《TRIPS 协议》。世界贸易组织是在《关贸总协定》的基础上于 1995 年 1 月成立的。截至 2005 年 2 月 15 日,世贸组织的缔约方有 148 个,中国于 2001 年 12 月 11 日正式加入世界贸易组织。世贸组织取代关贸总协定后,协调管理的领域拓宽,规则更严。世贸组织的制度框架主要是以货物贸易、服务贸易以及与贸易有关的知识产权为基础构建而成,其目标是建立一个完整的包括货物、服务、与贸易有关的投资及知识产权等更具活力、更持久的多边贸易体系。多边贸易协定主要是指《货物贸易总协定》、《服务贸易总协定》和《TRIPS 协议》及其若干专门的协定。为解决有关争端,还达成了《关于争端解决规则与程序的谅解》和《贸易政策审议机制》。

《TRIPS 协议》(Agreement On Trade-related Aspects of Intellectual Property Right,TRIPS),即《与贸易有关的知识产权(包括假冒商品贸易)协议(草案)》。它是世界上影响最大、内容最全面的知识产权国际保护多边协定。与原有的知识产权国际公约相比,《TRIPS 协议》全面规定了知识产权的保护标准,对知识产权的执法和救济提出了要求,并且为知识产权国际争端的解决提供了途径。凡参加世贸组织的成员,均要承诺遵守《TRIPS 协议》,必须使知识产权的国际保护直接与国际贸易挂钩。

③ 知识产权主要的国际保护条约。

专利权保护国际条约:专利合作条约;欧洲专利公约;国际承认用于专利程序的微生物保藏布达佩斯条约;建立外观设计国际分类条约;国际专利分类斯特拉斯条约。

商标权保护国际条约:商标国际注册马德里协定;商标注册条约;国际注册用商品与服务国际分类尼斯协定;建立商标图形国际分类维也纳协定。

著作权保护国际条约:保护文学艺术作品的伯尔尼公约;世界版权公约;世界知识产权组织版权条约;世界知识产权组织表演和录音制品公约;保护表演者、录音制品制作者和广播组织罗马公约;保护录音制品作者防止未经授权复制其录音制品日内瓦公约;关于播送由人造卫星传播载有节目的信号布鲁塞尔公约。

我国 1980 年 3 月正式加入了《世界知识产权组织公约》。我国 1984 年 12 月 19 日向世界知识产权组织递交了《保护工业产权巴黎公约》的加入书,并在 1985 年 3 月 19 日正式成为该公约的成员国。我国 1989 年 7 月 14 日向世界知识产权组织递交了加入《商标注册马德里协定》的申请,3 个月后成为该协定的成员国。我国 1989 年 5 月参加了世界知识产权组织主持制定的《关于集成电路知识产权条约的缔结工作》,并于 1990 年 5 月作为第五个签字国在该条约上签字,成为该华盛顿条约的成员国。

4. 著作权法

著作权（Copyright），是指文学、艺术和科学作品的创作者依照法律的规定对其作品所享有的一种专有权。

著作权可以分为著作人身权和著作财产权两大部分。

著作人身权是指作者对其创作的文学、艺术和科学技术等作品依法享有的与其人身密不可分而又无直接财产内容的权利，又称著作精神权利，包括了公开发表权、署名权及禁止他人以扭曲、变更方式利用著作损害著作人名誉的权利。

著作财产权，是指作者通过使用或者许可他人使用其作品，而获得经济利益的权利，即著作经济权利。著作财产权具有时限性，在著作权的有效期限内，作者对其享有的著作财产权可以依法许可他人使用、继承和转让。

由于世界各国著作权立法上的差异和所采取的学说不同，对著作权概念的理解有广义和狭义之分。狭义的著作权仅指著作财产权，即著作权人对其作品在经济上享有的使用、收益和处分的绝对的排他的权利。广义的著作权认为著作权包括著作财产权和著作人身权两部分内容。著作财产权是可以转让的。

最广义著作权还包括著作邻接权。所谓著作邻接权，是指对作品进行表演、录音、录像、播送等使用行为所产生的权利。当今世界各国的著作权法几乎都有邻接权保护制度。我国著作权法称邻接权为"与著作权有关的权利"。

新中国成立后的第一部著作权法，《中华人民共和国著作权法》（以下简称《著作权法》），1990 年 9 月 7 在第七届全国人民代表大会常务委员会第十五次会议上通过，于 1991 年 6 月 1 日开始实施。2001 年 10 月 27 日第九届全国人大常委会第二十四次会议表决通过了《全国人民代表大会常务委员会关于修改〈中华人民共和国著作权法〉的决定》，并重新公布了修订的《中华人民共和国著作权法》。

（1）著作权的主题与客体

著作权的主体即著作权人，是指依法享有文学、艺术和科学作品著作权的人。包括自然人、法人和其他组织。在一定的条件下，国家也可以成为著作权主体。著作权的客体即作品。根据《著作权法实施条例》第 2 条的规定，著作权法中所称的作品，是指文学、艺术和科学领域内，具有独创性并能以某种有形形式复制的智力创作成果。

（2）著作权的内容及保护期限

我国《著作权法》规定，著作权包括人身权和财产权，其内容涉及发表权、署名权、修改权、保护作品完整权、复制权、发行权、出租权、展览权、表演权、放映权、广播权、信息网络传播权、摄制权、改编权、翻译权、汇编权以及著作权人应当享有的其他权利，比如，转让权、许可使用权、获得报酬权等。

作者因作品创作而取得或者产生著作权，获得的著作权法的保护。著作权的取得方式，主要有自动取得和注册取得两种。

著作权的自动取得，即作者随着作品的创作完成这一法律事实的存在而自然取得，无需履行任何手续，这种著作权的获得方式标为"自动保护主义"。注册取得是指以在国家著作权管理机关登记注册作为取得著作权的条件。

我国著作权法采用了自动取得原则，同时，根据我国的实际情况，对于在我国取得著作权的作者的身份作了相应的规定。我国《著作权法》第 2 条规定："中国公民、法人或者其他组织的作品，无论是否发表，依照本法享有著作权"。

著作权的保护期限，即著作权受法律保护的时间限制。法律只在一定的期限内对著作权给予保护，一旦超过期限，该作品就转为社会公共财富，任何人都可以无偿使用。

著作权中的署名权、修改权、保护作品完整权的保护期不受限制。在作为作者的公民死亡后或者法人、其他组织变更、终止后，其享有的署名权、修改权、保护作品完整权由作者的继承人、受遗赠人、承受权利义务的法人或者其他组织负责保护。如果无人继承和受遗赠、或者无承受权利的法人或者其他组织的，则由国家负责保护。

我国著作权法规定的著作权的保护年限为：作者为公民的作品，死亡后第 50 年的 12 月 31 日；不明身份的作品，为作品首次发表第 50 年的 12 月 31 日；法人或者其他组织的作品以及电影类作品，为作品首次发表第 50 年的 12 月 31 日，如果作品完成 50 年内未发表的，不再受著作权的保护。出版社所享有的"版式设计权"，保护年限为图书出版后第 10 年的 12 月 31 日。

（3）著作权的限制

著作权法律制度保护著作权人权利的同时，还需兼顾社会公共利益，防止由于著作权的滥用而阻碍科学技术的进步和文化的繁荣。为此，各国的著作权法无一例外地对著作财产权作出了相应的限制性规定。除了受保护时间上的限制外，著作权还受到"合理使用"、"法定许可"以及"强制许可"等制度的限制。

合理使用也是我国《著作权法》规定的对著作权人的权利进行限制的制度之一；是指在法律规定的情况下，对于已经发表的作品不必经过著作权人许可，也不必向著作权人支付报酬就可以使用。

法定许可，是指在法定的某些情形下使用他人已经发表的作品时，可以不经著作权人的同意，但必须向其支付报酬，而且不得侵犯著作权人的其他权利的制度。我国《著作权法》分别在第 32 条、第 39 条、第 42 条和第 43 条对法定许可的情形作了规定。

强制许可是指在一定条件下，作品的使用者基于某种正当的理由，经申请并由著作权行政管理部门授权即可使用他人已发表的作品，而无需得到著作权人的许可和同意，但应当向著作权人支付报酬。我国《著作权法》中没有规定强制许可制度，但在《伯尔尼公约》和《世界版权公约》中规定了强制许可，我国已经加入了上述两个公约。所以，我国的著作权行政管理机关和司法机关在处理著作权案件中可以适当引用《伯尔尼公约》和《世界版权公约》中有关强制许可的规定。

（4）邻接权

邻接权（Neighboring Right）是指作品的传播者在传播作品的过程中，对其创造性劳动成果而享有的权利，所以也称其为作品传播者权。邻接权不属于著作权，但与著作权相邻近或者类似。我国《著作权法》及其实施条例将这类权利称为"与著作权有关的权益"，具体包括 4 种类型，出版者权：出版者对其出版的图书和期刊的版式设计享有的权利；表演者权：表演者对其表演享有的权利；录制者权：录音录像制作者对其制作的录音录像制品享有的权利；广播组织者权：广播电台、电视台对其播放的广播、电视节目享有的权利。

（5）著作权的法律保护

著作权的法律保护，是著作权人在法律的范围内使自己的权利得以实现的保障，同时也是对侵犯著作权行为的约束和制裁。我国《著作权法》第 46 条和第 47 条，列举了著作权侵权行为共 19 项。

侵权行为人违反著作权法的规定，对他人的著作权（包括邻接权）造成侵害时，即为侵犯著作权行为，应当承担法律后果。我国《著作权法》及相关法律与大多数国家的著作权法一样，规定了侵犯著作权行为应当承担的民事责任、行政责任和刑事责任。这些法律责任规定，保护著作权人利益，对于打击违法行为，调动作者的创作积极性有重要意义。

7.6.2　信息的合理合法利用

1. 信息的合理使用

合理使用属于知识产权的范畴，是指在特定条件下允许个人和特定组织在未经版权人许可的情况下无偿使用版权作品的法律规范。合理使用一词首先出现在美国的著作权法中。现在大多数国家的著作权法都涉及合理使用，为后续作者创作新作品时利用他人作品提供了法律上的依据。

合理使用的规定实际上是著作权法为平衡著作权人的个体利益与信息传播和利用过程中的公共利益而设立的一种制度，其实质是对著作权人所享权利的一种限制。法律在保障著作权人正当权益的同时，要求著作权人为社会承担一定的义务，避免著作权的绝对垄断，以利于智力成果的广泛传播和使用。

了解文献合理使用和侵权的界限，正确合理的利用文献信息，是现时代大学生和科研工作者应该具备的基本素质。

（1）《著作权法》中第 22 条对知识产权的规定

我国《著作权法》中第 22 条对知识产权的合理利用做了如下规定：

在下列情况下使用作品，可以不经著作权人许可，不向其支付报酬，但应当指明作者姓名、作品名称，并且不得侵犯著作权人依照本法享有的其他权利。

（一）为个人学习、研究或者欣赏，使用他人已经发表的作品；

（二）为介绍、评论某一作品或者说明某一问题，在作品中适当引用他人已经发表的作品；

（三）为报道时事新闻，在报纸、期刊、广播电台、电视台等媒体中不可避免地再现或者引用已经发表的作品；

（四）报纸、期刊、广播电台、电视台等媒体刊登或者播放其他报纸、期刊、广播电台、电视台等媒体已经发表的关于政治、经济、宗教问题的时事性文章，但作者声明不许刊登、播放的除外；

（五）报纸、期刊、广播电台、电视台等媒体刊登或者播放在公众集会上发表的讲话，但作者声明不许刊登、播放的除外；

（六）为学校课堂教学或者科学研究，翻译或者少量复制已经发表的作品，供教学或者科研人员使用，但不得出版发行；

（七）国家机关为执行公务在合理范围内使用已经发表的作品；

（八）图书馆、档案馆、纪念馆、博物馆、美术馆等为陈列或者保存版本的需要，复制本馆收藏的作品；

（九）免费表演已经发表的作品，该表演未向公众收取费用，也未向表演者支付报酬；

（十）对设置或者陈列在室外公共场所的艺术作品进行临摹、绘画、摄影、录像；

（十一）将中国公民、法人或者其他组织已经发表的以汉语言文字创作的作品翻译成少数民族语言文字作品在国内出版发行；

（十二）将已经发表的作品改成盲文出版。

（2）《著作权法》中第 46 条对知识产权的规定

有下列侵权行为的，应当根据情况，承担停止侵害、消除影响、赔礼道歉、赔偿损失等民事责任：

（一）未经著作权人许可，发表其作品的；

（二）未经合作作者许可，将与他人合作创作的作品当作自己单独创作的作品发表的；

（三）没有参加创作，为谋取个人名利，在他人作品上署名的；

（四）歪曲、篡改他人作品的；

（五）剽窃他人作品的；

（六）未经著作权人许可，以展览、摄制电影和以类似摄制电影的方法使用作品，或者以改编、翻译、注释等方式使用作品的，本法另有规定的除外；

（七）使用他人作品，应当支付报酬而未支付的；

（八）未经电影作品和以类似摄制电影的方法创作的作品、计算机软件、录音录像制品的著作权人或者与著作权有关的权利人许可，出租其作品或者录音录像制品的，本法另有规定的除外；

（九）未经出版者许可，使用其出版的图书、期刊的版式设计的；

（十）未经表演者许可，从现场直播或者公开传送其现场表演，或者录制其表演的；

（十一）其他侵犯著作权以及与著作权有关的权益的行为。

（3）《著作权法》中第 47 条对知识产权的规定

有下列侵权行为的，应当根据情况，承担停止侵害、消除影响、赔礼道歉、赔偿损失等民事责任；同时损害公共利益的，可以由著作权行政管理部门责令停止侵权行为，没收违法所得，没收、销毁侵权复制品，并可处以罚款；情节严重的，著作权行政管理部门还可以没收主要用于制作侵权复制品的材料、工具、设备等；构成犯罪的，依法追究刑事责任：

（一）未经著作权人许可，复制、发行、表演、放映、广播、汇编、通过信息网络向公众传播其作品的，本法另有规定的除外；

（二）出版他人享有专有出版权的图书的；

（三）未经表演者许可，复制、发行录有其表演的录音录像制品，或者通过信息网络向公众传播其表演的，本法另有规定的除外；

（四）未经录音录像制作者许可，复制、发行、通过信息网络向公众传播其制作的录音录像制品的，本法另有规定的除外；

（五）未经许可，播放或者复制广播、电视的，本法另有规定的除外；

（六）未经著作权人或者与著作权有关的权利人许可，故意避开或者破坏权利人为其作品、录音录像制品等采取的保护著作权或者与著作权有关的权利的技术措施的，法律、行政法规另有规定的除外；

（七）未经著作权人或者与著作权有关的权利人许可，故意删除或者改变作品、录音录像制品等的权利管理电子信息的，法律、行政法规另有规定的除外；

（八）制作、出售假冒他人署名的作品的。

2. 学术规范

学术规范是关于学术研究活动的主客观方面的约束。学术规范体现在整个学术活动过程中，主要表现为学术道德规范、学术法律规范、学术引文规范、写作技术规范等。

（1）学术道德规范

学术道德规范是学术规范的核心部分，是对学术工作者从思想修养和职业道德方面提出的要求。教育部《关于加强学术道德建设的若干意见》中对学术道德规范提出了基本要求：

增强献身科教、服务社会的历史使命感和社会责任感。广大教师和教育工作者要置身于科教兴国和中华民族伟大复兴的宏图伟业之中，以培养人才、繁荣学术、发展先进文化、推进社会进步为己任，努力攀登科学高峰。要增强事业心、责任感，正确对待学术研究中的名和利，将个人的事业发展与国家、民族的发展需要结合起来，反对沽名钓誉、急功近利、自私自利、损人利己等不良风气。

坚持实事求是的科学精神和严谨的治学态度。要忠于真理、探求真知，自觉维护学术尊严和学者的声誉。要模范遵守学术研究的基本规范，以知识创新和技术创新，作为科学研究的直接目标和动力，把学术价值和创新性作为衡量学术水平的标准。在学术研究工作中要坚持严肃认真、严谨细致、一丝不苟的科学态度，不得虚报教育教学和科研成果，反对投机取巧、粗制滥造、盲目追求数量不顾质量的浮躁作风和行为。

树立法制观念，保护知识产权、尊重他人劳动和权益。要严以律己，依照学术规范，按照有关规定引用和应用他人的研究成果，不得剽窃、抄袭他人成果，不得在未参与工作的研究成果中署名，反对以任何不正当手段谋取利益的行为。

认真履行职责，维护学术评价的客观公正。认真负责地参与学术评价，正确运用学术权力，公正地发表评审意见是评审专家的职责。在参与各种推荐、评审、鉴定、答辩和评奖等活动中，要坚持客观公正的评价标准，坚持按章办事，不徇私情，自觉抵制不良社会风气的影响和干扰。

为人师表、言传身教，加强对青年学生进行学术道德教育。要向青年学生积极倡导求真务实的学术作风，传播科学方法。要以德修身、率先垂范，用自己高尚的品德和人格力量教育和感染学生，引导学生树立良好的学术道德，帮助学生养成恪守学术规范的习惯。

（2）学术法律规范

运用国家和政府相关的法律法规规范学术活动，维护学术研究的正常秩序。在我国规范学术活动的相关行为规则分散在民法通则、著作权法、专利法、保密法、统计法、出版管理条例等法律法规中。《关于科技工作者行为准则的若干意见》明确规定：科技工作者应当模范地遵守宪法和法律。《高等学校哲学社会科学研究学术规范（试行）》第5条规定：高校哲学社会科学研究工作者应遵守《中华人民共和国著作权法》、《中华人民共和国专利法》、《中华人民共和国国家通用语言文字法》等相关法律、法规。

学术法律规范的主要内容可以概括为：学术研究不得泄露国家秘密和单位的技术秘密；学术活动不得干涉宗教事务；学术活动应遵守著作权法、专利法；学术论文写作应遵守语言文字规范。

（3）学术引文规范

在学术论文撰写过程中，只要直接引用了一本书或一篇文章，或者在作品中采用了他人的工作成果，需要注名其来源。如果没有这样做，既可被认定为剽窃。教育部社会科学委员会于 2004 年讨论通过的《高等学校哲学社会科学研究学术规范》中，对学术引文规范作如下规定：①引文应以原始文献和第一手资料为原则。凡引用他人观点、方案、资料、数据等，无论是否发表，无论是纸质或电子版，均应详加注释；凡转引文献资料，应如实说明。②学术论著应合理使用引文。对已有学术成果的介绍、评论、引用和注释，应力求客观、公允、准确。伪注（伪造的注释），伪造、篡改文献和数据等，均属学术不端行为。

（4）写作技术规范

写作技术规范的内容主要有以下 3 方面：学术成果应观点明确，资料充分，论证严密，内容与形式应完美统一，达到观点鲜明，结构谨严，条理分明，文字通畅；学术成果的格式应符合要求；参考文献的著录应符合要求。

小　　结

本章分别讲解了信息收集、网上论坛、新闻组的使用、信息调研与分析、科研的选题、科研论文的写作，最后为大家列出了与知识产权相关法律法规，目的是提醒大家要合理合法地利用信息，不要侵犯他人知识产权。重点讲述信息收集和科研论文的写作这两部分内容。

练　习　题

1. 如何进行科研信息的收集？
2. 简述科研信息的阅读方法。
3. 简述网上论坛和新闻组的学术意义。
4. 简述信息调研的内容和意义。
5. 简述科研论文的基本结构及每部分的写作特点。
6. 我国《著作权法》规定的关于智力成果合理使用的范围和侵权行为有哪些？

参 考 文 献

1. 周晓兰，金声，谢红．科技信息检索与利用．北京：中国电力出版社，2008．

2. 刘绿茵．电子信息检索与利用．北京：机械工业出版社，2007．

3. 王细荣，韩玲，张勤．文献信息检索与论文写作．上海：上海交通大学出版社，2006．

4. 葛敬民．信息检索实用教程．北京：高等教育出版社，2005．

5. 腾胜娟，蓝曦．现代科技信息检索．北京：中国纺织出版社，2007．

6. 阎维兰，刘二稳．信息检索．北京：北京邮电大学出版社，2005．

7. 邓亚桥．当代信息检索．长春：吉林人民出版社，2001．

8. 靳小青，柴雅凌，林求德．青岛：青岛海洋大学出版社，1993．

9. 张厚生．信息检索．南京：东南大学出版社，2002．

10. 顾文佳．信息检索与利用．北京：经济科学出版社，2001．

11. 邵学广等．化学信息学（第 2 版）．北京：科学出版社，2005.4．

12. 孙建军等．信息检索技术．北京：科学出版社，2004.10．

13. 邓亚桥．当代信息检索．长春：吉林人民出版社，2001.4．

14. R.霍克．Internet 通用搜索引擎检索指南．金丽华译．沈阳：辽宁科学技术出版社，2003.2．

15. （美）弗莱茨．施奈德等，杨廷郊等译．Internet 第一搜索引擎—Google 检索指南．沈阳：辽宁科学技术出版社，2005.1．

16. 刘冰．搜索引擎技术研究．软件导刊，2009.7，137-138．

17. 陈家翠．Google 学术搜索检索性能的分析及评价．情报理论与实践，2007.5．

18. 刘翠蒲．基于 Google Scholar 的英文经济学文献检索技巧．图书馆建设，2007.5．

19. 杨凝清．医学信息教育．青岛：青岛海洋大学出版社，2002．

20. 张海正．信息检索．合肥：安徽科学技术出版社，2007．

21. 张辉．信息检索与利用．济南：山东人民出版社，2006．

22. 陈述年．大学文献信息检索教程．上海：华东理工大学出版社，2006．

23. 周和玉，郭玉强．信息检索与情报分析．武汉：武汉理工大学出版社，2007．

24. 孙乐民．科技论文写作与投稿．长沙：国防科技大学出版社，2001．

25. 李庚全．教师科研向导．北京：中国社会出版社，2005．

26. 王园春．科技信息检索与利用．北京：石油工业出版社，2006．

27. 孙国瑞．知识产权法教程．北京：对外经济贸易大学出版社，2007．

28. 王雁书．知识产权保护概论．郑州：河南大学出版社，2005．

29. 仝莉．网络环境下的学术信息交流模式．内蒙古科技与经济．2007.（11）：253-4．

30. 常红．基于网络论坛的学术交流模式探讨．现代情报，2005，（6）：6-8．

31. 李杰．新闻组在 Internet 上的应用．科技情报开发与经济，2006，16（7）：239-40．